本书由天津市普通高校人文社科重点研究基
——天津城镇化与新农村建设研究中心资助

# 中国特色的 PPP

## 项目可持续运行机制研究

Study on Sustainable
Operation of Chinese Characteristic PPP Project

任志涛　著

中国财经出版传媒集团

经济科学出版社
Economic Science Press

图书在版编目（CIP）数据

中国特色的 PPP 项目可持续运行机制研究/任志涛著.
—北京：经济科学出版社，2018.6
ISBN 978 - 7 - 5141 - 9496 - 8

Ⅰ.①中…　Ⅱ.①任…　Ⅲ.①政府投资 - 合作 - 社会
资本 - 研究 - 中国　Ⅳ.①F832.48②F124.7

中国版本图书馆 CIP 数据核字（2018）第 139204 号

责任编辑：孙怡虹　何　宁
责任校对：杨晓莹
版式设计：齐　杰
责任印制：王世伟

**中国特色的 PPP 项目可持续运行机制研究**

任志涛　著
经济科学出版社出版、发行　新华书店经销
社址：北京市海淀区阜成路甲 28 号　邮编：100142
总编部电话：010 - 88191217　发行部电话：010 - 88191522
网址：www. esp. com. cn
电子邮件：esp@ esp. com. cn
天猫网店：经济科学出版社旗舰店
网址：http：//jjkxcbs. tmall. com
北京季蜂印刷有限公司印装
710 × 1000　16 开　23 印张　500000 字
2018 年 6 月第 1 版　2018 年 6 月第 1 次印刷
ISBN 978 - 7 - 5141 - 9496 - 8　定价：65.00 元
（图书出现印装问题，本社负责调换。电话：010 - 88191510）
（版权所有　侵权必究　打击盗版　举报热线：010 - 88191661
QQ：2242791300　营销中心电话：010 - 88191537
电子邮箱：dbts@ esp. com. cn）

# 前　　言

　　基础设施作为国民经济和社会发展中的重要部分，是国家发展，提高人民幸福感，提升国家竞争力所必须完善的一环，因此各个国家都积极推动加快公共基础设施建设。面对公众日益增长的公共服务需求、政府部门资金紧缺以及缺乏长期而有效的经营管理的困境，传统政府单方供给的模式难以匹配当今基础设施高效供给的需求。PPP（Public – Private – Partnerships，PPP，译为公私合作关系或公私合作伙伴关系等）于 20 世纪 90 年代初在英国兴起，引入民间资本同政府合作供给基础设施，克服了政府、市场单方供给的"双重失灵"问题，在政府和市场中寻得一种平衡，成功地应用于市政设施、园区开发、污水处理等经营性及非经营性基础设施项目，并在全球其他国家得到认可与推广。

　　公私合作伙伴关系（PPP）为政企长期合作提供公共产品和服务，是公共部门与私营部门签订长期合作协议，实现合作共赢、风险共担和利益共享，提供基础设施或服务，在提升基础设施效率，缩小基础设施差距，保持经济稳定发展方面发挥重要作用。中国从 1984 年首次采用 PPP 模式建设了深圳沙角 B 电厂，至今已有 30 多年的实践基础。2014 年被称为中国 PPP 元年，中国政府继《国务院关于加强地方政府性债务管理的意见》后出台了一系列文件，大力推动 PPP 模式在基础设施领域的应用，得到各级政府和社会资本的积极响应，并取得了良好的成效。政府借助社会资本方的资金和建设管理运营技术，化解了财政危机、提升了供给效率；社会资本通过政府在政策法规等方面的风险管控和可行性缺口补偿等激励举措，获得稳定的资金流入、承担了企业社会责任；公众通过政社合作享受更加优质的公共服务。全国各地就此揭开了引入 PPP 模式的浪潮。

　　中国 PPP 运行是在政府主导浪潮之下，着力解决突出基础设施公共服务和产品供给低效率，及长期存在的供给短板领域问题，构建 PPP 运行可持续体系。中国特色 PPP 是供给侧结构性改革重要抓手，提供基础设施项目资金和资源利用技术，是新时代国家治理能力现代化需求，是解决民生问题必然选择。思考如何利用庞大的社会资本和社会资源，提升基础设施项目投融资、建设和运营能力，为广大人民长期持续提供高质、高效的公共设施服务与产品，实现经济、社会和环境的可持续发展成为政府、学术界、企业和社会所关注的热点问题。但是 PPP 模式给基础设施供给领域带来巨大优势的同时也存在着巨大的风险，就目前中国 PPP 运行存在着突出问题，如政府责任不足、主体信任程度较低、服务价格较难界定、政府如何有效补偿、PPP 项目再谈判、社会资本方如何退出等问题亟待解决，这些问题的存在往往都会诱发 PPP 项目公平及效率的缺失、各方主体利益受损、项目的经济、社会和环境目标无法达成，导致项目失败。如何攻克 PPP 项目中的现有问题，实现中国特色 PPP 项目的可持续发展是一个值得研究的重要课题。

本书基于中国 PPP 项目可持续发展的思想，从政府责任、信任机制、价格上限规制等方面对 PPP 项目进行了研究，为 PPP 项目的成功运行提供了新的思路。全书共有 11 章，全面介绍了 PPP 项目的相关概念及理论基础，深入探讨了 PPP 项目中政府责任、主体信任、服务价格、再谈判、触发补偿、失败预控和非正常退出等影响项目可持续运作的关键问题，构建了具有中国特色的 PPP 项目可持续运行机制及可持续发展前景。通过厘清政社合作责任边界，分析信任关系机理，提出了实现 PPP 项目可持续发展的有力保障。运用模型构建、实证研究、路径规划等方法从价格上限、再谈判治理、补偿机制、失败预控、非正常退出五个机理全面阐述了 PPP 项目从构建到成功实施或者从失败到再挽救的全过程分析。全书针对 PPP 项目全生命周期演化机理的研究为具有中国特色的 PPP 项目运行和发展提供了范式基础，以期实现中国 PPP 项目的可持续发展。

本书的完成是基于本人自 2002 年起，长期以来从事 PPP 模式相关领域的理论研究及工程实践的基础上，查阅了大量相关学术专著和资料，依据多年的研究成果写作而成。本书的出版得到了教育部人文社科规划基金项目"环境治理公私合作共生网络形成机理与管控机制"（17YJA630082），以及天津市哲学社会科学规划项目"公私合作视角下环境治理多元主体内生责任及实现机制研究——以天津市为例"（TJGL17 -010）的资助。

感谢经济科学出版社对本书出版的支持，感谢胡欣、武继科、王滢菡、雷瑞波、张赛、李海平和郭林林等硕士生为本书所做的工作和付出的辛劳，感谢天津海澜德投资公司、天津建工集团提供的实证帮助。感谢为此书出版提供帮助的朋友们，谢谢！

本书的内容涉及 PPP 项目的多个方面，由于掌握的资料不够全面，加之本人水平有限，书中难免存在不足之处，敬请读者批评指正。

任志涛

2018 年 5 月

# Contents

# 第1章

# 绪　　论

## 1.1　PPP 项目研究背景及意义

### 1.1.1　PPP 项目研究背景

公私合作伙伴关系（Public – Private – Partnership，PPP）被定义为政府与社会资本通过政企合作的方式来提升基础设施建设服务水平的重要模式。作为一种大型项目融资和管理的模式，在世界范围内得到了普遍应用。尤其在我国，更是得到了大力推广。该模式是由英国财政大臣克拉克率先提出的，目前，在英国、法国等国家得到成熟运用，PPP 模式在英国、新西兰占全部项目的 20%。它是一种在市场经济环境下发展起来的新型融资模式，同时也是一种管理创新。在我国，结合我国国情特色，鼓励社会资本方积极参与到公共基础设施建设中来，与政府部门形成合作关系，各自发挥自身优势，共担风险，共享收益。政府与社会资本合作模式是我国近年来实施的国家治理的一项重大举措，是国家实施"一带一路"倡议以及推进亚洲基础设施投资银行（以下简称"亚投行"）开展业务活动的重要抓手。

自 2013 年十八届三中全会《中共中央关于全面深化改革若干重大问题的决定》明确提出允许社会资本通过特许经营等方式参与城市基础设施投资和运营起，国务院、国家发展和改革委员会以及财政部也是连发数份有关 PPP 的重要文件，从宏观的规划到具体到各行业和项目的操作流程、基本建设程序的各个环节的指导，推进 PPP 项目成为打造新经济的一股重要力量的进程，充分发挥 PPP 模式在地方政府债务化解、融资平台转型和提高公共服务效率等方面的重要作用。

截至 2018 年 1 月 31 日，全国 PPP 综合信息平台管理库项目 7446 个、投资额 11.3 万亿元，项目遍布全国各地，覆盖了能源、交通运输、水利建设、生态建设和环境保护、农业、林业、科技、保障性安居工程、医疗卫生、养老、教育、文化、体育、市政工程、政府基础设施、城镇综合开发、旅游、社会保障等各个领域，为基础设施的改善、稳增长、地区发展起到了积极的作用。

从事任何活动，都可能因无法预料的情况而导致风险的产生，PPP 项目也是如此。在 PPP 模式中，政府部门和社会资本的基本利益诉求是不一致的，政府部门追求的是公众的认可，重视项目的社会效益，而社会资本是以营利为目的的，重视的是项目的经济效益，从定位上就已经注定政府和社会资本之间存在着天然的、无法调和的原始矛盾。另外，PPP 项目涉及的资金数额一般都较大，而且建设时间长，投资的回收期也比较长，加之市场风险的无法预测性，回报的质量与数量难以确定，所以 PPP 项目和一般的项目相比较而言有着更大的不确定性、更大的风险和更大的失败可能。

从目前实施的成效来看，大部分项目在社会效益和经济效益方面有着不错的成绩，缓解了不少的压力，但是在 PPP 项目的全生命周期中，出现了诸如 PPP 的泛化、异化、落地率不高和粗放式管理等乱象。特别是在 PPP 项目的资本运作中，仍有很多的问题，具体表现为政策法规的变更，在立法时的不严谨导致的法律空位和缺失，政府契约精神的缺失，前期不规范的操作，市场环境的变化，社会需求的变化等因素的影响。在上述情况出现之后，各个政府的相关部门也积极采取有效的措施，制定相应的应对策略，但是效果却并不是很理想。甚至由于一些项目的复杂性，在出现了不一样的声音之后，双方在争议中都无法做出公正的评判，使得双方不得不"对簿公堂"，这样就使得原本可以继续运营的项目出现了停滞和延迟，甚至项目无法开工建设，而被迫中止。例如垃圾焚烧类项目，周边居民不满建在自家附近引起的环境群体事件；污水处理类项目，社会资本为自身利益而出现污水处理不达标等问题，导致项目失败，等等。这些情况的发生为整个 PPP 项目的运行笼罩上了一层乌云，造成了不良的影响。

### 1.1.2 PPP 项目研究意义

PPP 项目涉及的资金多，项目一般都比较大，当项目的运行出现问题后，就会由一个方面扩展至另外一个方面，进而产生连锁反应，最后致使项目无法运行，政府部门的声誉受到损害，私营部门的利益尤其是资金方面受到重创，公众利益得不到满足，对整个和谐社会的构建产生障碍。

PPP 项目的诸多优点需要项目的成功实施才能充分发挥。本书通过政府责任、信任机制、价格上限规制、触发补偿机制、失败关键影响因素、失败的预控机制和非正常退出机制多角度研究 PPP 的全生命周期，补充了 PPP 相关理论，为保障 PPP 项目的成功提供了思路。

## 1.2 PPP 文献综述

PPP 模式自 20 世纪 90 年代从英国起源，国外关于 PPP 模式在基础设施领域的起步较早，现有相关研究主要集中于将补偿看作期权的研究、补偿内涵及形式研究、补偿必要性及补偿模型研究。

### 1.2.1 PPP 项目政府责任内涵研究

国外最早进行研究的是洛克和霍布斯（Locke and Hobbes，1985）认为政府应该以强硬态度履行责任以摆脱人与人的战争状态；而洛克（1964）则认为自然状态处于完备无缺的自由状态，政府责任仅是保护私有财产就足够应对突发状况。卡恩（Cane，1984）从时序上认为政府责任有两个方向，一是过去责任，表现为应负责性和课责；二是预期责任，以义务和责任为核心。斯塔林（Starling，1986）认为政府责任在于"回应、弹性、能力、正当程序"，政府采取积极的措施应对公众要求，在制定政策中将地域、群体差异性包含进去，且在法律的约束下执行。金太军（2000）从两个层面对政府责任进行了界定。第一层面为政府对于公民的责任；第二层面为中央政府与地方政府之间的权责划分以及政府组织内部的责权划分。

罗豪才（1996）从行政法学的角度认为政府是公共权力的掌控者，政府是责任主体并且和责任缔结，并对行政负法律责任。李景鹏（2003）提出只要是关系到公民利益的事，政府都应当负起无限责任。张敬荣（2001）就落实行政责任的前提、构成要素、内容进行了研究。他认为行政责任主要是制裁性行政责任，即行政主体违反法律就要承担否定性法律后果。张成福（2000）从最广义的角度来界定政府责任，即把政府责任视为法律和社会所要求的义务。

### 1.2.2 PPP 项目价格上限规制影响因子的测定

王建明等（2006）指出价格上限规制的有效性取决于零售价格指数 RPI 和生产率增长率 X 的取值，而不仅仅是设立价格上限规制模型。曲延芬（2005）从理论和应用两个层面分析了价格上限 X 因子难以确定、资费调整缺乏灵活性等问题。施莱弗（Shleifer，2013）提出用标尺竞争和基准绩效等方法来对 X 因子进行研究与设定。韦曼·琼斯（Weyman Jones，2003）指出西欧、北美、澳大利亚的规制机构已经开发了经济统计模型，用以估计 X 因子的取值。沈毅（2003）用生产函数法和费雪连锁指数法，说明了电信产业价格上限效率因子 X 的计算方法。马西莫·菲利皮尼、约尔格·怀尔德和迈克尔·坎兹尔（Massimo Filippini, Jorg Wild and Michael Kuenzle, 2001）研究了标尺竞争在存在区域差别的瑞士配电企业规制基价测定中的应用情况。赵会茹（2005）依据投资学理论，利用资本资产定价模型及资金加权平均成本法研究了我国输配电业投资回报率水平的确定问题，指出输配电企业合理的回报率水平应为 8.39%。

### 1.2.3　PPP 项目补偿内涵及形式的研究

张和陈（Cheung E and Chan APC, 2011）研究了政府补偿的定义、原因、形式以及其经济效果，认为政府补偿包括现金补贴（财政拨款）、非现金补贴、税收补贴、信贷补贴、政府股权投资、采购性补贴及规制性补贴等多种形式；乔杜里和查尔冈（Chowdhury and Charoenngam, 2009）通过研究中国、印度、印度尼西亚和巴基斯坦的 PPP 项目发现，政府对私营部门相应的财务补偿支持，是吸引私人部门参与公共项目的必要途径之一，以上四个国家均存在政府对私人部门的财务补贴，研究指出政府补贴是影响 PPP 项目融资的重要因素之一；熊伟和张学清（Xiong Wei and Zhang Xueqing, 2014）探讨了 PPP 项目再谈判中的政府补偿形式，提出总价调整补偿、特许经营期延长及政府根据年现金流量调整补偿三种方式，认为补偿的关键是对未来可变现金流量的正确预测，并提出预测可用时间序列模型。高颖和张水波等（2015）对不完全合约下 PPP 项目的运营期延长决策机制进行研究，认为对私营部门而言，政府补偿并不是需求量下降时保障合理利益的唯一途径，私营部门自身也可通过降价来获得自身收益与消费者剩余的帕累托改进，而在政府应当补偿情形下，运营期延长机制一定条件下可以实现双方的帕累托改进，同时运营期延长的有效范围与政府及私营部门的运营成本和双方再谈判成本均有关。

### 1.2.4　PPP 项目补偿模型研究

菲林等（Fearn-ley et al., 2004）根据项目实际运营绩效，讨论了挪威城际轨道的补贴问题；凡尔文（Vanreeven, 2008）对公共交通项目的补贴进行研究，并建立此类项目的一般补贴模型，认为政府补贴与莫宁效应之间不存在关联性。霍恩（Ho, 2006）应用动态博弈模型研究了政府的事后补偿机制，对政府应当给予私人部门转移支付的范围进行探讨；戴米·张（Demi Chung, 2010）将目前城市轨道交通 PPP 项目的采购模式划分为四种主要类型，并结合各采购模式的不同提出了相应的风险分担建议；卡门等（Carmen et al. , 2008）建立了港口设施PPP项目的动态补偿模型，即政府给予私营部门第 j 年的补偿额度是该年累积净现值与上一年 j-1 年累积净现值之差，同时还需考虑私营部门的最低期望收益，从而动态确定政府的补偿额度；熊伟和张学清（2010）使用时间序列方法估计了一个城市轨道交通 PPP 项目的未来现金流量，并讨论了在风险发生的情况下政府应采取的补贴方法。

### 1.2.5 PPP 项目失败风险研究

唐李亚宁、沈启华和艾迪沃伦·程（Tang L Y, Shen Q and Cheng E W L, 2010）提出了风险分配的适配原则，导致 PPP 项目失败的方面有很多种，种类千差万别，双方的技术和管理能力都不一样，无论是经济能力还是技术能力，都应当保证承担责任的这一方能够有足够的能力来胜任。蒋世杰、申丽茵、彭毅等（Jiang S J, Shen L Y, Peng Y, et al. , 2011）建立了失败风险控制的模型构架，他们指出 PPP 项目的开展中，导致失败的风险并不是一成不变的，有些项目的风险没有统一的规律性，项目不同，外界的条件就会发生变化。在平时的项目开展过程中，如果风险使得双方的谈判破裂，那么就应当采用风险补偿价格来进行弥补某方的利益。他们所建立的模型不是动态的，无法起到动态的监管，不能反映全寿命周期短项目发展进程的变化。刘宪宁等（2011）通过层次分析法的运用和分析，制定出了针对 PPP 项目的五大失败风险因素的全方位整体评价模型，利用各层指标和单个的指标两者之间相互作用，赋予的不同权重的等级重要性，最后得出了所有因素的综合评价指标体系，项目公司根据得出的结果反馈，决定是否在某国采用此方式进行工程的承包。

### 1.2.6 PPP 项目非正常退出研究

杰森（Jensen O, 2016）；程海群和洪国安（2011）等分别从契约设计角度和保护私人资本出发，指出项目提前终止信息不对称、风险分担不合理、监管失利、公众反对、政策调整和发生不可抗力会导致项目提前退出。现阶段通过案例研究项目退出影响因素较多。戴德（2010）、德米勒（2011）、宋金波和常静（2014）等人首先探索 PPP 项目提前终止的根源及其特征，其次通过不同领域筛选出致使 PPP 项目提前终止的关键影响因素，分别界定清提前终止发生的情况并给予相应的措施来避免项目的提前终止，为政府部门与私人资本顺利实施 PPP 项目提供了借鉴和指导。曹君丽（2013）通过研究 PPP 模式应用较为成熟发达国家的基础设施项目的案例，归纳了 SPV 再融资、债务重组、协议转让、破产清算、收购与兼并等形式的 PPP 项目退出机制方式，同时根据国内基础设施项目的政府与社会资本合同的退出机制的设置状况，指出现阶段建立健全多方位、多路径的基础设施项目公司的退出机制是提高 PPP 模式在我国成熟应用水平的重要突破。卡琳·拜德（Karin Bryder，2016）在 *Virtual Business Models* 一书中认为退出在一个虚拟公司中占据着重要位置，有关股东和投资者的利益，投资者等人在合适的时机可以选择公开发行股票等退出方式获得利益，设置完善的退出方式可以激发社会资本及其他股东的活力。

# 1.3　中国式 PPP 项目发展的现状及问题

## 1.3.1　中国特色 PPP 模式的发展困境

当前我国 PPP 模式学术界、实务界多数仍在借鉴并沿用日本、欧美等国的发展经验，在我国大力推行的过程中并没有充分结合我国特殊的国情，在我国它们的经验适用度最多只有 25%（主要是 PPP 政府管理的那部分）。因为中国特殊的环境和条件，因此国外成熟的经验并不与我国完全相匹配。从 2014 年财政部正式颁发第一个推广 PPP 的文件《关于推广运用政府和社会资本合作模式有关问题的通知》至今，我国始终面临着 PPP 项目落地难的问题。一方面政府的推广力度很大：中央各个相关部门及地方政府颁布了一系列 PPP 指导文件，并推出了2 万多亿 PPP 项目，各省市也纷纷成立了 PPP 推行和管理部门；同时我国 PPP 模式政府主导地位过高，受相关政策法规影响较大，2017 年财政部办公厅《关于规范政府和社会资本合作（PPP）综合信息平台项目库管理的通知》等重磅政策文件的影响，对规范的 PPP 市场的形成产生了直接的效果，一些不合规的 PPP项目直接清除出库。

相比较国外成熟的 PPP 运作模式，我国仍处在法律法规完善阶段。我国政府方与外国的政府方（Public），其行政体制、地方债务等情况具有极大差异。

相比较国外灵活的私营部门（Private），我国社会资本方的运作经验、规模体量以及国有企业的绝对优势地位仍须改善。一是社会资本不同。欧美国家对PPP 发展的相关市场配套产业链比较成熟（咨询、金融、技术、运营管理），因此政府只要做好引导规划，市场条件就能支撑 PPP 的顺利实施，但我国由社会资本方负责的设计、建设、运营、维护等所需的市场服务供应链几乎空白，PPP 的推行没有市场支撑，全靠政府力量推动；因此不论政府付出多大努力，总是发现与市场对接不上。二是市场规模不同。国外的 PPP 模式是管理模式、融资模式，确切地说是项目模式，但中国不仅是项目模式，更是产业模式。脱离 PPP 相关的产业链要素条件，用行政的手段和项目操作手段在我国推动不了 PPP 发展。

### 1.3.2　发展中国特色 PPP 模式的难点

广大企业积极投入 PPP 的热潮中，市场热情非常高，但 PPP 落地率却不及预期。目前 PPP 发展困境大致归结为以下几点：

（1）中国地方政府的信用及法治程度不足，社会资本不敢轻易进入；

（2）地方政府债务高且没有足够的财力支撑 PPP 的实施；

（3）金融机构支持力度不足，融资主要还靠投资企业提供担保，而不是以项目未来收益权作抵押；

（4）各个部门在 PPP 的推广方面由于部门利益导致实施的统一性、协调性不高；

（5）PPP 没有立法土地政策，制约 PPP 的推广。

## 1.4　本 章 小 结

本章主要介绍了 PPP 项目近年来的发展和研究，重点讨论在中国特色背景下 PPP 项目的发展问题。从 PPP 项目的研究背景及意义入手，分析当前 PPP 项目的应用范围、所处的治理地位等。通过对 PPP 项目相关的国内外文献进行梳理，从中提炼出研究重点与问题，结合中国 PPP 项目的发展背景，探索在实际操作中出现的困境。理论与实际相结合，提出中国特色 PPP 项目可持续发展的难点，在接下来的章节中予以解决。

# 第2章

# PPP 的相关概念及理论基础

## 2.1　PPP 模式

### 2.1.1　PPP 模式概念

PPP 模式即 Public – Private – Partnership 的字母缩写，是指政府与私人组织之间，为了合作建设城市基础设施项目，或是为了提供某种公共物品和服务，以特许权协议为基础，彼此之间形成一种伙伴式的合作关系，并通过签署合同来明确双方的权利和义务，以确保合作的顺利完成，最终使合作各方达到比预期单独行动更为有利的结果。

公私合作伙伴关系（PPP）以其政府参与全过程经营的特点受到国内外广泛关注。PPP 模式将部分政府责任以特许经营权方式转移给社会主体（企业），政府与社会主体建立起"利益共享、风险共担、全程合作"的共同体关系，政府的财政负担减轻，社会主体的投资风险减小。PPP 模式比较适用于公益性较强的废弃物处理或其中的某一环节，如有害废弃物处理和生活垃圾的焚烧处理与填埋处置环节。这种模式需要合理选择合作项目和考虑政府参与的形式、程序、渠道、范围与程度，是值得探讨且令人困扰的问题。

### 2.1.2　PPP 模式特征

伙伴关系、利益共享、风险共担是 PPP 模式的三个重要特征。

伙伴关系：伙伴关系是 PPP 模式的本质体现，是 PPP 最首要的特征。合作企业的存在基础是目标或者利益的一致性，伙伴关系的形成和维持与此基础密切相关。在 PPP 项目中，公共部门和非公共部门两者的目标将会是一致的：使用最少的资源，产出最优质的产品或者提供最优质的服务以达到资源优化配置的目的，通过合作，双方达到追求利益最大化，实现社会公共福利的目标。在我国，PPP 的伙伴关系既可以体现为合伙制，也可以体现为股权制等。而利益共享和风险共担是使这种伙伴关系保持长久和发展所必须具备的不可或缺的特征。

利益共享：在 PPP 模式中，它的含义不仅仅是公共部门和非公共部门之间的利润共享，在公益性项目中采用 PPP 模式，在追求经济利润最大化的同时也要追求社会福利的实现。单纯地追求利益会损害公共利益，也会使公共产品的用户产生强烈不满。所以利益共享是公共部门和非公共部门的成果共享，与此同时非公共部门在参与项目过程中将会取得相对稳定的投资回报。

风险共担：收益和风险是相对应的，PPP 项目在利益共享的同时也必须强调风险共担，风险共担是维持伙伴关系的另一个重要基础。PPP 项目成功的关键在于各参与主体之间公平合理地分担项目风险，将不同性质的风险交由最善于应对该风险的合作方承担，就可以实现项目成本的最小化，PPP 项目中，风险分担追求的是整个项目风险的最小化，采取有效分配风险和应对措施是风险共担的重要原则。

## 2.1.3　PPP 模式执行原则

### 2.1.3.1　物有所值原则

一个组织动用所能汇集到的所有力量和资源获得的长期最大利益叫作物有所值。为了实现公共资源配置利用效率最大化，在国际普遍使用的评价传统基础之上，运用有 PPP 模式的评估体系，能够在很大程度上解决这个问题。根据国际经验，欧盟成员国政府采购的核心标准是"最具经济优势和出价最低"，其要义就是"物有所值"。而曾经作为欧盟一员的英国，其政府明确将物有所值作为政府采购的首要原则，即在政府进行工程实施、购买产品以及服务时，应达到用最小的花费收获最大的价值的目的。同时，英国政府还强调，物有所值原则不仅体现在购买产品或服务的阶段，还体现在整个生命周期的成本——收益分析中。

### 2.1.3.2　财政承受能力原则

财政承受能力论证，是指对 PPP 项目的各项财政支出责任进行识别和测算以及对项目实施给当年或者今后年度财政支出所造成的影响进行科学评估，为 PPP 项目财政管理提供依据。

### 2.1.3.3　补充原则

除两大原则外，在筛选 PPP 模式项目时，补充性原则也可参考以下标准：

（1）目标和产出比较清晰。只有目标清晰，才能事先界定社会资本方和公共部门各自需要承担的责任和义务。产出清晰则是社会资本获得应有权益的保证，也是吸引社会资本投资公共服务领域的前提。产出数量和质量难以定量测算的项目，不仅不利于政府事先确定投资政策，也不利于政府和社会公众在社会资本操作期间进行监督。

（2）服务对象和区域范围相对明确。服务对象和区域范围的明确性不仅可以保障收益来源，还便于解决在实际操作中出现的纠纷。

（3）需要长期可持续运营。公共项目的前期投资往往是巨大的，而收益则是缓慢的。如果想要吸引社会资本方投资，就必须保障社会资本可以在项目运营期内收回成本，并获得一定的投资回报，而短期公共项目很少能做到这一点。

（4）建设规模大、投资额大。应用 PPP 模式的一大目标是减少政府财政负担，但是应用 PPP 模式本身具有一定的成本，例如，前期的论证和项目建造、运行过程中的监督等都需要成本。此外，应用 PPP 模式还要承受利用社会资本所带来的不确定性风险。因此，只有当该项目建设规模和投资额都比较大的情况下，应用 PPP 模式才比政府传统的投资模式节约成本。

（5）技术相对成熟。如果该项目的技术要求高且变化快，则通常蕴含较高的技术政策风险。

（6）主要依靠"使用者付费"的方式。这是因为纯公益性项目基本没有收费机制和经营性现金流，社会资本的投资回报主要依靠政府补贴，许多项目不仅难以减少财政压力，反而容易增加财政负担。"使用者付费"则可以帮助政府核定社会资本的收益，明确回收期限和双方应承担的责任。

## 2.2　PPP 相关理论

### 2.2.1　公共产品理论

"公共产品理论"源于 20 世纪 60 年代，萨缪尔森在《公共支出的纯理论》中首次提出，他从市场消费的视角定义公共产品是在市场这个大的系统中某一组织消费某种物品不会侵犯其他组织对本物品的消费权利的一种产品。由萨缪尔森对公共产品的定义可以看出，它的概念是相对于私人物品的内涵，具有非他性和非竞争性这两个显著的特点。公共产品理论认为社会产品根据其效用是否可分割、受益是否排他及消费是否竞争等标准可分为三类：公共产品、准公共产品及私人产品，主要区别如表 2-1 所示。

表 2 - 1　　　　　　　　　　　　物品类别区分对比

| 类别 | 供给主体 | 效用是否可分割 | 收益是否具有排他性 | 消费是否存在竞争性 | 分配原则 |
|---|---|---|---|---|---|
| 公共产品 | 政府 | 不可以 | 不具有 | 不存在 | 公共选择 |
| 准公共产品 | 政府＋市场 | 部分可以 | 部分存在排他性 | 部分存在消费的竞争性 | 公共选择＋市场价格 |
| 私人产品 | 市场 | 可以 | 具有 | 存在 | 市场价格 |

　　由表 2 - 1 可以看出，公共产品的供给主体是政府，具有效用的不可分割性、收益的非排他性、消费的非竞争性，由社会公众共同使用；私人产品的供给主体是市场，具有效用的可分割性、收益的排他性及消费的竞争性，由付费的个别主体使用；准公共产品则介于公共产品和私人产品之间，既可由政府来供给又可由政府与私营部门共同供给。

　　从 PPP 模式的概念可以看出，PPP 项目是能够为社会提供公共服务的项目，是公共产品供给的新方式，属于公共产品的一种，即受益范围为全社会各个领域。公益性主要表现在三个方面：一是服务性功能的基础设施项目，基础设施项目是国民经济的命脉，是促进社会的发展具有巨大的实力基础。二是服务对象的普遍性，PPP 项目作为劳动产品，服务对象既包括自然人、又包括企事业单位等法人及社会团体。它服务于全社会所有的生产、流通和消费部门及政治、军事、文化等各个领域。三是服务效益的社会性。一些 PPP 项目（如公路、污水处理、燃气等）不仅能产生较大的直接经济效益，而且能产生更大的社会效益，为促进社会经济发展创造重要的条件。公共产品是 PPP 项目固有的属性。

### 2.2.2　新公共管理理论

　　新公共管理理论主张政府的作用是"掌舵而不是划桨"，是决策而不是执行，在应该由市场来调节的经济活动中起到指导、适当干预的作用，而不是采取政府介入、控制的治理方式。该理论提倡通过市场改变政府失灵，改革政府机构，减少市场经济活动中的政府干预，在公共事业领域引入市场竞争机制以提高效率。并且该理论以顾客为导向，注重公众参与。

　　依据新公共管理理论，在 PPP 项目准入过程中引入市场竞争机制，将政府规制和市场管理有机结合，推进公共项目的资源最优配置。在 PPP 项目中设立专门的 PPP 管理机构负责 PPP 项目的全生命周期相关事务。对政府和公众之间的关系重新定位。在新定位下，政府由传统的命令发布者，转变为以公众满意度为导向的公共产品或服务的提供者，注重公共产品的供给效率。

### 2.2.3 外部性理论

1890 年，马歇尔在其《经济学原理》一书中首次提到"外部性"一词，此后越来越多的学者开始对"外部性"进行不同角度的探讨，如表 2－2 所示。外部性理论目前在各个领域进行推广使用，其中环境污染外部性、轨道交通外部性两个方面的应用较多。

表 2－2　　　　　　　　　　　　　外部性理论渊源

| 年份 | 学者 | 代表作 | 观点 |
|------|------|--------|------|
| 1890 | 马歇尔 | 《经济学原理》 | 分析厂商的生产成本时首次提出"外部经济"的概念，为正确分析外部性问题奠定了基础 |
| 1920 | 庇古 | 《福利经济学》 | 认为"外部性造成了私人边际产品与社会边际产品之间的不一致性"，他从"公共产品"问题入手，认为两种成本的差异构成了外部性，提出"庇古税"作为治理外部性的方法 |
| 1924 | 奈特 | 《社会成本解释中的一些错误》 | 对"庇古税"治理外部不经济产生了异议，他认为外部不经济产生的原因源于对稀缺资源缺乏产权界定，若将稀缺资源划定为私人所有，则问题将得以克制 |
| 1970 | 科斯 | 《社会成本问题》 | 将外部性引入制度分析之中，认为外部性的产生并非市场运行的必然结果，而是由于产权界定不清，有效产权制度的确立和实施可以解决外部性的问题 |

西方经济学从市场流通的角度认为外部性是难以通过利用市场手段来调整以单个主体发生的某个经济行为对其他主体的经济活动造成的正面（负面）影响的一种属性。从外部性影响程度来看，它可分为正外部性和负外部性。正外部经济（即外部经济）是指市场中的某一主体进行商品流通时，其他组织或者社会不需要任何的劳动就能从中获得利益。负外部经济（即外部不经济）则指市场中的某一主体进行商品流通时，使得其他组织或者社会的利益受到严重的侵害，并且未对此行为进行负责的现象。

PPP 模式因其显著的伙伴关系、利益共享、风险共担等优点，已经得到越来越广泛的应用。PPP 项目作为一种特殊的公共产品，具有很大的公益性，外部性主要表现为：项目前期阶段，项目的规划能够提高周边土地价值；建设阶段，施工对周围环境产生负面效应，如噪声污染、灰尘污染等；运营阶段，给城市带来了良好的经济和社会效益等正外部性，但同时改变了城市布局，如轨道交通提供方便的同时，也给项目周边的居民生活带来了一定的负面影响。然而 PPP 模式作为一种新的融资方式，具有很大的风险，因此社会资本因经营项目失败或受突发事件影响而最终退出项目的情况是屡见不鲜的。社会资本的退出对 PPP 项目的建设和运营影响深远，体现出很强的外部性。

## 2.2.4　不完全契约理论

不完全契约理论（incomplete contracting theory/GHM model），是由格罗斯曼和哈特（Gross man and Hart，1986）、哈特和莫尔（Hart and Moore，1990）等共同创立，该理论是相对于完全契约理论而言的，研究起点为合约的不完全性，研究目的是财产权或剩余控制权的最佳配置，其主要内容为：由于存在人的有限理性、信息的不完备性以及交易不确定性，致使界定契约的成本过高，签约方基于主观评估而做的契约无法完全预期未来事件和环境，故在事前订立完全契约是不可行的，不完全契约是必然和经常存在的。

这种契约的不完全性滋生了"敲竹杠"行为，同时激发了交易主体机会主义行为。一方面，契约不完全留下的漏洞和监督执行的困难可被契约当事人利用，从而减少专用性投资，实施"敲竹杠"行为；另一方面，契约当事人也可能利用契约再谈判时资产专用性带来的"捆绑"效应，或以中止达成再谈判协议进行威胁，从而要求增加契约收益。当契约当事人减少专用性投资，势必会造成生产效率的损失，随之增加生产成本，同时终止协议威胁行为一定程度上影响各方顺利的再谈判，对某些修正条款产生反复的讨价还价博弈，既耗费大量资源又增加了交易的成本。

PPP 模式是一种基于契约的合作，具体表现在项目的特征、合作模式的选择及参与各方的合作意愿等方面。从项目的特征角度来看，PPP 模式目前应用于经营或者非营业性的基础上，政府为了提高城市的基础设施水平，更好地为公众提供服务，与社会资本建立长期有效的协议。从合作模式的选择角度来看，PPP 模式是政府与社会资本就基础设施项目的建设运营采取的一种或者多种合作方式，即为 OMC、BTO、TOT、BOT、BOOT 等合作方式的交叉选择的契约形式。从参与各方的合作意愿角度来看，PPP 模式是各个参与主体为社会公众谋福利的基础上，在项目整个实施周期中为实现各自利益最大化并对项目负责而制定的一种合约方式。

## 2.2.5　失败学理论

失败学是新出现的一门管理学科，以管理学为基础，失败案例为重点，从事物中的不协调因素出发，研究失败发生的路径，失败源因素，及时根据失败进行决策和预警，从而进行控制避免失败，提高项目成功率。根据国内外对失败学的研究，失败学有广义和狭义之分。狭义失败学指根据前人失败经验总结失败教训，避免失败。广义的失败学结合管理学、经济学、社会学等相关学科研究失败案例，分析项目失败的原因。日本东京大学教授畑村洋太郎将失败定义为："失败是指人们参与项目或者其他活动后，行为活动没有达到预期的目标，或者出现了人们不希望见到的结果。"在失败学的研究中，反方向思维是失败学常用的和所提倡的思维模式。事物的发展过程中，有很多的与自身不相匹配的因素，这些不协调的因素构成了失败学研究的初始，通常从不协调因素出发，探索失败发生的源头和路径，为避免失败提供很好的借鉴。尽管失败的表现形式多种多样，失败的内在因素也千变万化，但失败也有很多共同的特点，失败也是有规律可循的。构建失败学理论研究框架体系，借用其他学科的理论方法，对其进行层次的划分，在学科内进行分类，这是研究失败时首先所要展开的。

PPP 模式是政府有效利用社会资源，对资源进行合理配置和整合的创新模式，由于 PPP 项目属于公共服务领域，容易受到外界因素的影响，出现了很多问题，从而导致很多 PPP 项目的失败造成了很大的经济损失。在 PPP 项目中引入失败学为解决我国 PPP 模式更好地运行提供了良好的理论基础。失败学就是从典型失败案例中认真总结失败规律，开拓新的人类未知领域，然后从技术、管理、经济、行为等层面对失败进行全面分析，找出项目失败的风险源，从而建立防止失败的预警机制。

## 2.3　可持续发展研究

### 2.3.1　可持续发展理论的产生

可持续发展理论的出现大致可以追溯到 20 世纪 60 年代。1962 年，美国海洋生物学家莱切尔·卡逊（Rachel Carson）出版的《寂静的春天》一书提出了人类应该与大自然的其他生物和谐共处，共同分享地球的思想。1972 年，一个由学者组成的非正式国际学术组织"罗马俱乐部"发表了题为《增长的极限》的报告，这份报告深刻地阐述了自然环境的重要性以及人口和资源之间的关系，并提出了"增长的极限"的危机，由此，可持续发展在 20 世纪 80 年代逐渐成为社会发展的主流思想。1984 年美国学者爱迪·B. 维思（Edith Brown Weiss）在塔尔博特·R. 佩奇（1977）所提出的社会选择和分配公平理论基础上，系统地论述了代际公平理论，该理论成为可持续发展的理论基石。1987 年，世界环境与发展委员会（WCED）在题为《我们共同的未来》的报告中正式提出了可持续发展

模式，并且明确阐述了"可持续发展"的概念及定义：既满足当代人发展的需求
而又不危害子孙后代发展的需求。1992 年，在"联合国环境与发展大会"上，
可持续发展被确立为一种新的发展理念和发展模式。2002 年，在"可持续发展
世界首脑会议"上，围绕着健康、农业、水利能源、生物多样化等可持续发展问
题进行了广泛的讨论。2017 年，在日内瓦万国宫"共商共筑人类命运共同体"
高级别会议上我国国家主席习近平发表题为《共同构建人类命运共同体》的主旨
演讲，提出构建人类命运共同体，实现共赢共享，推动可持续发展事业和应对气
候变化等全球治理进程。

　　可持续发展的核心是发展，这是正确认识和理解可持续发展的关键所在。中
国是发展中国家，这决定了"发展是硬道理"，经济发展中出现的人口、资源、
环境问题必须在发展中解决，用停滞、限制发展的消极观点来谋求可持续发展不
符合我国国情。可持续发展的主体是社会发展系统，其目标是实现社会发展系统
的可持续性，实现当前发展、未来发展以及当代人利益、后代人利益的均衡协调
发展。中国实现可持续发展战略的实质，是要开创一种新的发展模式，代替传统
落后的发展模式，使国民经济和社会发展逐步走了良性循环的道路。

## 2.3.2　可持续发展理论的内涵

　　可持续发展是人们运用系统思想指导和评价人类一切活动的一种重要理论思
想。可持续发展包含既有区别又相联系的三个方面，即社会（ethics）、经济
（economy）和环境（environment），可持续发展就是要实现经济增长、社会和谐
与环境可持续的协调增进。在经济发展方面，强调以效益为本（profit），体现为
可融资性和投资能力等内涵；在社会发展方面，强调以人为本（people），体现
为社会和谐、社会指纹（social fingerprint，社会特征、社会特色）、本地化可持
续就业、人力资本开发等内涵；在环境发展方面，强调以地球为本（planet），体
现为自然系统的可持续性、生态足迹等内涵。尽管存在诸多定义，但其共同的基
本要素有：（1）可持续发展不是一个单纯的经济学问题，而是一个涉及自然科
学、社会学、政治学、经济学等许多领域的一个复杂性、综合性系统工程；
（2）可持续发展追求代际与区域间的公平与效率，追求人类平衡与增长极限；
（3）可持续发展认为有限增长的经济及解决贫困问题同样重要，强调发展是硬道
理；（4）从某种意义上说，经济持续发展是社会可持续性发展的基础，资源的永
续利用是经济可持续发展的基础，生态环境的保护与改善是资源可持续利用的
基础。

　　可持续发展具有未来性（关心未来各代的福利）、平等性（经济利益在代内
和代际的公平分配）、区域性（发达国家利用或耗竭了大量的自然资本，却将成

本分摊给世界来共同承担）和生物多样性（维持生态环境系统的完整性）。相对于传统发展而言，在可持续发展的突破性贡献中，提取出以下 5 个最基本的内涵：（1）可持续发展内蕴了"整体、内生、综合"的系统本质；（2）可持续发展揭示了"发展、协调、持续"的运行基础；（3）可持续发展反映了"动力、质量、公平"的有机统一；（4）可持续发展规定了"和谐、有序、理性"的人文环境；（5）可持续发展体现了"速度、数量、质量"的绿色标准。

实施可持续发展战略必须转变思想观念和行动规范，用可持续发展的新思想、新观点、新知识、新技术，根本变革人们传统的不可持续的生产方式、消费方式、思维方式，建立经济、社会、环境相协调统一的价值观和行为规范。

### 2.3.3 PPP 项目与可持续发展的研究

联合国欧洲经济委员（United Nations Economic Commission for Europe, UN-ECE）提出把起源于欧洲的 PPP 模式作为推进各国实现可持续发展目标的重要机制和有效工具向全世界推荐，并通过研究制定与 17 个可持续发展目标相对应和匹配的 30 多个 PPP 国际标准，推动实现全球可持续发展。PPP 模式之所以能够成为一种实现人类可持续发展目标的工具，其原因在于：一方面，人类可持续发展的一系列目标，涉及教育、医疗、养老等多个行业的基础设施投资建设和高效优质公共产品或服务的供给，政府财政的压力和专业技术管理水平的限制决定了实现这些目标不可能仅仅依靠政府部门。而这些领域的投资建设项目往往具有公共产品或准公共产品的特征，也不宜采用单纯的私有化或充分的市场化模式运作，PPP 模式则可以较好地平衡两方面的矛盾。通过引入民营资本，充分吸收民营资本专业化的投资、建设、运营等能力，从而实现人类可持续发展目标。另一方面，促进可持续发展的动力在于源源不断地创新，在基础设施和公用事业项目中，传统模式很难形成对公共部门产生创新的有效激励，因为无论是技术上的创新，还是管理上的创新，都需要对实施者提供巨大的经济激励。因此，PPP 模式引入社会资本的同时，通过满足激励相容条件制度的设计，可以激发社会资本进行创新，发挥社会资本专业化的投资、建设、运营等的主动创新能力，从而实现可持续发展目标。

以实现以人为本及可持续发展目标为导向的第三代 PPP，重点关注以下问题：（1）既聚焦于经济基础设施，又关注于社会基础设施，目的是提高全部公共服务（包括经济性公共服务和社会性公共服务）供给的质量和效率；（2）既包括使用者付费项目，也包括政府购买服务项目，要求由私营部门负责项目建设的融资，通过使用者付费、政府财政补贴及购买服务，取得私营部门融资的投资回报；（3）强调通过特许经营、政府购买服务等多种方式建立公共部门与私营部门之间的平等合作伙伴关系；（4）强调通过 PPP 模式撬动各种社会资源，促进经济、社会、资源、环境的协调发展，为实现联合国倡导的可持续发展目标做出贡献；（5）强调 PPP 项目对社会发展、性别平等、消除贫困、区域协调发展等方面的影响，从代际公平的角度去审视 PPP 模式；（6）关注影响力投资（impact investment），以创造可测量的社会影响为主要目的，以改善社会民生或者通过投资行为实现正面的社会和环境效应；（7）项目的可行性论证，首先要关注社会评价（social assessment），在社会可行的基础上进一步关注经济可行性（进行经济费用效益分析或费用效果分析）以及财政资金的使用效率评价；（8）强调以人为本，重视人的价值（value for people）的评价，强调经济发展不得损害人类自身的发展。

笔者认为，联合国系统目前正在推动的以可持续发展理念指导下的 PPP 模式，是 PPP 模式的一种新的形态，代表未来的 PPP 模式发展方向，因此笔者称之为第三代 PPP。同济大学熊伟和诸大建（2016）提出了 PPP 3.0 理论，PPP 1.0 阶段的主要目的是解决融资问题；PPP 2.0 阶段的主要目的是提升效率；PPP 3.0 阶段的主要目的是促进可持续发展。按此理论框架，那么中国目前显然仍处于一个 PPP 1.0 和 PPP 2.0 并存的阶段。换句话说，当下中国采用 PPP 模式的主要原因一方面是为了解决财政资金投入不足，通过引入社会资本加快基础设施建设和提升公共服务供给能力，进而促进经济发展；另一方面是让专业的人做专业的事，提高效率和质量。中国 PPP 实践特别是 PPP 研究起步较晚，在发展过程中产生了理念、人才、法规和机制等多方面的缺失，为此建议加强与联合国机构的合作，通过强有力的系统培训，并借鉴国际成功经验，尽快地解决 PPP 理念问题和人才问题，加快 PPP 立法并建立科学合理的 PPP 工作协调机制。

## 2.4　本章小结

本章首先对 PPP 模式进行概述，并指出 PPP 模式在中国情境下的使用范围和执行原则，其次对公共产品理论、新公共管理理论、外部性理论、不完全契约理论和失败学理论的主要观点及其对 PPP 项目研究的启示和借鉴意义作了阐述，最后对可持续发展理论的产生、内涵及可持续发展理念下的 PPP 模式展开分析与界定，以为本书的进一步研究奠定相关的理论基础、搭建理论平台。

# 第3章

# PPP 项目政府责任

在 PPP 项目的实践过程中，受内外部环境的影响，出现了影响 PPP 项目持续运行的不和谐因素。考虑到中国的实际情况，PPP 项目中错综复杂的组织关系，导致政府责任缺位、越位等问题频发，本章将结合政府责任的内涵，从 PPP 项目中政府责任定位的视角出发，进行研究。基于组织界面理论，对 PPP 项目政府责任组织界面进行识别，运用计量模型确定影响 PPP 项目政府责任实现的关键因素，结合实证分析最终构建 PPP 项目政府责任的实现路径。

## 3.1 PPP 项目政府责任界面理论基础

### 3.1.1 PPP 项目政府责任概述

#### 3.1.1.1 PPP 项目政府定位

PPP 项目中的政府定位包括政府角色定位和政府职能定位。政府职能即政府的职责和功能，是政府依法管理诸多领域时的职责和功能。政府角色是将政府人格化，以定位其功能和作用。政府角色通过公职人员的行为体现，是对公职人员具体职务及与职务相关行为的抽象和归纳。

综上所述，本书将 PPP 项目中的政府定位定义为：政府为保证 PPP 项目的公平与效率，明确并规范政府观念、职能、作用、监管等内容的进程。

#### 3.1.1.2 政府责任概念

广义的政府责任，是指对公众的需求作出积极的回应措施，公正有效地实现公众需求。狭义的政府责任，是指法律责任和违背法律的后果。政府责任包含了政治、道德、行政、诉讼和侵权赔偿五个层面内容。

本书在前面论述了政府责任具有时序性，即政府除了对以前和现在的问题负责，还应对未来可能出现的情况提前进行责任规划，制定具有超前性的政策控制未知风险。由此将 PPP 项目的政府责任定义为：政府应为 PPP 项目的顺利实施提供相关支持，并且应该具有超前意识以及风险意识，对于 PPP 项目中可能出现的风险和矛盾进行控制。由于政府责任的属性和责任主体不同，在政府责任的划分上也不尽相同。通常存在三类说、四类说和五类说 3 种划分类型，如表 3 - 1 所示。

表 3 - 1　　　　　　　　　　政府责任分类

| 划分类别 | 三类说 | 四类说 | 五类说 |
|---|---|---|---|
| | 政治责任 | 政治责任 | 政治责任 |
| | 法律责任 | 法律责任 | 法律责任 |
| 责任内容 | 道德责任 | 经济责任 | 行政责任 |
| | | 社会责任 | 道德责任 |
| | | | 生态责任 |

### 3.1.1.3　PPP 项目政府责任主体的界定

政府是具有制定并执行、贯彻和解释、运用法律，进行阶级统治、权利执行、政治调控和社会管理的国家行政机关，也是为人民服务的机关。

按层级划分，可将政府分为中央政府和地方政府两个层级机构。中央政府是最高国家行政机关，负责全国性事务的统筹规划；而地方政府具有区域性质。

广义的地方政府泛指其管辖范围内的全部国家机构，狭义的地方政府只包括行政机关。

由于 PPP 项目具有地域性特点，且相较于中央政府，地方政府一般作为直接参与者在 PPP 项目全生命周期中进行相关事务的管理与监督。因此本书所研究的 PPP 项目政府责任主体指的是广义的地方政府。

### 3.1.2　PPP 项目组织界面界定

PPP 项目具有时间长、风险大、参与方众多、组织关系复杂的特点，PPP 项目组织随着项目的实施阶段动态变化，因此构建科学的组织结构、明确组织成员定位、明确各方权责、提升组织成员的合作空间，对于实现共同组织既定目标极为重要，因此本书的研究重点为 PPP 项目的组织界面。

"界面"（Interface）最初于工程技术领域提出，以此描述各类机械设备的接口关系，清晰地说明了各要素之间的连接关系以及物体或系统组分之间的结合状态，反映了各组织部门之间在信息、物资等要素上的交互作用状况。

PPP 项目为大型的工程建设项目，综合上述界面分类，根据集成单元的性状和存在形态将其分为实体界面、合同界面和组织界面三类。

实体界面指的是存在于建设项目中的建筑实体部位连接；合同界面指的是由于项目分包方式的差异所产生的联系；组织界面指的是存在互动关系的组织主体间的沟通与协作状态。

综上所述，本书对 PPP 项目的组织界面的定义：由实体界面和合同界面组成，PPP 项目各利益主体在人流、物流、资金流以及信息流上的一种协作关系。按照组织界面的存在位置及 PPP 项目各利益主体的隶属关系，将 PPP 项目组织界面分为纵向、横向和斜向三种类型。

# 3.2　PPP 项目政府责任边界与组织界面识别

## 3.2.1　PPP 项目利益主体构成及分类

### 3.2.1.1　利益主体构成

利益主体分析是厘清政府责任边界的切入点，是明晰政府责任问题的有效路径。表 3 - 2 为 PPP 项目中涉及的利益主体，图 3 - 1 为各方主体关系。

表 3 - 2　　　　　　　　　　　　PPP 项目利益主体分析

| 利益主体 | 主体行为分析 |
|---|---|
| 政府 | 项目特许权授予者；承担相应风险，提供政策保证 |
| 项目发起人 | 由政府部门指定代表行使权力；项目的实际投资者和主要承办者；将各参与方联系起来，建立项目公司 |
| 私营部门 | 政府部门的合作方；项目公司的重要组成部分 |
| 项目公司 | PPP 项目的直接承办者；项目执行主体；负责项目投资、债务、筹资 |
| 建筑承包商 | 项目股东之一，负责项目建设 |
| 运营商 | 项目股东之一，运营商负责项目经营维护，并对项目使用者收取费用 |
| 消费者 | 项目建成后的产品长期消费群体，为产品支付一定使用费用 |
| 金融机构 | 包括商业银行、非银行金融机构、出口信贷机构；PPP 项目的主要出资人 |

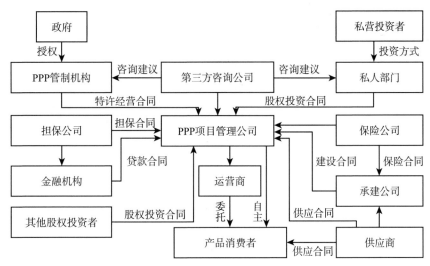

**图 3 - 1　PPP 模式各方主体相互关系**

PPP 项目组织结构是多个利益主体构成的复杂体系，在众多利益主体构成的关系形态中，以项目公司为核心主体，其他为环绕主体形成的一种双务关系。各方均是通过合同、协议等方式连接在一起。以合同和协议内容为依据，不同主体之间形成了复杂、明确的协作关系，并且，协作关系的和谐程度决定了项目成败，只有多元主体有效协作，才能实现项目总体目标。

### 3.2.1.2　利益主体分类

在 PPP 项目的整个过程中，涉及项目的发起与确定、合作方选择、资金筹措和设计、施工以及运营与维护等多个环节。在整个过程中，每个环节都有一个或多个主体参与，借鉴 Wheeler 分类方法，对 PPP 项目利益相关者进行分类，如表 3 - 3 所示。整个环节的参与主体既承担项目风险，又享有项目利益，因此上述参与者可以看成 PPP 项目的利益相关者。

表 3 - 3　　　　　　PPP 项目利益相关者在项目中的角色和利益诉求

| 利益相关者 | 项目角色 | 利益诉求 |
| --- | --- | --- |
| 核心利益相关者 | | |
| 公共部门 | 提供者<br>合作者<br>规则制定者<br>监管者 | 基础设施服务提供的持续性 |
| | | 项目产品或服务的适当价格 |
| | | 对客户、用户的非歧视与公平对待 |
| | | 满足环境保护、健康安全及质量标准 |

| 利益相关者 | 项目角色 | 利益诉求 |
|---|---|---|
| 核心利益相关者 | | |
| 公共部门 | 提供者<br>合作者<br>规则制定者<br>监管者 | 项目适应现在及将来国家经济发展的状况 |
| | | 对未来条件变化的弹性（适应性） |
| 私营部门 | 主要股东 | 完善的法律法规 |
| | | 对私人投资的保护 |
| | | 及时从公共部门获得建设和运营项目的同意或认可文件 |
| | | 可实施的协议 |
| | | 良好的冲突解决机制 |
| 重要利益相关者 | | |
| 金融机构 | 参与者 | 及时收回项目借贷本息 |
| 承包商、供应商 | 参与者 | 及时收回项目建设资金 |
| 运营商 | 参与者 | 稳定的市场需求 |
| 一般利益相关者 | | |
| 用户 | 使用者 | 以合理的价格获得产品或服务 |
| 边缘利益相关者 | | |
| 公众、媒体 | 监督者 | PPP 项目运作过程透明、公平 |

核心利益相关者的态度是决策首要考虑方面；重要利益相关者的决策影响较大；一般利益相关者和边缘利益相关者的影响力较小，但他们对 PPP 项目的支持，可在一定程度上制衡核心利益相关者和重要利益相关者。

## 3.2.2 PPP 项目政府责任边界界定

### 3.2.2.1 PPP 项目政府责任界限

在 PPP 项目政府责任的界定上，一直存在界限不明的问题。对 PPP 项目政府责任界限的确定能够为厘清政府责任主要内容提供依据和参考。PPP 项目的本质就是政府与市场的合作关系，这决定了政府责任内容较为宽泛，但是结合政府责任的理论分析以及当前 PPP 项目的问题，发现政府责任主要集中体现在经济责任和社会责任两个层面。

随着基础设施供给模式的改变，PPP 项目中政府的角色也发生了根本性的改变，由直接提供者转变为间接提供者，但这并不代表政府责任的减少，而是政府责任的转型。具体而言，政府已由传统模式下的直接投资者、经营者和监管者转变为提供者、合作者、规则制定者和监管者，在这些政府角色下，我国政府在基础设施 BOT/PPP 项目应承担的责任主要集中在政府保证与政府信用、环境保障与资金支持以及法律规制与政策支持等三方面。

**1. 公共产品的提供者**

维护公共利益、增加公共福利是政府重要的职能之一，PPP 项目的成功运营对于提高公众生活质量、带动地方经济发展有着重要的作用，政府对此有着不可推卸的责任。政府需要通过详细的可行性分析来选择使用何种融资模式，并采取 VFM 方法对 PPP 项目进行评价，避免资源的浪费给 PPP 项目带来巨大隐患。

**2. PPP 项目的合作者**

由于政府与私营部门之间存在信息不对称的问题，导致 PPP 项目参与主体出现"道德问题"以及"逆向选择"问题，为了有效杜绝此类问题，在 PPP 项目的信息交流机制中，应该建立有保障的高效信息交流平台，促进参与主体之间进行有效的沟通，杜绝信息不对称所带来的各种问题。而盈利作为私营部门的首要目标，若在 PPP 项目运营过程中，出现利益分配不公容易导致私营部门撤资，引发项目的失败。尤其是特许经营协议签订的谈判期，利益分配是非常重要的问题。作为 PPP 项目的监管者，政府应该坚持建立统一的利益分配原则，同时允许项目存在差异性，依据项目实际情况实行原则范围内的调整。

**3. PPP 项目的规则制定者**

PPP 项目的平稳运作需要依靠政府的监管与规制，来解决 PPP 项目运行过程中可能出现的波动状态。提升政府信用，明确政府责任边界，确保政府干预在合理限度之内。为 PPP 项目创造稳定的融资环境，给予投资者合理的优惠承诺以吸引投资。

**4. PPP 项目的监管者**

在 PPP 项目建造与运营阶段，公共部门应转变为对 PPP 项目及私营部门进行监管。成立专门的 PPP 管理机构负责 PPP 项目的统一管理，保证 PPP 项目保质保量的完成。由于公、私双方在利益目标导向上存在差异性，公共部门应站在公众利益最大化的角度对私营部门及项目进行监管。

政府部门对私营部门监管的内容是全方面的，具体包括建设标准监管、价格监管、普遍服务监管、合同履行情况、安全监管以及产品或服务质量监管等主要内容。政府监管是 PPP 项目政府责任有效实现的重要保障，公共部门应设计科学可行的监管框架，确保监管的合理性。

### 3.2.2.2　PPP 项目政府责任主要内容

在对 PPP 项目政府责任内容的明确上，一直都存在内容不清、界限划分不明，没有明确指出政府责任的具体范围等问题，前文对 PPP 项目政府责任界限的确定为厘清政府责任内容提供了依据。

本书前文论述了政府责任的时序性，政府应为 PPP 项目的顺利实施提供相关支持，并且具有超前意识及风险意识，对于 PPP 项目中可能出现的风险和界面矛盾进行控制。图 3-2 列出了政府在 PPP 项目中应尽的责任内容，从人力、物资、制度、社会环境等方面确定 PPP 项目政府责任。

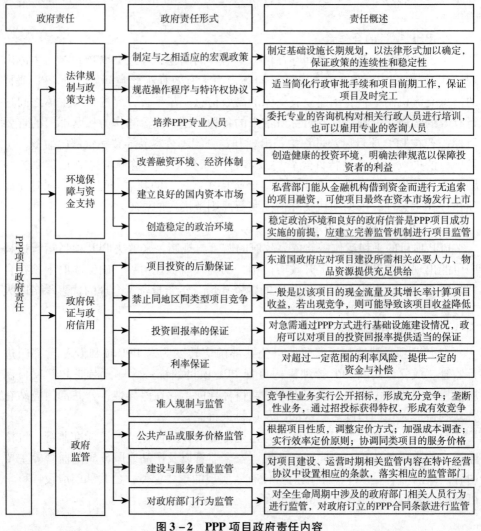

**图 3-2　PPP 项目政府责任内容**

### 3.2.3　PPP 项目政府责任组织界面识别

在 PPP 项目运行的整个过程中，政府责任的实现是通过政府主体与其他参与主体交换信息流，使得不同组织间通过沟通与协调共同推进政府责任的实现。但在政府责任实现的过程中，由于各个组织界面内部不同主体之间存在割裂，导致政府与其他信息传递出现黏滞，造成政府责任实现不及时、甚至出现责任盲区，政府责任进而成为影响 PPP 项目成功推进与实现的最大因素。同时，结合 PPP 项目中利益相关者的类别及从属关系与 PPP 项目组织界面的划分，将 PPP 项目政府责任组织界面分为上级公共部门—下级公共部门的纵向界面、公共部门—私营部门以及公共部门—公众的横向界面和公共部门内部斜向界面三种界面，从纵向界面、横向界面以及斜向界面，以政府责任实现为核心，探究政府责任在三种不同界面内部是如何进行协调与沟通的。

#### 3.2.3.1　纵向界面

PPP 项目政府责任纵向界面是指构成界面的不同层级政府在界面内部属于直接隶属关系，或者称之为上下级关系的界面。通常而言，在上级公共部门—下级公共部门所组成的纵向界面上，由于二者之间存在固有的地位、信息差异，会造成在 PPP 项目实施过程中产生权利的不平等。当下级公共部门接受上级公共部门的指示时，由于双方之间存在地位、文化、制度以及知识或信息等多种差异，使得下级公共部门解读上级公共部门原有信息出现理解偏差，导致下级公共部门难以正确、全面、有效地落实上级公共部门的规定，从而形成纵向界面内部矛盾。此外，界面内双方出于自身利益诉求，形成上下之间的博弈，且博弈的整个过程中会形成不同的策略集和支付函数。在大多数情况下，一方的支付函数是以另一方利益最大化为约束。

尤其是我国作为典型的以中央集权为特征的单一制国家，中央政府较易获得全国宏观信息、资源调配能力强、对全体公众负责、对全国性的事务具有决定性的权力，地方政府由中央政府授权，既代表国家利益又代表地方利益。在整个层级政府组织中，均实现的是"下管一级"，要求下一级政府对上一级政府负责，下一级政府需要接受上级政府的监督、检查和指导。在 PPP 项目实践操作过程中，中央政府和省级政府首先需要对公共服务提供进行决策，然后各地方政府负责执行、落实，同时接受上级政府的监督检查，而上级政府通过转移支付对 PPP 项目的直接负责政府进行适当补贴。地方政府不具有独立的政策制定权，下级政府不能有效代表地方的利益与上级政府谈判，只需完成上级下达的任务。

然而，在这种行政集权的情况下，一些交叉重叠的公共服务提供责任往往压给下一级地方政府，在财力有限的情况下，下级政府又只能向上级政府争取资助，中间形成大量的人力、物力、财力损失，大大降低公共服务的提供效率。同时，在行政性分权模式下，一方面要求下级政府对上级政府负责，另一方面基层政府与辖区居民之间缺乏直接的委托—代理关系，缺乏公众意见的反馈和制约机制。而上级政府在进行决策时，由于信息不对称，很难充分反映公众的需求，造成决策失效，致使政府责任实现在纵向界面出现一系列的缺失。

### 3.2.3.2 横向界面

在 PPP 项目组织界面中，横向界面中的主体双方在组织内具有地位平等或对等的特征，双方之间并不存在隶属关系。根据 PPP 项目中政府与其他多元主体之间的关系远近以及主体地位之间的类型，可将 PPP 项目政府责任组织横向界面划分为公共部门—私营部门和公共部门—公众两种类型横向界面。而作为横向界面的双方博弈主体，各自具有相对独立的利益取向，而双方之间的策略集差别则不是无穷的，也缺乏互为约束的情境，即使存在相互约束的情景，也是所在组织利益最大化的共同约束。加之，界面双方因其对立平行的位置容易忽略对彼此信息的关注，从而阻碍信息共享，造成政府责任难以有效实现。

**1. 公共部门—私营部门**

公共部门是指政府及其所属部门之和，主要包括公共事业和政府相关管理部门，并且我国公共部门具有中央集权和地方分权的特点。而私营部门则主要包括个人投资者、民营企业以及外国跨国公司，主要通过购买股权与市政债券以及竞标特许经营权从而实现对公共项目的承建和运营以及管理。

PPP 项目作为以公共需求为导向下，带动政府投资人与项目经理以及项目其他参与方等一系列主体形成的契约缔结体。其中，PPP 项目中的私营部门具体包括由企业和承包商、供应商等组织构成的利益相关者共同合作来完成的，且通常来说，私营部门之间是通过正式和非正式的契约联结在一起，形成一个复合型的契约联结体系。

此外，在 PPP 项目中，公共部门作为公众利益的代表，实现公共利益最大化则是公共部门的核心目标。然而，私营部门作为一个营利性组织，多是从自身利益最大化为行动的逻辑出发点。在 PPP 项目的筹建过程中，为了达到资源高效、合理化配置，公共部门通常会凭借契约，将项目的建设过程委托给私营部门，从本质来说，公、私部门之间的关系是委托—代理的关系。委托方是公共部门，受托方则是私营部门。

由于公、私之间利益导向不同，双方难免地会产生利益和责任分歧。但 PPP 项目最终是使合作各方达到比预期单独行动更为有利的结果，尽管双方自身目标存在差异，双方都会朝着 PPP 项目利益最大化的方向前进以达到"双赢"。

**2. 公共部门—公众**

在 PPP 项目的参与主体中，还包括公众，作为 PPP 项目的直接受益者。按照 PPP 项目与公众的密切程度，将 PPP 项目中的公众分为使用者、特定居民、直接或间接经济利益相关者以及项目相关领域专家四类。其中，使用者主要是指 PPP 项目所提供公共产品或服务的消费者；特定居民则是指项目选址周围的大众；而直接或间接经济利益相关者则是指会对项目造成一定经济利益影响的民众，如媒体；项目相关领域专家则是指 PPP 项目相关行业的专家、学者，如工程师、律师等。

公众既是 PPP 项目的伙伴主体，又是项目的服务对象。公众与公共部门不存在地位从属关系。在 PPP 项目决策与管理过程中，公众具备知情权、参与权和监督权等权利。从二者在 PPP 项目发挥的作用来说，双方同处于 PPP 项目的行政与监管层。虽然 PPP 项目所有权和控制权归政府所有，但从公众与政府的利益诉求来说，公众被赋予和公共部门同等的 PPP 项目控制权。但在缺乏相应的约束机制的情况下，由于传统观念的影响，公众对监督公共部门的意识较为淡薄和不足，而基层公共部门也缺乏将政府目标对公众公开以及积极响应公众意见的动力，通常出于与上级公共部门的偏好保持一致，满足自身政绩的需要。

在项目的不同阶段，公众对于 PPP 项目的利益诉求不尽相同，公共部门作为公共利益的维护者，应尽量满足公众正当所需，为公众参与 PPP 项目提供相关渠道。图 3 - 3 为项目全生命周期涉及的公众主体及其利益诉求。

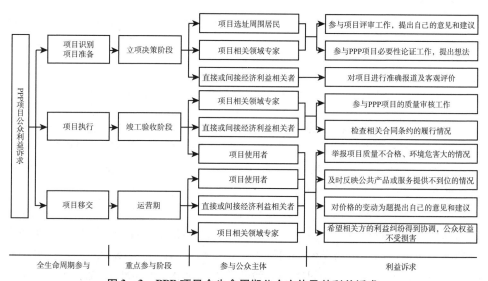

**图 3 - 3  PPP 项目全生命周期公众主体及其利益诉求**

### 3.2.3.3 斜向界面

在斜向界面中，界面内部的双方虽然具有明显的地位差别，但双方之间并没有直接隶属关系，界面内部的双方关系要比横向和纵向界面关系更微妙。

在斜向界面中，主要是由于同一层级的地方政府结构单元存在不同的建制类型，从而形成地方政府结构的斜向组合。地方政府一般由各职能部门组成。根据PPP 项目的性质和内容，政府会授权其中的某个部门作为 PPP 项目的主导者。此时，政府授权的主导部门与其他部门之间就形成了地位差别，但主导部门与协作部门之间不存在直接隶属关系，因此形成斜向界面。

PPP 项目是通过多个部门共同协作一起完成的。各部门从各自的职能、专业角度为 PPP 项目的顺利施行提供支持。但由于各部门存在组织差异性，利益目标不相同，并且各部门不存在直接隶属关系，加之沟通过程中存在信息不对称，因此有可能出现各自为政的情况。

## 3.3　PPP 项目政府责任实现的界面影响因素识别

### 3.3.1　PPP 项目政府责任实现问题分析

在 PPP 模式中，将政府定位为特许权授予者、项目合作者、规则制定者及监管者。由于长期受传统投资体制的制约，部分地方政府部门尚未转变角色，导致PPP 模式中，出现政府责任错位、越位、缺位的现象。具体来说，主要体现在政府信用缺失、政府寻租、监管机制不完善三个方面。

#### 3.3.1.1 完全动态信息博弈下的政府信用分析

私营部门不仅关注项目的经济效益，政府信用也在私营部门重点考虑范围之内。政府违背契约不仅严重损害了政府信誉，也打击了私营部门的投资信心和投资积极性。王守清教授曾做过一份我国建设—经营—转让（BOT）项目风险调查，调查显示在 123 项风险中排名第一的，为政府信用问题。

政府失信的具体表现有：一是与私营部门夺利。PPP 项目中，公共部门作为公众福利的维护者，具有公益性。但公共部门还是会受"经济人"属性的驱使追逐私利，违背合同条款与私营部门争利，导致私营部门利益减少。二是，由于风险分配不均，公共部门承担过多的风险而单方面终止 PPP 项目，无法履行合同中的保证条款，导致私营部门退出 PPP 项目，由此造成重大损失。

假设本书博弈中只有两个参与方：公共部门 G，私营部门 P，双方都知道对方的策略。该博弈的行动顺序如下：

（1）首先私营部门行动，选择投资或不投资该 PPP 项目。

（2）在私营部门决策后，公共部门根据项目情况选择诚信履约或失信违约。

（3）私营部门根据公共部门的决策，有权选择继续运营或停止运营。假设公共部门无力兴建该 PPP 项目，并且私营部门也不对此投资，则城市经济发展受限，公共部门为负效用 $-A$。

（4）假设私营部门将资金投入其他方面获得的收益，即基本效用为 W；假设项目建成之后，公共部门守信，私营部门继续运营，则私营部门收益为 R，公共部门收益为 S。假设公共部门失信不履约，则私营部门收益为 $R^1$，公共部门收益为 $S^1$。

（5）假设该 PPP 项目建设成本为 C，建成之后私营部门不运营该项目，私营部门收益为 $-C$，公共部门收益为 C。

存在下列结果：

（1）最不幸的结果是私营部门不选择投资，私营部门不再运营该项目，政府不诚信。即 R＜W 时，最后私营部门收益为 W，但是政府部门收益为 $-A$。

（2）当公共部门失信时，私营部门未获得预期收益 R，但 R＞W，私营部门选择继续运营。但该结果无法充分调用私营部门初始的最优资源配置，也降低了私营部门的后续投资积极性。

虽然公共部门在失信的情况下获得了更多收益，但在很大程度上损害了自身信用，降低了私营部门的投资信心。

### 3.3.1.2　政府寻租的不必要成本分析

政府责任缺位体现在，由于我国现有法律体制和监管体制的不完善，导致在 PPP 项目中存在腐败、寻租问题。在政府寻租问题中，政府无意创租、政府主动创租、政府被动创租三种寻租行为中，政府主动创租是最为常见的，腐败也多数是由于政府主动创租导致的。公用事业特许经营权授予是公用事业的市场准入环节，私营部门为了进入公用事业市场，会设法取得特许经营权，因此在 PPP 项目特许经营权招投标过程中最容易发生政府创租行为。

**1. 政府主动创租的寻租成本**

假设有 N 家私营部门在 PPP 项目的特许经营权，在此之前，必须承担一定的进入成本（如注册费用）。若私营部门成本对称，提高寻租成本就会降低所有私营部门的支出。若私营部门之间不对称，这样的政策会使"寻租过程变得更加公平"；信息对称时，本来不会加入寻租的处于弱势的私营部门也会参与寻租，导致寻租总支出增加。

假设有 N 家私营部门同时付出资源竞争垄断租金 $V(V \geq 0)$，$e_i$ 表示私营部门 i 支付的资源。私营部门 i 获得租金的概率为：

$$P_i(e_i, \sum_{j \neq i} e_j) = \frac{e_i}{e_i + \sum_{j \neq i} e_j} \tag{3-1}$$

假设私营部门 i 为寻租过程承担的成本是支出 $e_i$ 的线性函数 $C_i(e_i)$，每个私营部门最低的边际成本为 $c_i$。

假设私营部门之间成本不对称 $0 \leq c_1 \leq c_2 \leq \cdots \leq c_N$，第一个私营部门效率最高、单位成本最低，依次降低，第 N 个私营部门效率最低、单位成本最高。则私营部门 i 的预期利润为：

$$\pi_i = VP_I(e_i, \sum_{j \neq i} e_j) - C_i(e_i) \tag{3-2}$$

所有私营部门必须承担固定的进入成本 $K(K \geq 0)$，则私营部门 i 参加寻租必须满足 $\pi_i > K$，否则私营部门将不参与寻租。

假设政府设租官员关心的是 N 家私营部门的总支出水平，$\sum_{i=1}^{N} e_i$ 设租官员通过设置繁复的规则影响寻租厂商的支出，这些规则按一定比例 θ 增加寻租成本。

假设 $\theta(\theta \geq 0)$ 为影响寻租成本影响因子，私营部门 i 的成本为 $C_i(e_i) = (c_i + \theta)e_i$。若政府没有寻租行为，则 $\theta = 0$，私营部门的边际成本 $C_1'$，$C_2'$，$\cdots$，$C_N'$ 保持在最低水平。

$$\frac{\partial \pi_i}{\partial e_i} = \frac{V \sum_{j \neq i} e_j}{(e_i + \sum_{j \neq i} e_j)^2} - C_1' = 0 \tag{3-3}$$

时，私营部门 i 利润最大化。

均衡时的情况分析，假设有 $M \geq N$ 的私营部门寻租，私营部门 i 的成本 $C_i(e_i) = (c_i + \theta)e_i$ 为 $e_i$ 的线性函数，私营部门 i 的预期利润为

$$\pi_i^* = V(P_i^*)^2 \tag{3-4}$$

则私营部门 i 获胜的概率为：

$$P_i^*(C_i', \sum_{j \neq i} C_j') = 1 - \frac{(M-1)C_i'}{C_i' + \sum_{j \neq i} C_j'} \tag{3-5}$$

均衡时，所有私营部门的总支出为：

$$\sum_{i=1}^{M} e_i^* = \frac{V(M-1)}{\sum_{i=1}^{M} C_i'} \tag{3-6}$$

达到均衡时，私营部门 i 的寻租支出为 $e_i^* = P_i^* \sum_{i=1}^{M} e_i^*$。

### 2. 政府无意创租的寻租成本

假设政府发现了在招投标中出现的官员和私营部门串通招标的行为，为了防止一些资质差的私营部门通过向有关官员行贿从而获得 PPP 项目的特许经营权，政府提高了进入成本以筛掉一些资质差的私营部门，保证参与投标的私营部门的质量。

现分析政府提高进入成本这一政策对寻租成本的影响。私营部门 i 在预期利润大于进入成本的情况下选择寻租，则私营部门 i 参与寻租的约束条件为：

$$P_i^* \geq \left(\frac{K}{V}\right)^{\frac{1}{2}} = \rho_{min} \qquad (3-7)$$

$\rho_{min}(\rho_{min} \geq 0)$ 为使进入可行的最低获胜概率。即使 $\frac{K}{V}$ 很小，也可使 $\rho_{min}$ 的值很大。由此可得出，较低的进入成本能阻止低效的私营部门参与寻租，减少均衡时的寻租支出。

若 $\left(\frac{K}{V}\right)^{\frac{1}{2}} \leq \frac{1}{N}$，且寻租的私营部门成本对称，则所有的私营部门都会参与寻租，增加了寻租的总支出。

假设所有的私营部门都参与寻租，私营部门 i 的成本 $C_i(e_i) = (c_i + \theta)e_i$，式（3-5）和式（3-6）说明 $\frac{d\pi_i^*}{d\theta}$ 和 $\frac{dP_i^*}{d\theta}$ 符号相同。只要 $C_i' \geq \frac{1}{N}\sum_{i=1}^{N} C'_i$，即 $C_i'$ 大于所有私营部门边际成本的平均数，则 $P_i^* \leq \frac{1}{N}$，$\frac{dP_i^*}{d\theta} \geq 0\left(\text{因此}\frac{d\pi_i^*}{d\theta} \geq 0\right)$。在 N 家私营部门全部参与寻租的情况下，增加成本的政策对预期利润的影响取决于私营部门获胜的概率：$\frac{d\pi_i^*}{d\theta} \geq 0$，当且仅当 $P_i^* \leq \frac{1}{N}$。

增加成本的政策在私营部门不对称的情况下，对获胜概率较低（成本较高）的私营部门有利。

式（3-6）表示增加寻租成本的政策会降低参与寻租的 M 家私营部门的总支出水平。但在 N 家私营部门全部参与寻租的情况下，原先没有参与寻租的私营部门的预期利润反而会增加。在寻租者非对称的情况下，使寻租变得困难的做法会降低原有私营部门的寻租支出，通过吸引原先不会参与寻租的私营部门加入寻租，增加寻租总支出。

假设私营部门的预期利润为边际成本的减函数，效率最低的私营部门在设租者实施某项政策前会选择不参与寻租活动。在 $\theta = 0$ 时，$P_N^*(C_N, \sum_{j \neq N} c_j) < \rho_{min}$，均衡时 $e_N^* = 0$。私营部门在实施某项政策之后获胜的概率为 $P_N^{**}[(c_N + \theta),$ $\sum_{j \neq N}(c_j + \theta)]$，它参与寻租的约束条件为 $\bullet P_N^{**} \geq \rho_{min}$，通过式（3-4）和

式 (3-5) 得到: $1 - \dfrac{(N-1)(c_N + \theta)}{\sum\limits_{i=1}^{N}(c_i + \theta)} \geq \rho_{\min}$。定义所有私营部门平均最低边际

成本为 $\bar{c} = \dfrac{1}{N}\sum\limits_{i=1}^{N} c_i$,用 $P_N^* = 1 - \dfrac{(N-1)c_N}{N\bar{c}}$ 和式 (3-4) 和式 (3-5) 得到:

$$\theta \geq \frac{\bar{c}(\rho_{\min} - P_N^*)}{\dfrac{1}{N} - \rho_{\min}} \equiv \theta_N \qquad (3-8)$$

$\theta_N$ 为刚好吸引私营部门 N 参与寻租的政策的分界值 $P_N^* < \rho_{\min} \equiv \left(\dfrac{K}{V}\right)^{\frac{1}{2}} < \dfrac{1}{N}$,因此私营部门 N 改变决策的前提为 $\theta > \theta_N > 0$,若某项政策若能在一定程度上增加寻租市场的"公平程度",则原来不会参与寻租的私营部门也会参与进来。

若私营部门 N 加入寻租增加的支出能够抵消原有寻租私营部门的支出水平的降低,则 $\sum\limits_{i=1}^{M} e_i^{**} \geq \sum\limits_{i=1}^{N-1} e_i^*$。$\sum\limits_{i=1}^{M} e_i^{**}$ 表示某项增加寻租成本的政策实施后,N 家私营部门的寻租支出之和;$\sum\limits_{i=1}^{N-1} e_i^*$ 表示代表实施政策前 N-1 家私营部门的寻租支出之和。通过式 (3-6) 整理得 $\theta \leq \dfrac{\bar{c}P_N^*}{(N-2)} \equiv \bar{\theta}$,$\bar{\theta}$ 为政策上限。

由此可看出,若私营部门的成本不对称,在某项政策实施之前,除私营部门 N 之外,其他 N-1 个私营部门参与寻租;政策实施之后,私营部门 N 参与寻租,均衡时寻租总支出大于 $\theta = 0$ 的情形需满足 $\theta_N > 0$,以及式 (3-8) 和 $\theta \leq \dfrac{\bar{c}P_N^*}{(N-2)} \equiv \bar{\theta}$ 确定的 $\theta_N$、$\bar{\theta}$ 的值。设租者只需选择大于 $\theta_N$ 的政策,就能实现利益最大化目标。

### 3.3.1.3 监管机制的矛盾与缺失分析

**1. 政府监管模式与 PPP 项目运作体制相矛盾**

在 PPP 项目运行过程中,公共部门现行的监管模式 PPP 项目的运作体制相矛盾。在 PPP 项目中,公共部门并未由传统的直接管控者转换为合作者、监管者、支持者的角色。由于政府定位的不科学与不合理,导致现行监管模式与 PPP 运作体制相矛盾。

**2. 社会监管体系不完善**

由于社会监管成员的构成来源不合理、不科学,以消费者为代表最终决策影响十分有限,使社会监管流于形式。加之地方特许经营监管方法不完备,使公共利益和项目质量受到一定程度的影响。

**3. 政府的监管缺乏有效的激励约束制度**

PPP 项目中任何一方失信，极大概率增加 PPP 项目风险。而在 PPP 项目合同中，较少的涉及对于合作方守信的激励条款，造成政府部门对私营部门的监管缺乏有效的激励约束机制，因此项目合作方对于受到监管并履行承诺的积极性不高。

### 3.3.2　PPP 项目政府责任实现的界面影响因素识别过程

#### 3.3.2.1　政府责任实现的界面制约分析

**1. 纵向界面**

在 PPP 项目纵向界面中，由于中央政府与地方政府之间存在隶属关系，双方定位存在差别，加上双方之间存在能量差，因此在纵向界面中，组织文化、组织结构、组织制度及信息传导对于政府责任的实现有影响作用。

由于中央政府宏观调控和监督能力较弱，地方政府身兼中央政策落实者与地方利益代表者的双重身份，加上地方政府缺乏正当利益诉求机制与利益平衡机制，以及纵向权力监督机制不健全，导致中央政府对于地方政府的政策执行情况难以完全掌握。而在中央政策的落实过程中，由于地方政府的理解偏差及区域发展差异，使政策落实的结果无法达到良好的预期效果，从而影响了政府责任实现的程度。

**2. 横向界面**

在 PPP 项目横向界面中，公共部门、私营部门及公众处于平等的地位，且相互不存在隶属关系，是以界面内各方不存在能量差。但界面内各方存在利益关系，各方的组织特性存在较大差异并且组织边界处于封闭状态，信息的不对称情况容易引起互动双方的理解差异，加上界面内各方受外部环境波动影响较大，因此在 PPP 项目横向界面中，激励程度、信息共享、外部环境对于政府责任的实现有影响作用。

在横向界面中，公共部门和私营部门之间通常会产生大量的信息交换，但由于二者边界处于封闭状态，并且各自出于自身利益诉求不同，导致界面信息交换过程中出现信息隐瞒现象，致使公共部门对私人投资服务质量的监管评价和违规经营的处理操作程序以及私人部门价格调整的合法性等方面缺乏比较明确的监管标准。同时，由于掌握信息的滞后，政府角色转换出现滞后性，不能完全适应 PPP 项目运作所需。此外，在公共部门和公众界面，由于政府和公众自身目标导向不一致，加之信息交换过程中存在信息滞后而导致的双方掌握信息不对称，导致政府责任实现缺失。

**3. 斜向界面**

PPP 项目的斜向界面主要由公共部门内部各部门构成，各部门之间不存在隶属关系，但都受到政府的管理。政府会根据 PPP 项目类型委托某一部门全权代表政府作为项目的主导者，对 PPP 项目进行管理，其余部门则为协助部门配合主导部门所需。但各部门之间都有各自的利益需求和一定的行政自由度，在主导部门发出指令信息的时候，其余部门的边界状态是半开放状态，因此只是部分接受信息指令。在该层界面中，组织文化、组织结构及信息传导对于 PPP 项目政府责任的实现有影响作用。

### 3.3.2.2 政府责任实现的界面影响因素确定

**1. 影响因素识别原则**

在 PPP 项目内部和外部存在众多干扰因素，使组织系统存在较大的不确定性和不稳定性。PPP 项目外部的不稳定性增加了内部不稳定性的波动概率，而内部的不稳定性阻碍了政府角色的转换及政府责任的实现，从而在各利益主体之间形成的界面处出现责任盲区。正确识别界面中影响政府责任实现的因素，对于优化 PPP 项目组织界面管理，减少组织矛盾，加快转变政府角色，实现政府责任，提高 PPP 项目绩效具有重要意义。

PPP 项目组织内部的和谐对于界面的稳定性有着至关重要的作用，同时组织和谐对于政府责任的实现能够起到持续的柔性推动作用。运用和谐管理理论的思想进行管理，能够满足 PPP 项目的弹性管理需求和以人为本的最终目标。遵循和谐管理理论中关于"物要素的优化设计"与"人要素的诱导演化"理念，从"和则类管理界面"与"谐则类管理界面"确定 PPP 项目政府责任实现的影响因素。

**2. 因素分析**

表 3-4 为"和则"类和"谐则"类界面政府责任实现影响因素识别。从"和则"类界面和"谐则"类界面两方面进行确定。

表 3-4         "和则"类和"谐则"类界面政府责任实现因素识别

| 序号 | 界面分类 | 管理界面 | 具体影响因素 |
|---|---|---|---|
| 1 | | 沟通管理 $U_1$ | 沟通渠道开放程度 $U_{11}$ |
| 2 | | | 沟通结果有效程度 $U_{12}$ |
| 3 | 和则类管理界面 | 信息共享 $U_2$ | 公开信息资源开放程度 $U_{21}$ |
| 4 | | | 信息传导及时程度 $U_{22}$ |
| 5 | | 激励程度 $U_3$ | 经济收益分配合理程度 $U_{31}$ |
| 6 | | | 技术成果分配合理程度 $U_{32}$ |
| 7 | | | 风险分配合理程度 $U_{33}$ |

续表

| 序号 | 界面分类 | 管理界面 | 具体影响因素 |
|------|----------|----------|--------------|
| 8 | 和则类<br>管理界面 | 组织文化 $U_4$ | 目标设置合理程度 $U_{41}$ |
| 9 | | | 组织角色契合程度 $U_{42}$ |
| 10 | | | 理解与信任程度 $U_{43}$ |
| 11 | | | 成员信用 $U_{44}$ |
| 12 | | | 类似项目经验丰富程度 $U_{45}$ |
| 13 | | | 专业技能互补程度 $U_{46}$ |
| 14 | 谐则类<br>管理界面 | 组织结构 $U_5$ | 组织结构设计合理程度 $U_{51}$ |
| 15 | | | 组织运行有效程度 $U_{52}$ |
| 16 | | 外部环境 $U_6$ | 物资投入数量合理程度 $U_{61}$ |
| 17 | | | 法律政策完备程度 $U_{62}$ |
| 18 | | | 投资环境稳定程度 $U_{63}$ |
| 19 | | | 同类项目竞争程度 $U_{64}$ |
| 20 | | | 监管机制完善程度 $U_{65}$ |

"和则"类界面是"人与人"交互形成的界面，通过制定激励制度、组织文化建设等柔性措施激发组织的自主行为，达到减少因组织内部不和谐所造成的界面冲突的目的，促使组织高效发展；"谐则"类界面是"人与物"及"物与物"交互形成的界面，通过规范组织制度、优化组织结构、简化流程等刚性措施，达到优化 PPP 项目客体要素配置的目的，合理分配资源，使组织界面达到满意状态。

## 3.4　PPP 项目政府责任实现关键因素机理分析

### 3.4.1　PPP 项目政府责任实现关键因素确定

#### 3.4.1.1　BP - DEMATEL 模型嵌入机理

DEMATEL 是系统工程领域处理复杂系统问题时常用的一种方法。该方法原理是通过判断复杂系统中因素之间的逻辑关系，进而构造直接影响矩阵（DIM）并计算各因素的影响度、被影响度、原因度与中心度，从而揭示出重要影响因素。

大量的实践应用表明了，评价过程中存在专家打分主观武断的内在缺陷使 DIM 的构造准确性降低，甚至会产生错误的判断结果而导致决策失误。本书借鉴 BP – DEMATEL 算法，利用 BP 神经网络的联结权值来替代传统 DEMATEL 方法中 DIM 的元素，改进 DEMATEL 算法中专家对影响因素之间作用关系难以判断或准确把握的缺陷，其分析结果因客观性强而具有更高的可信度。

### 3.4.1.2 PPP 项目政府责任实现关键因素 BP – DEMATEL 模型构建

BP – DEMATEL 模型的构建步骤如下。

**1. 确定 PPP 项目政府责任实现关键因素分析的 BP 网络模型**

将各位专家对表 3 – 1 中各指标因素的评价结果 $u_{ij}(i = 1, \cdots, 6; j = 1, \cdots, 6)$ 作为 BP 神经网络输入向量的原始值。$u_{ij}$ 均为定性指标，需作无量纲化处理，本书按照模糊统计的方法，对 PPP 项目政府责任实现影响因素各指标按照影响程度统一划分为"影响强、影响较强、影响弱、影响较弱、影响无"五个标准，分别对其赋值"5、4、3、2、1"。N 位专家的评价结果经无量纲化处理后共同组成 BP 神经网络的输入矩阵 $\bar{X} = (\bar{X}_{ij})_{20 \times n}$。

PPP 项目政府责任实现关键因素评价结果集可表示为 Y = {影响强、影响较强、影响弱、影响较弱、影响无}，对应取值分别为影响强（5.00 ~ 4.01）、影响较强（4.00 ~ 3.01）、影响弱（3.00 ~ 2.01）、影响较弱（2.00 ~ 1.01）、影响无（1.00 ~ 0.00），综合评价结果作为神经网络的输出。这里通过对 N 位专家的打分结果进行统计处理，作为输出矩阵 $Y = (Y_i)_{n \times 1}$。

**2. 训练 BP 网络，得到输入输出矩阵联结权值**

借助 MATLAB 7.0 编程统一对 X 和 Y 进行数据归一化预处理，并通过运用引入动量项的自适应速率的梯度下降法训练 BP 神经网络，得到输入层与隐层的权值矩阵 $W_{20 \times k}$ 和隐层与输出层的权值向量 $V_{k \times 1}$（k 为隐层神经元的个数）。

**3. 计算权值向量**

$\omega = \text{mean}(|W| \times |V|)$ 为权值向量，$|W|$ 和 $|V|$ 表示分别对矩阵 $W_{20 \times k}$ 和权值向量 $V_{k \times 1}$ 的每一个元素都取绝对值。$\omega = (\omega_1, \omega_2, \cdots, \omega_i, \cdots, \omega_j, \cdots, \omega_{20})$，mean 函数的功能是当 $|W| \times |V|$ 的行数大于 1 时对 $|W| \times |V|$ 的每列取平均值。

**4. 构造 PPP 项目政府责任实现关键因素的直接关联矩阵 B**

$$B = (b_{ij})_{20 \times 20} = \begin{pmatrix} b_{11} & b_{12} & \cdots & b_{1, 20} \\ b_{21} & b_{22} & \cdots & b_{2, 20} \\ \vdots & \vdots & & \vdots \\ b_{20, 1} & b_{20, 2} & \cdots & b_{20, 20} \end{pmatrix} \qquad (3 - 9)$$

其中，$b_{ij} = \dfrac{\omega_i}{\omega_j}$ 为第 i 个影响因素相对于第 j 个影响因素的重要性。如果 $\omega_i = 0$，则 $b_{ij} = 0$，且 $i \neq j$。

**5. 求矩阵 B 的归一化矩阵 C**

其表达式为：

$$C = (c_{ij})_{20 \times 20} = \frac{1}{\max\limits_{1 \le i \le 20} \sum\limits_{j=1}^{20} b_{ij}} B \qquad (3-10)$$

**6. 计算 PPP 项目政府责任实现关键因素综合影响矩阵 T**

其表达式为：

$$T = C(I-C)^{-1} = (t_{ij})_{20 \times 20} \qquad (3-11)$$

I 为单位矩阵。

**7. 计算各影响因素的中心度与原因度**

记影响因素 $u_n$ 的影响度：

$$f_n = \left( \sum_{j=1}^{20} t_{ij} \right)_{20 \times 1} \qquad (3-12)$$

被影响度：

$$e_n = \left( \sum_{i=1}^{20} t_{ij} \right)_{1 \times 20} \qquad (3-13)$$

按照 DEMATEL 规则计算得到 $u_n$ 的中心度：

$$m_n = f_n + e_n (\forall_n) \qquad (3-14)$$

原因度：

$$r_n = f_n - e_n (\forall_n) \qquad (3-15)$$

**8. 确定 PPP 项目政府责任实现关键因素**

利用中心度 $m_n (\forall_n)$ 对 PPP 项目政府责任实现所有影响因素按照相对重要性排序，根据实际 PPP 项目确定关键因素；依据原因度 $r_n (\forall_n)$ 对关键因素分析因素之间的影响机理。

$r_n > 0$ 时 $u_n$ 为原因类影响因素，此时应加强对 $u_n$ 的控制；$r_n < 0$ 时 $u_n$ 为结果类影响因素，此时不仅应考虑对 $u_n$ 加强控制，还应考虑外部环境对 $u_n$ 的影响。

### 3.4.1.3　关键因素 BP - DEMATEL 模型样本采集

**1. 关键因素调查问卷设计**

借助调查问卷的方式对 PPP 项目政府责任实现的组织界面关键因素进行识别，结合本书的研究思路对调查问卷设计进行分析。本书在文献研究及对 PPP 项目组织界面矛盾产生因素的研究基础之上，对 PPP 项目政府责任实现影响进行汇总并对相关因素进行合并和删除，然后进行分类，找出影响 PPP 项目政府责任实现的相对关键因素。再对问卷进行设计，展开问卷调查，最后进行问卷分析。

本书关于 PPP 项目政府责任实现关键因素的研究基于 PPP 项目的特点，对于 PPP 项目的各利益主体以及 PPP 项目全生命周期进行了分析。在考虑每一个

PPP 项目参与主体时，根据随机分布的抽取标准和原则对问卷进行分析，保证每一个参与的主体都有相同的几率被抽取到。

在调查问卷中，未应答应当作为考虑的对象。未应答是指参与调查问卷者，在提交调查问卷时，提交的问卷是不完整或者是没有任何意义的。本次研究中，通过各种途径发放的问卷总数是 200 份，经回收、甄别有效问卷，其中有 178 份符合问卷的问答要求，经计算应答率为 89%，符合标准的要求。本次调查，调查问卷的样本具有比较好的代表性。

这些问卷针对影响 PPP 项目政府责任实现的程度给予了 1～5 分的评价，对于"影响无""影响弱""影响较弱""影响较强""影响强"，分别赋予 1 分、2 分、3 分、4 分、5 分的值。

考虑到 PPP 项目的特征，项目分布比较广泛，在调查问卷的发放中，要尽可能将覆盖的范围全面化。问卷的发放对象有政府部门、项目建设单位、咨询公司、设计师、高校以及其他科研院所。在发放问卷过程中，充分借助已在相关单位参加工作的同学、实习期间的同事、导师与同学的人际关系，展开问卷的发放工作。

问卷回收后，对问卷进行分类，其中高校和科研院所、私营部门的比例相对较高，分别占 28% 和 24%；其次是政府机构和咨询单位，占问卷的 21% 和 11%，施工单位和设计院分别占 9% 和 7%。

**2. 样本信度检验**

信度检验是为了测度问卷结果的一致性、稳定性及可靠性。李克特量表的信度分析一般采取 Cronbach's α 系数检验。基于得到的样本数据，运用 Spss 19.0 软件进行检验。各变量的 Cronbach's α 系数计算结果将在表 3-5 和表 3-6 中列出。

Cronbach's α 系数用以检验数据的内部一致性，其系数越高，表明观察变量间越具有系统性。其系数至少应在 0.7 以上，低于 0.7 时，需调整测量问项，直至达到标准。多相关性的平方系数用于测量单个变量的测量误差，其系数一般大于 0.5 才可接受。建构信度用来评价潜在建构指标的内在一致性程度，其值一般大于等于 0.6 时方可接受，如表 3-5 所示。

表 3-5 问卷整体可靠性统计量

| Cronbach's Alpha | 基于标准化项的 Cronbachs Alpha | 项数 |
|---|---|---|
| 0.797 | 0.859 | 20 |

资料来源：Spss 19.0 输出。

经过计算，将数据进行汇总，信度检验首先对问卷整体进行检验，其次按照沟通管理、信息共享程度、激励程度、组织文化、组织结构、外部环境 6 个维度进行检验，最后对 20 项指标分别进行检验，得到的可靠性统计量结果如表 3 - 6 所示。

由表 3 - 5 可知，问卷 20 项指标 Cronbach's Alpha 和基于标准化项的 Cronbachs Alpha 均大于 0.7，可靠性全部通过。

表 3 - 6　　　　　　　　　　　　六维度可靠性统计量

| 维度 | Cronbach's Alpha | 基于标准化项的 Cronbachs Alpha | 项数 |
|---|---|---|---|
| 沟通管理 | 0.865 | 0.871 | 2 |
| 信息共享 | 0.868 | 0.887 | 2 |
| 激励程度 | 0.801 | 0.832 | 3 |
| 组织文化 | 0.805 | 0.816 | 6 |
| 组织结构 | 0.702 | 0.762 | 2 |
| 外部环境 | 0.839 | 0.840 | 5 |

资料来源：根据 Spss 19.0 输出结果整理。

由表 3 - 6 可知，在沟通管理、信息共享程度、激励程度、组织文化、组织结构、外部环境的 Cronbach's Alpha 和 Cronbachs Alpha 均大于 0.7，可靠性全部通过。

从表 3 - 7 数据可看出，在沟通管理、信息共享程度、激励程度、组织文化、组织结构、外部环境 6 个方面的测量量表中，各个问项的 SMC（多相关性的平方）皆大于 0.5，整体 Cronbach's Alpha 系数都高于 0.7，表明该量表具有较高的信度水平。

表 3 - 7　　　　　　　　　　　　项总计统计量

| 维度 | 指标 | 项已删除的刻度均值 | 项已删除的刻度方差 | 校正的项总计相关性 | 多相关性的平方 | 项已删除的 Cronbach's Alpha 值 |
|---|---|---|---|---|---|---|
| 沟通管理 | 沟通渠道开放程度 | 53.98 | 147.655 | 0.554 | 0.807 | 0.808 |
| | 沟通结果有效程度 | 54.13 | 147.451 | 0.467 | 0.819 | 0.810 |
| 信息共享 | 公开信息资源开放程度 | 53.99 | 147.039 | 0.447 | 0.561 | 0.711 |
| | 信息传导及时程度 | 53.98 | 145.649 | 0.610 | 0.782 | 0.807 |
| 激励程度 | 经济收益分配合理程度 | 53.83 | 150.133 | 0.369 | 0.686 | 0.712 |
| | 技术成果分配合理程度 | 53.70 | 148.676 | 0.487 | 0.784 | 0.809 |
| | 风险分配合理程度 | 53.63 | 141.048 | 0.648 | 0.673 | 0.706 |

续表

| 维度 | 指标 | 项已删除的刻度均值 | 项已删除的刻度方差 | 校正的项总计相关性 | 多相关性的平方 | 项已删除的Cronbach's Alpha 值 |
|---|---|---|---|---|---|---|
| 组织文化 | 目标设置合理程度 | 54.42 | 143.273 | 0.781 | 0.860 | 0.804 |
| | 组织角色契合程度 | 54.29 | 142.400 | 0.764 | 0.816 | 0.804 |
| | 理解与信任程度 | 53.89 | 150.021 | 0.400 | 0.592 | 0.811 |
| | 成员信用 | 53.51 | 141.223 | 0.579 | 0.802 | 0.807 |
| | 类似项目经验丰富程度 | 53.94 | 146.013 | 0.478 | 0.773 | 0.710 |
| | 专业技能互补程度 | 53.75 | 147.114 | 0.606 | 0.864 | 0.907 |
| 组织结构 | 组织结构设计合理程度 | 54.21 | 146.372 | 0.557 | 0.712 | 0.808 |
| | 组织运行有效程度 | 54.25 | 144.958 | 0.698 | 0.741 | 0.705 |
| 外部环境 | 物资投入数量合理程度 | 53.93 | 145.051 | 0.461 | 0.619 | 0.711 |
| | 法律政策完备程度 | 53.15 | 138.638 | 0.569 | 0.696 | 0.709 |
| | 投资环境稳定程度 | 53.57 | 137.252 | 0.682 | 0.722 | 0.705 |
| | 同类项目竞争程度 | 53.52 | 139.505 | 0.695 | 0.792 | 0.804 |
| | 监管机制完善程度 | 53.46 | 142.057 | 0.519 | 0.609 | 0.709 |

资料来源：Spss 19.0 输出。

### 3. 样本效度检验

效度分析即量表有效性，一般情况是指，测量工具或手段能够准确测出所需测量的事物的程度，或者简单地说是指一个测验的准确性、有用性。效度检验主要考察巴列球体检验，巴特利球度检验的统计量对应的概率 P 值大于显著性水平 α 则拒绝原假设，认为适合做因子分析，相反，则不可以；而 KMO 一般度量标准时：0.9 以上非常适合，0.8 适合，0.7 表示一般，0.6 表示不太适合，0.5 以下表示极不适合。

表 3 - 8 显示影响因素的 KMO 值为 0.801，满足大于 0.7 的基本要求，并且 Bartlett 的球形度检验显著，说明 PPP 项目政府责任实现影响因素的调查问卷的结果比较准确。

表 3 - 8　　　　　　　　　　KMO 和 Bartlett 的检验

| | |
|---|---|
| 取样足够度的 Kaiser - Meyer - Olkin 度量 | 0.801 |
| Bartlett 的球形度 | 3010.5 |
| 近似卡方检验 | 0.00 |

| df | 190 |
|---|---|
| Sig. | 0.000 |

资料来源：Spss 19.0 输出。

解释的总方差在提取平方和载入中为 72.787，满足大于 70% 的要求。总体上看，原有信息丢失很少，效度分析结果比较理想，如表 3 - 9 所示。

表 3 - 9　　　　　　　　　　　　解释的总方差

| 成分 | 初始特征值 | | | 提取平方和载入 | | |
|---|---|---|---|---|---|---|
| | 合计 | 方差的% | 累积% | 合计 | 方差的% | 累积% |
| 1 | 8.141 | 40.704 | 40.704 | 8.141 | 40.704 | 40.704 |
| 2 | 3.286 | 16.431 | 57.135 | 3.286 | 16.431 | 57.135 |
| 3 | 1.673 | 8.367 | 65.503 | 1.673 | 8.367 | 65.503 |
| 4 | 1.457 | 7.285 | 72.787 | 1.457 | 7.285 | 72.787 |
| 5 | 0.897 | 4.487 | 77.274 | | | |
| 6 | 0.744 | 3.720 | 80.995 | | | |
| 7 | 0.650 | 3.250 | 84.244 | | | |
| 8 | 0.620 | 3.100 | 87.344 | | | |
| 9 | 0.486 | 2.432 | 89.776 | | | |
| 10 | 0.328 | 1.640 | 91.416 | | | |
| 11 | 0.287 | 1.434 | 92.849 | | | |
| 12 | 0.265 | 1.324 | 94.174 | | | |
| 13 | 0.245 | 1.227 | 95.400 | | | |
| 14 | 0.201 | 1.004 | 96.404 | | | |
| 15 | 0.182 | 0.908 | 97.312 | | | |
| 16 | 0.154 | 0.771 | 98.083 | | | |
| 17 | 0.138 | 0.689 | 98.772 | | | |
| 18 | 0.117 | 0.583 | 99.355 | | | |
| 19 | 0.072 | 0.359 | 99.714 | | | |
| 20 | 0.057 | 0.286 | 100.000 | | | |

注：提取方法为主成分分析。

### 3.4.1.4　模型运算与结果

本书根据研究对象的特点，选取结构相对常用的 3 层 BP 神经网络模型。将表 3 - 1 中的 20 个影响因素作为输入层神经元，所有数据已根据调查问卷整理所得；隐层神经元个数根据 $P_m = \sqrt{q+r} + L$（$P_m$、$q$、$r$ 分别为隐含层、输入层、输出层的神经元数目，L 为 1~10 之间的整数）确定。通过实验法与公式法相结合的方式选取隐层神经元个数，根据 BP 神经网络实际训练的学习时间、次数以及达到最优误差的综合效果，确定本书选取 8 个神经元进行分析较为合适；输出层神经元个数为 1，$Q = \{$优、良、中、差、劣$\}$ 表示 PPP 项目政府责任实现关键因素的综合评价结果集。

对 200 份问卷进行回收筛选后得到 178 份有效问卷，运用 Spss 19.0 对 178 份问卷进行可靠性检验，问卷的信度和效度检验结果较好，说明问卷数据可信度较高。从 178 份问卷中随机抽取 20 份作为 BP 神经网络的原始输入数据。

将 20 份问卷结果予以统计，得出 PPP 项目政府责任实现关键因素初始矩阵 P 为：

$$
P = \begin{bmatrix}
3 & 3 & 4 & 4 & 3 & 2 & 4 & 2 & 2 & 3 & 4 & 3 & 2 & 3 & 2 & 3 & 5 & 4 & 4 & 5 \\
3 & 3 & 5 & 2 & 4 & 2 & 4 & 3 & 2 & 3 & 4 & 2 & 4 & 2 & 3 & 3 & 5 & 4 & 4 & 4 \\
3 & 4 & 2 & 5 & 4 & 2 & 4 & 2 & 2 & 5 & 3 & 2 & 2 & 2 & 2 & 3 & 5 & 4 & 4 & 4 \\
3 & 4 & 3 & 3 & 2 & 1 & 4 & 4 & 3 & 4 & 3 & 1 & 4 & 2 & 3 & 4 & 4 & 4 & 4 & 5 \\
3 & 4 & 4 & 3 & 3 & 2 & 4 & 3 & 3 & 4 & 3 & 2 & 3 & 2 & 3 & 5 & 3 & 4 & 2 & 4 \\
2 & 4 & 4 & 2 & 3 & 1 & 4 & 2 & 3 & 4 & 5 & 2 & 3 & 4 & 3 & 2 & 3 & 5 & 2 & 4 \\
3 & 4 & 4 & 4 & 2 & 2 & 4 & 4 & 5 & 3 & 2 & 3 & 3 & 3 & 4 & 4 & 5 & 4 & 3 & 4 \\
3 & 4 & 4 & 3 & 3 & 3 & 4 & 2 & 2 & 4 & 4 & 1 & 2 & 3 & 4 & 5 & 4 & 3 & 4 & 4 \\
3 & 4 & 4 & 3 & 4 & 3 & 4 & 2 & 2 & 4 & 4 & 3 & 2 & 3 & 5 & 5 & 2 & 3 & 3 & 4 \\
3 & 4 & 4 & 3 & 3 & 4 & 2 & 2 & 4 & 4 & 3 & 2 & 2 & 3 & 5 & 5 & 2 & 3 \\
3 & 4 & 5 & 3 & 3 & 2 & 3 & 4 & 4 & 3 & 3 & 3 & 4 & 3 & 3 & 5 & 5 & 3 & 4 \\
4 & 4 & 3 & 3 & 2 & 3 & 4 & 4 & 3 & 3 & 3 & 4 & 2 & 4 & 3 & 3 & 4 & 4 & 4 & 4 \\
3 & 1 & 3 & 2 & 1 & 1 & 4 & 2 & 3 & 1 & 4 & 2 & 3 & 1 & 3 & 4 & 3 & 3 & 2 & 4 \\
4 & 1 & 4 & 3 & 3 & 2 & 3 & 4 & 4 & 5 & 2 & 2 & 3 & 3 & 4 & 4 & 4 & 1 & 5 \\
4 & 1 & 4 & 1 & 2 & 1 & 4 & 2 & 5 & 5 & 2 & 2 & 3 & 3 & 3 & 3 & 4 & 3 & 4 \\
4 & 1 & 4 & 3 & 3 & 3 & 4 & 3 & 4 & 4 & 5 & 3 & 3 & 3 & 3 & 4 & 4 & 4 & 4 & 4 \\
3 & 2 & 2 & 2 & 1 & 2 & 4 & 2 & 2 & 4 & 3 & 4 & 2 & 3 & 3 & 4 & 4 & 4 & 3 & 3 \\
3 & 2 & 2 & 3 & 3 & 2 & 4 & 4 & 4 & 3 & 3 & 4 & 3 & 3 & 4 & 3 & 4 & 5 & 4 \\
4 & 2 & 2 & 3 & 3 & 2 & 4 & 2 & 4 & 4 & 5 & 3 & 4 & 3 & 4 & 2 & 5 & 5 & 3 & 4
\end{bmatrix}
$$

借助 Matlab 7.0 语言，将初始影响矩阵 P 进行无量纲化处理后作为输入向量层。对 178 份问卷数据进行统计处理，分别将 20 项的评分结果取均值后整理作为综合评价结论集 Q。

$$Q = \begin{bmatrix} 3.06 & 2.50 & 3.63 & 2.70 & 3.21 & 2.06 & 3.78 & 2.56 & 2.87 & 2.69 \\ 4.31 & 2.80 & 2.32 & 2.74 & 2.71 & 3.16 & 4.53 & 4.01 & 2.84 & 4.22 \end{bmatrix}$$

将 Q 作为目标矩阵输入系统完成训练学习。根据实际训练效果和训练时间，经过 BP 神经网络训练 1000 次达到要求。

得到输入层与隐层的权值矩阵 W：

$$W = \begin{bmatrix}
0.0927 & -0.9215 & -0.3306 & -0.4162 & 0.5243 & -0.1481 & 0.0006 & 0.7063 \\
0.7369 & -0.2983 & -0.1947 & 0.4088 & 0.3335 & 0.6404 & -0.3882 & 0.2292 \\
0.2617 & 0.3282 & -0.1406 & 0.3093 & 0.1017 & -0.5318 & 0.1136 & -0.3637 \\
-0.4356 & -0.2849 & -0.1762 & 0.3095 & -0.2953 & 0.2420 & 0.2559 & 0.1536 \\
0.0987 & 0.6825 & 0.3939 & 0.0542 & 0.0099 & 0.1130 & -0.1397 & -0.0050 \\
0.0379 & 0.1741 & 0.5073 & -0.2407 & -0.2308 & -0.0242 & 0.5142 & -0.7453 \\
-0.8478 & -0.4062 & -0.4778 & 0.0930 & 0.0180 & 0.4468 & -0.2810 & 0.3804 \\
-0.2823 & 0.1576 & 0.5570 & -0.0839 & 0.6728 & -0.3160 & 0.0479 & 0.6476 \\
0.6390 & -0.2121 & -0.4708 & -0.5183 & -0.0987 & 0.2859 & -0.0381 & 0.0329 \\
0.4908 & 0.1862 & -0.0841 & -0.2239 & 0.0769 & -0.4230 & -0.3019 & 0.3579 \\
0.2579 & -0.0061 & -0.3915 & 0.1620 & -0.0405 & -0.3772 & -1.1932 & 0.4530 \\
0.6020 & -0.3800 & -0.4924 & -0.2529 & 0.2859 & -0.1943 & -0.1236 & 0.9706 \\
-0.9467 & -0.1732 & -0.2773 & 0.4108 & 0.3325 & -0.0506 & 0.1714 & -0.7122 \\
-0.1961 & 0.1299 & 0.3170 & 0.4801 & -0.2760 & 0.3624 & 0.0132 & -0.6076 \\
-0.1892 & 0.3334 & 0.1378 & 0.2509 & 0.1120 & -0.8593 & 0.1092 & -0.5111 \\
0.4354 & -1.3860 & 0.6389 & 0.1028 & 0.3399 & 0.4477 & 1.2220 & 0.0868 \\
-0.0569 & -0.8680 & -0.8420 & -0.2071 & 0.1053 & -0.0305 & 0.3032 & 0.0791 \\
0.7919 & 0.1062 & 0.2338 & 0.5598 & -0.1565 & 0.7737 & 0.8883 & -0.2938 \\
-0.3565 & -0.4728 & -0.3950 & -0.3352 & 0.1816 & -0.2296 & -0.1046 & -0.4086 \\
-0.4216 & -0.2431 & -0.3670 & -0.0398 & 0.2438 & -0.3210 & -0.2567 & 0.1143
\end{bmatrix}^T$$

隐含层到输出层的权值向量为：

$$u = \begin{bmatrix} 0.2998 & -0.5867 & -1.2237 & -0.6314 \\ 0.4277 & -0.4866 & -0.5431 & -0.2621 \end{bmatrix}$$

根据步骤 3，计算得权值向量 ω。

$$\omega = \begin{bmatrix} 1.7175 & 1.6175 & 1.0976 & 1.1320 & 1.0827 & 1.4712 & 1.6133 \\ 1.5488 & 1.3141 & 0.9971 & 1.6298 & 1.7039 & 1.4307 & 1.2868 \\ 1.2387 & 2.8401 & 1.9328 & 1.9422 & 1.4326 & 1.1731 \end{bmatrix}$$

根据步骤 4，构建 PPP 项目政府责任实现的组织界面关键因素直接关联矩阵 B。

$$
B =
\begin{bmatrix}
1 & 0.5791 & 1.5029 & 0.6428 & 0.8928 & 0.7213 & 1.0339 & 1.1955 & 0.7060 & 1.0141 & 1.6367 & 1.9187 & 1.2484 & 0.7170 & 0.9242 & 1.2063 & 1.4097 & 1.4879 & 0.8940 & 0.8986 \\
1.7268 & 1 & 2.5951 & 1.1100 & 1.5417 & 1.2456 & 1.7853 & 2.0643 & 1.2191 & 1.7511 & 2.8263 & 3.3132 & 2.1557 & 1.2381 & 1.5960 & 2.0829 & 2.4342 & 2.5693 & 1.5437 & 1.5518 \\
0.6654 & 0.3853 & 1 & 0.4277 & 0.5941 & 0.4799 & 0.6879 & 0.7954 & 0.4697 & 0.6747 & 1.0891 & 1.2767 & 0.8306 & 0.4770 & 0.6150 & 0.8026 & 0.9380 & 0.9900 & 0.5948 & 0.5979 \\
1.5556 & 0.9008 & 2.3378 & 1 & 1.3889 & 1.1221 & 1.6084 & 1.8597 & 1.0983 & 1.5775 & 2.5461 & 2.9848 & 1.9420 & 1.1154 & 1.4378 & 1.8765 & 2.1930 & 2.3147 & 1.3907 & 1.3980 \\
1.1200 & 0.6486 & 1.6832 & 0.7199 & 1 & 0.8079 & 1.1580 & 1.3389 & 0.7907 & 1.1358 & 1.8332 & 2.1490 & 1.3982 & 0.8030 & 1.0352 & 1.3510 & 1.5789 & 1.6665 & 1.0013 & 1.0065 \\
1.3863 & 0.8028 & 2.0834 & 0.8911 & 1.2378 & 1 & 1.4334 & 1.6573 & 0.9787 & 1.4059 & 2.2691 & 2.6600 & 1.7307 & 0.9939 & 1.2813 & 1.6723 & 1.9543 & 2.0628 & 1.2394 & 1.2458 \\
0.9671 & 0.5601 & 1.4535 & 0.6217 & 0.8635 & 0.6976 & 1 & 1.1562 & 0.6828 & 0.9808 & 1.5830 & 1.8558 & 1.2074 & 0.6934 & 0.8939 & 1.1667 & 1.3635 & 1.4391 & 0.8646 & 0.8691 \\
0.8365 & 0.4844 & 1.2571 & 0.5377 & 0.7468 & 0.6034 & 0.8648 & 1 & 0.5905 & 0.8483 & 1.3691 & 1.6050 & 1.0443 & 0.5997 & 0.7731 & 1.0090 & 1.1792 & 1.2447 & 0.7478 & 0.7517 \\
1.4164 & 0.8202 & 2.1287 & 0.9105 & 1.2647 & 1.0217 & 1.4645 & 1.6933 & 1 & 1.4364 & 2.3183 & 2.7178 & 1.7683 & 1.0156 & 1.3092 & 1.7086 & 1.9968 & 2.1076 & 1.2663 & 1.2729 \\
0.0823 & 0.0788 & 0.4820 & 0.6339 & 0.8804 & 0.7113 & 1.0195 & 1.1788 & 0.6961 & 1 & 1.6140 & 1.8921 & 1.2310 & 0.7070 & 0.9114 & 1.1895 & 1.3901 & 1.4673 & 0.8815 & 0.8861 \\
0.6109 & 0.3538 & 0.9182 & 0.3927 & 0.5455 & 0.4407 & 0.6317 & 0.7303 & 0.4313 & 0.6195 & 1 & 1.1723 & 0.7627 & 0.4380 & 0.5647 & 0.7369 & 0.8613 & 0.9090 & 0.5462 & 0.5490 \\
0.5211 & 0.3018 & 0.7832 & 0.3350 & 0.4653 & 0.3759 & 0.5388 & 0.6230 & 0.3679 & 0.5285 & 0.8530 & 1 & 0.6506 & 0.3736 & 0.4817 & 0.6286 & 0.7347 & 0.7754 & 0.4659 & 0.4683 \\
0.8010 & 0.4638 & 1.2038 & 0.5149 & 0.7152 & 0.5778 & 0.8282 & 0.9576 & 0.5655 & 0.8123 & 1.3111 & 1.5370 & 1 & 0.5743 & 0.7403 & 0.9662 & 1.1292 & 1.1919 & 0.7161 & 0.7198 \\
1.3947 & 0.8077 & 2.0960 & 0.8965 & 1.2453 & 1.0060 & 1.4420 & 1.6673 & 0.9846 & 1.4144 & 2.2828 & 2.6761 & 1.7411 & 1 & 1.2891 & 1.6824 & 1.9662 & 2.0753 & 1.2469 & 1.2534 \\
1.0819 & 0.6265 & 1.6260 & 0.6955 & 0.9660 & 0.7804 & 1.1186 & 1.2934 & 0.7638 & 1.0972 & 1.7708 & 2.0760 & 1.3507 & 0.7757 & 1 & 1.3051 & 1.5252 & 1.6099 & 0.9672 & 0.9722 \\
0.8290 & 0.4800 & 1.2459 & 0.5329 & 0.7401 & 0.5979 & 0.8571 & 0.9910 & 0.5852 & 0.8406 & 1.3569 & 1.5906 & 1.0349 & 0.5943 & 0.7662 & 1 & 1.1687 & 1.2335 & 0.7411 & 0.7449 \\
0.7093 & 0.4108 & 1.0661 & 0.4560 & 0.6333 & 0.5116 & 0.7334 & 0.8480 & 0.5008 & 0.7193 & 1.1610 & 1.3611 & 0.8855 & 0.5086 & 0.6556 & 0.8556 & 1 & 1.0555 & 0.6341 & 0.6374 \\
0.6720 & 0.3892 & 1.0100 & 0.4320 & 0.6000 & 0.4847 & 0.6948 & 0.8034 & 0.4744 & 0.6815 & 1.1000 & 1.2895 & 0.8390 & 0.4818 & 0.6211 & 0.8106 & 0.9474 & 1 & 0.6008 & 0.6039 \\
1.1185 & 0.6477 & 1.6810 & 0.7190 & 0.9987 & 0.8068 & 1.1565 & 1.3372 & 0.7897 & 1.1343 & 1.8308 & 2.1462 & 1.3964 & 0.8019 & 1.0338 & 1.3493 & 1.5768 & 1.6643 & 1 & 1.0052 \\
1.1128 & 0.6444 & 1.6723 & 0.7153 & 0.9935 & 0.8026 & 1.1505 & 1.3303 & 0.7856 & 1.1285 & 1.8213 & 2.1351 & 1.3892 & 0.7978 & 1.0285 & 1.3423 & 1.5687 & 1.6557 & 0.9948 & 1 \\
\end{bmatrix}
$$

　　根据步骤 5 和步骤 6，得到 PPP 项目政府责任实现的组织界面关键因素综合影响矩阵 T。

　　在求得 PPP 项目政府责任实现的组织界面关键因素综合影响矩阵 T 之后，按照 DEMATEL 计算步骤，得到各影响因素指标的中心度与原因度，根据中心度的大小对 20 项指标进行排序。如表 3 – 10 所示。

表 3 – 10　　PPP 项目政府责任实现的组织界面各影响因素中心度排序信息

| 排序 | 对应指标 | 影响度 | 被影响度 | 中心度 | 原因度 |
|---|---|---|---|---|---|
| 1 | 法律政策完备程度 $U_{62}$ | 2.8225 | 0.7195 | 3.5420 | 2.1030 |
| 2 | 成员信用 $U_{44}$ | 0.9147 | 1.9709 | 2.8856 | − 1.0562 |
| 3 | 监管机制完善程度 $U_{65}$ | 2.6272 | 0.2560 | 2.8832 | 2.3712 |
| 4 | 投资环境稳定程度 $U_{62}$ | 2.6371 | 0.2021 | 2.8392 | 2.4350 |
| 5 | 风险分配合理程度 $U_{33}$ | 0.9996 | 0.9977 | 1.9973 | 0.0019 |
| 6 | 公开信息资源开放程度 $U_{21}$ | 1.2998 | 0.6998 | 1.9996 | 0.6000 |
| 7 | 经济收益分配合理程度 $U_{31}$ | 0.9987 | 0.9979 | 1.9966 | 0.0008 |
| 8 | 物资投入数量合理程度 $U_{61}$ | 1.4738 | 0.5067 | 1.9805 | 0.9671 |
| 9 | 沟通渠道开放程度 $U_{11}$ | 0.7889 | 1.1046 | 1.8935 | − 0.3157 |
| 10 | 组织角色契合程度 $U_{42}$ | 0.9731 | 0.8725 | 1.8456 | 0.1006 |
| 11 | 同类项目竞争程度 $U_{63}$ | 1.5731 | 0.2007 | 1.7738 | 1.3724 |
| 12 | 类似项目经验丰富程度 $U_{45}$ | 0.9402 | 0.7810 | 1.7212 | 0.1592 |
| 13 | 组织运行有效程度 $U_{32}$ | 0.7810 | 0.8690 | 1.6500 | − 0.0880 |
| 14 | 组织结构设计合理程度 $U_{51}$ | 0.7118 | 0.8002 | 1.5120 | − 0.0884 |
| 15 | 理解与信任程度 $U_{43}$ | 0.5690 | 0.7949 | 1.3639 | − 0.2259 |
| 16 | 信息传导及时程度 $U_{22}$ | 0.9949 | 0.2659 | 1.2608 | 0.7290 |
| 17 | 沟通结果有效程度 $U_{12}$ | 0.8877 | 0.2982 | 1.1859 | 0.5895 |
| 18 | 目标设置合理程度 $U_{41}$ | 1.0002 | 0.0120 | 1.0122 | 0.9882 |
| 19 | 专业技能互补程度 $U_{46}$ | 1.0162 | 0.0028 | 1.0190 | 1.0134 |
| 20 | 技术成果分配合理程度 $U_{32}$ | 0.4150 | 0.2978 | 0.7128 | 0.1172 |

## 1. 影响度和被影响度分析

　　从表 3 – 10 中可以看出影响度 $f_n > 1$ 以上的有法律政策完备程度（2.8225）、监管机制完善程度（2.6272）、投资环境稳定程度（2.6371）、公开信息资源开放程度（1.2998）、物资投入数量合理程度（1.4738）、同类项目竞争程度

（1.5731）、目标设置合理程度（1.0002）、专业技能互补程度（1.0162），表明这 8 个影响因素对其他因素的综合影响程度较高。

被影响度排在前 5 名的为成员信用（1.9709）、沟通渠道开放程度（1.1046）、经济收益分配合理程度（0.9979）、风险分配合理程度（0.9977）、组织角色契合程度（0.8725）。表明这 5 个影响因素受其他因素的综合影响程度较高。

通过计算结果发现，监管机制完善程度、投资环境稳定程度、同类项目竞争程度、目标设置合理程度、专业技能互补程度的影响度数值较大，而被影响度数值较小。表明这些因素对其他因素的影响程度较大，受其他因素影响的程度较小。

按照因素所属的维度来看，监管机制完善程度、投资环境稳定程度和同类项目竞争程度都属于外部环境，表明外部环境影响着 PPP 项目组织界面内部的稳定性，同时对组织界面内部各影响因素的动态变化。完善的监管机制对于 PPP 项目主体的行为及 PPP 项目各主体信用有较强的约束作用，加强 PPP 项目主体照章办事的规范性；稳定的投资环境使 PPP 项目组织处于一个相对平衡的环境，减少 PPP 项目各主体由于外部环境的不确定性产生的不信任感，增强 PPP 项目各主体对项目的信心；私营部门在投资某个 PPP 项目前会对项目周边的情况进行调研，同类项目竞争程度会影响私营部门对于 PPP 项目的投资决策并且影响私营部门在签订 PPP 项目协议后的种种举动。目标设置合理程度和专业技能互补程度属于组织文化这个维度，表明组织文化这种软性条件会对组织界面进行潜移默化的影响。合理的目标设置对 PPP 项目主体制订施行计划、合理确定风险、利益、技术成果分配比例有着较强的影响作用；专业技能互补程度影响着 PPP 项目主体在组织内的分工角色及组织结构的构成，并且专业技能的差异性影响着 PPP 项目主体间合作时对 PPP 项目的目标及其他主体行为方式的理解与信任，同时专业技能与 PPP 项目各主体自身的类似项目经验程度相关。

法律政策完备程度、公开信息资源开放程度、物资投入数量合理程度的影响程度数值较大，但同时被影响程度数值也较大，表明这些因素在影响其他因素的同时，也受到其他因素的影响反馈。法律政策的完备程度受监管机制的完善程度及政府在 PPP 项目中的组织角色契合程度以及信息反馈等因素影响；公开信息资源的开放程度影响着 PPP 项目主体信用建设、PPP 项目主体间的沟通结果、PPP 项目各主体在其中的角色契合程度、PPP 项目组织结构的运行效率及 PPP 项目主体对共同目标的理解，公开信息的透明度对于减少因信息不对称带来的主体责任落实不到位、监管不力有着相关影响。而公开信息资源的开放程度与沟通渠道的建设及组织结构的设计、运行和各成员间的理解与信任程度相关；物资投入数量合理程度主要指的是政府为保障 PPP 项目的顺利实施所提供的项目前期物资支持，该因素受到 PPP 项目各主体之间的风险、利益分配影响，还受到法律政策及政府的类似项目经验等影响。

成员信用、沟通渠道开放程度、经济收益分配合理程度、风险分配合理程度、组织角色契合程度的被影响度排在前五，但同时这些因素的影响度数值也不低，表明这些因素与其他因素的交互作用较强，是双向性因素。成员信用主要受法律政策完备程度、监管机制完善程度、投资环境稳定程度、公开信息资源开放程度的约束影响。而成员信用受理解与信任程度的促进影响，成员之间的相互理解与信任，能够从软性的角度提高成员的信用程度。另外，成员信用也影响着经济收益、技术成果的分配实现情况，并且影响着 PPP 项目组织的运行效率；沟通渠道开放程度主要受到组织结构设计合理程度的影响，组织架构影响沟通渠道的建设。同时，沟通渠道开放程度影响公开信息资源的开放程度，对于信息传导的速度及沟通结果也有着相关影响；经济收益分配合理程度及风险分配合理程度受到目标设置、成员信用、项目主体自身项目经验等因素影响，同时经济收益及风险分配的合理程度对于 PPP 项目的组织界面稳定性起到激励作用；组织角色契合程度指的是 PPP 项目中各主体在其中扮演的角色是否适应 PPP 项目的需求，这里针对的是政府在 PPP 项目中的定位是否满足 PPP 项目发展所需。组织角色契合程度受到类似项目经验丰富程度、专业技能互补程度以及组织结构设计合理程度的影响。同时，组织角色契合程度也影响着信息的传导、PPP 项目各主体间的理解与信任程度以及组织运行的有效程度。

**2. 中心度和原因度分析**

从表 3 - 10 中的中心度排序可以看到排在前 8 位的为法律政策完备程度（3.5420）、成员信用（2.8856）、监管机制完善程度（2.8832）、投资环境稳定程度（2.8392）、风险分配合理程度（1.9973）、公开信息资源开放程度（1.9996）、经济收益分配合理程度（1.9966）、物资投入数量合理程度（1.9805）。

在中心度前 8 位的影响因素中，成员信用的原因度 $r_n < 0$，表明该影响因素为结果类影响因素，还受到其他影响因素的影响。除此之外，沟通渠道开放程度、组织运行有效程度、组织结构设计合理程度、理解与信任程度的原因度均小于 0，也为结果类影响因素。其余 15 个影响因素的原因度均大于 0，为原因类影响因素，表明该影响因素会对其他影响因素产生不同程度的影响。

通过比较影响度、被影响度、中心度、原因度，可发现中心度数值较大的影响因素，影响度数值也较大；原因度小于 0 的影响因素，其被影响度数值也较大。表明在分析该影响因素时，除了对因素自身研究，还应该对因素外部的环境进行考虑。

中心度较大的因素表明在 PPP 项目政府责任实现的组织界面因素中的影响程度较大，是政府在实现政府责任时应重点管控的因素。关键因素中的法律政策完备程度、监管机制完善程度、投资环境稳定程度、物资投入数量合理程度同属外部环境维度，处在"谐则"类界面，表明政府需通过制度、流程以及组织结构的规范化来加强 PPP 项目政府责任的实现。由于 PPP 项目外部环境的不确定性和不稳定性影响了政府责任的实现，政府作为 PPP 项目的规则制定者和公共产品的提供者，需要为 PPP 项目顺利运行提供相关的法律、政策、物资支持，这也是政府的政治责任内容之一。

其余关键因素处在"和则"类界面，表明政府需通过文化、信息、激励的合理建设来加强 PPP 项目政府责任的实现。成员信用属于组织文化维度，组织文化作为柔性影响因素，对于 PPP 项目组织界面起到潜移默化的影响作用，并且柔性约束能够弥补合同、法律等刚性，降低交易、监管成本。政府应加强自身信用建设，为 PPP 项目构建一个良好的组织氛围；风险分配合理程度、经济收益分配合理程度属于激励程度维度，政府作为 PPP 项目的合作者，应该按照合同协议履行自己的义务，并承担政府有能力承担的风险；公开信息资源开放程度属于信息共享维度，在 PPP 项目政府责任实现的过程中，信息传导在 PPP 项目各主体之间的沟通占据重要地位。信息的透明化、公开化对于降低因信息不对称导致的政府寻租、政府监管不力等政府责任问题起到重要作用，公众、私营部门可以通过公开的信息了解政府责任实现的程度，在这个过程中也对政府在实现责任的过程中起到了监督作用。

### 3.4.2 PPP 项目政府责任实现关键因素作用机理

根据选取的神经元个数及 PPP 项目的实际运行情况，将中心度前 8 位的因素作为关键因素，即法律政策完备程度、成员信用、监管机制完善程度、投资环境稳定程度、风险分配合理程度、公开信息资源开放程度、经济收益分配合理程度、物资投入数量合理程度。从分析结果可以看出，前 8 位影响因素中，属于"和则"类界面的因素为成员信用、风险分配合理程度、公开信息资源开放程度、经济收益分配合理程度；属于"谐则"类界面的因素为法律政策完备程度、监管机制完善程度、投资环境稳定程度、物资投入数量合理程度。"和则"类界面影响因素与"谐则"类界面影响因素所占关键因素的比例相同，表明除了 PPP 项目组织界面内部影响着政府责任的实现，组织界面外部环境也制约着 PPP 项目政府责任的实现。

PPP 项目政府责任实现是一系列因素的协同作用，各个因素存在一定的相关性。所有的因素相互运动和作用的结果决定了 PPP 项目整体的发展方向。运用系统动力学，结合 BP - DEMATEL 模型运算结果，围绕关键因素对 20 个影响因素进行系统性分析。

在确定反馈总系统边界时，将所面因素作为一个整体。在总系统中，重点探究关键因素在总系统中的影响作用；在确定反馈子系统边界时，将前面划分的三大界面为各子系统，探究关键因素在其中的作用机理。

### 3.4.2.1　PPP 项目政府责任实现关键因素反馈总系统

图 3 - 4 所示的动力模型中，各个因素之间是相互作用的，有些因素没有直接的联系，但是通过反馈环，是可以联系在一起的，它们构成了作用于反作用的关系。在这个系统动力模型中，系统的演化决定了系统行为模式的变化，无论是那一条反馈路径，都可以找到导致影响 PPP 项目政府责任实现的回路。在这个反馈系统中，用箭线来表示影响 PPP 项目政府责任实现的各要素之间的关系。这其中有正因果关系和负因果关系，" + "号表示促进作用，是正作用；" - "号表示抑制，是负作用。正反馈环有自我加强的功能，负反馈环有自我减弱的功能。

在这个系统中，法律政策完备程度、成员信用、监管机制完善程度、投资环境稳定程度、风险分配合理程度、公开信息资源开放程度、经济收益分配合理程度、物资投入数量合理程度处于最核心的位置，它们也是系统功能交汇的一个重要节点。

在这个关键因素总反馈路径中，可以看到存在大部分的正因果链，只存在少部分负因果链，这是因为在总反馈路径中，所选取的指标大部分为正向描述因素，并且各因素之间的存在关系为正向影响关系。

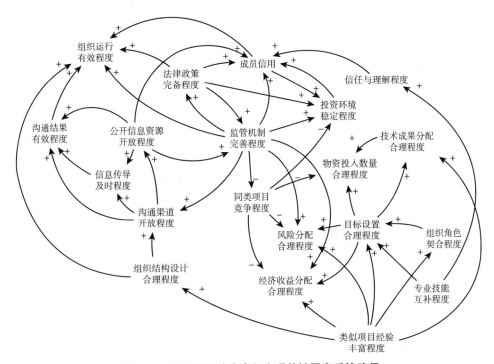

**图 3 - 4　PPP 项目政府责任实现关键因素反馈路径**

### 3.4.2.2  PPP 项目政府责任实现关键因素反馈子系统

PPP 项目政府责任实现关键因素子系统包括三大类，按照组织界面分类进行系统边界的划分，结合三类组织界面矛盾产生的原因及界面主体的利益诉求，对PPP 项目政府责任实现关键因素的作用机理进行分析。这三大子系统分别是上级公共部门—下级公共部门纵向界面反馈子系统、公共部门—私营部门横向界面反馈子系统、公共部门—公众横向界面反馈子系统和公共部门内部斜向界面反馈子系统。

上级公共部门—下级公共部门纵向界面反馈子系统，如图 3 - 5 所示。

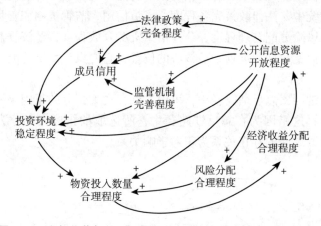

**图 3 - 5  上级公共部门—下级公共部门纵向界面子系统反馈路径**

反馈回路 1：公开信息资源开放程度→法律政策完备程度→投资环境稳定程度→物资投入数量合理程度→经济收益分配合理程度

反馈回路 2：公开信息资源开放程度→法律政策完备程度→成员信用→投资环境稳定程度→物资投入数量合理程度→经济收益分配合理程度

反馈回路 3：公开信息资源开放程度→成员信用→投资环境稳定程度→物资投入数量合理程度→经济收益分配合理程度

反馈回路 4：公开信息资源开放程度→监管机制完善程度→成员信用→投资环境稳定程度→物资投入数量合理程度→经济收益分配合理程度

反馈回路 5：公开信息资源开放程度→监管机制完善程度→投资环境稳定程度→物资投入数量合理程度→经济收益分配合理程度

反馈回路 6：公开信息资源开放程度→投资环境稳定程度→物资投入数量合理程度→经济收益分配合理程度

反馈回路 7：公开信息资源开放程度→物资投入数量合理程度→经济收益分

配合理程度

反馈回路 8：公开信息资源开放程度→风险分配合理程度→物资投入数量合理程度→经济收益分配合理程度

从反馈回路中可以看出，公开信息资源开放程度处于核心位置，以公开信息资源开放程度为核心，影响着外部环境、组织文化、激励程度的变化。

图 3 - 6 为纵向界面矛盾模型，显示了纵向界面矛盾的产生过程。两组织之间的界面结构由界门、界壁和所交换的信息组成。设 $P_i$ 为界门开放程度，$P_i = 0$ 时，界门完全关闭，此时两组织处于完全隔离的状态；$P_i = 1$ 时，界门完全打开，两组织处于完全无约束交互状态；$0 < P_i < 1$ 时，界门在一定条件下开放，此时组织双方为部分约束交互状态。设 $P_A$ 为上级公共部门界门开放程度，$P_B$ 为下级公共部门界面开放程度，由图 3 - 6 可知，$P_A$ 相对于 $P_B$ 来说是部分开放的，而 $P_B$ 对于 $P_A$ 来说是完全开放的，因此上级公共部门发出的信息完全传送到下级公共部门中，当新入信息与下级公共部门内部既有信息进行交汇时，打破了 $P_B$ 的稳定状态，组织界面矛盾由此产生。

在纵向界面中，由于界面双方在组织内部存在直接隶属关系，下级在接受上级组织的指示时，由于组织间的制度、文化、地位、知识和信息差异，使得原信息产生偏差。

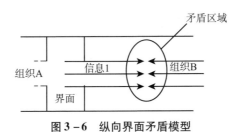

图 3 - 6　纵向界面矛盾模型

在 PPP 项目中，上级部门传达纲领精神，下级部门具体执行，因此公开信息资源的开放程度对于信息传导的完整性与正确性就显得尤为重要。在此界面中，由于下级公共部门对于上级公共部门的传达精神存在理解偏差，加上信息不对称的原因，上级公共部门无法完全知悉下级公共部门的责任实现程度，由此造成了政府责任的实现缺失。

公共部门—私营部门横向界面反馈子系统，如图 3 - 7 所示。

反馈回路 1：法律政策完备程度→物资投入数量合理程度→投资环境稳定程度→风险分配合理程度→经济收益分配合理程度→监管机制完善程度

反馈回路 2：法律政策完备程度→公开信息资源开放程度→投资环境稳定程度→风险分配合理程度→经济收益分配合理程度→监管机制完善程度

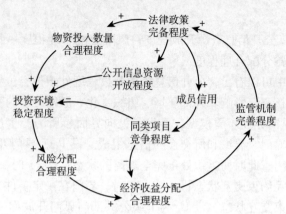

**图 3 - 7    公共部门—私营部门横向界面子系统反馈路径**

反馈回路3：法律政策完备程度→成员信用→同类项目竞争程度→投资环境稳定程度→风险分配合理程度→经济收益分配合理程度→监管机制完善程度

反馈回路4：法律政策完备程度→成员信用→同类项目竞争程度→经济收益分配合理程度→监管机制完善程度

从反馈回路中可以看出，在这层界面中，双方作为合作者，对于法律政策的连续性、激励程度、政府信用以及外部环境中的同类项目竞争程度较为关注。其中，同类项目竞争程度为负向性指标，同类项目竞争程度较大对于风险分担、收益分配以及外部环境的稳定性有着较大的负向效应。在 PPP 项目合作协议中，政府会给予私营部门竞争保护的承诺，而良好的政府信用则会使该承诺的实现概率增大，有效地增强了私营部门的投资信心。

图 3 - 8 为横向界面矛盾模型，显示了横向界面矛盾的产生过程。设 $P_A$ 为公共部门界门开放程度，$P_B$ 为私营部门界面开放程度，由图 3 - 8 可知，$P_A$ 与 $P_B$ 的状态都是相互封闭的。从 $P_A$ 与 $P_B$ 中传出的信息均是组织双方未经商讨，而是根据自身利益诉求的只代表个体意见的内容，并且由于 $P_A$ 与 $P_B$ 的界门状态处于封闭状态，对于对方信息的接受程度较低，因此双方信息在交换过程中存在较大差异，由此产生矛盾。公共部门与公众的横向界面矛盾产生原因同上所述。

横向界面中，各组织地位相对平等，双方具有相对独立的利益去向，不存在相互约束关系。本组织的边界只许向外输出信息，而不能输入外界信息，导致组织界面间产生信息矛盾。

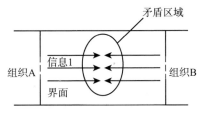

**图 3 - 8　横向界面矛盾模型**

在 PPP 项目中，私营部门和公共部门对 PPP 项目价值观念及利益目标不同。在此界面中，公、私双方的组织封闭性较强，双方组织间的信息交流、传递较少，并且由于公、私双方的组织制度、结构、文化存在较大差异，因此对于各方输出的信息，接受度也较低。而政府部门在制订相关责任时，由于无法完全了解私营部门的利益诉求，因此在政府责任的实现过程中难免出现越位或缺位。

公共部门—公众横向界面反馈子系统

从该反馈子系统中可发现以下反馈回路。

反馈回路 1：法律政策完备程度→监管机制完善程度→沟通渠道开放程度→公开信息资源开放程度→信息传导及时程度→成员信用

反馈回路 2：法律政策完备程度→监管机制完善程度→经济收益分配合理程度→成员信用

反馈回路 3：法律政策完备程度→经济收益分配合理程度→成员信用

从图 3 - 9 的反馈回路中可以看到，法律政策完备程度、沟通渠道开放程度和信息共享占据了核心位置。在该界面中，公共部门与公众分属不同的组织，组织双方存在信息传导差，公众在 PPP 项目中享有知情权和监督权。而在现今的信息沟通平台，对于公开信息资源的开放程度不高，导致公众与公共部门之间的沟通有效程度不高，公众最为关注的项目利益分配问题也无从得知，这些间接地损害了公众的知情权与监督权，也是 PPP 项目中政府对公众的失责。

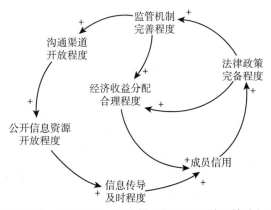

**图 3 - 9　公共部门—公众横向界面子系统反馈路径**

公共部门斜向界面反馈子系统如图 3 - 10 所示。

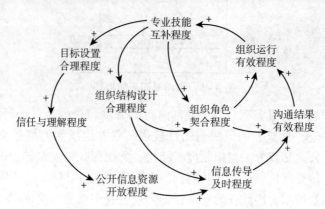

**图 3 - 10   公共部门内部斜向界面子系统反馈路径**

反馈回路 1：专业技能互补程度→目标设置合理程度→信任与理解程度→公开信息资源开放程度→信息传导及时程度→沟通结果有效程度→组织运行有效程度

反馈回路 2：专业技能互补程度→组织结构设计合理程度→信息传导及时程度→沟通结果有效程度→组织运行有效程度

反馈回路 3：专业技能互补程度→组织结构设计合理程度→组织角色契合程度→沟通结果有效程度→组织运行有效程度

反馈回路 4：专业技能互补程度→组织角色契合程度→沟通结果有效程度→组织运行有效程度

反馈回路 5：专业技能互补程度→组织角色契合程度→组织运行有效程度

从反馈回路中可以看出，组织文化、组织结构设计合理程度及沟通管理在其中占据了核心位置。表明在该界面中，由于组织双方涉及的经济利益较少，且组织属性相似但存在职能、专业上的差异，因此各界面主体更加关注的是组织文化的融合程度及组织结构的合理性对于信息的传导影响和双方沟通结果的有效程度。

图 3 - 11 为斜向界面矛盾模型，设 $P_A$ 为主导部门界门开放程度，$P_B$ 为协作部门界面开放程度，由图 3 - 11 可知，$P_A$ 对于 $P_B$ 的状态是较为封闭的，$P_B$ 对于 $P_A$ 的状态较为开放。在该界面分两阶段产生矛盾，首先是 $P_A$ 与 $P_B$ 在界面处交换信息时由于信息差异产生的矛盾，第二阶段是 $P_A$ 的信息传入到 $P_B$ 时，与 $P_B$ 的既有信息产生碰撞，从而产生矛盾。

在该界面中，PPP 项目一般会由政府指定某部门作为政府代表 PPP 项目的主导者，而其余的部门就作为协作者，此时该界面中的两组织就存在地位差别，但是双方并无隶属关系。因此在该界面中，一部分信息进入组织与内环境发生作用，一部分信息在界面中相互作用。由于双方不存在隶属关系，并且存在职能差异与专业差异，加上各组织灵活度很大，对信息理解存在差异，双方矛盾就此产生。

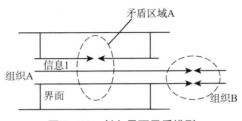

图 3 − 11　斜向界面矛盾模型

在 PPP 项目中，由于公共部门内部各部门存在职能、专业差异，加上互无隶属关系，因此对于同级部门传达的信息只会部分接收，将各部门假设为理性的经济人，在实现责任的过程中，会有趋利性，即只选择自己职能范围之内并且执行成本较低的责任，由此存在政府责任的选择性实现。

## 3.5　我国 PPP 项目政府责任的实施路径

### 3.5.1　X 市地下综合管廊 PPP 项目实证分析

#### 3.5.1.1　项目概述

**1. 项目背景**

为切实加强城市地下管线建设管理，保障城市安全运行，提高城市综合承载能力和城镇化发展质量，2014 年 6 月 3 日，国务院办公厅印发了《国务院办公厅关于加强城市地下管线建设管理的指导意见》。2014 年 12 月 26 日，财政部颁布了《关于开展中央财政支持地下综合管廊试点工作的通知》。开展了全国综合管廊试点城市的申报工作。2015 年 4 月 8 日，经过资格审核和竞争性评审，X 市脱颖而出，最终成功入围全国首批"地下综合管廊"的试点城市名单。X 市在未来 3 年内将获得 12 亿元（2015～2017 年，每年 4 亿元）的中央财政资金用于本项目建设运营。

**2. 项目建设内容**

项目分别结合新区道路建设和老城区道路改造、棚户区改造以及国家热带农业公园项目进行实施。项目的规划总面积为 178.56 平方千米，其中新城区规划面积达 118.56 平方千米、国家热带农业公园规划面积为 38.7 平方千米。地下管廊的总建设长度为 88.42 千米，主要分布在中心城区棚改区（20.38 千米）、西海岸南片区（19.48 千米）和 X 国家热带农业公园片区（17.5 千米）。项目建安费用估算为 535713.42 万元，总投资为 723020.55 万元。

**3. 项目实施计划**

根据片区开发进度和道路建设时序确定本工程分期建设计划。本次地下综合管廊工程共 95.96 公里，2015 年实施 10.89 公里，2016 年实施 18.66 公里，2017 年实施 17.66 公里，2018 年实施 26.15 公里，2019 年实施 22.60 公里，本工程综合管廊于 2020 年底前完成建设。

**4. 项目建设管理机构**

（1）X 市地下综合管廊建设工程指挥部。

市政府成立"X 市地下综合管廊建设工程指挥部"，负责组织指导、经费保障、督促协调。

本项目建设期间由 X 市地下综合管廊建设工程指挥部对综合管廊建设试点进行统筹协调，及时解决工作中问题，形成决策力和执行力，实行综合管廊工作联席会议制度。

项目成员单位：省通信管理局、高新区管委会、市发改委、市财政局、市规划局、市住建局、市市政市容委、市水务局、市法制局、市物价局、市国资委、市政府服务中心、市水务集团、威立雅公司、X 市某投资建设有限公司、X 市某置业有限公司、供电局、中国电信 X 市分公司、中国联通 X 市分公司、中国移动 X 市分公司、中国有线电视网络有限公司 X 市分公司、民生管道燃气有限公司、市地下综合管廊投资管理有限公司。

指挥部下设办公室，办公室设在市住建局，办公室成员单位：市住建局、市规划局、市发改委、市财政局、市市政市容委、市水务局、市法制局、市物价局、市国资委、市地下综合管廊投资管理有限公司。

办公室内设四个工作组：规划设计组由市规划局分管副局长任组长，各成员单位视工作需要参与相关工作；投融资组由市财政局分管副局长任组长，各成员单位视工作需要参与相关工作；建设监管组由市住建局分管副局长任组长，各成员单位视工作需要参与相关工作；运营协调组由市地下综合管廊投资管理有限公司董事长任组长，各成员单位视工作需要参与相关工作。

（2）X 市地下综合管廊投资管理有限公司。

市政府主导发起，X 市电网、中国移动、中国电信、中国联通 X 市分公司、X 市水务集团等管线单位共同参与，同时引入中国农业发展银行资金进行股权投资（用于国家热带农业公园地下综合管廊项目），组建"X 市地下综合管廊投资管理有限公司"，为本项目的项目公司和实施主体，承担本项目以及未来管廊的投资、建设和运营。

**5. 项目合作模式**

（1）项目具体运作方式。

本项目为新建准经营性项目，具备一定的用户付费机制（如向管线单位收取入廊费和日常运营管理费，以及地下空间商业开发收入），以引入资金为目标之一，以 PPP 模式运作该项目。PPP 模式下社会资本承担的公共职责与投资运营回报机制基本一致，社会资本承担新建公共资产规划、设计、融资、建造、运营维护职责，社会资本通过用户付费（及政府提供的可行性缺口补助）实现投资运营回报。由于地下综合管廊项目在国内属于试点项目，国内还未有具备成熟运营经验的专业公司，且项目公司营业收入主要依赖于政府对管线单位的强制入廊，因此项目公司股权设置为由政府控股。

（2）项目交易结构。

本项目采用 PPP 模式实施，政府、农发行和入廊管线单位共同组建项目公司实施项目内容，具体项目交易结构如图 3-12 所示。

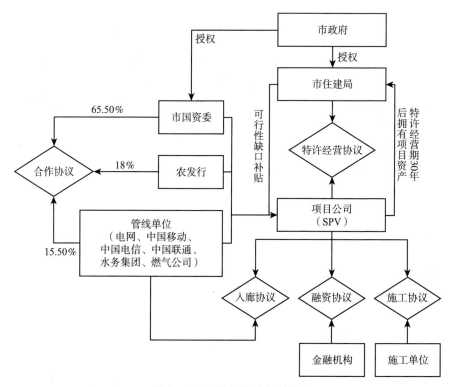

**图 3-12　PPP 项目交易结构**

本项目实施与投融资模式，采取"政府主导、社会参与、专业化运营、逐步市场化"的模式，由市政府主导发起，授权市国资委代表政府与电网、中国移动、中国电信、中国联通、市水务集团有限公司、市燃气集团有限公司等管线单位以及中国农业发展银行（以下简称"农发行"）通过签署《X 市地下综合管廊 PPP 项目公司合资合作协议》，在 X 市共同出资组建项目公司（X 市地下综合管廊投资管理有限公司），其中市国资委持股 65.50%，管线单位持股 15.50%，农发行持股 18%。

市住建局代表市政府与项目公司签署《X 市地下综合管廊 PPP 项目协议》和《X 市地下综合管廊特许经营协议》，授予项目公司特许经营权，由项目公司作为项目实施主体，采取 PPP 模式特许经营，承担 X 市地下综合管廊项目以及未来管廊的投资、建设和运营维护。

本项目特许经营期限为 30 年（不含建设期）。在特许经营期内，项目公司通过经营项目获得管线入廊费、日常运营管理费、可行性缺口补贴以及其他综合补偿等方式收回投资并取得合理回报，实现专业化、市场化的可持续经营。项目所有权由项目公司拥有。

### 3.5.1.2 地下综合管廊 PPP 项目政府责任组织界面分析

从 X 市地下综合管廊 PPP 项目总体组织结构可以看出，该项目的组织结构是一个大型的复杂混合结构，涉及以公共部门、私营部门、公众为主的各种组织。根据项目内组织从属关系，主要从公共部门、私营部门、公众三者的角度对该项目的组织界面进行划分。该项目各类组织界面如表 3-11 所示。

表 3-11　　　　　　　　X 市地下综合管廊 PPP 项目组织界面分析表

| 界面类型 | 界面关系 |
| --- | --- |
| 纵向界面 | 地下综合管廊建设工程指挥部——指挥部办公室；<br>地下综合管廊建设工程指挥部——各行政、事业单位；<br>指挥部办公室——指挥部办公室各部门 |
| 横向界面 | 指挥部办公室——各行政、事业单位；<br>指挥部办公室——合作企业 |
| 斜向界面 | 政府授权的主导单位——协作单位；<br>指挥部办公室各部门——承包商（供应商） |

在该项目中，政府扮演着提供者、合作者、监管者和规则制定者这四种主要角色。为满足城市发展所需及保障城市公共安全所需，政府对地下管廊项目进行统筹规划，体现了地方政府作为公共物品和服务提供者的角色需求；在地下综合

管廊 PPP 项目，政府主导并统筹，与社会资本合作共同开发建设该项目，通过签订合同与社会资本形成契约关系，体现了政府在该项目中合作者的角色；在项目建设期间以及运营期间，政府必须以指定的规则作为依据，对私营部门所提供的产品质量、服务质量、服务价格等内容进行监管，以保证公众利益不受侵害，并且对违法违规行为做出裁决和处罚，此时，政府在其中扮演了监管者的角色。在施行该 PPP 项目前，X 市政府就"引入私营部门参与基础设施建设"的有关内容制定了相应政策，并由市财政局发布了相关项目操作规范，这些举措为保证 PPP 项目在 X 市规范施行，约束项目建设运营中各个主体的行为，以保证项目达成预期目标打下了相关基础。

### 3.5.1.3　地下综合管廊 PPP 项目政府责任实现关键因素分析

**1. 模型构建与运算**

将前文表 3 - 4 中所列 20 个影响因素作为输入层神经元，输入样本来源于该项目内 5 位专家打分所得，输出样本为前文确定的综合评价结论集 Q。

$$Q = [3.06 \quad 2.50 \quad 3.63 \quad 2.70 \quad 3.21 \quad 2.06 \quad 3.78 \quad 2.56 \quad 2.87 \quad 2.69$$
$$4.31 \quad 2.80 \quad 2.32 \quad 2.74 \quad 2.71 \quad 3.16 \quad 4.53 \quad 4.01 \quad 2.84 \quad 4.22]$$

将 5 位专家的评分结果得到该 PPP 项目界面管理影响因素初始矩阵 P 为：

$$P = \begin{bmatrix} 3 & 2 & 3 & 3 & 4 & 4 & 4 & 2 & 2 & 4 & 2 & 1 & 2 & 3 & 4 & 5 & 4 & 2 & 4 \\ 3 & 2 & 3 & 2 & 3 & 3 & 4 & 3 & 3 & 2 & 4 & 3 & 2 & 2 & 3 & 4 & 5 & 4 & 2 & 4 \\ 2 & 3 & 4 & 3 & 4 & 3 & 3 & 3 & 2 & 5 & 2 & 2 & 2 & 3 & 5 & 5 & 5 & 2 & 3 & 5 \\ 3 & 2 & 3 & 2 & 3 & 4 & 4 & 2 & 2 & 3 & 2 & 3 & 4 & 5 & 2 & 4 \\ 2 & 2 & 3 & 2 & 3 & 3 & 4 & 2 & 4 & 2 & 2 & 2 & 4 & 2 & 5 & 2 & 3 \end{bmatrix}$$

借助 Matlab 语言编程，将初始影响因素矩阵 P 作为输入层向量，Q 作为目标矩阵输入系统，按照前文构建的 BP - DEMATEL 模型进行计算，得到各影响因素排序信息如表 3 - 12 所示。

表 3 - 12　　　　　　　　　政府责任实现组织界面各影响因素排序信息

| 排序 | 界面指标 | 中心度 | 原因度 | 排序 | 界面指标 | 中心度 | 原因度 |
|---|---|---|---|---|---|---|---|
| 1 | $U_{62}$ | 2.4429 | 0.7843 | 7 | $U_{21}$ | 1.6489 | 0.0113 |
| 2 | $U_{44}$ | 2.3008 | - 0.6536 | 8 | $U_{31}$ | 1.6406 | - 0.0080 |
| 3 | $U_{65}$ | 2.1070 | 0.4658 | 9 | $U_{32}$ | 1.6185 | - 0.0129 |
| 4 | $U_{63}$ | 2.0189 | 0.3847 | 10 | $U_{22}$ | 1.6085 | 0.0243 |
| 5 | $U_{33}$ | 1.7376 | - 0.1228 | 11 | $U_{11}$ | 1.5626 | - 0.0692 |
| 6 | $U_{61}$ | 1.6751 | 0.0447 | 12 | $U_{41}$ | 1.5468 | 0.0852 |

续表

| 排序 | 界面指标 | 中心度 | 原因度 | 排序 | 界面指标 | 中心度 | 原因度 |
|------|----------|--------|--------|------|----------|--------|--------|
| 13 | $U_{45}$ | 1.5209 | 0.1161 | 17 | $U_{51}$ | 0.8519 | 0.2851 |
| 14 | $U_{43}$ | 0.9967 | 0.1545 | 18 | $U_{42}$ | 0.8100 | 0.3326 |
| 15 | $U_{52}$ | 0.9813 | -0.1545 | 19 | $U_{12}$ | 0.7062 | 0.3326 |
| 16 | $U_{64}$ | 0.9686 | 0.2686 | 20 | $U_{46}$ | 0.6912 | 0.6630 |

### 2. 中心度和原因度分析

从表 3 - 12 中的中心度排序表明排在前 8 位的为法律政策完备程度（2.4429）、成员信用（2.3008）、监管机制完善程度（2.1070）、投资环境稳定程度（2.0189）、风险分配合理程度（1.7376）、物资投入数量合理程度（1.6751）、公开信息资源开放程度（1.6489）、经济收益分配合理程度（1.6406）。排在前 8 位的影响指标与前文理论模型计算的结果没有太大差别。

但值得注意的是，跟前文理论模型的计算结果相比，技术成果分配合理程度（1.6185）、信息传导及时程度（1.6085）、目标设置合理程度（1.5468）、类似项目经验丰富程度（1.5209）的中心度排序有所靠前；而同类项目竞争程度（0.9686）、组织角色契合程度（0.8100）的中心度排序则排在了靠后的位置；其余的如沟通渠道开放程度（2.5626）、沟通结果有效程度（0.7062）、理解与信任程度（0.9967）、专业技能互补程度（0.6912）、组织结构设计合理程度（0.8519）、组织运行有效程度（0.9813）排名顺序与之前没有太大变化。

中心度排序发生变化的原因在于地下综合管廊 PPP 项目在我国实行的历史尚短，尚属于新兴事物，国内同类成功运营的项目较少，项目相关信息流通较少，无论是公共部门还是相关私营部门之前都较少接触该类型的项目，并且地下综合管廊 PPP 项目的建设成本较大、建设技术超前、运营时间较长、收益来源相对单一，因此私营部门更加关注法律政策的连续性、投资环境的稳定性、政府信用的持续性以及前期政府物资支持、风险、收益的分配、最终技术成果的权属和双方的信息交换程度，政府有责任根据私营部门合理的利益诉求，从上述方面给予相应的法律保障、物资支持及相应的信息公开；而完善的监管机制对于政府信用、政府的避责行为、敦促政府实现相应的责任承诺有着较强的约束影响作用。类似项目经验丰富程度能够帮助政府在该 PPP 项目中进行合理的角色定位，合理划分政府责任界限，避免政府在其中过度干预，确保政府的支持责任在合理的范围之内。

地下综合管廊 PPP 项目属于大型基础设施，在同一个地区出现同类项目的可能性较少，因此同类项目竞争程度对与 PPP 项目政府责任实现的影响作用有所降低。并且由于合作双方类似项目经验的缺乏，对于 PPP 项目各主体在其中的组织角色契合程度评价标准较模糊。

　　表 3 - 12 中原因度数据表明, 成员信用、风险分配合理程度、经济收益分配合理程度、沟通渠道开放程度、组织运行有效程度的原因度小于 0, 表明除了应该对这些因素自身加强管控之外, 还应该加强外部环境的建设, 降低风险的产生概率, 为组织运行、信用建设提供一个稳定的培育环境。

　　但从表 3 - 12 的结果可以看出, 无论是何种类型的 PPP 项目, 都对 PPP 项目政府责任内容提出了关于法律体系建设、监管机制完善、政府信用提升、维持投资环境稳定、合理承担风险、信息透明度建设等方面的要求, 同时法律完备程度、监管机制、信息的公开程度从外部约束政府的行为, 减少政府的避责行为, 敦促政府承担起相应的项目风险, 起到政府责任实现的刚性推动作用; 而良好的政府信用从柔性角度提升政府履责的意识, 起到政府责任实现的柔性推动作用。

### 3.5.2　PPP 项目政府责任实现路径

#### 3.5.2.1　加强法律和环境支持

　　通过 BP - DEMATEL 模型和系统动力学的分析, 法律政策的完备程度及投资环境的稳定程度在 PPP 项目政府责任的实现因素中占据重要地位。完备的法律法规及稳定的投资环境不仅保障了 PPP 项目施行过程中的规范化, 为政府在 PPP 项目中转变传统角色、重新定位提供合法依据, 也为 PPP 项目政府责任的实现提供连续性的推进作用。

　　在法律支持方面, 政府作为 PPP 项目的规则制定者, 应为 PPP 项目的稳健实施构建完善的法律顶层环境。第一, 明确政府角色, 使政府干预与政府保证在合理范围之内; 第二, 通过规范 PPP 项目操作程序, 制定专门的 PPP 项目相关法规以推进 PPP 项目的落地实施, 并将其纳入整体的法律体系中, 使 PPP 项目处于有法可依、有章可循的宏观环境政策中; 第三, 规范 PPP 项目特许权协议, 完善 PPP 项目特许权授予制度; 第四, 制定相关法律条款, 规范 PPP 项目参与人员的专业程度。

　　在环境支持方面, 政府应为 PPP 项目建立平稳的外部环境。第一, 健全经济体制环境, 保障投资者的合法权益; 第二, 稳定投融资市场, 使 PPP 项目能够在良好的国内资本市场中拓宽融资渠道, 吸引更多的私营部门参与; 第三, 建设公平、公正、透明的招投标环境。构建合理、竞争充分的招投标程序, 确保公平竞争, 避免腐败、寻租行为的出现。

　　法律支持与环境保障是政府责任实现的一种激励措施, 也是 PPP 项目运作成功的先决基础。通过加强法制建设, 为 PPP 项目提供一个稳定的投资环境, 从刚性的角度促进 PPP 项目政府责任的实现，提升私营部门的投资信心与合作意愿。

### 3.5.2.2　加强政府信用保证

政府信用作为柔性治理措施，在很大程度上影响着政府责任的持续实现。政府必须加强自身信用建设，保证 PPP 项目能够长久运营。政府应重点从协议内容、问责机制、信用监督机制三方面加强自身信用建设。

第一，在 PPP 项目合作协议中订立信用保证条款。政府作为 PPP 项目的直接参与者和合作者，应放下身段，站在与私营部门平等的地位，在协议中明确规定政府失信、政府违约等与政府失责相关的赔偿措施。对于政府承诺与保证，也应在特许权协议中订立相应调整条款。并且协议中应体现风险防控意识，例如订立项目不可抗力或不可预测的风险控制条款，允许双方在风险发生时根据实际情况做出部分调整，保证双方权责分配的平衡性与公平性。

第二，健全政府信用问责机制。政府应加大力度建设政府失信惩处机制，健全信用问责制度，真正做到对严重失信的政府部门实施相应的惩戒措施。

第三，完善政府信用监督机制。在 PPP 项目中，政府除了扮演监管者角色，还是被监督者的角色，政府应建立相对独立的政府信用监督机构，引入社会监督，防止监督规制俘房，同时政府应列举政府责任清单并公布相应的实现情况，增强政府责任实现信息的透明度，以其到有力约束政府失信行为的作用。

### 3.5.2.3　完善政府监管机制

政府作为 PPP 项目的监管者，应该站在社会整体利益的角度进行监管，注重对 PPP 项目效率的监管。建立科学的监管机制，对准入监管、服务价格监管、建设质量与服务质量监管进行监管。

在准入监管方面，政府需对进入行业的私营部门的从业经验、技术标准、企业规模等相关资质条件进行审查，同时构建公开透明的招标环境，确保参与竞争的私营部门合法合理。

在服务价格监管方面，关键措施是进行价格规制。政府通过控制服务价格，对私营部门通过垄断所获得的消费者剩余进行管控。在进行价格管理和价格监督时，政府需要在相关部门内部进行协调，依据相关条例进行管理。

在建设质量与服务质量监管方面，通常由政府质量安全监督部门执行监管。在监管的过程中，公私双方应提前在合同对建设和运营阶段的监管部门进行条款确定，并对监管的内容进行确定。确保 PPP 项目的建设标准、运营服务质量、环境安全、公共安全等内容得到有效监管。

### 3.5.2.4　提高公众参与程度

在 PPP 项目中，主要的项目利益主体为：政府、私营部门和公众。由于公众处于信息接受的劣势方，公众与其他两方存在严重的信息不对称情况，公众的知情权、参与决策权、监督权、舆论权得不到保障，公众的利益得不到良好诉求，进而导致政府在公共项目决策中缺乏公正性和科学性，导致 PPP 项目公众满意度得不到客观反映。公众与政府之间存在委托—代理关系，公众参与从一定程度上来说，实现了公众监督，避免政府独占决策权的现象。

政府应建立良好的沟通机制，提高公众的参与程度。运用现代政务管理技术，提高政务信息交换效率，通过实行政务公开、行政听证制度，及时将 PPP 项目相关信息传递给公众；建立电子化绩效评估系统，引导公众主动参政、议政、维护自身权益，推进政府责任实现机制的完善和创新。

# 3.6　本 章 小 结

在进行 PPP 项目政府责任实现机理研究时，本书在国内外相关文献研究的基础之上，以新公共管理理论、组织界面管理理论为理论基础，以 BP – DEMATEL 模型和系统动力学为方法支撑，对影响 PPP 项目政府责任实现的组织界面因素、PPP 项目政府责任的实现机理进行较为系统深入地研究，从组织界面的角度为 PPP 项目中政府定位、政府责任—权力边界的明确划分提供理论依据。

PPP 项目中以公共部门、私营部门、公众为主要参与者，其中又以公共部门最为重要。在 PPP 项目不同阶段以及面对的主体不同，所形成的 PPP 项目组织界面类别不同，公共部门在其中所扮演的角色也不同。PPP 项目参与方众多，组织关系及 PPP 项目外部环境较为复杂，因此 PPP 项目组织内部和外部存在多种因素影响、制约 PPP 项目政府责任的实现。

本书基于和谐管理理论思想，根据 PPP 项目组织界面矛盾产生的原因，结合 PPP 项目政府责任内容，将影响 PPP 项目政府责任实现的影响因素分为"和则""谐则"两大类组织界面影响因素。其中"和则"类界面为"人与人"交互形成的界面，根据"和则"类界面的特点，从 PPP 项目组织内部识别影响因素，最终确定了沟通管理、信息共享程度、激励程度、组织文化 4 大类因素；"谐则"类界面为"人与物""物与物"交互形成的界面，根据"谐则"类界面的特点，从 PPP 项目组织外部识别影响因素，最终确定了组织结构、外部环境两大类因素。在沟通管理、信息共享程度、激励程度、组织文化、组织结构、外部环境 6 大类影响因素的基础之上确定子影响因素，6 大类影响因素之间存在明显界限。

上述 6 大类影响因素均为定性指标，通过发放调查问卷，对调查问卷进行统计处理，运用 BP – DEMATEL 模型确定各因素对 PPP 项目政府责任实现的影响程度，根据中心度排序确定关键因素。在分析过程中，基于各因素的影响度、被影响度、中心度、原因度，对各因素的相互作用关系进行分析。对关键因素进行重点剖析，结合系统动力学影响因素相互作用因果关系图定性定量地对关键因素在 PPP 项目组织界面矛盾产生过程中的作用机理及政府责任实现的影响机理进行研究，从而提出相应管控建议。

在影响 PPP 项目政府责任实现的组织界面因素中，可以从组织界面内部和组织界面外部两方面分析。从 PPP 项目政府责任组织界面内部的角度来说，组织角色契合程度对于明确各主体（尤其是政府）在 PPP 项目中的定位，明确各方的权、责、利有着较强相关作用。PPP 项目参与成员的信用（尤其是政府信用）对于合同的履行、责任的落实、降低监管成本，减少组织界面矛盾有着重要的影响作用；公开信息资源开放程度、沟通渠道开放程度对于降低由于信息传导不畅导致的组织界面矛盾有着较强的相关性；风险分配合理程度和经济收益分配合理程度对于 PPP 项目各利益主体起到激励作用，促进各方积极履行合同内容。

由于 PPP 项目并不是一个完全封闭的系统，它与外界还进行着较多地互动，外部环境对于政府责任的实现影响相关性也较强。一方面，法律政策完备程度、监管机制完善程度、投资环境稳定程度对于稳定 PPP 项目组织、规范约束 PPP 项目主体行为、敦促政府落实责任有着较强的影响；另一方面，政府有责任进一步完善、优化 PPP 项目运行环境。两者的关系相辅相成，互为约束促进。

对于其他因素对 PPP 项目政府责任实现的影响程度，通过系统动力学分析可以看出，虽然这些因素并不是关键因素，但因素之间也存在着较强的动力关系，在 PPP 项目全生命周期里也扮演着重要角色。因此，公共部门除了重点管控上述关键因素之外，对于每一个影响因素都应该引起重视，才能更好地实现政府责任，使 PPP 项目达到预期目标及效益。

# 第4章

# PPP 项目信任机制分析

　　信任是关系契约合作治理中非常重要的一点，通过合作双方在合作过程中对影响信任因素的提升，可以保证契约的顺利履行。在 PPP 项目中政府与社会资本合作的出发点不同，加上信息不对称等原因，导致双方之间存在信任问题，影响了合作关系的持续性。本章将对 PPP 项目中信任机制进行概念界定，对信任是如何产生的、影响信任关系的各因素作用方式，以及如何促进信任关系进行研究。

## 4.1　PPP 项目中信任关系的产生机制

### 4.1.1　信任的内涵

　　信任的概念源于心理学，现在已经扩展至很多领域——伦理学、法学、社会学、经济学、管理学等，学术界对信任有大量的研究。对信任的理解也因领域、角度和着眼点的不同而不尽相同。威廉姆森认为在市场交易中，机会主义和有限理性是产生交易成本的行为假设，这是出于对人性的假定预设。然而，格兰诺维特提出，信任完全可以改变这种有限理性，有效地防止机会主义行为，降低交易成本。

　　萨贝尔（Sabel，1993）认为信任就是合作参与方都充分相信另一方不会利用自己的弱点来采取机会主义行为以获得利益。丹尼斯（Denise M. Rousseau，1998）等经研究后对信任进行了更为通用的界定，认为信任是一种心理状态，这种状态建立在对合作另一方行为的善意估计，因而自身并不设置防备心理。实际上，不论研究是站在哪个视角，总结国外学者观点，大多认为信任往往都会伴随着风险、不确定性和脆弱性等特质。总之，在合作关系中，信任是合作一方对另一方的正向的、积极的预期，通过对对方言行的考察，愿意相信对方不会为了自身利益而采取机会主义行为。罗家德、叶勇助（2007）指出：出于人的本性，交易行为都是互惠互利的，信任本就存在其中，但随着社会发展，交易和组织结构等越来越复杂，信任关系难以建立或维持，规章制度才被设计，以保证交易成效、降低风险。翟学伟（2011）认为，信任是个辩证的命题：由于失信而制定制度以约束，希望达到提高信任水平的效果，那么信任水平越高，就意味着规制体系完善，规制体系完善就是为了防止人员或组织失信。日常生活中，信任并不是必要条件，因为只要存在规章制度，人们依旧会因为担心被罚而遵守社会秩序，只是社会运行成本会提高而已。然而，在 PPP 项目中，公共部门与私营部门都不会让交易合作成本不断增加，这就必须要依赖关系契约治理中信任的作用。

### 4.1.2  PPP 项目中信任的特点

PPP 项目不同于普通一般项目，一般为大型的公共基础设施项目，合作期限一般在 10~30 年不等，包括了项目的全生命周期。由于合作期限长，政企合作关系是贯穿整个项目全寿命期的，契约中不可能签订好所有的条款，需要再合作中不断调整，那么合作过程中就存在很多不确定因素。由于 PPP 项目的这些特点，使得公私合作中的信任也会具有一些特点。从 PPP 项目的角度来看，信任具有以下特点：

**1. 信任具有相互性**

信任是 PPP 项目成功的有力保障，PPP 项目不能仅依靠合同、正式契约以及命令等来进行管理与控制，因为过多的合同、正式契约和命令意味着交易成本的增加、反应能力的迟钝。并且，任何信任关系，都具有相互性，PPP 项目中也不例外。政企合作要求合作各方精诚合作，互相信任，共同完成目标，一旦出现一方不信任另一方的现象，不必要的监督成本就会大大提高，"囚徒困境"在所难免，为了提高效率的 PPP 项目反而会导致成本大增，合作将可能趋于崩溃。因此，PPP 项目中的信任关系，首先必须是一种相互信任。

**2. 政企双方的投入信任类型不同**

PPP 项目中，政企合作关系贯穿整个项目全生命周期，政企间的信任需要双方共同建立与发展。但他们双方投入的信任类型不同，比如政府更看重社会资本方的各方面能力，而社会资本方更看重政府出台的政策与提供保障措施。

**3. 信任是有边界的**

库玛（Kumar）指出，很少有全方位的信任关系。在 PPP 项目的合作关系中，信息共享当然可以有效提升信任水平，但并不是所有信息都可以分享给合作方，如涉及专利技术、知识产权和商业秘密等。

**4. 信任具有经验性**

良好的合作经验可以带来更多的合作机会，但糟糕的合作经历会极大地影响合作方的声誉，以至于之后的潜在合作者会根据声誉来选择是否进行合作。

**5. 信任的感染性**

这个特点来自于博弈分析，当公共部门选择信任私人部门时，或者私人部门选择相信公共部门时，对方可能会因为获得了合作者的信任而作出反馈。

**6. 信任的建立与消失在速度上是不对称的**

公私之间的信任需要建立在相互考察的基础上，是一个漫长的过程，耗费时间和成本。但是，信任消失可能仅仅是因为一件事情或一个行为。

**7. 信任具有动态性**

PPP 项目合作期限长，政企合作开始于基于计算的信任或者是基于特征的信任，形成初始信任，随着合作次数越来越多，关系越来越紧密，信任水平会不断变化，呈现动态性。并且公私合作双方会不断调整对合作另一方的心理预期，因此信任水平会不断变化。

## 4.1.3　PPP 项目中的信任界定

PPP 项目明显区别于其他普通项目的特点主要有：（1）高度的信任与契约性，政府与社会资本方的合作与共生更多依赖的是一种高度的真诚、信任和契约精神；（2）平等性，政府与社会资本方是在资源共享、共同投资、相互信任、扬长避短的基础上，通过合作前签订的合同契约而结成的平等关系，并不能因为政府权力而对社会资本方进行不公平对待，也不能因为社会资本方掌握更多信息而对欺骗政府；（3）合作期限长，PPP 项目合作期限最少 10 年，一般会在 10~30 年不等，是一个长期博弈的过程。

PPP 项目倡导非对抗的工作方式，并以政府和社会资本方的双赢为目标。中国管理情境下的政府与社会资本合作是为了解决地方政府财政危机、资金短缺等困难，由社会资本方向公共基础设施建设领域投入资金，形成合作关系。但是，目前我国政企合作间存在明显的信任问题，导致 PPP 项目存在落地难的尴尬状况。一方面政府大力推行 PPP 模式，但是有既想当参与者又想当裁判员的企图，给私人部门的保障措施也不够充分；另一方面，社会资本方掌握着核心技术与高效率的管理才能，造成了信息不对称的局面，由于政策保障的不充分而处处戒备政府部门。最终，政企双方信任水平不够，信任关系的紧张造成了合作关系的壁垒，这是目前公私合作中很严重的问题。

没有任何治理方法比信任更加具实用价值，因为没有哪个个体可以脱离群体成为单独的个体，也没有哪个群体可以脱离信任，而仍然繁荣的发展下去。信任是社会系统的润滑剂，信任水平的高低在一定程度上就可以决定合作效率的高低。信任的缺失会导致运行成本（交易成本与监督成本等）不断增加。运行成本，作为 PPP 项目的重要指标之一，如果不断增加，那么政企合作将失去它存在的意义。信任关系是决定交易成本的重要因素，所以信任关系会改变治理结构的选择，少了起码的信任，任何经济行为都无法顺利完成，在 PPP 项目中更为显著。

目前，专家学者们对政府与社会资本合作关系中的信任并没有形成统一定义。在政企合作中关于信任的研究中，专家学者大都将信任定义为一种预期，是对组织积极的预期和能够承受机会主义行为的风险。因此，本书将 PPP 项目中的信任定义为在政府与社会资本合作关系中，政企双方愿意相信对方不会在有可能产生道德风险的情况下，并不会采取机会主义行为来获取利益。

## 4.1.4　PPP 项目中信任产生机制的博弈分析

### 4.1.4.1　信任产生的类型

研究信任，首先要明确信任如何产生，信任是个复杂多维的概念，存在不同的产生类型。林恩·朱克（Lynne Zucker，1986）将信任产生机制分为三种：一是基于制度的信任，这种信任来源于某些专业认证、约定或规章制度，甚至是法律法规，总之是一些正式的、完备的规制，具有约束效力；二是基于特征的信任，如果是个人，那么这种信任可能来源于这个人的特征，如性格、做事风格或者家庭背景，如果是组织，那么信任可能来源于这个组织的性质、文化或活动等；三是基于过程的信任，这类信任需要经过一段时间的交往，熟悉被信任方的特质后，才会产生出的信任，具有互惠性。夏尔罗（Shapiro，1992）将信任的产生划分为三种：一是基于威慑的信任，也就是说如果采取机会主义行为，那么受到的惩罚会远远高于激励措施，因此为了避免这种损失，合作方也会考虑真诚合作，这种信任产生类型类似于祖克提出的基于制度的信任；二是基于知识的信任，这类信任是指在充分了解对方特点以及对方行为的规律，然后对将来合作做出判断与预测，这类信任产生类型类似于基于特征的信任；三是基于共识的信任，这类信任需要经过一段时间的相处，发现在一些方面合作双方存在一定共识，因此建立的信任也比较长久，这类信任类似于基于过程的信任。佰利（Birley et al.，1998）提出了三种建立信任的机制：以制度为基础的信任；

以受信方特征为基础的信任；以过程为基础的信任。白春阳（2009）提出了能力信任和品德信任，并认为随着合作水平的提高，能力信任逐渐向品德信任转化。

不论是哪种信任产生的类型，基本都可以概括为祖克尔的分类，并不冲突。而且，祖克尔的分类体系并不是分离开的、没有关系的，而是可以通过演化相互转变的，即随着合作环境的变化，如果不确定因素依然无法消除，那么基于制度的信任有可能会逐渐替代其他信任产生类型。但在 PPP 项目中，由于合作期限长远，社会资本方对政府的信任更有可能由开始的基于制度的信任转变为基于过程的信任；随着合作的期限增长、合作次数的增多等原因，政府对社会资本方的信任可能由基于特征的信任转变为基于过程的信任。

PPP 项目是一个连续的合作过程，政府通过特征型信任选择适合的社会资本方，社会资本方通过制度型信任选择与政府合作，共同完成基础设计的建设与运营。一般在 PPP 项目合作初期，并没有产生基于过程的更让人满意的信任，因此只能凭借一些考察结果或法律制度约束来进行合作，但会不可避免地存在隔阂或壁垒，会出现猜疑现象，但随着合作时间的加长，公私间的关系也会变得更加可靠，互惠程度越来越大，信任和依赖感会不断强化，形成基于过程的信任。

### 4.1.4.2  PPP 项目中的初始信任与持续信任

PPP 项目中存在初始信任，所谓初始，是指有参与方初次发生联系的阶段，如工程项目中的招投标阶段，即开始合作时的信任关系。初始信任的形成，以及对信任总体水平的影响，已引起学术界关注。在 PPP 项目运行过程中，信任会经历初始建立、持续加深等阶段，会随不同驱动因素的变化而不断变化。根据李在恩（Jae – Nam lee）的观点，信任处于动态变化的过程，基本分为初始信任和持续信任。

对于初始信任，李在恩认为它是一方的积极期望，即使没有与另一方的合作经验，也愿意相信对方的行为是有益于合作活动的；奥萨等（Oza et al.）认为初始信任是合作关系还未建立之前双方达成的信任。PPP 项目中公共部门与私人部门之间的交往需要初始信任，否则就不会发生合作。

对于持续信任，李在恩认为其是一方在交易活动中对另一方可信度的积极预期，它们始于在实践中与伙伴互动的观察；奥萨等指出持续信任是合作关系成立后，参与方在合作过程中新建立起的信任。图 4 – 1 为 PPP 项目中信任总体水平变化情况。

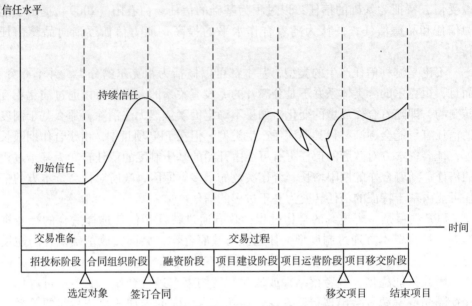

**图 4 - 1  PPP 项目中信任总体水平变化情况**

### 4.1.4.3  合作过程的博弈分析

PPP 项目信任关系的产生与发展是一个动态的过程，将随合作环境的改变和时间的演进而变化。要建立 PPP 项目政府与社会资本方的相互信任关系，首先要建立信任关系的产生机制。所谓产生机制，本书的理解是当 PPP 项目中具备某些条件和因素时，促使相互信任关系自运行的一种机制。那么，PPP 项目中信任关系究竟如何产生，政企合作关系就是一种博弈决策过程，以下是对 PPP 项目合作过程进行的博弈分析。

一般合作项目中，合作双方从"合作"和"不合作"两种策略中进行选择，如果选择合作，假设双方都获得收益 10；如果选择不合作，双方收益均为 0；如果一方选择合作而另一方选择不合作，那么选择合作的一方的信任将被对方利用，给予信任的一方因受骗而亏损 5，而另一方因投机行为获得超额收益 15。如果交易只进行一次，那么从这个博弈模型得知，该博弈的纳什均衡并不是双方相互信任，而是双方都选择不信任决策。由于没有建立信任，最终双方均没有得到收益。

但是，PPP 项目不同于一般合作项目，公私合作具有阶段性和长期性，不断重复的博弈过程使得上述不合作的结局必须得到改观。简便起见，将整个 PPP 项目合作过程分为初始信任和持续信任两个阶段，假定公私双方在初始信任阶段的合作关系为 $R_1$，之后持续信任阶段的合作关系为 $R_2$，对重复博弈加上一个不确定因素 $\alpha$，它表示博弈是以 $\alpha$ 的概率重复进行的，而 $\alpha$ 取决于先前博弈的满意度。从完全理性的角度出发，只要合作的潜在价值超过不合作所带来的短期收益，公私双方会采取合作策略，即在满足 $\frac{10}{1-\alpha} > 15$ 的条件下，公私双方都愿意选择信任对方，进行合作。

从上述分析中应当注意的是，重复博弈中满足 $\frac{10}{1-\alpha} > 15$ 的条件是一个必要非充分条件，也就是说只有达到这个条件，合作关系才有可能产生，但合作关系也可能不发生。

张毅、邵新宇和邓超将合作过程视作博弈决策的过程，提出了"信任度"概念，指出企业合作的充要条件是企业间的信任度必须大于最小的信任度。鄢章华、滕春贤和刘蕾以供应链信任关系为研究对象，沿用信任度的概念，但对取值范围做出改变，使结果更为客观可信。

基于以上学者的研究，可以假设政府与社会资本方合作关系中，一方认为另一方在初始阶段选择合作策略的概率为 $q_1$，$q_1 \in [0, 1]$，那么 $q_1$ 就是公私合作之中的信任度，信任度的高低取决于上述信任的产生机制类型。在公私合作项目中，初始阶段博弈选择合作策略的期望值 V（合作）和选择不合作策略的期望值 V（不合作）分别为：V（合作）$= q_1 [10/(1-\alpha)] + (-5)(1-q_1)$；V（合作）$= 15q_1$，则公私双方想要实现合作，就需要满足：V（合作）> V（不合作，即 $q_1 > -5/[15 + (-5) - 10/(1-\alpha)]$）。因此，公私间产生合作必需的最小信任度为 $q_1^* = -5/[15 + (-5) - 10/(1-\alpha)]$。

只有当公私间的信任度 $q_1$ 大于最小信任度 $q_1^*$ 时，即 $q_1 > q_1^*$ 时，重复博弈过程中才能产生合作，因此 $q_1 > q_1^*$ 是公私成功合作的充要条件。实际上，$\frac{10}{1-\alpha} > 15$ 是

$$-5 + q_1 \left[ \frac{10}{1-\alpha} - 15 - (-5) \right] > 0$$

在 $q_1 = 1$ 时的特例，这时信任程度为"完全信任"。

由于在 PPP 项目中，政府与社会资本方的合作关系贯穿于整个项目全生命周期，因此合作关系存在关联性，即公私间的信任评价可以从初始信任阶段发展到持续信任阶段。为了考察公私合作项目中的关联性，假定公私合作中初始信任阶段公私双方均选择合作策略的可能性为 $q^L$（两种相互关联的合作关系中信任度的加权平均值）。并假定初始信任阶段合作关系中信任度在这两种合作关系的相对权值为 $\delta$（$\delta$ 表示公私合作关系的关联度），$\delta \in [0, 1]$，则 $q^L = \delta q_1 + (1-\delta)q_2 = \delta + (1-\delta)q_2$（由于公私间在先前阶段的合作关系已发生，因此 $q_1 = 1$，此表达式中 $q_2$ 表示持续阶段合作关系中的信任度）。

当初始信任阶段与持续信任阶段的合作关系相互关联时，公私双方选择合作策略的期望值 V（合作，合作）和选择不合作策略的期望值 V（不合作，不合作）分别为：V（合作，合作）$= q^L [(10 + 10)/(1-\alpha)] +$

$(1-q^L)[(-10)+(-10)]$；V（不合作，不合作）$=q^L(15+15)$，此时的合作条件为：V（合作，合作）$-$ V（不合作，不合作）$>0$，可得相关联的合作关系中最小信任度为 $q^{L*}=[(-10)+(-10)]/$

$$\left\{(15+15)+(-10)+(-10)-\left[\frac{(10+10)}{1-\alpha}\right]\right\}$$。再将 $q^L=\delta+(1-\delta)q_2$ 代

入，可得最小关联度为 $\delta^*=\left[\frac{1}{(1-q_2)}\right]\left\{\frac{[(-10)+(-10)]}{(15+15)+(-10)+(-10)-\dfrac{10+10}{1-\alpha}}-q_2\right\}$。

即当 $\delta>\delta^*$ 时，公共部门和私人部门在先后阶段关系中均选择合作策略。

由上面的分析还可看出，政府与社会资本方合作关系中存在着一种信任的关联性，这种关联性可以使 PPP 项目从初始信任阶段过渡到持续信任阶段。

基于制度或是特征，使信任产生，进而促成了公私合作的产生。由于重复合作的关联性和参与方之间信任度在重复合作中的信号传递效应，所以合作方在初始阶段建立的合作关系对后期关系具有正向作用，使得合作方在持续阶段合作关系得到发展与升华。

在 PPP 项目中，当博弈中一方从初始阶段就采取信任合作的行为，创造一个良好的信任度，合作关系自然会融洽、顺畅，进入持续阶段，这种信任关系会随着合作次数的增多而得到发展和加强。因此，要在政府与社会资本方合作开始合作时就重视初始阶段信任度，为合作关系顺利继续打下良好基础。图 4 - 2 为 PPP 项目中信任产生与演进机理。

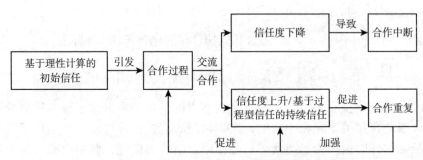

图 4 - 2　PPP 项目中信任产生与演进机理

## 4.2　PPP 项目信任关系的影响因素及其相互作用

### 4.2.1　PPP 项目中引起信任变化的影响因素分析

PPP 项目中，从初始信任阶段到持续信任阶段，也就是公共部门对私营部门

的信任会从基于特征的信任逐渐转变成基于过程的信任，而私营部门对公共部门的信任会从基于制度的信任逐渐转变成基于过程的信任。因此，在初始信任阶段，公共部门对私营部门的信任考察主要是特征型信任，私营部门对公共部门的信任考察主要是制度型信任；而在持续信任阶段，随着合作的期限增长、合作次数的增多，政府与社会资本方均注重过程型信任。

### 4.2.1.1　公共部门对私营部门的影响因素识别

随着研究的进一步深入，在前人理论研究的基础上，有研究结果表明，在一定的社会环境中，信任是一个动态的连续变量，受多种因素的影响并且随时间而变化，它在一定的背景下存在，并且被特定的社会设置的动态性所改变。马里·萨科和苏珊·赫尔珀（Mari Sako and Susan Helper，1998）认为促进合作伙伴间信任关系建立和持续的条件包括长期承诺、信息交换、技术援助和声誉；阿文德（Arvind Parkhe，1998）则认为是不确定性、脆弱性以及控制决定了信任的存在与程度；他认为是不确定性、脆弱性以及控制决定了信任的存在与程度；尼尔森·伯·伯尔汉（Nielsen Bo Bernhand，2001）在对国际战略联盟的实证研究中将合作经历、合作者的声誉、透明度、保障性措施等因素视为影响国际战略联盟信任关系的决定性因素。罗亚东（Yadong Luo，2002）则将合作期限、文化差距、市场不确定性、相关风险以及互惠承诺五个因素作为战略联盟信任建立的决定性要素。在 PPP 项目中，合作期限最少十年，因此不会因合作期限短而过多的影响政企间的信任关系。卡尔森（Jan Terje Karlsen，2008）等认为建立信任的因素有：沟通、可靠性、责任感、真诚、善意、能力、言行一致性、阶段性成果和志同道合。马利克（2007）等指出影响信任的因素有：经验、冲突解决、目标一致性、回报性和行为理性程度。伍德和迈克德蒙（2002）通过对相关企业工作人员的半结构化访谈，总结出了影响信任的七个主要因素：处理各方面事务的能力、信用、行为可靠性、承诺履行情况、完成目标的信心、沟通、相互性。王彼德（2004）等运用主成分分析法，得出信任的影响因素中最具重要性的首先是社会声誉，其次是技术能力，管理能力以及财务状况也是合作方高度重视的信任影响因素。乐云和蒋卫平（2010）认为在工程项目中，社会信誉、能力、言行一致性等因素对信任的产生具有促进作用。朱明月（2008）提出，由于政企背景和性质不同，企业文化就会不同，政企之间存在差异，可能会引起文化冲突。例如，公私双方，政府与企业必然存在文化差异，最严重的就是目的差异，政府重视的是公众利益和社会效益，而企业追求的则是企业利益最大化，即使企业有着足够强的组织使命，公私双方也会存在文化差异，这是不可避免的，从而可能导致思想上、理解上的偏差，因此会影响参与方之间的信任。

**1. 初始阶段**

合作关系以特征型信任为主，因为在这个阶段，公私参与者对对方并没有深入的了解与认知，参与者会收集对方资料信息，从各方面对对方进行考察，以便增强信任，减少风险。本书综合相关文献的探讨结果，对初始阶段的影响因素进行详细描述：

（1）能力。在对信任关系的研究过程中，发现在诸多因素中能力是出现频率较高的。其实交易的背后隐藏着合作参与方的目的，那就是各取所需，而达到这一目的，又需要各自自身的能力相配合才能实现。但凡是有其中任何一方在这个过程中没有能力达到另外一方所要求的，那么整体合作各方的共同目的便没有办法达到，如果结果是这样，那么这个合作就没有任何意义，即使是最后交易达成，那么一方对能力不足以满足自己需求的那一方的信任，会大打折扣，有损于今后的再次合作。

本书将能力分为以下三个方面：技术能力（专业程度）、管理能力和服务能力。在 PPP 项目中倘若社会资本方不具有满足政府需求的能力，连项目任务的完成都是问题，或者组织结构不完善，在这种情况下，信任是很难建立的，更不用说信任的发展了。信任的前提是依赖，而依赖也是有前提条件的，那就是，被依赖的一方，有能力承受依赖的一方的能力。

技术能力，这种能力是对私营部门综合技术水平的一种反映，包括对工程项目的筹划、设计、施工、安全措施、运营、后期保障等技术的反映。一般来说，PPP 项目所涉及的工程，其规模较大，施工较为复杂，而且对各方面技术的要求高。与此同时，公共部门之所以利用 PPP 模式对项目进行实施，就是因为想充分利用私营企业掌握的尖端技术优势，既可以为相关项目建设提供良好的服务设施，也可以创造优厚的社会效益。通过对私营部门的相关技术考察，既可以把握该部门的施工技术水平，也可以为以后的项目顺利实施做好保障。

管理能力，这种能力是对私营部门管理综合能力水平的反应，包括对工程资金、工程建设、项目运营等的反映。在公共部门选择和怎样的私营部门合作时，管理能力也是公共部门关注的方面之一。而且相对公共部门来说，私营部门的管理效率还是很高的，这里要说明私营企业管理能力水平的高低，会直接影响到 PPP 项目的建设和运营，从而会对该项目的合作质量和预期效果造成影响。因此，私营部门也对自身管理方面要求较为严格，平常会对涉及 PPP 工程项目的筹划、设计、施工、运营、后期保障等各个阶段进行严格考察。

（2）合作经验。信任所需的前提条件之一就是熟悉，因此政府在选择相关私营部门进行合作之前，就会查阅该部门的历史合作信息，以此方法增加对对方的了解程度和熟悉程度，这样也有利于双方在工程中的行为可信程度，也减少了在合作过程中发生一些不必要事件的可能性，降低了整个过程的复杂程度。在这个了解过程中，考察的方面有两个，分别是在数量和质量上进行考察。当然，如果之前有过合作，那么对对方的了解就会越多，也越准确，如果是有过长期合作会更好，也降低了合作风险。在合作过程中，政府获得的回报越高越好，这样政府对社会资本方的满意程度就会提升，与此同时，信任度就会大大提高，相反，如果，合作出现了一些不和谐的事件或现象，那么信任就很难建立。当然，如果双方有着长期的合作关系，那么信任水平也会达到很高的高度，而且双方也都有了这种默契。

（3）声誉。企业声誉，这个评价指标看似很简单很普遍，但却是一个企业综合能力的最直观体现，一个声誉就包含了对该企业的工作能力、施工效率、经营、企业文化等各种方面。而且，这种评价的特殊性体现在，一些大的企业也许不会因为曾经不公平对待合作方，而声誉变差，但是一些小的企业却会因为对合作方真诚、到位、服务热情等获得很高的声誉。而且可以说对于企业声誉的评价，是基于其合作历史、交易历史等多方面进行考察的，还会有多方企业的共同参与，共同考核，所以说这种方式所得出的结果的客观性还是很高的。声誉对于一个企业来说，是一种无形的资源，利用好它便会受益无穷，利用不好也会长期受害。所以说，如果一个企业已经拥有了良好的声誉，那么必须要珍惜，而且信誉是一种信号，这种信号会被很多合作者获取，他们会密切关注这项指标，因为在不了解一个企业的情况下，声誉是最先进入合作方的耳朵里的。可以说会左右合作方的选择，一个企业的声誉越高，就说明其越值得信任，公众对该企业的评价越好，就说明其优势方面越多。

市场竞争越激烈，企业对于自身信誉的重视程度就应该越高，而且私营部门的信誉程度也说明了公共部门对于该企业的重视和信任程度，体现了对该企业的关注度的高低。可以说好的信誉是 PPP 项目实施的黄金资源，是无形的资源。对该指标的评定，可以参考该企业的合作历史，获得的荣誉奖励等信息。

社会声誉，是对该私营部门的合作历史、社会影响、不良记录的综合指标体现，例如说在以往的项目建设中如果出现质量不过关、操作违规、项目延期、资金成本过高等现象时，就会在这项指标中显现出来。特别是对该部门以往 PPP 项目的不良事件的发生进行重点审核，而且如果事件比较恶劣，可能会取消一些私营企业的项目接受、项目投保资格。

（4）财务状况。财务状况作为一个部门整体反映因素，包括了该私营部门对项目融资、项目投资及财务风险整体把控能力的体现，而且 PPP 项目的成功与否与这种能力的高低有很大关系。如果该 PPP 私营部门对财务方面的把控能力比较弱，应对相关事件的反应不快，就可能造成在项目建设中，因缺乏资金而造成无法完成融资环节，对项目的完成造成无法估计的影响，造成了工期延误，更甚者会造成该私营部门的财务状况恶化，使得其无法继续该项目，进而退出合作。这些结果都会对 PPP 项目的实施造成很坏的影响，而且在利益上双方会出现巨大损失。

因此，财务是不可不考虑的因素，与此相关的，资金实力作为 PPP 项目的保障，更是一个企业财务能力的核心，也反映了该部门自己掌管资金资源的能力。这种能力会在其财务状况中反映出来，根据该部门近几年参加的投标项目，经过专业注册会计师的机构审核后的财务报表为根据，从这里就可以分析出企业的资产负债状况、资金流动性，这其中包括了企业的净资产、现金流量、资本金、固定资产、总资产等。

融资能力，是私营部门对资金筹措能力的体现，就像相关资金的来源及信任程度，短期负债和长期负债能力等。PPP 项目建设中，尤其是基础设施建设，该建设所涉及的资金金额大，而且其建设周期长，运营周期长，风险大，因此如果单单靠一方私营企业的资金是很难顺利完成项目的建设和运营的。特别是，如果在项目建设过程中，私营企业出现了资金周转不开等情况的发生，如果仅是单方，而没有相关金融机构的帮助，该部门就会面临退出合作，甚至面临破产的风险，因此得到金融机构像一些银行的帮助是非常有必要的。

财务担保能力，这种能力就是指在项目实施建设过程中，私营企业一方获得一些金融机构的支持，例如说得到银行信贷额度或者担保额度等担保指标，这也可以反映出一个部门的财务能力，当然如果可以提供一些遗留银行的信贷额度等担保指标，那么也从侧面反映出了该部门的优秀财务能力。

财务投标能力，这是一种针对私营部门工作能力的衡量指标，具体包括该部门顺利完成 PPP 项目的筹资融资、筹划设计、施工建设、运营管理、交递、后期保障等工作能力。简单来说就是，私营部门在承建项目的过程中，纵使其资金实力很雄厚，但是由于项目建设还会涉及很多方面的资源的利用，或许这就会影响到该部门其他项目的正常建设，这一指标就是对该部门在应对这一现象时财务能力的真实评价，从而也反映了该部门财务能力的高低。

### 2. 持续阶段

通过初始阶段建立起的信任，又随着政企接触频繁，合作交流机会增多，对彼此的认识随之越来越深，逐渐建立起基于过程的信任。这一阶段最重要的就是要在初始阶段好的基础上继续加深巩固，让政企关系维持或升温，提高信任水平。汤普金斯等（Tompkins, J. A. et al., 2006）提出：真诚有效的沟通有益于合作关系的确立和信任的增加。并且，在很大程度上，沟通形式、沟通频次都会影响信任的变化。政企在不断的沟通中，能够有效减少摩擦，减少由于工作方式的不同、文化氛围不同等所带来的差异，进而增强彼此间信任。萨海（2003）指出，合作双方如果能够进行知识共享，且这种知识是只有自己掌握的，那么就会显示出合作诚意，从而影响信任变化。道奇森（Dodgson, 1993）也指出，知识共享可以使合作双方处在一个公开透明的环境中，这种环境可以降低合作中的不确定性，降低合作风险。在合作双方接触的过程中，不可避免的会产生一些冲突，造成信任的下降，这时需要解决冲突，使下降的信任得到修复。基姆（Kim，2007）等人指出，引起冲突的原因多种多样，结果都会影响信任水平，应当分情况用不同方法进行信任修复。山形和渡边（Nakayachi and Watabe，2005）也指出当信任遭到破坏时，如果能自愿提出接受问责制度，接受对方监督和相应惩处，就可以有效地修复信任。本书综合相关文献的探讨结果，对持续阶段的影响因素进行详细描述：

（1）沟通。多进行沟通和交流能够保证信息传达的准确度，交流能够及时地进行，是保证 PPP 项目成功的基础。项目的参与者多进行沟通和交流使双方的权利与责任更加清晰，能够促进项目活动的有序进行。在沟通交流的过程中更加清晰合作方的思想观念、目的。并把自己的观念准确完整地传达给合作方，以便深入地沟通。通过不断地沟通与交流能够使双方增加信任度。同样，国家职能部门与社会上资金的持有者在沟通时也应该相互坦诚，本着善意的态度出发，不能为了单方面的利益沟通的不全面，有所保留。相反，沟通的不到位也成为双方信任的绊脚石。由于合作的一方在沟通时不彻底，有所隐瞒，就根本上破坏了信任的基础，由于有所隐瞒或者欺骗就会导致与行为的不统一，从而行为也就失去了可信度。引起合作的双方没有了信任可言。

合作的各参与者在合作的各个阶段，假如能够一直秉承坦诚沟通交流的原则，会增加参与者各方的互相信任的程度。合作双方零距离的交流，对于合作的一方参与者的观点与建议可以有效地进行转达，更加夯实双方合作的感情基础。所以，如果合作双方能够始终零距离直接地沟通交流，使双方之间更加熟悉，更加信任。

（2）知识共享。在公司内部的生产过程中，国家职能部门与社会上资金持有者之间有很多的信息与数据需要沟通，实现在知识上的互通有无，然而，国家政府部门与企业之间由于区域的不同以及组织结构的不严谨导致合作双方的信息共享机制不容易实现，在沟通和交流活动中还存在很大的距离，这些都不利于两者之间互相了解和熟悉。而知识上的共享以及信息及时有效地沟通是国家职能部门与企业建立信任度的基础，并起着决定性的作用。一切不诚实以及沟通不到位的活动都会破坏信任的基础以及双方沟通的成果。而单方面的信息交流极易引发机会主义活动。

（3）冲突解决。PPP 项目在实施的各个阶段，必然存在着矛盾和争执，采取什么样的方式去处理这些矛盾将决定着会有什么样的结果。假如利用法律武器、申请仲裁机构介入等一些强制手段会严重影响双方合作的长远发展，而通过会议切磋方式来解决存在的矛盾有利于双方换位思考，从而互相体谅，解决这些矛盾就更加容易，也会达成一个让双方都满意的结果，使双方的合作信任度更高，基础更加牢固。对于合作的一方如果发现突发的问题能够主动解决而不留给对方去解决，这样会增加双方合作的信任度。另外，更好地解决双方存在的矛盾以及不和谐的因素，不仅要采取恰当正确的方法，在时间上也要更加及时，把问题扼杀在萌芽状态，更加有助于双方合作的健康长远发展。

（4）文化差异。当组织文化差异程度很大时，知识供应链成员之间会出现价值观、思维方式、综合行为模式等方面的分歧、对立或排斥，即文化冲突（廖杰、顾新，2009）。在这种情况下，知识供应链成员之间由于存在文化上的分歧，很难建立起真正意义上的相互信任。

企业与企业之间会存在文化差异，公私间更容易产生这种差异。企业的基本信念与认知，社会价值观的不同等原因会引发合作的各参与方产生矛盾，争执等不和谐因素，使得合作的整个过程是一种不平衡的关系。首先，政府有政府的办事规律和政府文化，企业有企业的做事风格和企业文化，当这两种不同的文化产生差异时，就容易对政企间的信任造成或好或坏的影响。其次，由于 PPP 项目中的各参与方地域的不同以及思想观念和背景的不同等原因这些客观条件引发合作中的不和谐因素、经营管理方式上的争执等，进而成为维护信任关系的一大难点。

### 4.2.1.2 私营部门对公共部门的影响因素识别

政府和社会资本方之间有效的公私伙伴关系的建立对于 PPP 项目中的信任提出了更高的要求。目前，国内的法制建设在诸多的合作领域中潜存着明显的不足，例如，信息化的不透明、法律法规的不完善、社会资本处于弱势但政府公信力又不足、各部委文件间存在不一致、PPP 宏观问题突出等，已进一步干扰到社会资本方和公众对政府信任，进而影响了 PPP 项目的顺利发展与运行。

**1. 初始阶段**

私人部门与公共部门间合作的信任主要是依靠制度来进行彼此间的维系，由于在初始阶段，公私参与者对对方并没有深入地了解与认知，参与者会收集对方资料信息，从各方面对对方进行考察，以便增强信任，减少风险。影响私人部门对公共部门信任的因素也有很多，但归纳起来主要有以下几个方面：政府服务能力、合作经验、政府与社会资本合作关系的制度化（法治化）程度、信息公开透明度等内容。本书综合相关文献的探讨结果，对初始阶段的影响因素进行详细描述：

（1）服务能力。所谓政府服务能力，主要是指为市场经济发展的需要、为社会以及民众的需要，从而提供更为优越的服务，营造更为良好的外部氛围的一种职能。对于其能力的强弱是衡量考核政府能力的重要指标之一。当前的市场经济需要摒弃传统的重权力轻服务的旧观念，将重心潜移默化到公众服务及其利益方面。

PPP 项目中，地方政府的服务能力对信任会产生一定的影响，对私人部门是否选择参与 PPP 项目起到了一定作用。以公民利益和社会利益为根本，基于社会民主的架构，着力于公民的意愿进行组建，政府的存在就是服务于公民，并肩负着重要的服务职能及责任。政府服务意识的强弱、体系是否健全合理以及所提供的服务质量和数量等均是对政府服务能力的充分证明。

（2）合作经验。相互间的充分认识是信任的基础，社会资本方可以借助对以往与地方政府间的合作进一步确认其是否值得信任，并通过去的合作可以使得其两者间的沟通和认识更深层的加剧，与此同时，还可以对双方之间的预见性有效地加强，可以避免今后合作中诸多问题的发生。但对于以往合作的分析上，不单要看实际的数量，还要看其具体的质量。以往合作的时间越长久，参与方对于合作方的认识就越是充分，对今后合作中的风险可以做到及时地判断，从而可以有效地减少损失；而对于社会资本方来说，由于其与政府间的合作中可以获取更为丰富的利益，所以对于其的信任度也愈发地加深。基于以上两种因素的促使下，可以使两者间的信任进一步的牢靠，否则，其两者间的信任很难维持在一个较高的层次。特别是合作双方在经过了很长时期的合作后，均有了相当丰富的经验，双方在长此以往的合作过程中对信任以及默契都渐渐地稳固起来，因此，对于这种情况其彼此间的信任度也愈发地增强。

（3）法治化程度。法治化程度是基于制度的信任模式中非常重要的一方面，特别是私人部门对公共部门的信任，很大程度上是来源于这种制度机制。PPP 项目的法制化是指项目实施过程中对参与者行为的一种规范化、合理化、科学化、民主化等。从对信任理论的研究上可以看出，制度信任是信任的基本保障，其自身所拥有的权威性以及一致性是对信任最好的体现。而法律体系则是制度体系的最为关键的存在，也是其重要的一部分，是成员行为在现代社会规范中的重要标准，建立完善、规范的法律体系有助于对成员行为的稳定及把控，可以进一步加速其与合作者之间相互信任的建立。

政府与社会资本合作的法治化可最大限度地减少人为因素影响，有效规范政府权力行使、政府行为以及私人部门行为。所以，对政府公信力方面的维护一方面要建立规范的制度体系，另一方面还要严格遵循法律法规。因为只有借助对相关法律的严格履行，才可以避免过多外界因素的干扰，进而公共部门才能给予更可靠、更公正的信任感。并且，诸多的地方政府在其信用的延续性方面常常采用的是一种逃避心理，例如，当政府换届以后，对于上届政府的债务、违约情况等，其下届都会以各种各样的理由不去承担该义务的实施。正常情况下，政府领导的任期大多是五年一届，而 PPP 项目的合作期限则都在 10～30 年。对于双方的权利及义务的实现主要的是借助于诸多的协议以及法律来进行的，因此，法制化程度的完善和规范对 PPP 来说其重要性可想而知。

目前，国内特许经营的制度以及法治化程度还相差甚远，主要可以体现在制度体系和法律体系的不健全、不完善。而对于法律体系的问题来说，又可以从以下两个层次所表现：一是《政府采购法》和《招标投标法》的建立，无法切实可行的运用到政府与社会资本的运营中；二是监管结构的不科学、不合理致使各部门的法规章程杂乱无章，并且使得诸多的规章制度形成互斥，大大地削减了法律的实施力度。

无论是在 PPP 发展初期，还是 PPP 发展过程中，相关立法和规定都是基础。自我国开始实施 PPP 项目之初，相关部门也比较重视 PPP 立法。表 4－1 为历年各部门颁发的相关法律法规和文件等。

表 4－1 历年各部门颁发的相关法律法规和文件

| 发布时间 | 发布部门 | 相关立法或文件 |
| --- | --- | --- |
| 2004 年 | 建设部 | 《市政公用事业特许经营管理办法》 |
| 2014 年 5 月 | 国家发改委 | 《公用事业特许经营法》（征求意见稿） |
| 2014 年 9 月 | 财政部 | 财金 76 号文件（规范项目识别、准备、采购、执行、移交各环节操作流程，明确操作要求，对指导社会资本参与实施等做出了规定） |
| 2015 年 1 月 | 财政部 | 《政府和社会资本合作项目政府采购管理办法》 |
| 2015 年 4 月 | 国家发改委、财政部、住建部、交通运输部、水利部、中国人民银行 | 《基础设施和公用事业特许经营管理办法》（对特许经营协议的订立、履行、变更和终止等事项做出了规定） |

除了上述部门规章之外，我国《中华人民共和国政府采购法》《中华人民共和国招标投标法》《中华人民共和国合同法》等也对 PPP 相关内容做出了规定，特许经营协议是 PPP 项目中最重要的协议，兼具民事合同和行政合同的性质。

但是，政府与社会资本合作中也不能产生对法律的过于依赖性，因为如此不单导致高额成本的产生，还会因此而缺少对其应有的信任，直接影响到政企间互相信任的培养。所以说，对于法律制度的保障措施应当量力而行。

（4）公开透明度。PPP 项目具有公共性，因此必须要坚持信息公开透明的原则。只有通过公开透明的原则才可以将 PPP 项目运行中的不法操作进行严厉的打压，例如，腐败问题、寻租问题等。公开透明还可以减少信息不对称，增强合作者的信任程度。我国在公共事业领域公开透明方面还潜存着各种各样的疏漏，并已进一步干扰到社会公众对政府方面信任关系的确立。

**2. 持续阶段**

通过初始阶段建立起的信任，又随着政企接触频繁，合作交流机会增多，对彼此的认识随之越来越深，逐渐建立起基于过程的信任。这一阶段的信任影响因素同公共部门对私人部门的影响因素，分别为沟通、知识共享、冲突解决、文化差异。

### 4.2.2　问卷设计与数据收集

#### 4.2.2.1　调查问卷的设计与发放

为了更好地进行研究，笔者设计了调查问卷。目前对信任的研究多集中于对信任的产生和作用、影响信任的因素等，而忽视了信任中内在因素之间的联系。影响信任的各因素之间并不是孤立的，而是存在关联性的，如同齿轮一般，它们之间存在相互作用，进而导致信任出现变化。

因此，本书就 PPP 项目中信任内在影响因素之间的关系进行了问卷调查。问卷对象为政府公共部门、项目建设单位、咨询公司、高校以及其他科研院所。在发放问卷过程中，充分借助已经毕业参加工作并且在相关单位已经参加工作的同学，在大学实习期间的同事，导师的人际关系，身边师弟师门们的关系等人际网络展开问卷的发放和投递工作。发放问卷总数 200 份，回收 180 份，有效问卷 167 份，有效率较高，因此符合本书的要求。

#### 4.2.2.2　数据收集与整理

**1. 公共部门对私营部门的问卷结果**

通过前文对文献综述与资料的分析，本书得出在初始阶段影响公共部门对私人部门信任的因素主要有：技术能力、管理能力、服务能力、合作经验、声誉、财务状况；持续信任阶段的影响因素主要有：沟通、知识共享、冲突解决、文化差异。

可供选择的因素关系强度分别为：关系强度很大（5 分）、关系强度较大（4 分）、关系强度一般（3 分）、基本没有关系（2 分）、无关系（1 分）。通过得到的样本数据，运用 Spss 19.0 软件进行了 Cronbach's Alpha 系数综合信度检验，检验合格。通过统计分析，求取平均数作为影响信任的因素关系强度，得到关系强度矩阵，如 表 4 - 2 所示。

表 4 - 2　　　　　影响公共部门对私营部门信任的因素关系强度矩阵

| 得分 | 技术能力 | 管理能力 | 服务能力 | 合作经验 | 声誉 | 财务状况 | 沟通 | 知识共享 | 冲突解决 | 文化差异 |
|---|---|---|---|---|---|---|---|---|---|---|
| 技术能力 | | 2.4 | 2.7 | 3.0 | 3.7 | 2.8 | 2.8 | 2.8 | 2.5 | 2.3 |

续表

| 得分 | 技术能力 | 管理能力 | 服务能力 | 合作经验 | 声誉 | 财务状况 | 沟通 | 知识共享 | 冲突解决 | 文化差异 |
|---|---|---|---|---|---|---|---|---|---|---|
| 管理能力 | | | 4.0 | 3.5 | 4.2 | 3.8 | 4.7 | 3.8 | 4.2 | 3.9 |
| 服务能力 | | | | 3.2 | 4.3 | 3.0 | 4.5 | 3.7 | 4.0 | 3.2 |
| 合作经验 | | | | | 4.8 | 3.2 | 4.8 | 3.8 | 3.9 | 3.0 |
| 声誉 | | | | | | 4.5 | 4.8 | 4.3 | 4.3 | 4.0 |
| 财务状况 | | | | | | | 3.6 | 2.2 | 2.1 | 1.8 |
| 沟通 | | | | | | | | 4.1 | 4.9 | 4.0 |
| 知识共享 | | | | | | | | | 3.9 | 2.5 |
| 冲突解决 | | | | | | | | | | 2.7 |
| 文化差异 | | | | | | | | | | |

### 2. 私营部门对公共部门的问卷结果

通过前文对文献综述与资料的分析，本书得出在初始阶段影响公共部门对私人部门信任的因素主要有：服务能力、合作经验、法制化程度、公开透明度；持续信任阶段的影响因素主要有：沟通、知识共享、冲突解决、文化差异。

可供选择的因素关系强度分别为：关系强度很大（5分）、关系强度较大（4分）、关系强度一般（3分）、基本没有关系（2分）、无关系（1分）。通过统计分析，求取平均数作为影响信任的因素关系强度，得到关系强度矩阵，如表4-3所示。

表4-3　　　　　影响私营部门对公共部门信任的因素关系强度矩阵

| 得分 | 服务能力 | 合作经验 | 法制化程度 | 公开透明度 | 沟通 | 知识共享 | 冲突解决 | 文化差异 |
|---|---|---|---|---|---|---|---|---|
| 服务能力 | | 4.2 | 4.4 | 3.9 | 4.8 | 3.0 | 3.3 | 2.5 |
| 合作经验 | | | 4.5 | 4.0 | 4.8 | 4.0 | 4.1 | 3.5 |
| 法制化程度 | | | | 4.5 | 4.1 | 3.6 | 4.1 | 3.3 |
| 公开透明度 | | | | | 4.0 | 2.9 | 3.8 | 2.9 |
| 沟通 | | | | | | 3.9 | 4.4 | 4.0 |
| 知识共享 | | | | | | | 3.9 | 2.0 |
| 冲突解决 | | | | | | | | 2.4 |
| 文化差异 | | | | | | | | |

## 4.2.3　社会网络方法与表示

### 4.2.3.1　社会网络分析方法

社会网络分析法（SNA）是一种社会学研究方法。林聚任总结，社会网络是一种分析不同社会单位（个体、群体或社会）所构成的关系的结构及其属性的方法。它主要关注的是行动者间的联系，也就是各个节点之间的关系，最终了解整个社会网络的属性。

社会网络分析方法通过分析节点之间的相互联系来研究社会关系结构及其属性，已被广泛应用到社会学、心理学、政治学、经济学、管理学等领域。例如，在复杂工程项目管理研究方面，由于涉及的主要利益相关者众多，为了厘清他们之间的关系，一些专家学者会利用社会网络分析，分析项目参与方之间的联系，进而提高项目管理效率。

在 PPP 项目中，信任的作用毋庸置疑，信任的影响因素有很多。实际上，影响信任的各因素之间并不是孤立的，而是存在关联性的，它们之间存在相互作用，进而导致信任出现变化。信任从初始信任到持续信任的变化，即影响信任的驱动因素的变化，这种因素的变化使得 PPP 项目的合作可以从初始阶段进入持续阶段，甚至是再一次的公私合作。利用社会网络分析方法，可以分析信任中各影响因素之间的联系，进而分析出 PPP 项目中信任的变化情况。

目前对信任的研究多集中于对信任的产生和作用、影响信任的因素等研究，而忽视了信任中内在因素之间的联系。影响信任的各因素之间并不是孤立的，而是存在关联性的，如同齿轮一般，它们之间存在相互作用，进而导致信任出现变化。

### 4.2.3.2　社会网络的表示

**1. 密度**

密度是 SNA 中一种测度，是最常见的指标之一。密度是一个比值，代表的是社会网络中和节点之间实际存在的关系数目除以可能存在的最多关系数目。因此它的取值范围在 0 ~ 1。密度显示出的含义是社会网络中节点之间关系的紧密程度，若密度为 0，则意味着网络中节点均不相连，关系不紧密；反之，若密度为 1，则意味着该网络中节点都与其他点相连，关系非常紧密。在网络图中，节点之间的连线越多，那么社会网络密度越大。

密度计算中有两个重要参数：图的内含度和图中各点的度数总和。内含度指的是社会网络图中各类关联部分包含的点数。一个孤立点不附属与任何线，因此对图的密度没有影响。

网络密度描述的是一个网络图中各节点间关联的紧密程度，其计算公式为：

$$\text{Density} = L / [N(N-1)] \tag{4-1}$$

其中，L 为网络中箭线（联系）的个数。密度为介于 0 ~ 1 的值，密度越大说明各节点之间的关系越紧密，组织的凝聚力越高。

**2. 网络中心度**

网络中心性分析是为了分析各行动者之间存在何种关系的指标之一，它主要是对行为者在社会网络中的位置进行评价，通过计算，得出某一节点的中心性，这个数值代表着此节点在网络中的地位。点度中心性和中间中心性是社会网络中心性分析的两个主要指标。通过定量计算，得出各个节点的中心性，以此为基础进行分析。

（1）点度中心度。在社会网络中心性的描述中，中心度代表着一个节点在网络中处于核心地位的程度。而社会网络的中心性又可分为三种：点度中心性、中间中心性、接近中心性。这里只需分析点度中心度和中间中心度。

点度中心度表示在社会网络中，指节点拥有的直接联系数量，也就是一个行动者与其他很多行动者有直接联系，该行动者就处在中心地位。可以节点的点入度表示点度中心度。其计算公式为：

$$C_{uc} = \frac{\sum_{i-1}^{n} (z_{ij} - z_{jt})}{\sum_{i=1}^{n} \sum_{j=1}^{n} z_{ij}} \tag{4-2}$$

式（4-2）表示某结点的结点度与连线总数之比。

（2）中间中心度。中间中心度表示如果一个行动者处在许多交往网络的路径上，可以认为此行动者处于重要地位，因为该行动者具有控制其他行动者交往的能力，其他行动者的交往需要通过该行动者才能进行。在网络中，如果失去此行动者，那么其他节点之间将失去联系。因而，中间中心度测量的是行动者对资源信息的控制程度。其计算公式为：

$$C_{ubc}(i) = \sum_{j}^{n} \sum_{k}^{n} b_{jk}(i) , \quad j \neq i, \ j < k \tag{4-3}$$

其中，$b_{jk}$ 为 i 处于 j 和 k 之间捷径的概率。

## 4.2.4 信任影响因素的模型构建与分析

### 4.2.4.1 数据二值化

**1. 公共部门对私营部门的问卷结果（见表 4-4）**

表 4 - 4　　　　　　　　　　　　　　　　数据二值化

| 得分 | 技术能力 | 管理能力 | 服务能力 | 合作经验 | 声誉 | 财务状况 | 沟通 | 知识共享 | 冲突解决 | 文化差异 |
|---|---|---|---|---|---|---|---|---|---|---|
| 技术能力 | 1.00 | 0.48 | 0.54 | 0.60 | 0.74 | 0.56 | 0.56 | 0.56 | 0.50 | 0.46 |
| 管理能力 | 0.48 | 1.00 | 0.80 | 0.70 | 0.84 | 0.76 | 0.94 | 0.76 | 0.84 | 0.78 |
| 服务能力 | 0.54 | 0.80 | 1.00 | 0.64 | 0.86 | 0.60 | 0.90 | 0.74 | 0.80 | 0.64 |
| 合作经验 | 0.60 | 0.70 | 0.64 | 1.00 | 0.96 | 0.64 | 0.96 | 0.76 | 0.78 | 0.60 |
| 声誉 | 0.74 | 0.84 | 0.86 | 0.96 | 1.00 | 0.90 | 0.96 | 0.86 | 0.86 | 0.80 |
| 财务状况 | 0.56 | 0.76 | 0.60 | 0.64 | 0.90 | 1.00 | 0.72 | 0.44 | 0.42 | 0.36 |
| 沟通 | 0.56 | 0.94 | 0.90 | 0.96 | 0.96 | 0.72 | 1.00 | 0.82 | 0.98 | 0.80 |
| 知识共享 | 0.56 | 0.76 | 0.74 | 0.76 | 0.86 | 0.44 | 0.82 | 1.00 | 0.78 | 0.50 |
| 冲突解决 | 0.50 | 0.84 | 0.80 | 0.78 | 0.86 | 0.42 | 0.98 | 0.78 | 1.00 | 0.54 |
| 文化差异 | 0.46 | 0.78 | 0.64 | 0.60 | 0.80 | 0.36 | 0.80 | 0.50 | 0.54 | 1.00 |

## 2. 私营部门对公共部门的问卷结果（见表 4 - 5）

表 4 - 5　　　　　　　　　　　　　　　　数据二值化

| 得分 | 服务能力 | 合作经验 | 法制化程度 | 公开透明度 | 沟通 | 知识共享 | 冲突解决 | 文化差异 |
|---|---|---|---|---|---|---|---|---|
| 服务能力 | 1.00 | 0.84 | 0.88 | 0.78 | 0.96 | 0.60 | 0.66 | 0.50 |
| 合作经验 | 0.84 | 1.00 | 0.90 | 0.80 | 0.96 | 0.80 | 0.82 | 0.70 |
| 法制化程度 | 0.88 | 0.90 | 1.00 | 0.90 | 0.82 | 0.72 | 0.82 | 0.66 |
| 公开透明度 | 0.78 | 0.80 | 0.90 | 1.00 | 0.80 | 0.58 | 0.76 | 0.58 |
| 沟通 | 0.96 | 0.96 | 0.82 | 0.80 | 1.00 | 0.78 | 0.88 | 0.80 |
| 知识共享 | 0.60 | 0.80 | 0.72 | 0.58 | 0.78 | 1.00 | 0.78 | 0.40 |
| 冲突解决 | 0.66 | 0.82 | 0.82 | 0.76 | 0.88 | 0.78 | 1.00 | 0.48 |
| 文化差异 | 0.50 | 0.70 | 0.66 | 0.58 | 0.80 | 0.40 | 0.48 | 1.00 |

### 4.2.4.2　数据输出与结果分析

将关系矩阵中的数据输入到 Ucinet 6 软件中，利用 Netdraw 功能可以将影响信任各因素的关系用关系网络表现出来，如图 4 - 3 所示。观察关系网络可发现，影响信任的各因素间都存在关系，只是权重不同。仅凭关系网络并不能判断哪些因素起主导作用，需对网络密度、点度中心度、中间中心度进行进一步分析。下面将分别从公共部门对私人部门的信任影响因素间相互作用和私人部门对公共部门的信任影响因素间相互作用两方面进行分析。

**1. 公共部门对私人部门的信任影响因素间相互作用分析**

（1）关系网络，如图 4 - 3 所示。

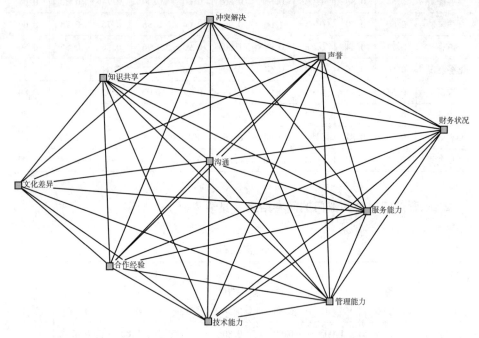

图 4 - 3　公共部门对私人部门的信任影响因素的关系网络

（2）网络密度，如表 4 - 6 所示。

| 表 4 - 6 | 网络密度结果 |
| --- | --- |
| 关系 | |
| 密度（平均矩阵）= 0. 7408<br>标准偏差 = 0. 1782 | |
| 使用矩阵 > 变换 > 二分法得到二元图像矩阵<br>密度表保存为数据集密度<br>作为数据集密度 SD 保存的标准偏差<br>行动者间前期矩阵保存为数据集密度模型 | |

由表 4 - 6 可知，网络密度为 0. 7408，该数据表示出此网络的密度很大，说

明影响公共部门对私人部门信任的各因素之间关联度很高，即其中任何两个影响因素之间的关系强度出现变化，都可能会使整个关系网络产生变化。通过密度分析，可以发现某一影响因素发生变化都会影响信任的变化，导致政府对社会资本方的信任增加或减少，进而影响 PPP 项目的合作绩效。每个因素都会直接或间接地影响到另一因素的变化，进而影响整个网络，因此，每个引起信任关系发生变化的影响因素都应该被重视。

（3）点度中心度。

由表 4 - 7 可知，平均值为 7.408，各因素中，声誉、沟通、管理能力、合作经验、服务能力和冲突解决这六项都超过了平均数，标准化程度中心性也都达到75 以上，说明这六个因素在网络中处于较为核心的地位，尤其是声誉和沟通这两项，可以作为非常重要的研究指标，进行深入分析。其中，声誉与合作经验都是能够体现综合实力的影响因素，并且也是靠企业长期积累形成的无形资产，这也体现出这种无形资产对于一个企业来说，起到了举足轻重的作用；管理能力和服务能力能够体现企业的运行情况；冲突解决反映出企业的做事态度与责任感；良好的沟通在持续信任阶段发挥着重要作用。当然，其他因素也依然不容忽视，因为由网络密度可以看出，各个因素间的关系极为密切，相互影响，相互作用。

表 4 - 7　　　　　　　　　　点度中心度结果

| | 1<br>点出度 | 2<br>点入度 | 3<br>标准化点出度 | 4<br>标准化点入度 |
|---|---|---|---|---|
| 5 声誉 | 8.780 | 8.780 | 87.800 | 87.800 |
| 7 沟通 | 8.640 | 8.640 | 86.400 | 86.400 |
| 2 管理能力 | 7.900 | 7.900 | 79.000 | 79.000 |
| 4 合作经验 | 7.640 | 7.640 | 76.400 | 76.400 |
| 3 服务能力 | 7.520 | 7.520 | 75.200 | 75.200 |
| 9 冲突解决 | 7.500 | 7.500 | 75.000 | 75.000 |
| 8 知识共享 | 7.220 | 7.220 | 72.200 | 72.200 |
| 10 文化差异 | 6.480 | 6.480 | 64.800 | 64.800 |
| 6 财务状况 | 6.400 | 6.400 | 64.000 | 64.000 |
| 1 技术能力 | 6.000 | 6.000 | 60.000 | 60.000 |
| 描述统计 | | | | |
| | 1<br>点出度 | 2<br>点入度 | 3<br>标准化点出度 | 4<br>标准化点入度 |
| 1 平均值 | 7.408 | 7.408 | 74.080 | 74.080 |

| 描述统计 | 1<br>点出度 | 2<br>点入度 | 3<br>标准化点出度 | 4<br>标准化点入度 |
|---|---|---|---|---|
| 2 标准偏差 | 0.872 | 0.872 | 8.725 | 8.725 |
| 3 总和 | 74.080 | 74.080 | 740.800 | 740.800 |
| 4 差额 | 0.761 | 0.761 | 76.122 | 76.122 |
| 5 社会支持量表 | 556.397 | 556.397 | 55639.684 | 55639.684 |
| 6 中间中心社会支持量表 | 7.612 | 7.612 | 761.216 | 761.216 |
| 7 欧氏范数 | 23.588 | 23.588 | 235.881 | 235.881 |
| 8 最小值 | 6.000 | 6.000 | 60.000 | 60.000 |
| 9 最大值 | 8.780 | 8.780 | 87.800 | 87.800 |

网络集中（出度）= 16.938%

网络集中（入度）= 16.938%

按中心矩阵保存为数据集

（4）中间中心度。

由表 4-8 可以看出，该结果中，中间中心度均为零。这说明各因素中没有任何一个因素可以控制整个网络，表明任何一个影响因素都不能作为此关系网络中间节点，来完全控制其他因素，并且对整个网络有绝对的影响力。此结果也证实信任作为关系契约的内容，很难像正式契约一样去进行规制。PPP 项目中的信任关系要兼顾各种影响因素，达到均衡状态，才能保持良好的信任关系，如果只想通过某一因素的影响力就想提高整体信任度，是很难做到的。

**表 4-8** 　　　　　　　　　　　**中间信心度结果**

| | 1 | 2 |
|---|---|---|
| 为规范化集中：0.000 | | |
| | 介于中间 | |
| 1 技术能力 | 0.000 | 0.000 |
| 2 管理能力 | 0.000 | 0.000 |
| 3 服务能力 | 0.000 | 0.000 |
| 4 合作经验 | 0.000 | 0.000 |
| 5 声誉 | 0.000 | 0.000 |

续表

| 为规范化集中: 0.000 | | |
|---|---|---|
| | 1 | 2 |
| | 介于中间 | |
| 6 财务状况 | 0.000 | 0.000 |
| 7 沟通 | 0.000 | 0.000 |
| 8 知识共享 | 0.000 | 0.000 |
| 9 冲突解决 | 0.000 | 0.000 |
| 10 文化差异 | 0.000 | 0.000 |

每个度量的描述性统计

| | 1 | 2 |
|---|---|---|
| | 介于中间 | |
| 1 平均值 | 0.000 | 0.000 |
| 2 标准差 | 0.000 | 0.000 |
| 3 总和 | 0.000 | 0.000 |
| 4 差额 | 0.000 | 0.000 |
| 5 社会支持量表 | 0.000 | 0.000 |
| 6 中间中心社会支持量表 | 0.000 | 0.000 |
| 7 欧氏范数 | 0.000 | 0.000 |
| 8 最小值 | 0.000 | 0.000 |
| 9 最大值 | 0.000 | 0.000 |

网络集中化指数 = 0.00%

输出社会行动者中心性测量矩阵

保存为数据集自由中间度

## 2. 私人部门对公共部门的信任影响因素间相互作用

（1）关系网络，观察关系网络图 4 - 4 可发现，同样，影响信任的各因素间都存在关系，只是权重不同。

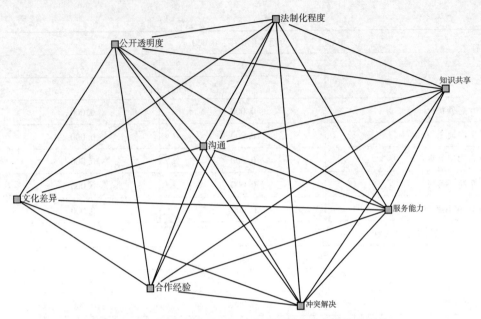

**图 4 - 4　私人部门对公共部门的信任影响因素的关系网络**

（2）网络密度，如表 4 - 9 所示。

表 4 - 9　　　　　　　　　　　　网络密度结果

关系：

密度（平均矩阵）= 0. 7800
标准偏差 = 0. 1563

使用矩阵 > 变换 > 二分法得到二元图像矩阵
密度表保存为数据集密度
作为数据集密度 SD 保存的标准偏差

　　由表 4 - 9 可知，网络密度为 0. 7800，该数据表示出此网络的密度很大，说明影响私人部门对公共部门信任的各因素之间关联度同样也很高，即其中任何两个影响因素之间的关系强度出现变化，都可能会使整个关系网络产生变化。通过密度分析，可以发现某一影响因素发生变化就会影响信任的变化，导致社会资本对政府的信任增加或减少，进而影响 PPP 项目的合作绩效。因此，每个引起信任关系发生变化的影响因素都应该被重视。

（3）点度中心度，如表 4 - 10 所示。

表 4 - 10　　　　　　　　　　　　点度中心度结果

| | 1<br>点出度 | 2<br>点入度 | 3<br>标准化点出度 | 4<br>标准化点入度 |
|---|---|---|---|---|
| 5 沟通 | 7.000 | 7.000 | 87.500 | 87.500 |
| 2 合作经验 | 6.820 | 6.820 | 85.250 | 85.250 |
| 3 法制化程度 | 6.700 | 6.700 | 83.750 | 83.750 |
| 1 服务能力 | 6.220 | 6.220 | 77.750 | 77.750 |
| 7 冲突解决 | 6.200 | 6.200 | 77.500 | 77.500 |
| 4 公开透明度 | 6.200 | 6.200 | 77.500 | 77.500 |
| 6 知识共享 | 5.660 | 5.660 | 70.750 | 70.750 |
| 8 文化差异 | 5.120 | 5.120 | 64.000 | 64.000 |

描述统计

| | 1<br>点出度 | 2<br>点入度 | 3<br>标准化点出度 | 4<br>标准化点入度 |
|---|---|---|---|---|
| 1 平均值 | 6.240 | 6.240 | 78.000 | 78.000 |
| 2 标准偏差 | 0.583 | 0.583 | 7.289 | 7.289 |
| 3 总和 | 49.920 | 49.920 | 624.000 | 624.000 |
| 4 差额 | 0.340 | 0.340 | 53.125 | 53.125 |
| 5 社会支持量表 | 314.221 | 314.221 | 49097.000 | 49097.000 |
| 6 中间中心社会支持量表 | 2.720 | 2.720 | 425.000 | 425.000 |
| 7 欧氏范数 | 17.726 | 17.726 | 221.578 | 221.578 |
| 8 最小值 | 5.120 | 5.120 | 64.000 | 64.000 |
| 9 最大值 | 7.000 | 7.000 | 87.500 | 87.500 |

网络集中（出度）= 12.408%
网络集中（入度）= 12.408%

按中心矩阵保存为数据集自由度

　　由表 4 - 10 可知，平均值为 6.240，各因素中，沟通、合作经验和法治化程度这三项都超过了平均数，标准化程度中心性也都达到 83 以上，说明这三个因素在网络中处于较为核心的地位，可以作为非常重要的研究指标。其中，沟通是处在持续信任阶段的因素，这也说明即使有个信任水平高的初始阶段，也不能忽视持续阶段能够引起信任变化的影响因素。法治化程度虽然属于正式契约的一部分，但它的完善程度会直接影响信任关系这个网络，私人部门会根据这个影响因素来判断自身权益能否得到保障，从而选择是否信任公共部门，因此应予以重视。对于合作经验，这是一项能够体现综合实力的指标。当然，其他因素也依然不容忽视，因为由网络密度可以看出，各个因素间的关系极为密切，相互影响、相互作用。

（4）中间中心度，如表 4－11 所示。

表 4－11 中间信心度结果

为规范化集中：0.000

| | 1 | 2 |
|---|---|---|
| | 介于中间 | |
| 1 服务能力 | 0.000 | 0.000 |
| 2 合作经验 | 0.000 | 0.000 |
| 3 法制化程度 | 0.000 | 0.000 |
| 4 公开透明度 | 0.000 | 0.000 |
| 5 沟通 | 0.000 | 0.000 |
| 6 知识共享 | 0.000 | 0.000 |
| 7 冲突解决 | 0.000 | 0.000 |
| 8 文化差异 | 0.000 | 0.000 |

描述统计

| | 1 | 2 |
|---|---|---|
| | 介于中间 | |
| 1 平均值 | 0.000 | 0.000 |
| 2 标准差 | 0.000 | 0.000 |
| 3 总和 | 0.000 | 0.000 |
| 4 差额 | 0.000 | 0.000 |
| 5 社会支持量表 | 0.000 | 0.000 |
| 6 中间中心社会支持量表 | 0.000 | 0.000 |
| 7 欧氏范数 | 0.000 | 0.000 |
| 8 最小值 | 0.000 | 0.000 |
| 9 最大值 | 0.000 | 0.000 |

网络集中化指数 ＝0.00%

输出中心度性测量矩阵
保存为数据集自由中间度

由表 4-11 可以看出,同样,该结果中中间中心度也均为零。说明各因素中没有任何一个因素可以控制这个网络,表明任何一个影响因素都不能作为此关系网络中间节点,来完全控制其他因素。此结果也证实信任作为关系契约的内容,很难像正式契约一样去进行规制,私人部门在选择是否信任公共部门的时候,也不能完全根据某一特点或是某一因素就作出判断,也需要进行综合考察。

## 4.3　PPP 项目信任可持续的保障措施

PPP 项目中信任机制的建设是长期的并且是复杂的,需要采用多元化的措施来提升与维护。从第二节的分析也可得出,努力打造自身声誉、加强法制化程度、及时有效的沟通、注重自身能力的培养与提升等,都会对 PPP 项目中的信任水平产生影响。从政府与社会资本方两方面主体去保障信任关系的相关举措,可以分为对自己行为的约束和对他人行为的约束,如图 4-5 所示,不仅自己做到诚实守信,还要实施一定的措施以防他人失信,最终使得 PPP 项目高效顺利的完成。

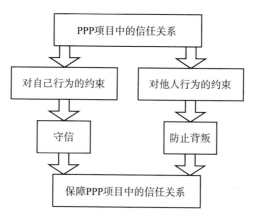

**图 4-5　PPP 项目中信任关系的保障措施**

### 4.3.1　基于声誉的信任保障措施

声誉是长期合作交易过程的积累,是企业自身行为品质的综合体现,是对一家企业的历史合作交易情况的反映。声誉的价值首先在于它给予了交易市场一个信号,这个信号使期望产生合作关系的合作方认为它是值得信赖的,其次是声誉能够对信任关系的产生和发展起关键作用。

　　显然，PPP 项目是一个需要长期合作的过程，不仅是一次交易，而是多次重复交易过程，那么，良好的诚信，就是这种交易能够长期进行的基础。良好的声誉使得信任扎根于政企合作的关系中，合作成员间相互信任、目标基于长远利益和重复多次的交易行为以及在知识、技术上的相互依赖都能极大地抑制短期的机会主义行为，降低交易费用，使合作者乐于公开自己的想法和能够提供多次重复交易机会，更利于知识有效地传递和交流。

　　查尔斯·弗布伦（Charles Fombrun, 1996），美国的一名大学教授，在企业声誉方面，有着自己独特的见解，他认为，声誉，对任何人来说，都是十分重要的，尤其是对一个企业来讲。他认为，企业声誉由六个方面组成：（1）情感的感染力：这使得人们从感性上喜欢、仰慕或信任一家企业；（2）产品与服务：企业生产和提供的产品和服务是高质量的、创新的、可靠的，有顾客认可的价值；（3）财务状况：企业向投资者提供令人满意的回报，而且未来仍然有提供持续回报的前景；（4）目标和领导力：企业对未来有明确的抱负和理想，并且拥有强有力的领导层来实现该目标；（5）工作环境：企业管理良好，拥有一流的员工，是一个值得向往的工作场所；（6）社会责任：企业是一个良好的企业公民，不遗余力支持社会正义，保护环境。从企业声誉的构成上看，笔者认为，在 PPP 项目合作过程中，情感的感染力和工作环境易于诱发合作伙伴之间的过程型信任；而其他几个方面则诱发特征型信任。

　　根据声誉的构成，可以构建完善的声誉评估体系，由专业的资信评定机构，以第三方独立、客观的立场和公正的原则，按照构成标准对企业的历史、现状和趋势进行综合分析。政府可以借助这些信息确定社会资本方的合作伙伴。完善信用体系网络，使信息源能够达到共享，并共同建立社会信用体系，让企业的机会主义行为留下不良记录，并对以后的交易产生影响，使企业将更倾向于选择长远合作而不是只顾眼前利益。

## 4.3.2　基于法治化程度的信任保障措施

　　PPP 项目涉及面非常广，政府与社会资本方的各个职能部门、管理部门等都参与进来，法律关系、规章制度也涉及很多方面与不同部门，是一个庞大的、长期的复杂项目。这就需要政府部门制定相关的法律法规来进行制约和规范，完善法律法规，提高法治化程度。只有在法律法规强制执行下才能保证政府和社会资本方按照正式合约去实施，才能防止政府利用权力改变公共基础设施项目建设或者干预私营部门的经营，使社会资本方、公众、国家的利益受损，才能使 PPP 项目建设达到最初的目的。

　　目前，如何能真正吸引各类社会资本，一直是外界关注的焦点，政府缺少契约精神是影响社会资本方参加 PPP 项目的一个重要原因。从国外 PPP 模式实践来看，PPP 模式的有效运行需要一个良好的社会法制环境来保障，目前我国 PPP 模式的运作缺乏国家法律法规层面的支持，PPP 法律的制定仍在进行中。目前 PPP 项目的管理仍参照《商业特许经营管理条例》《中华人民共和国政府采购法》《中华人民共和国招标投标法》，但这些法律没有全面地涉及 PPP 项目建设中可能发生的各种问题。因此，加快《商业特许经营管理条例》的立法进程，确定出台时间表，刻不容缓。通过建立完善的契约制度，对政府部门的职责进行明确规定，并且明确规定政府部门违约行为的判定依据，并制定不同程度的违约惩罚，惩罚措施直接影响到相关政府部门及负责人。这是对政府部门和政府工作人员的鞭策和监督。当然，加快推进 PPP 立法的同时，也要保证立法质量。此外，将政府部门的违约情况纳入政府部门的年度工作情况考核，由上级政府部门对其进行管理，政府部门的契约精神将成为政府部门的考核指标之一。同时政府部门定期对 PPP 项目进展情况向社会公众报告，由社会公众对其进行监督。

### 4.3.3　基于沟通的信任保障措施

沟通协调有助于合作参与方加强联系、相互协调，集思广益、共同完成目标。PPP 项目参与成员之间的信息沟通对相互信任关系的顺利发展尤为重要。在长期的合作过程中，如果能始终在伙伴之间保持资源共享和信息及时有效地沟通，那么合作双方对对方的信任评价也会大大提高。通过知识资源的共享、人员面对面地沟通，以及部门与部门之间的及时对接，可以交流合作参与方对某一问题的看法和意见，解决问题冲突，进一步增进信任与感情。因此，如果伙伴间建立畅通的沟通渠道，则可以增进彼此的了解，增强彼此的信任程度。组织行为研究表明，有效的沟通机制对群体内聚力具有十分重要的意义，处于沟通网络中的成员彼此会更加信任，对工作更加满意。

建立高效的沟通机制，可以使合作伙伴更加熟悉，创造良好的合作氛围，信任关系也更加容易产生和发展。沟通可以使每一合作者都了解其他各方各项策略行为的时间进度，并参照其他方面行为和能力来确定自己在合作中的地位和作用，还可以由此提升对合作者行为的理解程度，保证快速而友好地处理由行为的不一致而带来的不确定性和脆弱性等问题。只有政府与社会资本方长期持续地关注沟通的改善，建立起及时有效的沟通机制，能够在 PPP 项目中使定价机制和利益调节机制充分发挥作用，及时地防范和化解矛盾，才有可能形成一个能够持续顺畅的政企合作关系。

### 4.3.4 基于能力的信任保障措施

在 PPP 项目中，目前存在的一个明显问题就是专业人才的缺乏。PPP 模式的运作是采用项目特许经营权方式来进行项目融资，它需要复杂的法律、财务、管理和金融等方面的知识。一方面，要求政策制定参与方制定标准化、规范化的 PPP 交易流程，对项目的运作提供技术指导和相关政策支持；另一方面，需要专业化的融资服务机构提供具体专业化的服务。虽然 PPP 模式的发展与运行已有多年，但在我国还算起步阶段，很多方面并不成熟，专业化机构与专业化人才跟社会经济发展并不匹配，特别是在一些二线、三线城市，许多地方政府和社会资本方对 PPP 项目本质认识不足，在许多 PPP 项目建设中明显感觉到经验不足和相关知识的匮乏，从而影响了企业能力和政府服务能力。

针对这个问题，可以采取 PPP 相关专业知识的培训、实际案例考察，组织讲座与沙龙活动等手段培养企业专业型人才和政府所需要的 PPP 官员及人才。同时制定规范化、标准化的 PPP 操作流程并对项目的运作提供技术指导和相关政策支持和建立专业化的中介机构。PPP 模式的实施是一个理论与实践相结合的过程，它的操作复杂，涉及招标、谈判、融资、管理等许多程序，这就需要有专业性强的人才。懂得金融、财务、合同管理、法律和专业技术方面的人才是确保 PPP 项目顺利建设和实施的关键，确保项目高效完成。一方面可以派遣优秀人才去国外学习先进理论和成功经验，提高我国 PPP 模式的研究和发展水平；另一方面，要积极加强教育和培养，提高我国本土人才的数量和质量。培养大量的开拓型、复合型的人才，使政府与企业能顺利合作，高效地完成立项、签约实施的任务。

## 4.4 本章小结

信任是关系契约合作治理中必不可少且重要的治理机制之一，通过合作双方在合作过程中对影响信任因素的提升，可以保证契约的顺利履行。在关系治理机制的相关研究成果中，诸多学者将信任视为一种最常见的关系治理要素来看待，强调了信任在关系治理中的重要作用。信任机制作为一种减少社会复杂性的机制，在社会发展中以及经济交易行为中发挥着重要的作用。信任直接影响了一个社会中经济实体的规模、组织方式、交易范围和交易形式。就 PPP 项目合作而言，政府和社会资本出发点是不一样的，政府希望通过 PPP 方式减轻负债压力，而社会资本关注的是项目的风险和盈利性。合作方的出发点与信息不对称等原因，导致 PPP 项目存在信任问题。

本书在充分了解国内外相关理论研究的基础上，紧紧围绕 PPP 项目有别于其他项目的特点进行分析。本书以关系契约理论、博弈论、合作治理理论、委托代理理论和交易成本理论为理论基础，阐述了 PPP 模式及信任机制的内涵，认为 PPP 项目的信任机制是指信任如何产生、信任影响因素间的相互作用和保障信任关系持续稳定发展的对策建议。在这个分析框架下，本书分析探讨了 PPP 项目信任机制的三个重要组成部分：信任关系的产生机制、信任的影响因素及其相互作用、信任关系的保障措施。以下是主要结论：

首先，政府与社会资本方合作关系中存在着一种信任的关联性，基于制度或是特征，使信任产生，进而促成了公私合作的产生。由于重复合作的关联性和参与方之间信任度在重复合作中的信号传递效应，所以合作方在初始阶段建立的合作关系对后期关系具有正向作用，使得合作方在持续阶段合作关系得到发展与升华。因此，在 PPP 项目中，当博弈中一方从初始阶段就采取信任合作的行为，创造一个良好的信任度，合作关系自然会融洽、顺畅，进入持续阶段，这种信任关系会随着合作次数的增多而得到发展和加强。因此，要在政府与社会资本方合作开始合作时就重视初始阶段信任度，为合作关系顺利继续打下良好基础。

其次，PPP 项目信任中各影响因素存在着一种内在联系，某一因素的变化会引起其他因素的变化，进而综合影响信任的变动。其中，在公共部门对私人部门信任的影响因素中，声誉与合作经验都是能够体现综合实力的影响因素，并且也是靠企业长期积累形成的无形资产，这也体现出这种无形资产对于一个企业来说，起到了举足轻重的作用；管理能力和服务能力能够体现企业的运行情况；冲突解决反映出企业的做事态度与责任感；良好的沟通在持续信任阶段发挥着重要作用。在私人部门对公共部门信任的影响因素中，法治化虽然属于正式契约的一部分，但它的完善程度会直接影响信任关系这个网络，应予以重视。从中间中心度的结果来看，任何一个影响因素都不能作为此关系网络中间节点，来完全控制其他因素。此结果也证实信任作为关系契约的内容，很难像正式契约一样去进行规制。从结果可以看出，沟通在持续信任阶段的重要性。通过对影响因素的分析，可以避免疏于维系信任而导致的 PPP 项目失败。

最后，本书通过对声誉、法治化程度、沟通和能力四大方面的建议提出 PPP 项目中的信任保障措施，进行信任机制设计，制定相应的策略，为 PPP 项目管理者提供有价值的参考，使得 PPP 项目各方利益都得到保障。

# 第5章

# PPP 项目价格上限规制研究

## 5.1　PPP 项目价格上限规制基本模型及改进

### 5.1.1　PPP 项目价格上限规制基本模型

#### 5.1.1.1　RPI - X 模型

价格上限规制一般采取 RPI - X 模型。RPI 表示零售价格指数（Retail Price Index），X 是由规制者确定的在一定时期内生产效率增长的百分比，其基本模型为：

$$P_{t+1} = P_t(1 + RPI - X) \tag{5-1}$$

价格上限定价模式不仅适用于单一产品价格规制，也适用于多种产品的价格规制，是一个"一揽子价格"规制模型。即该模型处理的不是由特定企业所生产的某种特定产品的最高限价，而是企业所生产的各种被规制产品（不一定是全部产品）的综合最高价，通产采取加权平均价格的形式。用公式表示为：

$$\sum_{k=1}^{n} W_k P_k \leqslant \bar{P}_4 \tag{5-2}$$

其中，（$W_1 \Lambda W_n$）为每种产品收费的权重。在满足该条件的前提下，企业可以自由选择极大化利润的产品价格组合。

对于只包含一个项目的 PPP 模式，可以选择式（5-1）计算价格上限。由多个项目打包采用 PPP 模式，价格上限的确定可以选择式（5-2）。

#### 5.1.1.2　价格上限规制的基本原理

价格上限规制模型假定影响被规制企业产品价格的因素主要是各种生产要素

的购进成本以及生产成本，而体现购进成本高低的便是零售价格指数 RPI，与此同时反映生产成本变化情况的是生产率的上升率 X。规制者是利用控制一定时期内的价格上涨幅度（RPI－X），进而限制价格变动上限，从而鼓励被规制企业把提高经济效益的重点放在降低自身成本上。只要生产率的上升率 X 大于零，就意味着被规制企业价格的上涨幅度应低于零售物价的上涨幅度（不超过 RPI－X），要求企业提高生产效率和降低价格。如 X 大于 RPI，RPI－X 为负值，则意味着被规制企业应该绝对降低价格；如 X 小于 RPI，RPI－X 为正值，则意味着被管制企业可以适当涨价，但仍应低于零售物价指数。

价格上限规制作为在激励性规制中居主导地位的实际创新工具，价格上限规制是根据企业外生因素决定，降低了对厂商成本信息的依赖程度；价格上限有效地实现了成本降低激励，企业要想获得更多利润，就只有通过提高其效率使其实际效率高于规制机构设定的 X 值才能够实现；能够消除收益率规制带来的 A－J 效应（如过分资本密集化）；由于规制机构一般只规定价格总体水平的上限，因而当被规制企业经营多种产品和服务时，只要其各种产品和服务的加权平均价格水平不超过规定的价格上限，受规制企业具有制定价格的弹性空间，企业就可以根据不同产品和服务或者不同的客户收取不同的价格，理论上符合拉姆齐定价原则，能够寻求更有效率的价格结构，提高配置效率。价格上限规制不直接控制企业利润。企业在给定的最高限价下，有利润最大化的自由，企业可以通过优化劳动组合、技术创新等手段降低成本，取得更多的利润。

## 5.1.2　PPP 项目价格上限规制基本模型存在的问题

价格上限规制虽然降低了规制者对产品信息的依赖程度，但是从价格上限规制 X 因子、基期价格和 RPI 的测算，可以看出虽然模型本身与企业成本没有直接联系，但是在影响因子计算过程中需要企业的成本、收益率等一系列 PPP 项目的产出信息，在政府与企业信息不对称的情况下，会导致价格上限规制不能达到规制者预期的效果。

### 5.1.2.1　提升产品质量的激励不足

价格上限规制能最大程度地激励私营企业提高生产效率，但是在限制产品价格的同时，也给被规制企业留下了产品数量和质量的选择空间。由于价格上限是独立于企业的真实成本，如果尝试提高服务质量带来了更高成本，而规定的价格不能上升，企业消化提高质量带来的成本增加时，则会试图提供低于福利最大化相应的服务质量。一些实例也可以说明价格上限规制对服务质量的影响。Gibso（2005）的研究表明，英国铁路的服务质量有所降低，主要是因为价格上限规制的实行。

### 5.1.2.2 缺乏企业投资的激励

价格上限规制更多的是对企业提高生产效率的激励，但是与投资回报率相比较，缺乏对企业投资的激励，规制者不再确保企业的投资收益率。现阶段，我国 PPP 项目的投资规模比较大，投资回收期长，在没有一定的收益保障的条件下，社会资本对于参与 PPP 项目会顾虑重重。导致 PPP 项目落地难。

### 5.1.2.3 缺乏公共满意的约束

PPP 项目直接关系到公众的利益，但是在价格上限规制模型中没有公众的参与因子，公众作为 PPP 项目的重要主体，缺乏价格制定过程中参与的平台。

**1. 多重委托代理关系，易产生规制俘房**

PPP 项目中的多重委托代理关系，PPP 项目中公众、政府、规制机构、受规制企业，形成了"公众—政府—规制机构—受规制企业"的多重委托—代理结构。政府作为公众的委托方，其代表公众的利用，但是价格上限规制为被规制企业提供了高强度的激励，企业会因此而获得较多的信息租金。由于政府规制者拥有确定价格上限的权利，而这又直接关系到被规制企业可能获取利润的多少，所以其成为规制俘房的动机大大增强。

**2. 听证会制度形同虚设，公众利益无法保障**

目前，全国举行的价格听证会不下数千次，涉及 PPP 项目的各个方面，其虽然对完善我国自然垄断 PPP 项目的产品和服务价格的合理制定方面起很大作用，但是，总体实践效果并不是很好，暴露了众多问题，以至于民众对"只涨不降"的价格听证会失去了信任。具体而言，我国 PPP 项目价格听证制度存在以下问题。

（1）价格听证会代表的选取方面的问题：价格听证代表的产生过程不够透明、民主，缺乏合理合法的监督，导致代表的合理性值得怀疑。我国的《中华人民共和国价格法》及《政府价格决策听证办法》虽然对听证代表的人员组成、负责机构等进行了明确规定，但对代表的具体产生办法规定却不甚明确。价格听证所涉及的利益常和政府的利益息息相关，因此，政府价格主管部门有可能出于自身利益的考虑来选择代表。

（2）听证程序方面：多数人认为听证会就是"涨价会"，有些地方开听证会前，就明确要求参会代表要保密，参加者不可以向媒体泄露具体内容，还有些地方听证会还没开始，但是新闻发言稿却已拟好。因此，这样的听证程序存在严重问题，与听证制度的民主要求不符，从而严重影响听证结果的可信度。

（3）价格听证会信息方面存在的问题：价格听证信息的真实性、充分、有效是进行 PPP 项目价格听证的基础。但是，在这三个方面还存在很大问题。第一，在信息充分性方面，当前，许多企业常常以保守商业秘密为由，拒绝提供相关信息资料，不愿意举行价格听证。第二，在信息真实性方面，仅仅依靠企业的自觉性提供的材料，其真实性是值得怀疑的，这时审查或监督机构的作用就十分重要。然而，往往没有一个合理的审查机构为材料的真实性负责。第三，在信息有效性方面，由于 PPP 项目价格听证专业性很强，充足的时间是保障信息有效性的关键。但规定的时间对于许多代表来说较短，降低了信息披露的有效性。

### 5.1.2.4　静态规制模式与 PPP 动态环境部匹配

PPP 项目建设运营周期长，规制者并不能很好的预测项目可能出现的变化，而现阶段的价格规制模型主要是从静态的角度建立，不能适应动态变化的环境，价格上限规制的模型及周期均需要随时间的变化而调整，以保障 PPP 项目的成功实施。

## 5.1.3　PPP 项目价格上限规制模型改进形式借鉴

### 5.1.3.1　国外价格上限规制构建模型

**1. 英国**

英国针对煤气行业设定有不同的价格上限规制模型：

$$\overline{P}_t = \overline{P_{t-1}}(1 + RPI - X)Y_t + K_t \tag{5-3}$$

X——当时确定为 2%；

$Y_t$——t 期原料费的平均增加或减少值；

$K_t$——t 期由于受到税收制度等外在因素的影响所引起的有关费用的平均增加或减少值。

**2. 美国**

美国曾在 1989 年 7 月对电信业实行了价格上限规制，模型如下：

$$\overline{P}_t = \overline{P_{t-1}}(1 + RPI - X) + \Delta A/R - \Delta Z/R \tag{5-4}$$

X——当时被定为 3%；

$\Delta A$——除使用费以外的费用增加值；

$\Delta Z$——使用费的增加值；

R——总收入。

其中设置 $\Delta A/R$、$\Delta Z/R$ 两部分主要是考虑到企业费用的可控性。

### 5.1.3.2　国内学者对价格上限规制模型构建

（1）张卫国等（2004）依据自然垄断产业与公众生活联系的紧密程度，将自然垄断产业分为两类，一类是公众每天生活所必需的，电力、自来水以及燃气产业；另一类是为公众的出行交流提供便利的电信、铁路运输、民航运输业。

对于第一类产业，由于与人们生活息息相关，因此在设计模型时，要主要考虑消费者的承受能力，其提出年人均消费性支出/年人均消费量——RPI－X 价格规制模型：

$$P_{t+1} = \left( \frac{APEC}{APCCQ} \right) (1 + RPI - X) Q \qquad (5-5)$$

APEC（annual per capita expenditure）——年人均消费支出；

APCCQ（annual per capital consuming quality）——年人均消费量；

$\frac{APEC}{APCCQ}$——反映人民的普遍消费水平，能为绝大多数的消费者所接受，用其表示 t 期人均可接受的单位单价；

Q（quality）——自然垄断产业产品与服务的质量系数，$Q \in [0, 1]$。

第二类产业

对第二类产业，主要考虑合理的基价选择，模型为合理基价——RPI－X 价格规制模型：

$$P_{t+1} = P_t (1 + RPI - X) Q \qquad (5-6)$$

（2）幸莉仙等（2010）基于对我国自然垄断产业的分析，提出的价格规制建议模型为：

$$P = [C_0 (1 + RPI - X) + S \times T] \times Q \qquad (5-7)$$

$C_0$——基期平均企业成本、费用；

S——政府制定的投资回报率；

T——销售额；

Q——自然垄断产业的产品与服务质量的系数。

（3）廖红伟（2013）考虑电力需求、环境质量因子和政策性因素的影响，提出我国电力产业价格管制模型：（涉及成本信息的博弈）。

$$P_{t+1} = \left[ \frac{C_t (1 + RPI - X + \pi)}{Q_t (1 - r)} \right] \theta + T + S \qquad (5-8)$$

$C_t$——t 期总成本；

π——电力需求的变化率；

$Q_t$——当期发电量；

r——销售利润率；

θ——国家规定的环境因子，$\theta \leq 1$；

T——税金；

S——各项政府收费或政府补贴。

（4）李承城（2009）对电网的价格上限监管模型引入电网投资因子，以反馈电力需求变化，防止控制成本的同时阻碍合理的电网投资。

$$P_{t+1} = P_t (1 + RPI - X + \lambda) Q + Z \qquad (5-9)$$

λ——电网投资因子；

Q——电能质量参数；

Z——修正因子。

## 5.1.4　PPP 项目价格上限规制模型构建

PPP 项目大多属于公共物品，关系到公众的利益，政府与企业之间的信息不对称，为了获取更大利润，企业可能通过降低产品质量来降低成本。根据公共利益理论，公共作为 PPP 项目的重要参与方，价格是公共利益保障的重要途径，价格的制定及执行过程需要公众的参与。鉴于这种情况就需要结合国内外现存的经济理论基础，根据我国 PPP 项目的实际情况，构建与我国国情相适应的价格规制模型。

### 5.1.4.1　PPP 项目价格上限规制模型构建的目标

**1. 模型构建的目标**

美国通信委员会（FCC）在对美国电信业进行规制时所设定的三个目标为：促进社会分配效率、刺激企业生产效率及维护企业发展潜力。

PPP 项目的特性及现阶段在我国的实施状况，决定了规制模型既要有激励企业提高效率的功能。从价格上限的角度，提高企业的效率主要考虑的是进一步挖掘企业的生产效率、技术进步效率和管理效率，促进企业不断学习新的技术信息，创新管理模式。因为提高企业的效率，是在 PPP 项目落地实施后发生的，如果 PPP 项目没有社会资本参与，则此时效率便无从谈起，所以需要通过投资回报率机制来刺激企业投资的积极性。

**2. 模型改进的原则**

（1）公众利益原则。PPP 项目价格上限规制应维护公众利益，防止企业对消费者进行价格欺诈，获取超额利润。要保证公众享有公平交易的权利，保证公众享有知情权、参与权，保障公众享有产品的质量。

（2）成本与质量导向原则。以成本为导向，要求 PPP 项目价格应该跟随成本的发展趋势，应该是经过清晰结算、不包括违反竞争原则的交叉补贴的分业务成本，应该是合理的和有效率的成本。这个成本既要考虑 PPP 项目企业的现实成本也应考虑长期增量成本，以此成本为导向制定的 PPP 项目业务价格，以利于价格的动态调整，使 PPP 项目企业能够合理补偿经营成本和有利于持续发展。

（3）持续发展原则。在考虑维护公众利益和促进国民经济增长的同时，也要保证 PPP 项目价格能够补偿社会资本成本，并支持 PPP 项目企业的持续发展。如果 PPP 项目企业没有足够的资金保持技术水平和扩大规模，最终受到损害的将是国家和广大公众的根本利益。

### 5.1.4.2 PPP 项目价格上限规制模型新变量的引入

2015 年 5 月 19 日国务院《关于在公共服务领域推广政府和社会资本合作模式指导意见的通知》，第十条，明确指出项目完善政府价格决策听证制度，广泛听取社会资本、公众和有关部门意见，确保定价调价的科学性。及时披露项目运行过程中的成本变化、公共服务质量等信息，提高定价调价的透明度。为本书引入新变量提供了一定的法律支撑。

**1. 公众满意度因子**

公众满意度因子（PSI），主要是指公众对于产品服务质量的满意度，从公众的感知来做评价。公众满意度因子的引入可以从根本上保障公众的利益，同时也在根本上要求政府规制部门在设定上限价格时必须征求公众的意见，拓展公众参与的渠道，完善公众听证制度。

**2. 质量因子**

质量因子（Q），即政府部门制定的 PPP 项目产品的质量标准，当价格上限一定时，降低产品质量就成为企业降低成本、获取利润的捷径之一。因此，价格上限规制模型应对质量指标予以约束，此处的质量是指 PPP 项目产品的可用性及达到的技术标准，如对电力 PPP 项目，其电压质量是指频率、电压等级、电压倾磁角和谐波畸变等。

在英国 PFI（PPP）模式中，最鲜明的特征之一就是项目的支付机制依照产出标准（output specification）实施。在 PFI 项目中，产出标准是绩效监控和支出机制的依据，也是项目成败、能否找到合适的合作者的关键。产出标准一般需要满足"SMART"原则，如图 5-1 所示。

**图 5-1 质量因子——SMART 原则**

**3. 投资回报率**

投资回报率（r），价格上限规制可以促进企业构建技术，创新生产要素组合，以降低成本，提高效率。但是对社会资本而言，提高效率的激励并不能保障其收益，PPP 项目的建设运营周期长，如果没有一定的收益保障，可能导致社会资本参与额积极性不高，因为社会资本的目的是追求收回投资并尽可能利润最大化。

**4. 奖惩因子**

奖惩因子（A），为了鼓励企业的创新，提高企业的积极性，加入奖惩因子。奖惩因子与公众的满意度和质量因子直接相关，当公众的满意度较高，质量因子较大此时可以给予企业一定的奖励，否则，给予惩罚。

### 5.1.4.3　PPP 项目价格上限规制构建模型的构建

根据以上价格上限规制模型构建的目的和原则，同时借鉴国内外对价格上限规制模型的构建方法，提出针对我国 PPP 项目的价格上限规制模型。

根据项目区分理论，PPP 项目可以分为经营性、准经营性和非经营性三种类型，本书中 PPP 项目是指经营性或准经营性 PPP 项目。不同 PPP 项目的收费来源如图 5 - 2 所示。

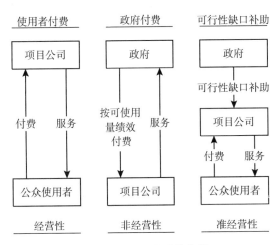

**图 5 - 2　PPP 项目的分类**

所以在构建价格上限规制模型时可以分为两部分，经营性 PPP 项目和准经营性 PPP 项目。

**1. 准经营性 PPP 项目的价格上限规制构建模型**

准经营性 PPP 项目，其收费来源分为两部分，使用者付费和政府可行性缺口补助，所以在价格上限规制模型中引入政府财政补贴因子（S）。对准经营性 PPP 项目其成本不好测量，基期价格采用上期企业的上限价格，对于 $P_0$ 可以借鉴同地区相近时间段类似项目的上限价格。构建模型为：

$$P_t = [P_{t-1}(1 + RPI - X)Q + P_t \times r] \times PSI + T + S + A \qquad (5-10)$$

$P_t$——电力、有线通信、铁路运输、管道燃气和自来水供应等自然垄断产业的规制价格；

$P_{t-1}$——$t-1$ 期企业价格的上限；

RPI——社会零售价格指数，此处指企业实际投入成本的价格指数；

X——企业生产率增长率；

Q——产品或服务的质量系数，$Q \in [0, 1]$；

r——政府制定的投资回报率；

PSI——公众满意度因子；

T——$t$ 期由于受到税收制度等外在因素的影响所引起的有关费用的平均增加或减少值；

S——财政补贴；

A——奖惩因子，与 PSI 直接相关。

**2. 经营性 PPP 项目的价格上限规制构建模型**

经营性 PPP 项目，其定价要稍微灵活，尽可能发挥市场的作用。

$$P_t = [C_0(1 + RPI - X)Q + P_t' \times R] \times PSI + T + A \qquad (5-11)$$

$C_0$——基期平均企业成本、费用（单位成本），经营性 PPP 项目的平均成本可以测定；

$P_t'$——企业的销售额；

R——企业的销售利润率。

经营性 PPP 项目的收益来源是使用者付费，不涉及政府的补贴。

# 5.2　PPP 项目价格上限规制模型因子测定

## 5.2.1　PPP 项目价格上限规制 X 因素测定

价格上限规制最重要的是确定一个上限价格使公众和企业的利益得到保障，决定上限价格的主要因素是 X 因子。X 是说明生产率提高的调整因子，其反映企业与公众之间的黄金的剩余分割，当 X 因子较大时，此时上限价格比较低，有利于公众利益的实现；当企业的实际 X 大于合同确定的 X 时，产生的剩余收益全部归企业所有。X 因子一方面可以激励企业提高效率，增加利润；另一方面赋予企业在上限价格以内的定价权从而形成企业间的有效竞争。很多学者对价格上限规制在不同行业的实施情况进行了解析，但对 X 因子仅是短短的说明，没有对其进行实质性的探讨，本书通过构建价格上限 X 因子模型对 X 因子进行深入分析，找出影响其的关键因素，本书从 PPP 项目企业所获得的利润出发，假定某一企业的生产增长率不影响整个经济的生产增长率，得出 X 因子的决定因素。

### 5.2.1.1　确定项目企业产出价格增长率上限

根据我国的 PPP 项目的实施情况建立相应的价格规制模型，首先假定被规制企业的利润是 π，收益 R 和成本 C 之差。当企业用 m 投入品生产 n 种产品和服务时，如果所有的产品价格都被规制，则企业从规制中获得的利润为：

$$\pi = R - C = \sum_{i=1}^{n} p_i q_i - \sum_{j=1}^{m} w_j v_j \tag{5-12}$$

其中，$p_i$ 是第 i 种被规制产品的单位价格；$q_i$ 是企业出售第 i 种被规制产品的数量；$w_j$ 是生产产品的第 j 种投入要素的单位价格；$v_j$ 是第 j 种投入要素的数量。

其次，当产品价格、数量以及投入要素的数量、价格发生变动时，企业的利润改变为：

$$\prod \frac{d\prod}{\prod} = \sum_{i=1}^{n} p_i q_i \frac{dq_i}{q_i} + \sum_{i=1}^{n} p_i q_i \frac{dp_i}{p_i} - \sum_{j=1}^{m} w_j v_j \frac{dv_j}{v_j} \tag{5-13}$$

进一步分解为：

$$\sum_{i=1}^{n} r_i \overline{p_i} = \frac{C}{C + \prod} \left\{ \sum_{j=1}^{m} s_j \overline{w_j} - \sum_{i=1}^{n} r_i \overline{q_i} + \sum_{j=1}^{m} s_j \overline{v_j} + \frac{\prod}{C} \overline{\prod} - \frac{\prod}{C} \sum_{i=1}^{n} r_i \overline{q_i} \right\} \tag{5-14}$$

其中，$r_i \equiv \dfrac{p_i q_i}{R}$ 是出售第 i 种产品的收益占全部总收益份额；$s_j \equiv \dfrac{w_j v_j}{C}$ 是第 j 种要素的成本占总成本的份额；$\bar{x} \equiv \dfrac{dx}{x}$ 是变量 x（x 为 $p_i$，$q_i$，$w_j$，$v_j$）的变化率。

假定 $\bar{P} = \sum_{i=1}^{n} r_i \overline{p_i}$，$\bar{W} = \sum_{j=1}^{m} s_j \overline{w_j}$，$\bar{Q} = \sum_{i=1}^{n} r_i \overline{q_i}$，$\bar{V} \sum_{j=1}^{m} s_j \overline{v_j}$

则上述方程为：

$$\bar{P} = \left( \frac{C}{C + \prod} \right) \left\{ \bar{W} - [\bar{Q} - \bar{V}] + \frac{\prod}{C} [\overline{\prod} - \bar{Q}] \right\} \tag{5-15}$$

其中，$[\bar{Q} - \bar{V}]$ 为被规制企业部门总要素生产率（$\bar{T}$），即企业产出品数量的增长率与投入品数量增长率之间的差额。因此：

$$\overline{P} = \left( \frac{C}{C + \prod} \right) \left\{ \overline{W} - \overline{T} + \frac{\prod}{C} [ \overline{\prod} - \overline{Q} ] \right\} \tag{5-16}$$

式（5-16）表明了企业产出品价格增长率，这一增长率是为在企业利润为 $\prod$，成本为 C，投入要素价格增长率为 $\overline{W}$，产出增长率 $\overline{Q}$，以及总要素增长率为 $\overline{T}$ 以确保利润增长率 $\overline{\prod}$ 获得的。

在完全竞争性产业中，企业的利润为零，则：

$$\prod = 0, \overline{\prod} = 0 \tag{5-17}$$

$$\overline{P} = \overline{W} - \overline{T} \tag{5-18}$$

$\overline{P}$ 是 PPP 项目企业价格增长率的上限。

### 5.2.1.2　确定 X 因子影响因素

X 因子反映被规制企业生产率的增长和投入品价格降低程度，政府规制部门通过对 X 因子的设定，可以协调企业与公众之间的利益分配。X 因子越大，则消费者剩余越多。

假定整个经济的变化影响被规制企业，但被规制企业的价格变化不影响整个经济。在基准设定条件下，被规制企业的产出增长率和利润水平、生产率程度相关。假定 E 为其他部门，则

$$\overline{P}^E = \left[ \frac{C^E}{\prod^E + C^E} \right] \left\{ \overline{W^E} - \overline{T^E} + \frac{\prod^E}{C^E} [ \overline{\prod}^E - \overline{Q^E} ] \right\} \tag{5-19}$$

由式（5-18）和式（5-19）可得，

$$\overline{P} = \overline{P}^E - \left[ \left( \frac{C}{C + \prod} \right) \overline{T} - \left( \frac{C^E}{C^E + \prod^E} \right) \overline{T}^E \right] - \left[ \left( \frac{C^E}{C^E + \prod^E} \right) \overline{W}^E - \left( \frac{C}{C + \prod} \right) \overline{W} \right]$$

$$- \left[ \left( \frac{\prod^E}{C^E + \prod^E} \right) \overline{\prod}^E - \left( \frac{\prod}{C + \prod} \right) \overline{\prod} \right] - \left[ \left( \frac{\prod}{C + \prod} \right) \overline{Q} - \left( \frac{\prod^E}{C^E + \prod^E} \right) \overline{Q}^E \right] \tag{5-20}$$

$$X_1^b = \left[ \left( \frac{C}{C + \prod} \right) \overline{T} - \left( \frac{C^E}{C^E + \prod^E} \right) \overline{T}^E \right] - \left[ \left( \frac{C^E}{C^E + \prod^E} \right) \overline{W}^E - \left( \frac{C}{C + \prod} \right) \overline{W} \right]$$

$$- \left[ \left( \frac{\prod^E}{C^E + \prod^E} \right) \overline{\prod}^E - \left( \frac{\prod}{C + \prod} \right) \overline{\prod} \right] - \left[ \left( \frac{\prod}{C + \prod} \right) \overline{Q} - \left( \frac{\prod^E}{C^E - \prod^E} \right) \overline{Q}^E \right] \tag{5-21}$$

即

$$\overline{P} = \overline{P}^E - X_1^b \tag{5-22}$$

式（5 - 22）是上限价格的主要表达式。它表明了企业产出价格是通货率上减去一个因素，即 X 因素。为进一步分析 X 因素的决定因素，在完全竞争条件下，可得

$$X_0^b = [\bar{T} - \bar{T}^E] + [\bar{W} - \bar{W}^E]$$
$$= [dTFP - dTFP_e] + [dINPUT_e - dINPUT] \quad (5 - 23)$$

其中，dTFP 为 PPP 项目企业全要素生产率（total factor productivity，TFP）增长率，$dTFP_e$ 为整个经济体系的 TFP 增长率；dINPUT 为 PPP 项目实行环节企业投入要素价格指数增长率，$dINPUT_e$ 为整个经济体系的投入要素价格指数增长率。TFP 的计算方法如图 5 - 3 所示。

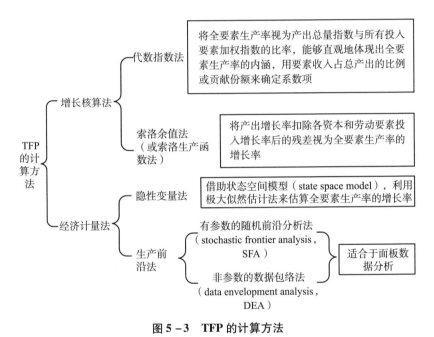

**图 5 - 3　TFP 的计算方法**

### 5.2.1.3　数据包络分析（DEA）方法测定 X 因子

对于轨道交通，收费高速公路、供水、供电、港口等产出不易测量的 PPP 项目，可采用 DEA 方法来测定 X 因子。

**1. 数据包络法简介**

数据包络分析方法（Data Envelement Analysis）简称 DEA 方法，是评价决策单元间相对有效性的方法。DEA 方法是运筹学、管理科学与数学经济学交叉研究的一个新领域。它最早由美国著名运筹学家查恩斯（A. Charnes）和库珀（W. W. Cooper）于 1978 年提出来的，他们的第一个模型被命名为 CCR 模型。

1984 年，班克等人从公理化的模式出发给出了另一个研究生产规模与技术有效的模型。DEA 属于非参数方法，不要求描述生产系统输入输出之间的明确关系，DEA 模型解决了许多传统的评估方法难以解决的经济效率定量化评价问题。

图 5 - 4 为数据包络分析的基本思路：

图 5 - 4　数据包络分析思路

## 2. DEA 的基本模型及评价方法

根据不同评价系统的内容和特点，DEA 模型有多种形式，不失一般性，本书选用经典 C2R 模型。假定有 n 个部门或单元（称为决策单元），这 n 个决策单元具有可比性，每个决策单元都有 m 种类型的输入和 s 种类型的输出，$X_j$ 和 $Y_j$ 分别表示第 j 个决策单元的输入向量和输出向量。C2R 模型可表示为：

$$
\begin{cases}
\min\theta \\
s.\,t.\ \sum_{j=1}^{n} \lambda_j X_J \leqslant \theta X_0 \\
\sum_{j=1}^{n} \lambda_j XY_J \geqslant Y_0 \\
\forall\, \lambda_j \geqslant 0 \\
j = 1, 2, \cdots, n
\end{cases}
$$

由于传统的 C2R 模型一个重要的缺陷是无法对多个有效的 DMU 进行再排序。针对这个缺陷，安德森和彼特森（1993）提出了超效率 DEA（Super - efficiency DEA，SE - DEA）模型：在评价某个 DMU 时，通过将该 DMU 的投入和产出由其他所有 DMU 的投入和产出的线性组合代替的方法，把这个 DMU 排除在外，从而使得有效 DMU 之间也能比较效率的高低。SE - DEA 模型的数学模型为：

引入松弛变量，式（5 - 22）可以表示为如下线性规划：

$$
\begin{cases}
\min\theta \\
s.\,t.\ \sum_{j=1}^{n} \lambda_j X_J + S^- = \theta X_0 \\
\sum_{j=1}^{n} \lambda_j XY_J - S^+ = Y_0 \\
\forall\, \lambda_j \geqslant 0 \\
j = 1, 2, \cdots, n \\
S^+ \geqslant 0,\ S^- \geqslant 0
\end{cases}
$$

DEA 方法的核心在于线性规划的最优解 θ，即决策单元 DMU 的相对综合效率，θ 的取值范围 $0 < θ < 1$，θ 值越大表明越接近生产前沿面。

若 $θ = 1$，$S^{0+} = 0$，$S^{0-} = 0$，则决策单元 $j_0$ 为 DEA 有效，即由 n 个决策单元组成的系统中，投入 X 得到的产出 Y 为最优，在这种状态下如果增加投入 X 不会对 Y 有所提高。同样在减少投入 X 的同时也无法保持一定的产出 Y；

若 $θ = 1$，$S^{0+} \neq 0$，或 $S^{0-} \neq 0$，则决策单元 $j_0$ 为 DEA 有效，即可通过增加投入 X 来达到保持原有的产量 Y，也可通过原有的投入 X 来提高产出 Y，从而改进决策 $j_0$ 单元的效率，使决策单元达到 DEA 有效的状态；

若 $θ < 1$，则称 DEA 非有效，即可以在系统中通过减少 θ 比例的投入来保持原有的产出。

**3. 由 θ 计算 X 因子**

通过上述两部分的分析，生产率增长率 X 因子，主要由全要素生产率增长率决定。

X 取值有一定规律可循：对于相对效率较高的公司，进一步提高 X 值的潜力较小，而效率较低的公司，X 值有大幅提高的可能。因此，公司的效率越高，X 取值越小，公司效率越低，X 取值应越大。对于最有效率的公司，X 取最小值 $X_{min}$，$X_{min}$ 的取值相对易定，通常略大于零。

对于其他 PPP 项目公司的 X 值，由于 X 值与公司的相对效率密切相关，可由相对效率来决定 X 值的设定，在测度相对效率方面，DEA 是一种较为理想的方法。在用 DEA 分析某一行业 PPP 项目公司的相对效率时，根据项目的技术和经济特点，确定投入要素和产出要素的选取。使用 DEA 分析得出各 PPP 项目公司相对效率值 θ，并计算出所有项目公司相对效率的平均值 $θ_{av}$。

由前述对项目公司相对效率 θ 和效率因子 X 之间关系的分析，假定 θ 与 X 呈线性相关，则在 $θ_{max}$，$θ_{av}$ 已知，$X_{max}$，$X_{min}$ 已确定的情况下，由各 PPP 项目公司的 θ 值可得到相应的 X 值，则有：

$$X_i = X_{min} + (θ_{max} - θ_i) \frac{X_{max} - X_{min}}{θ_{max} - θ_{min}}$$

$X_i$——所求 PPP 项目企业的效率因子；

$X_{max}$——规制者设定的生产率增长率的最高值；

$X_{min}$——规制者设定的效率提高的下限值；

$θ_i$——PPP 项目的 DEA 相对效率；

$θ_{max}$——评价的 PPP 项目企业中相对效率的最大值；

$θ_{min}$——评价的 PPP 项目企业中相对效率的最小值；

从英国的管制实践看，X 值取决于产业的技术进步引起的成本变动情况和技术经济性质，在不同产业甚至同一产业的不同地区都可能存在较大差异。

### 5.2.2　基期价格的测定

$P_{t-1}$ 为 PPP 项目基期的成本项。在第一次使用模型时，确定初始的 $P_{t-1}$ 值特别重要。$P_{t-1}$ 的选择可以借鉴其他发展中国家（如智利、阿根廷）的基期成本，以标尺竞争的理念在类似制度环境下确定一个较为合理的 $P_{t-1}$ 值。

标尺竞争（Yardstick Competition）1985 年由谢尔菲提出，将被规制企业的价格与相关企业的价格结合起来比较，促使原本各自独立垄断经营的 PPP 项目企业之间进行竞争。其模型为如式所示：

$$P_{i, t} = \alpha_i C_i + (1 - \alpha_i) \sum_{j=1}^{n} (f_j C_{j, t}) \qquad (5 - 24)$$

式（5－24）中，被规制企业有 n 个同类型企业，$P_i$ 为企业 i 的管制价格，$\alpha_i$ 为企业 i 的成本 $C_i$ 在其规制价格中所占的权重，$C_j$ 为同类型企业的成本，$f_j$ 为同类型企业 j 的成本所占的权重。当 $\alpha_i$ 为 0 时，为纯标尺竞争，企业的规制价格完全取决于其他同类型企业的成本。在标尺竞争情况下，由于价格取决于其他企业的成本，企业要获得较多利润，就必须使它的成本水平低于其他企业的平均水平，降低成本提高效率努力程度则高于其他企业的平均努力程度，这样就促使企业竞争性地提高运营绩效。

### 5.2.3　零售价格指数的测定

RPI 表示社会零售价格指数，但是王建明等（2006）认为 RPI 的经济含义是企业实际投入成本的价格指数，而不是社会零售价格指数。因此，不能用社会零售价格指数作为 RPI 值，必须通过计算求得特定 PPP 产业的实际价格指数。

由此，确定 RPI 的一个具体公式为

$$RPI^S = RPI^G + (P_i^S - P_i^G) \qquad (5 - 25)$$

$RPI^S$ 为特定 PPP 产业的实际价格指数，$RPI^G$ 为社会零售价格指数，$P_i^S$、$P_i^G$ 分别为特定 PPP 产业和整体国民经济的投入价格指数，其差值表示不能被国民经济投入价格指数计量的特定 PPP 产业的额外投入价格指数。

### 5.2.4　质量因子测定

质量因子 Q 表示政府和使用者要求产品或服务达到的质量技术标准，具体表现为相关产业的产品和服务质量法律、法规。政府根据不同产业的特点设定相应的技术及功能标准，通过专业的测量方法，来确定企业达到的质量水平，而且可以综合整体情况通过 Malmquist 生产指数模型测算各个企业的当前服务质量和最优服务质量水平（通过综合质量因素的 Malmquist 指数的质量水平测算值），求质量因子 Q 的取值。如果社会资本提供的经营产品/服务完全达到政府规定的指令标准，表明质量水平高，质量系数为趋近于 1，否则应小于 1。政府可根据不同项目的规范制定服务标准，并结合 PPP 项目建立独立监管机构定期检查和抽查，科学的评价其产出标准，在此基础上，确定 Q 的值。

当政府规制者试图确定适当的方案以解决质量激励机制时，面临着巨大的挑战。PPP 项目中的不同的利益团体有不同的要求，因此他们对质量的评价是不相同的，如图 5 – 5 所示。

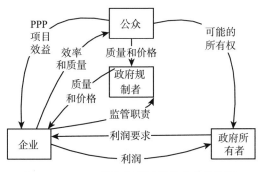

图 5 – 5　PPP 项目中不同利益主体的期望

### 5.2.5　公众满意度因子测定

PSI 表示公众的满意度因子，是公众对 PPP 项目服务的感知与公众的期望值的比率。PSI 值越大，表示公众的满意度越高。反之，其值越小表示公众的满意度越低。PSI > 1，表示公众对产品的服务质量比较满意，PSI < 1，表示公众的满意度比较低，项目的服务质量较差。

测定公众满意度，首先需要公众真实参与 PPP 项目，建立公众参与项目的途径。

#### 5.2.5.1　公众的性质界定及其对项目的影响

**1. 公众的性质界定**

叶晓甦等（2016）将 PPP 项目的公众分为项目使用者、特定地域的居民、直接或间接经济利益相关者、项目相关领域专家四类。基于目前我国 PPP 项目公众参与的现状，本书中所指的公众是指在 PPP 项目价格上限形成过程中，并不直接对项目的价格进行决策和管理，但其自身利益却直接或间接受项目影响的公众型利益相关者，以及对项目感兴趣的个人、组织和公共代表。

**2. 公众对项目的影响**

根据利益相关者理论，公众是 PPP 项目的核心主体之一，PPP 项目的公共属性，决定项目的建设与运营均关系到公众的切身利益。一个城市轨道交通 PPP 项目的实施，直接关系到公众的出行；供排水 PPP 项目的实施关系到公众的正常生活供需；垃圾处理、环境治理等 PPP 项目的实施关系到公众的身体健康与生活的质量，等等。PPP 项目的建设与公众的直接利益，日常生活密切相关，公众自然是希望参与，同时也有权利参与来表达自身的利益诉求，如图 5-6 所示。

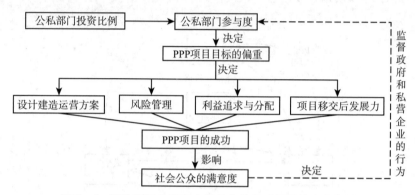

图 5-6　PPP 项目公私双方及社会公众对项目的决定作用

### 5.2.5.2　公众参与 PPP 项目价格制定的方式

公众参与 PPP 项目的形式可以分为直接参与和间接参与，直接参与包括政府权力咨询的参与方式，听证会的参与方式，公众调查的参与方式，媒体、网络途径的监督方式，如图 5-7 所示。

**1. 听证会的参与方式**

我国的听证会制度源于发达国家相对成熟的听证制度，并结合我国国情而实行的一种公众参与方式。

**2. 公众调查的参与方式**

公众调查的参与方式是指政府对将要建设的 PPP 项目周边的公众或受项目影响的更大范围的公众进行大量的问卷调查和访谈。

**3. 媒体、网络途径的参与**

该种公众参与方式是指在公共项目决策前期，政府通过媒体和网络的形式向公众公布项目信息，公众可以通过电话、信件、电子邮件、传真以及网络发帖留言的方式间接参与项目决策。

**4. 间接参与**

公众对工程项目的监督。公众通过新闻媒体和政府行政机关等中介机构进行监督，将公众意识转化为社会舆论和行政命令间接传达至建设单位，从而影响工程项目决策。

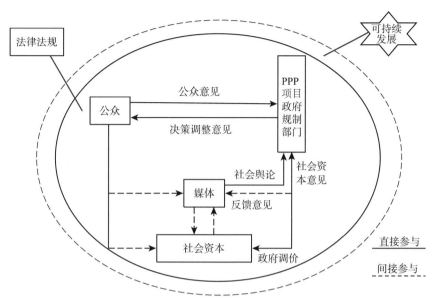

图 5 – 7  公众参与影响 PPP 项目价格决策的机理

### 5.2.5.3  建立 PPP 综合信息平台

借鉴国外的公众参与机制，结合我国的实际情况，可搭建公共部门与社会公众和私人部门与社会公众之间基础设施项目的信息沟通平台。通过社会公众的信息反馈，建立公众信息数据库，作为衡量项目在建设运营阶段社会效益的依据。私人部门与社会公众的信息沟通，有助于公众对社会部门的了解，促进公众对项目更大程度的认可。同时可以利用信息平台让公众参与项目服务质量的打分，结合专家意见，可以确定公众满意度值，如图 5 – 8 所示。

利用价格管理信息平台，调查公民对于 PPP 项目服务质量及价格水平的满意度，基于对公众满意结果的收集，组织可以按照图 5 – 9 进行评价。一方面将公众满意结果与组织的计划目标进行比较；另一方面与可比较的对象如竞争者或一流水平进行比较，分析已经达到或没有达到的目标，并对未达到目标进行差距及原因分析，从而为合理评价顾客满意结果和制订下一步改进计划提供信息支持。

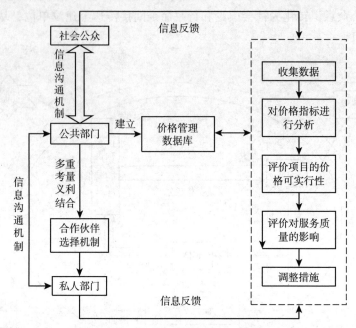

图 5-8　价格信息管理平台

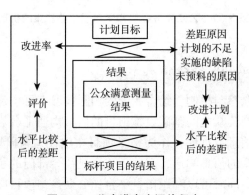

图 5-9　公众满意度评价程序

### 5.2.5.4　公众满意度因子的测定

通过 PPP 项目信息平台及公众满意度问卷，对公众满意度因子做调查，运用模糊集合理论和模糊测评方法，通过对数据的处理，得出公众满意度因子。

## 5.2.6　奖惩因子的测定

奖惩因子，为了鼓励企业的创新，提高企业的积极性，加入奖惩因子。奖惩因子与公众的满意度和质量因子直接相关，当公众的满意度较高，质量因子较大，此时可以给予企业一定的奖励，否则，给予惩罚。由于 PPP 项目的特性，奖惩因子与公众的满意度因子、服务质量因子紧密相连，当 PSI > 1，政府可给予社会资本一定的奖励，当 PSI < 1，给予社会资本一定的惩罚。奖惩因子与公众满意度因子的设定，可以在很大程度上保障公众的利益。具体奖惩因子的大小可根据不同的项目及项目开展的情况，社会资本的积极性由政府和企业双方共同谈判确定。

通过对 PPP 公众满意度及质量因子的测量，设定奖惩的范围。如图 5 − 10 所示，情况（1）描述了违背最低服务指令标准给予一定处罚。情况（2）表示完全项目服务的质量来获取收益。情况（3）根据情况（2）确定最大固定惩罚和奖励的上限。情况（4）存在一个标准地带的死区。惩罚的实施直接表现为价格的升降。

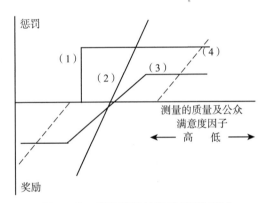

图 5 − 10　服务质量的奖励/惩罚机制

## 5.2.7　算例分析

实际上限价格的计算主要是对 X 因子、服务质量因子、公众满意度、RPI，及基期价格进行测量，因为 RPI 及基期价格的易获得性，本章节主要研究 X 因子的测定，并对质量因子及公众满意度因子进行实例分析。

### 5.2.7.1　算例行业的选取

财政部全国 PPP 综合信息平台显示，截至 2016 年 4 月 13 日 PPP 综合项目库7704 个项目，总投资按 87925.37 亿元。PPP 按不同行业划分，项目数排在前 3位的是市政工程（26%）、生态建设和环境保护（14%）、交通运输（11%）；从项目投资来看，仅交通运输和市政工程这两项的投资需求就将近 4.45 万亿元，占总投资需求的 53.6%。这在一定程度上也说明了 PPP 项目在基础设施领域发挥了积极作用，且这部分投资数额巨大，如图 5 − 11 所示。

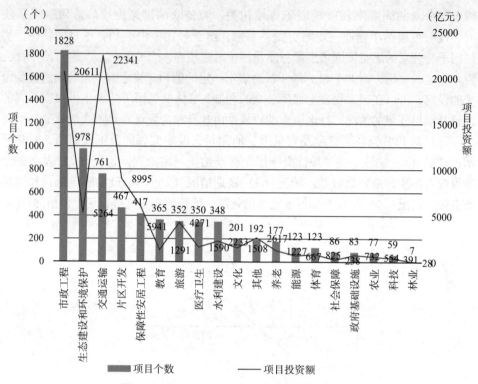

**图 5–11 PPP 项目各行业分布个数及投资额**

资料来源：PPP 综合信息平台系统。

交通运输类 PPP 项目有项目个数 761 个，总投资 22341 亿元，占总投资的 26%，是 PPP 项目库中投资额最高的行业。所以选择交通运输类 PPP 项目作为案例。

交通运输类 PPP 项目分为 13 个子目，其中，一级公路、高速公路、二级公路、交通枢纽四个二级行业的项目分别为 188 个、128 个、99 个、77 个，合计占交通运输项目总数的 64.7%；高速公路、一级公路、铁路（不含轨道交通）、交通枢纽四个二级行业的项目投资需求分别为 10276 亿元、3411 亿元、2722 亿元、939 亿元，合计占交通运输项目总投资需求的 77.6%，如图 5–12 所示。

为了增强案例分析的实用性，选择投资额最大的高速公路作为分析对象。

### 5.2.7.2 算例指标的选取

选定数据包络（DEA）方法来测定企业效率因子 X 的值。

**1. DEA 法对输入输出指标的要求**

（1）决策单元的输入和输出指标必须为正；

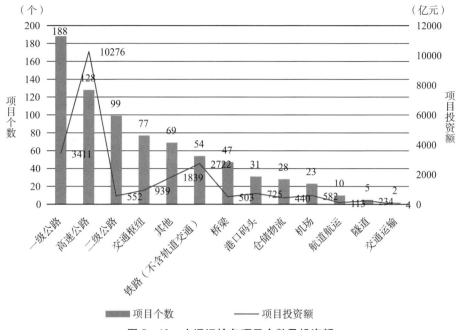

**图 5 – 12　交通运输各项目个数及投资额**
资料来源：PPP 综合信息平台系统。

（2）DEA 模型本身的特质要求样本的数量不得少于输入、输出指标二者和的两倍，否则会造成效率前沿面密集，样本效率之间的差异不明显。

**2. 输入输出指标的选取**

输入输出指标的选取是测定效率因子的关键。对于高速公路项目，国内很多文献对其输入输出指标做了研究，如表 5 – 1 所示。

表 5 – 1　　　　　代表文献测定高速公路效率的输入输出指标

| 作者（时间） | 输入指标 | 输出指标 |
|---|---|---|
| 田辉、林广祥（2007） | 总资产、期间费用、主营业务成本 | 主营业务收入、净利润、每股收益、净资产收益率 |
| 刘瑞波、边志强（2011） | 资产总额、期间费用、主营业务成本 | 总利润、净资产收益率 |
| 张远（2011） | 权益资本、营业成本、职工人数 | 总资产周转率、净利润和主营业务收入 |
| 闫淑荣（2012） | 人均 GDP 作为产出指标、收费公路每公里投资额和每公里贷款额 | 人均 GDP |
| 齐晓琳（2013） | 总资产、营业成本、职工薪酬 | 主营业务收入、净资产收益率、总资产周转率 |

| 作者（时间） | 输入指标 | 输出指标 |
|---|---|---|
| 冯丽霞（2013） | 公路总里程、从业人员、公路运输汽车拥有量 | 客运量、客运周转量、货运量、货运周转率 |
| 王惠（2015） | 股权融资成本、债务融资成本、债务股权比 | 盈利能力、发展能力 |

根据国内人员的研究，及数据的可获得性，结合我国高速公路企业的现状，本书选择的输入输出指标如图 5 – 13 所示。

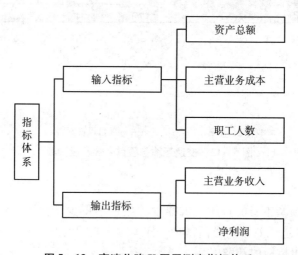

图 5 – 13　高速公路 X 因子测定指标体系

### 3. 样本选择

根据 DEA 法对输入输出指标的要求，选取 10 家上市公司作为评价样本，如表 5 – 2 所示。

表 5 – 2　　　　　　　　　　　　　　样本输入输出指标

| DMU 编号 | 公司 | 输入指标 | | | 输出指标 | |
|---|---|---|---|---|---|---|
| | | 资产总额（十亿） | 主营业务成本（亿元） | 职工人数（千人） | 主营业务收入（亿元） | 净利润（亿元） |
| 1 | 粤高速 A | 60.73 | 95.68 | 20.58 | 160.57 | 42.36 |
| 2 | 湖南投资 | 30.59 | 27.56 | 6.73 | 58.39 | 18.73 |
| 3 | 东莞控股 | 17.34 | 53.23 | 8.36 | 95.43 | 7.58 |

续表

| DMU 编号 | 公司 | 输入指标 | | | 输出指标 | |
|---|---|---|---|---|---|---|
| | | 资产总额（十亿） | 主营业务成本（亿元） | 职工人数（千人） | 主营业务收入（亿元） | 净利润（亿元） |
| 4 | 现代投资 | 2.40 | 5.89 | 3.45 | 13.24 | 2.76 |
| 5 | 深高速 | 3.66 | 7.62 | 4.57 | 15.87 | 3.54 |
| 6 | 宁沪高速 | 6.33 | 4.38 | 2.38 | 9.72 | 1.53 |
| 7 | 福建高速 | 10.35 | 31.56 | 3.59 | 28.56 | 3.78 |
| 8 | 楚天高速 | 20.56 | 19.73 | 8.25 | 45.37 | 8.16 |
| 9 | 重庆路桥 | 32.43 | 53.37 | 15.74 | 62.35 | 21.88 |
| 10 | 赣粤高速 | 8.23 | 13.52 | 4.03 | 33.59 | 9.54 |

资料来源：作者对企业资料的查询、收集以及对个别企业的走访、咨询、调研及访谈。

通过上文指标体系的构建，共选取了 5 个指标作为输入输出指标，样本量为 10 个，样本量的个数（10）不小于指标个数（5）的两倍，因此满足 DEA 模型对于指标个数与样本量个数的要求。

### 5.2.7.3　X 因子的测定

本书运用 MATLAB 进行 DEA 模型的求解，计算结果如表 5 - 3 所示。

表 5 - 3　　　　　　　　　　　　　　DEA 模型计算结果

| DMU | $C^2R$ 模型 | | SE - DEA 模型 | |
|---|---|---|---|---|
| | 效率值 | 排名 | 效率值 | 排名 |
| 粤高速 A | 1 | 1 | 2.783 | 1 |
| 东莞控股 | 1 | 1 | 2.139 | 2 |
| 赣粤高速 | 1 | 1 | 1.763 | 3 |
| 福建高速 | 1 | 1 | 1.257 | 4 |
| 重庆路桥 | 1 | 1 | 0.939 | 5 |
| 深高速 | 0.638 | 6 | 0.638 | 6 |
| 楚天高速 | 0.579 | 7 | 0.579 | 7 |
| 湖南投资 | 0.468 | 8 | 0.468 | 8 |

| DMU | $C^2R$ 模型 | | SE – DEA 模型 | |
|---|---|---|---|---|
| | 效率值 | 排名 | 效率值 | 排名 |
| 现代投资 | 0.437 | 9 | 0.437 | 9 |
| 宁沪高速 | 0.401 | 10 | 0.401 | 10 |

由模型计算结果可知，SE – DEA 模型克服了传统 DEA 模型不能进行有效排序的缺点，实现了对所有公路的充分排序。

将 SE – DEA 效率值，代入可得到 X 的值。假设 RPI = 5%，考虑到高速公路 PPP 项目的准经营性，所以取 $X_{max}$ = 50%，$X_{max}$ = 0%，则最终确定的各项目公司企业 X 值如表 5 – 4 所示。

表 5 – 4 　　　　　　　　　我国高速公路企业 **X** 值的确定

| DMU | SE – DEA 模型 | X 值（%） | RPI – X 涨价幅度（%） |
|---|---|---|---|
| 粤高速 A | 2.783 | 0.00 | 5.00 |
| 东莞控股 | 2.139 | 0.88 | 4.12 |
| 赣粤高速 | 1.763 | 1.73 | 3.27 |
| 福建高速 | 1.257 | 2.54 | 2.46 |
| 重庆路桥 | 0.939 | 2.98 | 2.02 |
| 深高速 | 0.638 | 3.54 | 1.46 |
| 楚天高速 | 0.579 | 3.86 | 1.14 |
| 湖南投资 | 0.468 | 4.25 | 0.75 |
| 现代投资 | 0.437 | 4.91 | 0.09 |
| 宁沪高速 | 0.401 | 5.00 | 0.00 |

由统计结果可知，效率比较高的奥高速 A，下一个规制期价格的上涨幅度为 5.00%，而效率比较低的京沪高速公司，下一个规制期，价格上涨的幅度为 0.00%，维持原价不变，所以价格上限规制有激励企业提高效率的功能。

对于基期价格和 RPI 可以直接进行计算。下面主要探讨质量因子与公众满意度的计算方法。

### 5.2.7.4　质量及公众满意度因子的确定

**1. 建立高速公路质量标准体系**

质量因子指标：建立评价高速公路质量的指标体系，可以从通行能力、速度、服务系统停留时间、安全、经济、环境六个方面进行制定，如表 5-5 所示。

表 5-5　　　　　　　　　　　　收费公路服务质量指标体系

| 一级指标 | | 二级指标 |
|---|---|---|
| 高速公路服务质量水平 | 通行能力 | 设计通行能力 |
| | | 实际交通量与设计能力之比 |
| | | 全年路段交通阻塞累计时间 |
| | 速度指标 | 设计时速 |
| | | 行程车速 |
| | 服务系统停留时间 | 收费站入口逗留时间 |
| | | 收费站口逗留时间 |
| | | 交通事故待处理时间 |
| | | 待排障时间及排障时间 |
| | | 加油站服务时间 |
| | | 服务区等待服务时间 |
| | 行车经济指标 | 车辆年维修费用的降低程度 |
| | | 年车轮胎平均消耗定额 |
| | | 百吨公里油耗 |
| | 安全指标 | 报告期路段交通事故的频率 |
| | | 报告期重大交通事故的次数 |
| | | 报告期交通事故死亡人数 |
| | | 报告期交通事故直接经济损失 |
| | 环境指标 | 高速公路上的噪声 |
| | | 高速公路的振动 |
| | | 高速公路周围的空气污染程度 |
| | | 高速公路产权范围内的绿化率 |

政府规制者通过定期和不定期的检查，对高速公路的技术及功能指标进行打分，以确定质量因子取值。

公众满意度，可以采用智能网络的形式，在使用者付费的同时对感知质量进行打分。通过问卷调查的形式，对周边公众及使用者的满意度进行测定。同时可以通过 PPP 项目高速公路公众参与信息平台，利用价格管理信息平台，调查公众对于收费公路服务质量及价格的满意度，基于对公众满意结果的收集，政府规制者进行评价。通过问卷调查，对比公众对服务的感知与公众期望值之间的关系。

# 5.3　PPP 项目价格上限规制动态调整

PPP 项目价格上限规制的改进模型可以解决 RPI－X 模型的质量、公众满意度、投资激励等问题，但其是从静态的角度对模型进行的改善，不能适应复杂多变的 PPP 项目外界环境。价格上限规制的动态调整主要是规制周期调整、组合规制模型的灵活运用。

## 5.3.1　价格上限规制模型动态调整的必要性

### 5.3.1.1　激励效果的实现依赖周期的调整

从长期动态的角度看，价格上限规制模型必然会遇到不确定性问题，需要随着时间变化而进行周期性调整。价格上限规制周期越长，社会资本就越有激励提高生产效率。因此，从提高生产效率的角度看，价格上限规制的调整周期越长越好。但由于不确定性大大增加，同时规制者也不可能对遥远的未来做出准确的预测并设定合理的 X 值，这又可能大大降低分配效率，损害公众的利益。反之，价格上限规制的调整周期越短，生产效率就会越低。

调整周期关系到价格调整的频率，也关系到价格上限模型的激励效应程度。如果受规制行业的技术变化速度不能与整个经济变化速度保持一致，价格上限就会变得过低或过高，此时就需要重新确定价格上限水平。英国价格上限监管审核周期一般在 3～5 年。

### 5.3.1.2　单一价格上限规制模式不能适应环境的变化

针对单一价格上限规制不能适应环境的不缺定性问题，可以创新价格上限规制模式，在美国的投资回报率规制和英国的 RPI－X 规制的基础上，构建组合的价格上限规制模型，以适应环境的不确定性。

帕克和柯克帕特里克（Parker and Kirkpatrick，2005）提出浮动折算收益率的价格上限规制，利润分享的价格上限规制以及收入分享的价格上限规制。这三种组合价格上限规制提供的激励强度介于高激励度的价格上限规制和低激励强度的投资回报率规制之间，企业拥有一般的激励降低生产成本增加利润。

组合价格规制的主体思想比较明确，即当企业获取超额利润时，立即向下调价，将超额利润与公众共享；当企业遭受不可预见的风险时，适当调高价格，企业利润的损失由企业和公众共同承担。组合价格规制的操作比较简单，组合价格规制的操作比较简单，但对企业成本信息的对称性要求比较高，需要政府严格监控企业的实际价格，准确地揭示企业每年的经济利润，并制定严格的信息共享机制，以充分发挥 PPP 信息平台的作用。收入分享的价格上限规制模型，可以很好地激励社会资本及时披露自身的成本信息，因为企业的收益与成本信息的公开有着密切联系。组合价格上限规制对于促进企业投资，监督政府的规制效率有重要意义。霍登（2007）等的实证研究发现相对于单一的价格上限规制，组合规制获得大量收益。

## 5.3.2　价格上限规制周期的动态调整

### 5.3.2.1　周期调整的影响因素

采用价格上限规制模型，需要一段时间调整 X 值，而调整 X 值的时间间隔，便是 PPP 项目的规制回收期。政府规制部门制定上限价格后，企业开始执行，但是社会的科学技术的进步比较快，产品的更新换代周期越来越短，所以价格的规制也需要随环境的变化而调节。PPP 项目规制周期的确定要考虑以下四个因素：

（1）技术更新的速度。市场上 PPP 项目产品更新的速度较快，影响企业的投入成本，以及企业产出品的质量。企业以更新的技术来应对市场的变化，但是技术的更新需要成本，如果政府没有调整上限价格，由于市场竞争机制的存在，此时企业可能以牺牲产品质量为代价来获取利润。

（2）被规制企业的收回投资的速度。对于经营性 PPP 项目，其收入来源比较清晰，尤其是对高速公路，轨道交通需要提前预测使用者数量的项目，可能出现使用者数量远超预测的数量，企业很快便能收回成本，此时为了维护公众的利益，规制部门应该尽快调价；另外，如果实际使用者数量，远低于预测数量，需要政府规制部门延长规制周期，或采取财政补贴的方式，以保障参与企业能够收回成本。

（3）物价指数。技术的变化是创新的成果，但是物价的变动是市场的原因，企业不能控制市场的市场的变化。物价指数的提高，表明企业需要消耗更多的人力和原材料成本，从而导致企业的投入增加，而产出不变，则此时应当适当延长周期。

（4）不确定性因素。如由于信息不对称，不可预料的自然灾害，同类竞争产品的增加等因素导致项目的收益受到损害，此时，应适当延长规制的周期。同时对于企业可以隐瞒信息，造成的规制损失，应当由社会资本承担，周期不变。一般而言，正常的规制周期为 3 ~ 4 年。

### 5.3.2.2 规制周期调整计算模型

根据英国电信业规制周期的调整数据，亓永杰等（2008）用 Eviews 对调整周期模型进行估计，并通过对类似项目的实际验算，证明了模型的有效性。

在不考虑不确定性因素的影响下规制调整周期模型为：

$$T = 0.081252 \times \frac{1}{ROI - IR} - 0.020531GLP + 3.423740 \qquad (5-26)$$

其中，投资回报率（Return on Investment，ROI）：企业正常的净收益占投资总额的比值。

通货膨胀率（Inflation Rate，IR）：可以由消费者物价指数（CPI）来计算，政府公布的统计年鉴可以查询。

劳动生产率增长率（Growth rate of Labor Productivity，GLP）：劳动生产率的增加额与前一期劳动生产高率的比值，代表技术进步对周期的影响

调整周期模型，只是在少量数据的基础上得出，并没有得到广泛的应用，所以用模型计算的周期可以作为规制者指定调整周期的一个参考，具体 PPP 项目的调整周期还需要根据项目的具体发展情况来定。如英国不同产业的规制模型及规制周期均有差别，如表 5 - 6 所示。

表 5 - 6　　　　　　　　英国不同产业价格上限规制模型和 X 值

| PPP 项目产业 | | 价格上限规制模型 | X 值 |
|---|---|---|---|
| 电信 | | RPI - X | X = 3（1984 ~ 1989）<br>X = 4.5（1989 ~ 1991）<br>X = 6.25（1991 ~ 1993）<br>X = 7.5（1993 ~ 1997） |
| 煤气 | | RPI - X + Y | X = 2（1987 ~ 1992）<br>X = 5（1992 ~ 1994）<br>X = 4（1994 ~ 1997） |
| 电力 | 输送 | RPI - X | X = 0（1990 ~ 1993）<br>X = 3（1993 ~ 1997） |
| | 销售 | RPI - X | 0 ~ 2.5 |
| 自来水 | | RPI + K | 平均为 5.4 |

资料来源：作者对国外文献、国外教授访谈以及相关报道整理而得。

### 5.3.2.3 规制价格调整的流程

规制周期的调整，主要是用以调整 X 因子，调整上限价格，以适应 PPP 项

目环境的变化。PPP 项目有较长的建设运营期，不可预见性因素比较多，所以随项目外部环境的变化发生改变，是政府与企业价格契约的一部分。但是调整是有一定程序的，不能随便发生调整，否则会发生"规制机会主义"，有可能损害公众的利益。如果确有必要对价格上限规制进行调整，应建立在清晰、可预期的规制框架下，遵循一定的标准和法规。英国上限价格调整方案需要政府、企业、公众的共同允许，否则不能调整，对公众的利益予以保护。如果政府和企业发生争议，则移送竞争委员会。竞争委员会认为没有出现需要调整的条件，调整会对公众的利益造成损害，则维持原上限价格，如图 5 - 14 所示。

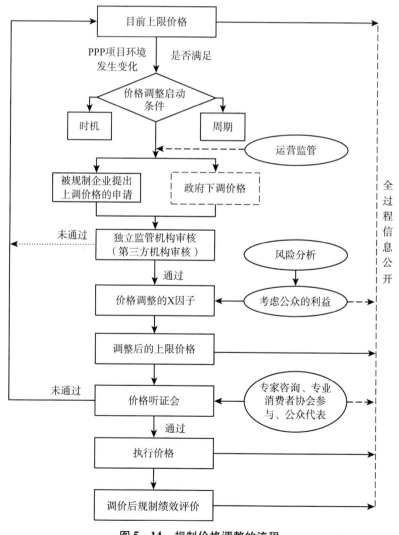

**图 5 - 14　规制价格调整的流程**

### 5.3.3 价格上限规制模型的动态调整

静态环境下，PPP 项目价格上限规制模型能够在一定程度上克服政府与企业之间信息不对称的问题，但是当外界信息的变化较快，信息更替的速度超过政府规制者补充信息的，此时会加大政企之间的信息不对称，严重的信息不对称，则可能导致政府价格规制的失灵，所以对规制者来说很难承诺有效的价格，同时在单一的 RPI – X 模型中，政府能够控制的变量只有 X 因子，这将直接影响规制的效果。将价格上限规制与投资回报率规制结合起来，构建组合的价格上限规制模型，将更能适应 PPP 项目的发展环境。

#### 5.3.3.1 浮动折现收益率价格上限规制

浮动折现收益率价格上限规制强调利益在企业和公众之间的分享，伯恩斯（Burns）等（1998）分析了传统的投资回报率规制与浮动折现收益率之间的区别，并构建了浮动折现收益率模型。浮动折现收益率价格上限规制的基本模型为：

$$r_t = r_{t-1} - \alpha(r_{t-1} - r^*) \tag{5-27}$$

其中，$r_t$ 为规制期内许可的收益率，$r_{t-1}$ 为每阶段实际收益率，$r^*$ 为标准收益率，$\alpha$ 为分享系数。当 $r_{t-1} < r^*$ 时，$\alpha = 0$；当 $r_{t-1} > r^*$ 时，$\alpha \in (0, 1)$。

当 PPP 项目政府规制者与企业之间信息严重不对称时，假设企业只生产一种产品，且产品的市场需求为 $X = X(p)$，$X(p) < 0$。有劳动力要素 L 和资本要素 K 两种投入要素，企业的生产函数为：$L = L(X, K)$ 和 $K = K(X, K)$。由于 $X = X(p)$，假设，

$$\frac{dL}{dp} = L'(X)X'(p) < 0 \tag{5-28}$$

$$\frac{dK}{dp} = K'(X)X'(p) < 0 \tag{5-29}$$

收入 $R = pX(p)$，$p^*$ 为标准价格上限，$s$ 为标准资本收益率，则浮动折算收益率价格上限规制约束为：

$$\frac{R - wL}{K} \leq s + \frac{\alpha(p^* - p)}{p^*} = h(p) \tag{5-30}$$

其中，$h'(p) = -\alpha/p^* < 0$，$\alpha$ 企业所拥有的收益率激励的份额，$w$ 表示劳动力价格（外生于企业）。

当 p 小于标准价格 $p^*$ 时，此时项目的资本收益率大于 s，给予企业增大投资扩大生产的激励；当 p 大于标准价格 $p^*$ 时，此时项目的资本收益率小于 s，此时企业增大投资获取的收益会降低。约束条件 $h'(p) = -\alpha/p^* < 0$ 说明当企业由于

不可预见的因素导致成本增加，财务亏损时，可以上调价格，让公众参与共同承担损失。

通过构造拉格朗日函数可以得到浮动折算收益率价格上限规制的定价 P 满足：

$$p[1 + (1 - \xi)\varepsilon^{-1}] = wL' + \rho K' \qquad (5-31)$$

$$\xi = \left(\frac{\lambda\alpha}{1-\lambda}\right)\left(\frac{K}{\rho \times X}\right) \times \rho = \left\{\frac{r - \lambda\left[s + \alpha\left(\frac{p^* - p}{p^*}\right)\right]}{1-\lambda}\right\} \qquad (5-32)$$

$\varepsilon$ 表示 PPP 项目产品的需求弹性，r 表示资本市场中的资本成本。而传统收益率管制下定价为：

$$p(1 + \varepsilon^{-1}) = wL' + [(r - \lambda s)/(1 - \lambda)]K' \qquad (5-33)$$

通过对两种定价方式的对比，浮动折现收益率下，公众可以享受更多的利益。式（5-33）表明，浮动折现率规制下，资本的 A-J 效应仍然存在，但可以通过扩大再生产减小这种效应。另外，$\alpha\lambda\left(\frac{p^* - p}{p^*}\right)$ 也显示在不变的价格上限下降低价格的激励，该激励以分享参数 $\alpha$ 及影子价格 $\lambda$ 为条件。

利用类似于非规制垄断方法，伯恩斯等（1998）讨论了价格上限规制，假设规制者已经选择好 $p^*$，社会资本选择 $p^*$ 最大化利润问题为：

$$\max\pi(p^*) = p^* X(p^*) - wL[X(p^*)] - rK[X(p^*)] \qquad (5-34)$$

即 $p^*[1 + \varepsilon^{-1}] = wL'(p^*) + rK(p^*)$

式（5-34）表明在纯 RPI-X 模式下，仅激励企业提高生产效率，不能提高分配效率，但是在浮动收益率价格上限规制模式下可以同时实现生产及分配效率。

### 5.3.3.2 利润分享的价格上限规制

利润分享的价格上限规制，即在一定的利润范围内，收益/亏损全部由企业所享有或承担，超过这个范围，收益/亏损由企业和公众共享或共担，由 Sappington 和 Weisman（1996）首先提出。伯恩斯等（1998）具体分析了规制模型，在该规制下 $\max[1 - \tau(p)]\pi(p)$，社会资本的定价满足：

$$p[1 + (1 - \phi)\varepsilon^{-1}] = wL' + rK' \qquad (5-35)$$

其中，$\tau(p) = \eta p/p^*$，$\eta$ 为利润因子，$\eta > 0$，$\phi = \tau(p)/(1-\tau)pX(p)$，$\tau(p)$ 企业支付给公众的折扣。

这种规制方式可以在市场减轻 A-J 效应，能够让公众获取收益。同时企业可以降低收费来降低折扣率。$\phi$ 可以通过改变 $\tau(p)$ 的大小来实现分配效率效果。雷曼和威斯曼（Lehman and Weisman，2000）通过实证表明价格上限规制能够减轻规制者的风险，雷曼和威斯曼（2000）提出增加价格制定的弹性，以提高价格的竞争效率。但是单一的价格上限规制对利润的分享没有说明，可能导致企业的过度投资。价格上限规制增加必要的定价弹性能提高在位者和新进入者的竞争效率。但单一的价格上限规制承诺没有利润分享，诱使规制者过度引进竞争的道德风险。莫雷托等（Moretto et al.，2003）分析不同的规制机制（价格上限和利润分享）对企业投资规模的影响。在连续时间中使用实物期权方法，相对于单一价格上限规制，利润分享并不影响企业的投产决策。因此，相对单一价格上限规制来说，利润分享价格上限规制有利于增强被规制企业效率。

### 5.3.3.3 收入分享的价格上限规制

信任是价格上限规制实行的关键环节，伊索萨和斯特罗夫尼（Iossa and Strofflini，2002）指出一般情况下规制者很难直接了解企业内部信息，需要企业获取相关资料传递给规制者。如果规制者没有修正价格上限，当获取信息的成本足够高时，企业更偏向于忽视信息。当良好的技术条件使垄断价格低于价格上限时，企业也不会降低价格。因此独立于潜在技术条件的价格上限通常不是最优的，导致分配非效率且企业获得高额利润。萨平顿和威斯曼（Sappington and Weisman，1996）提出收入分享，要求被规制企业和公众分享超出一定范围的部分收入。即使规制者拥有关与行业成本和需求的部分收入，也能构建收入分享计划确保公众和被规制企业的利益，并显示收入分享限制激励：一是对被规制企业的补贴、价格歧视以及游说规制者的浪费性支付；二是规制者的征收（即不允许企业涵盖有用投资的成本）。

伊索萨和斯特罗夫尼（2005）比较了单一价格上限规制和收益分享规制在企业获取信息的激励，分析企业获得线性收入分享 $\alpha(p)$，对每个价格 $p$，有 $0 < \alpha(\cdot) \leq 1$，线性收入分享函数：

$$\alpha(p) = a - b \qquad (5-36)$$

其中，$a \in (bp, 1+bp]$，线性收入分享有四种情况：

(1) $b=0$ 且 $a=1$，没有收入分享，单一价格上限规制；

(2) $b=0$ 且 $a<1$，存在收入分享，且企业获得收入部分固定；

(3) $b>0$ 且 $a=1$，存在收入分享，其中企业获得收入部分随着价格上升而下降；

(4) $b<0$ 且 $a \in (bp, 1+bp]$，存在收入分享，企业获得收入部分随着价格上升而增加。

伊索萨和斯特罗夫尼（2005）分析了情况（3），显示与单一的价格上限规制相比，收入分享的价格上限规制更有效，且获得更多社会福利。

### 5.3.3.4 三种组合价格上限规制的比较

价格上限组合规制的目的是为了减轻政府规制者和企业之间的信息不对称问

题，提高企业适应外部环境变化的能力，以及同时实现生产效率和分配效率两个
目标。

帕克和柯克帕特里克（2005）提出 PC - RS 规制和 PC - PS 规制的激励强度
处于价格上限和能控制的收益率。但是 P 依据 PC - RS 规制和 PC - PS 规制刺激
企业的行为导向不同，迈耶和维克斯（1996）揭示对于任何给定的技术参数水
平，与利润分享有关的生产非效率将对价格产生反作用。就对获取信息的激励强
度来说，伊索萨和斯特罗夫尼（2002）认为 PC - RS 规制优于 PC - PS 规制。但
当企业获得的收入分享部分固定时，就提高产品质量的激励来说 PC - PS 规制优
于 PC - RS 规制（Sappington and Weisman，1996）。因此，在实践中需要平衡提
高服务质量激励和信息获取激励。尽管对组合规制的理论研究比较少，可能因为
组合规制结构比较复杂和很难估量，而且 PC - RS 规制和 PC - PS 规制要求规制
者准确了解企业每年的收益账目。乔斯科（2008）认为实践中企业通常受到组合
规制约束。

## 5.4　PPP 项目价格上限规制有效实施对策

PPP 项目价格上限规制的成功实施需要政府、企业、公众的相互配合，我国
政府自 2013 年以来一直在力推 PPP，以财政部为政府部门的主要牵头人，不断
改革和探索完善 PPP 的法律法规，同时结合发达国家成功实施 PPP 模式的经验，
搭建全国 PPP 综合信息平台，成立 1800 亿元的项目引导基金等。针对具体 PPP
项目，我国还有一些情况需要继续完善。

### 5.4.1　构建我国 PPP 项目的法律和制度体系

随着我国经济的发展，基础设施建设成为制约地方政府发展的关键，地方政
府发展 PPP 模式，一方面，在于利用社会资本的管理与技术水平，提高公共项目
的供给效率；另一方面在于缓解地方政府财政负担。我国虽在大力推广 PPP，出
台了一系列相关政策，但是截至现在我国还没有一部专门针对 PPP 项目的法律，
虽然有 2015 年 6 月 1 日开始实施的《基础设施和公用事业特许经营管理办法》，
但是这只是管理办法，并不是法律。国家发改委和财政部均在抓紧推进 PPP 项目
的立法。PPP 项目建设运营周期长，投资额大，社会资本参与进 PPP 项目后，面
临很多不确定性风险，所以导致 PPP 项目实际签约率低。首先是收回投资方面的
考虑，导致社会资本不敢踏入 PPP 的圈子；其次是不成熟的政策环境，我国实行
PPP 虽然早，但是数量有限，至今没有形成 PPP 项目合理的实施流程，规范的操

作过程。所以加紧 PPP 项目相关的立法，对于解决现阶段 PPP 项目落地难的问题有很大帮助。

### 5.4.2 建立相对独立的 PPP 项目规制机构

根据 PPP 项目中出现的政府规制俘虏，政府信息不对称导致政府项目规制价格或高、或低，规制价格参考价值不高等问题，PPP 项目规制机构，以第三方的身份参与 PPP 项目的价格规制。如此对于 PPP 项目的利益相关者而言，均是比较公平的。既可以保障公众的利益，又可以让社会资本获取一定的收益，提高社会资本参与的积极性，实现 PPP 项目的共赢。肖兴志（2005）通过一定的数据，对我国电力行业的规制效果进行实证检验，结果证明，独立的价格规制机构、明晰的规制框架是 PPP 项目规制取得良好成效的关键。完善的规制流程不仅可以防止垄断价格的出现，而且还可以降低产品的价格水平。

同时由于 PPP 项目的复杂性，规制主体的设定特别重要，如果 PPP 机构比较小，则不能提供我国政府现阶段需要的规制机构所具备的资料，或人员才能，导致规制机构效率低下，需要规制机构具备专业的人员支持，建立一套完善的规制工作流程。

### 5.4.3 建立有效的外部监督机制

成立独立的规制机构并不能完全解决政府存在的"规制俘虏"问题，独立的规制机构主要是在于制定合理的规制价格，而不是完全监督利益相关者的行为，所以要建立有效的外部监督机制。包括上级政府对下级政府的监管、司法机构的监管、社会公众的监管。

（1）上级政府对下级政府的监管。建立完善的监管体系及监管流程，包括对下级政府的绩效，实施项目成果，公众满意度等的考评。

（2）司法机构的监管。当出现公众利益受到损害，甚至规制机构被社会资本俘虏的情况时，此时便需要中立的司法机构参与项目的监管，使企业和公众的利益得到保障。

（3）社会公众的监管。社会公众通过建立的 PPP 项目价格管理信息平台，切实监督各方行为，维护自身权益，形成全民动员的监督管理体系，公众可以对价格提出质疑，相关部门需要一一作出解答，凡有含糊不清之处，均要接受公众的监督调查，实现价格制定和调整信息共享过程的全透明。

# 5.5　本 章 小 结

本章详细分析了 PPP 项目价格规制的基本原理，重点论述了价格上限规制与投资回报率规制两种激励性规制方式，同时对价格上限规制模型中各因素的确定及基于服务质量的角度构建新的模型等进行了详细论述。

（1）本章首先根据现阶段 PPP 项目推广所面临的价格问题，提出价格上限规制。对 PPP 项目价格上限规制进行详细的分析，对价格的决定性因子 X，通过构建模型找出其影响因素，然后利用指数法及 DEA 方法测定 X 因子。利用标尺竞争法测定基期价格。同时指出 RPI 不能用社会零售价格指数来计算，应该用企业实际成本的价格指数，并给出计算方法。

（2）对基本价格上限模型存在的问题，提出模型的改进方法。对现阶段的模型改造的情况进行汇总，提出在模型中引入公众满意度因子、质量因子和奖惩因子，并对各因子的测定方法给予说明。构建公众参与 PPP 项目的方式和途径，提出搭建 PPP 项目价格信息管理平台，实现项目信息的透明化。

（3）PPP 项目建设运营周期长，投资额大，静态的价格上限规制不能满足项目的需求，本章节提出上限价格的动态调整的流程及调整周期的计算；单一的价格上限规制模型可能导致项目利益的分配不均，违反规制者的初衷，同时针对 PPP 项目的不确定性，提出浮动折现收益率、利润分享、收入分享的价格上限规制的组合模型。

# 第6章

# PPP 项目再谈判治理机制研究

目前我国仍没有再谈判的具体规制机制，导致实际操作中没有法律依据，影响到项目的顺利运行，同时再谈判的后果可能导致政府或社会公众利益受损，进而减少社会剩余，再谈判机制的缺位可导致项目最终失败，影响 PPP 事业的可持续发展。因此，在不完全契约视角下，剖析 PPP 项目全寿命周期各阶段主体行为异质性特征的演变规律，分析 PPP 项目再谈判交易双方在公私合作过程中的演进机理，探讨设计一套 PPP 项目再谈判治理机制，促进 PPP 项目再谈判前的专用性投资以及提高再谈判后的履约效率，提高 PPP 项目的可持续性，从而提高公共产品和服务的供给效率成为值得深入研究的重要课题。

## 6.1　PPP 项目主体行为异质关系

公私合作的实质是行为主体（action agent）通过相互作用而形成的一种关系结构，不同关系下合作的形态和效率具有较大差异，公私合作行为主体异质性对其关系演变方向起到了关键作用。在公私合作的过程中，各行为主体有大量的异质性（heterogeneity）微观组织构成，包括地方政府、社会投资者、贷款机构、PPP 项目建造商、运营维护商等，每个行为主体都是独立的利益单元，相对独立的运作。行为主体的异质性使得行为主体之间产生了相互合作的动机，同时，各方在行为上表现出较大的差异性，形成了既竞争又合作、既优势互补又相互依赖的关系，进而形成紧密程度及结构不同的合作关系。

### 6.1.1　经济人行为异质性讨论

一般对经济人的假定，即每一个从事经济活动的人都是追求最大化的自利人，亦即每个从事经济活动的人所采取的经济行为都是力图以自身最小的经济代价去获得最大化的经济利益。经济学的任务是解释和预测任何与稀缺资源有关的行为，经济理论的演绎过程必然以经济主体的行为动机与行为模式作为逻辑出发点。行为动机是指推动人们行为的内在力量，是行为的内在心理学基础；而行为模式是指人们在动机的驱使下执行行为时的具体规范和方式。因此，对新古典经济学的经济人假设来说，经济主体具有自利的行为动机和追求效用最大化的行为模式。

然而，行为经济学认为，经济主体单一的自利行为动机过于狭隘化，严重限制了经济学的适用范围和分析效用，造成在解释和预测行为的异质性时理论出现匮乏；而最大化的行为模式所暗含的"机械理性主义"抹杀了经济主体的个性和外界潜在的情感因素，从而限制行为异质性的解释能力。

### 6.1.1.1　行为动机界定

新古典经济学在对经济人的假设中，将自利动机作为研究的出发点，而亚当·斯密通过对人类本能的同情心考察得出，支配人类行为的动机除了自利之外，还有派生出于同情心的利他动机，并且认为利他行为时约束人类行为并使得社会经济秩序保持稳定的关键。从某种意义上说，行为个体的本性是自利动机和利他动机的一种组合形式，经济主体具有自利和利他的双重行为动机。

### 6.1.1.2　行为模式界定

新古典理论对经济人的假定中规定，经济主体的行为模式是追求效用最大化的。然而这种假定是建立在各种情感因素均排除在外的同质性条件之上，产生一种机械理性主义的决策行为。实际在现实生活中，经济主体的行为各异，且很多差别在统计学意义上不可忽略，经济主体在作出决策时不可避免地受各种情绪的感染和干扰，在多样化的选择行为中，必然存在行为异质性的事实。不同的个体在做出决策时，由于推理能力的差异，会导致对同一事物的偏好判断不同，偏好的传递性受到动摇，意味着经济主体在不同的时间、空间下对同一选择问题可能性作出异质性决策。

虽然经济学家普遍承认经济主体按照最大化的行为模式行事，然而能否做到最大化值得商榷。由于事物的复杂性和不确定性，信息的不完全性造成决策者对环境的计算能力和认知能力的有限性，同时在决策过程中受各种情感因素影响（如不确定条件下的损失厌恶行为、递减的时间偏好率等），从而造成决策者无法形成一个稳定且有条理的偏好序列，在众多的备选方案中无法作出最大化的决策。这就意味着最大化可能仅是理念上的一种行为模式，行为的异质性成为不可避免的结果——在现实生活中，通常采取非最大化的行为模式指导行为。

## 6.1.2　PPP 项目主体异质性及利益诉求

异质性相对于同质性而言，同时又区别于差异性，异质性是指能对系统产生显著影响的差异性的结合体。知识是主体异质性的本质，技术、资源、互补性能力是主体异质性的重要特征。各方参与 PPP 项目可以充分利用知识的互补性所带来的创新资源，与其他主体之间通过资源共享和优势互补实现公私合作。

### 6.1.2.1　政府异质性

**1. 政府可信承诺的缺失**

可信承诺（credible commitment）是一种契约，其中如果承诺方提前终止或改变协议，接受方将可靠地得到补偿。可信承诺有两种意义上的解释：一是动机意义上的，表示符合当事人的激励相容条件，可自我实施的可信承诺；另一种是强制意义上的，表示通过一个外在的约束或压力使得承诺符合激励相容条件。前者可称为内生的可信承诺，其内在机理和达成途径相当于博弈论中所强调的声誉机制。在一个无限重复的博弈中，当事人考虑自己的声誉对未来收益的影响，会自觉地信守自己事前的承诺。后者则可称为外在的可信承诺，承诺可信的关键在于能够有效地约束承诺人，使他能够不利用事后出现的新信息为自己谋利，从而保持事前承诺的可信性。

地方政府为大力推广 PPP 模式运用于基础设施建设，往往由于缺乏专业知识和经验，为了引入社会资本，在合约中盲目承诺了较高的投资回报率、收费标准、提供相关连接设施、办理相关政府审批手续、防止不必要的竞争性项目以及过长的特许经营期，而这些承诺可能超过了政府的实际承诺能力，加大了政府未来的违约风险。同时由于当前 PPP 相关法律和监管机构的缺失，社会资本利用信息不对称的优势获取信息租金，从而导致回报率监管对所付成本的弱激励，给政府可信承诺缺失带来巨大风险。

政府可信承诺能力的缺失，将直接影响社会资本对未来的预期，担心对特定资产投资的收益不能正常收回，给社会资本中的各类耐用而固定的专用性和非专用性投资带来风险，社会资本则会不愿进行技术改进，通过降低投入成本，提供低质量的公共产品或服务，引发"敲竹杠"的再谈判行为。政府的有限承诺进一步产生软预算约束、棘轮效应和套牢问题，极大地弱化了中央政府对 PPP 项目投资的激励机制，降低社会资本对专用性投资的积极性。同时地方政府违约造成政府失信，危害国家形象，易引发强烈的公众反对，对未来当地的项目投资产生极大的负面影响，使政府的违约成本远高于相应的履约成本。

**2. 地方政府寻租的道德风险**

政府多元论认为政府是拥有权力的众多社会组织之一，而政府作为公共政策的干预者，同样有追求自身利益的内在动力，加上制度约束缺失造成的政府监管不足，容易接受各种利益集团的"寻租"，政府主导的公共政策势必偏离为服务社会公众的公共政策。

在政府和社会资本合作的过程中，由于政府对公共事业领域拥有干预和管制权限，这就有助于形成能为社会资本方带来垄断利润的经济租金，政府的寻租行为由此蔓延开来，造成对竞争性资源配置的扭曲。追求公共利益最大化的政府本应且有能力对 PPP 领域中的寻租行为实施有力监管，但由于出于转型期的中国制度结构，产生大量的空白和短缺以及制度衔接的漏洞和中国特色 PPP 模式的不尽成熟，机制设计、政策制度环境以及可复制 PPP 项目成功案例较少的原因，使得地方政府寻租的道德风险时有发生，政府公共服务职能偏离，降低了公共产品或服务的效率，耗费大量的经济社会资源，造成社会福利的净损失。

### 6.1.2.2　社会资本异质性

**1. 社会资本异质性内涵特征**

PPP 模式作为深化投融资体制改革，激发民间投资活力，提高公共产品和服务供给效率重要供给侧结构性改革手段，由于其是政府在短时间内自上而下推广这种合作模式等因素，造成 PPP 模式参与的社会资本方异质性成为合作模式面临的最重要的内部环境特征。当前，参与 PPP 项目的社会资本方异质性表现在资源禀赋、合作动机、参与行为三个维度。

（1）资源禀赋。由于 PPP 项目的专业性，社会资本方相较于政府具有更强的投融资能力，创新研发和物质技术装备能力，风险识别和管控能力，专业的项目运营能力以及人际交往和社会网络关系方面的能力，这些特征的差异性在社会资本方参与 PPP 项目前已经具备，形成与政府不同的资源禀赋异质性。

（2）合作动机。社会资本方的资源禀赋异质性，必然形成差异化的合作动机。如社会资本方参与 PPP 项目为社会公众提供高质量的公共服务，同时提升自身企业社会中的声誉，未来合作中取得更多合作机会，这是政府和社会公众所期待的；有些社会资本方想借助政府推广 PPP 项目的政策，获得更多的政策优惠；有些社会资本方对项目预期收益乐观，想获得更多的超额收益等，形成合作动机异质性。

（3）参与行为。以单纯地为社会公众提供公共服务参与 PPP 项目，并取得不同比例的利润收益，形成差异化的惠顾者角色；社会资本决定是否以联合体身份参与 PPP 项目，以及通过股权投资比例参与 PPP 项目，形成差异化的所有者角色；通过选择适用的 PPP 模式，决定 PPP 项目中社会资本是否具有拥有权、运营权、所有权等形成差异化的管理者角色，形成参与行为异质性。

**2. 社会资本异质性参与路径模型**

资源禀赋和合作动机异质性的社会资本方参与 PPP 项目，会形成惠顾、投资、管理和规范等驱动差异化的参与行为路径状态，如图 6 - 1 所示。其中，X、Y、Z 轴分别表示社会资本的业务、资本和管理参与行为，A、B、C、D 点分别表示具有参与意向者、纯惠顾者、纯所有者和纯管理者角色，E 是最优的理想型参与角色。社会资本方在参与 PPP 项目时，理论上形成四条发展路径：

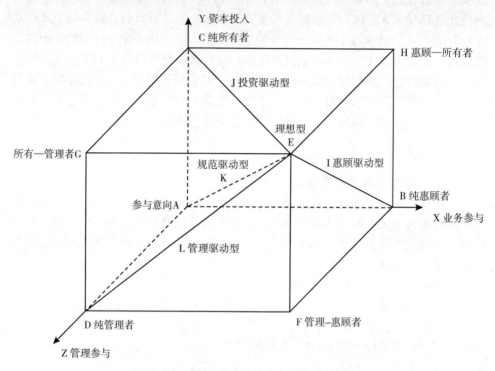

图 6 - 1　异质性社会资本参与行为路径模型

（1）惠顾驱动型（A - B - E 路径）。社会资本方通过参与 PPP 项目，获得合理的利益回报，成为最初始参与 PPP 项目的参与动机，其中某些社会资本方在项目建设阶段结束后，就选择退出 PPP 项目即（A - B 阶段）；一部分有项目运营能力的社会资本方在项目运营过程（B - E 阶段），成为典型的惠顾驱动型社会资本方。

（2）投资驱动型（A - C - E 路径）。PPP 模式鼓励民营资本进入公共服务领域，并通过设定的回报机制和补贴措施取得合理的收益。社会资本方在进行投资回收期、合理利润率等指标考量后，认为项目具有潜在价值，进入 C - E 阶段，成为投资驱动型社会资本方。

（3）管理驱动型（A - D - E 路径）。PPP 项目对社会资本方的要求很高，除了具备建设能力外，社会资本方还需要具备前期的项目融资、后期的项目运营管理、风险控制等项目全生命周期的管理把控实力。社会资本方在评估自身能力时感到参与投资和运营 PPP 项目的公共价值,就会进入 D – E 阶段,成为管理驱动型社会资本方。

(4)规范驱动型(A – E 路径)。自 2015 年开始,PPP 模式在我国大力推广,财政部、国家发改委以及各行政主管单位为保障 PPP 项目顺利实施,推行一系列规范政策,引导具有投融资能力、项目运营能力的社会资本方参与 PPP 项目,也是当前政府在不断规范 PPP 项目操作流程,努力发展和推动社会资本参与的类型。

### 6.1.2.3 异质性视角下的利益诉求

PPP 众多参与者之间是风险共担、利益共享且责任连带的制约关系,参与人行为是各方博弈的结果。政府和社会资本在动机、投资收益期望、风险识别、参与管理程度等方面均存在很大差异,这就造成交易双方在做出与 PPP 项目相关的决策和实施时存在高度的异质性。

PPP 利益相关主体对参与 PPP 项目有着不同的利益诉求。政府部门关注的是投资的必要性,追求的目标是"公共利益"的最大化,因为它对应广泛的社会、经济成本和效益溢出效应。尽管如此,安排财政预算资金于基础设施建设受社会和经济发展项目巨大投资的需求所限制。政府部门希望通过 PPP 方式获得基础设施的有效供给,这样可以减少政府债务,平衡有限的财政预算资金,在以往效率不高的公共采购系统中引进效率,并且可以在政府部门和社会资本间分担投资风险并获得收益。这些优势促进了政府部门从传统公共采购系统中的基础设施创造者角色向 PPP 采购模式的促进者转变。政府部门更关心的是创造一种吸引社会资本投资并改革公共采购过程的促进环境,以推动社会资本积极有效地参与基础设施建设,为社会公众提供高质量的公共产品或服务。

社会资本方对 PPP 项目有着与政府部门不同的利益诉求。社会资本的决策依赖于其通过参与 PPP 项目取得的合理回报和其承担的风险之间的均衡。构成合作伙伴的另一方的社会资本来自不同的行业,具有不同的核心竞争力。从金融角度来看,社会资本中的两大核心成员大致可以分为投资者和贷款机构。提供 PPP 项目资本金的主要有社会资本是工程总承包(EPC)商、运营和维护(O&M)承包商、政府(以补贴和授权的方式提供资本金)和金融机构。而提供债务融资的机构包括但不限于商业银行、保险机构、国家和区域开发银行以及多边和双边机构。类似于 EPC 和 O&M 承包商的活跃投资者是战略合作伙伴。这些 PPP 项目参与者更关心的是能够从建设和运营中获得收益。贷款机构相较于其他融资渠道,更关注投资于基础设施项目获得更高的回报。投资者和贷款机构也有不同的利益诉求,投资者更关注与项目有关的机会,如除获得收益外,从 PPP 项目中获得良好的声誉，以利于在以后的投资建设中获得更多的合作机会和更广的融资渠道。而贷款机构更关注 PPP 项目的下游风险，即在项目运营维护阶段能够获得丰厚的利润。

政府部门和社会资本从各自角度分析 PPP 项目的可行性，以检验项目是否符合他们利益诉求的目标。政府部门更关注经济和社会评价，而社会资本更关注项目的财务评价。

经济评价是分析满足项目目标的所有成本和效益的系统方法，经济评价更关注与项目有关的宏观经济成本，而不仅仅是所成立的 SPV 公司（特殊目的公司）的投资回报。为了评价项目的经济可行性，要将除了与融资有关的现金流之外的项目货币成本和收入转换为直接经济成本和收入。项目对所在国经济环境的影响，如促进其他产业的增长和工作机会增加、技术转移和劳动技术的提高，给出项目的间接成本和收益。项目的直接和间接经济成本和效益的净收益折为现值，即可得到项目经济可行性的结论。

PPP 项目的财务评价系统地评估开发、建设、运营项目的成本，以及项目在特许期内的收入。财务评价除了能给出项目的预期收入外，也能估计出政府部门必须提供的资金缺口、资本结构中本金债务相对比率的影响，以及资金成本和融资机构风险/回报偏好之间的关系。

### 6.1.3 PPP 项目主体行为异质性特征分析

#### 6.1.3.1 政府行为特征分析

**1. 多重利益目标作用下的政府行为矛盾性**

政府在 PPP 项目中既是委托人又是代理人，政府作为引导和鼓励社会资本参与 PPP 项目的规划者和发起者，公共产品和服务的购买者、合作者和支持者，以及作为项目的管制者和各方利益的协调者，集多种角色于一身。因此，政府在自身利益目标与 PPP 项目公共价值目标的多重影响下，会产生多种矛盾的行为。政府在推广 PPP 模式为公众提供有效公共服务供给的同时，还要以财政预算管理为主要逻辑，确定项目物有所值，避免重复性建设和国家战略性资源的浪费。政府通过股权投资入股 PPP 项目作为项目的建设者和运营者，同时还要作为项目的监督管理者，设定考核标准，创建考核工具及设计监管体系，以推进公共服务 PPP 项目的质量监管的精益化管理进程。只有在多重利益目标作用下的政府角色得到很好定位和转化，才能转变好政府职能，完善 PPP 市场运作机制。

**2. 多层级管理体制下的政府激励行为差异性**

我国政府的多级管理制度决定了在 PPP 项目推广实施过程中，激励行为必然

具有差异性，各级政府之间存在委托代理关系，激励路径的实施过程中具有许多
不确定性因素，这就加剧了各级政府行为的异化。中央政府作为公共产品和服务
的提供者，其行为受社会福利剩余最大化、PPP 市场稳定持续性发展目标的因素
影响，作为政策顶层设计者，负责总体规划以及鼓励各级政府、主管部门的导向
性政策制定和实施、技术支持、标准化与传播及市场推广。与中央政府相比，作
为政策的执行者，地方政府往往关注局部利益和短期利益，造成政府可信承诺的
缺失，特别是某些官员动用权力抽取租金来满足自身利益，以在晋升锦标赛机制
的政绩驱使下的主观性对政策进行调整，形成政策执行的偏差。

### 6.1.3.2　社会资本行为特征分析

**1. 利益相关方的利益冲突行为**

PPP 模式下，各利益相关者的关联关系既表现为利益相关者自身所面临的追
求和约束的双重性，又表现为各利益相关者之间错综复杂的制约关系。政府部门
要求加快基础设施领域投融资体制改革，通过引入社会资本参与基础设施建设，
以提高公共产品和服务质量和供给效率，同时减轻财政压力。社会资本方寻求与
承担的风险相匹配的投资回报。社会公众在购买和享受公共产品或服务时，支付
相应的价格。由于在有限资源分配中的利益驱动性，各利益主体目标之间既存在
一定的冲突和矛盾，需要进行协调和交易，又彼此相互依赖。因此在 PPP 项目各
方利益相关者中，需设置合理的风险分担和收益分配机制，达到多方共赢的
目标。

**2. 信息不对称下的机会主义行为**

信息不对称使得社会资本参与 PPP 项目的行为策略选择受道德风险和逆向选
择等问题的影响。在项目前期投标阶段，社会资本方对项目的建设和运营难度、
限制竞争保证、项目土地的获取方式等信息不能完全了解，或在政府不知情的情
况下采用低价中标的策略，取得项目的合作特许权，而在项目执行的过程中，政
府对项目的财务等状况，或在政府监管行为缺失的条件下，社会资本为获得高额
的收益回报，为获得期望收益和弥补风险溢价，提出机会主义的再谈判，通过变
更合同回报机制、风险分配比例等投机行为攫取超额利润。

**3. 收益不确定下的退出行为**

PPP 项目的长期性造成未来收益的不确定性。社会资本方受市场收益风险、
政府信任风险、政策变更风险等因素影响，衡量自身成本和项目回报收益之间的
过程中，多采取风险规避的态度，在项目运营过程中，提出退出 PPP 项目的合
作，在双方的谈判博弈中，影响项目的正常运作和公共服务的供给。而政府为寻
找新的合作伙伴导致社会资源的浪费，容易对政府形成新的债务负担。

### 6.1.4 异质性主体的合作关系稳定性探究

PPP 项目参与主体之间的资源禀赋的差异形成了核心利益相关者与外部利益相关者之间的初始异质性，随着项目建设、运营阶段的不断开展，这种初始的异质性在不同利益相关者之间进一步强化，强化后的异质性及基于运营绩效的反馈可能使项目前期保障初始合作的激励相容的条件丧失其存在的前提，导致各参与主体在再融资及运营效率出现障碍，造成合作关系偏离其本质的规定性。同时在异质性的合作背景下，公私合作内部交易关系难以统一实现对风险的规避和对公共服务高效率的供给，势必在合作过程中内部产生利益冲突，而现阶段对异质性合作关系的治理机制的安排偏向于稀缺要素作用的发挥，过分强调公平而降低合作关系要素所有者的激励，不利于合作关系的稳定性，进而影响合作关系持续健康发展。

在公私合作的过程中，由于各主体之间异质性的存在，使得合作系统所呈现的结构复杂多变，从而对合作稳定性的影响程度也不尽相同。主体的能力结构是由主体的所具有的各种能力类型所组成的集合体，其性质由这些不同的能力类型所决定，而且是影响主体合作稳定性的关键因素。而由主体的异质性定义，由可以对主体的心理因素、主观能动性和行为选择产生决定性影响的能力类型所构成。结合两者的定义，有以下关系：

$$A(异质性) \subset B(能力结构)$$
$$B(能力结构) = A(异质性) + C(其他方面的能力)$$

而考虑到其他方面的能力对主体能力结构的影响不大，对合作匹配度的影响也是微乎其微，因此对合作关系能力结构匹配度起决定性作用的是主体的异质性特性，就是说主体的异质性是通过影响主体能力结构的匹配度的大小，而间接地影响合作系统的稳定性。

异质性影响了合作关系能力结构的匹配度，合作系统的合作效率产生影响，而对合作稳定性产生影响。主体之间异质性水平的差距越大，波动幅度越大，会使合作主体的地位产生一定的等级层次，利益的分配会倾向于地位较高的主体，这种利益分配的不平衡会影响合作的匹配度，会加速合作关系的崩溃；另外，从合作关系协商机制的民主化程度来看，处于层次较低的主体，决策往往会依附于处于层次较高的主体，这样就会使决策的权利集中于那些层次较高的主体，从而不利于协商机制的民主化，影响合作主体的匹配度，合作关系稳定性进一步恶化。而主体之间异质性差距越小，波动幅度越小，民主协商机制和利益分配方面的稳定将不复存在，合作系统就会越来越稳定。

因此，主体之间异质性的波动幅度的大小是决定合作关系能力结构匹配度，用各主体异质性的方差来衡量它们之间的波动幅度，且有主体异质性与合作关系能力结构的匹配度呈负相关，因此，主体的异质性与合作主体能力结构的匹配度的关系表达式

$$M = f(varA) = 1 - varA \qquad (6-1)$$

A 表示公私合作参与主体的能力结构；M 表示公私合作主体能力结构的匹配度；varA 表示参与合作的主体能力结构的方差。

根据合作系统中各主体异质性的波动幅度，主体间异质性的方差的大小，将合作分为匀质型合作、规划型合作、节点型合作三种合作模式，当 $varA \in (0,0.1)$ 时，合作关系为匀质型合作；当 $varA \in (0.1, 0.4)$ 时，合作关系为规划型合作；当 $varA \in (0.4, 1)$ 时，合作关系为节点型合作。

然而，并不是所有处于同一合作的模式下的合作水平就一样高，也不是所有处于匀质型合作模型下的合作水平都比处于规划型合作或者处于节点型合作水平高，还要取决于合作系统整体异质性水平的高低，将合作关系合作水平的高低分为高中低三个档次，这里用异质性的平均值（aveA）这一指标来衡量合作主体合作水平的高低，即：当 $aveA \in (0, 0.35)$ 时，合作主体为低水平合作；当 $aveA \in (0.35, 0.8)$ 时，合作主体为中等水平合作；当 $aveA \in (0.8, 1)$ 时，合作主体为高水平合作。显然，合作水平越高，合作的预期收益率的实现程度越高，合作主体越稳定。

因此，主体异质性对合作关系能力结构的匹配度起决定性作用，通过影响合作关系能力结构的匹配度，影响了合作关系的合作的效率与合作水平，进而影响合作系统稳定性，主体异质性波动幅度越小，合作效率越高，合作收益的波动幅度越稳定，合作系统越稳定；合作水平越高，合作关系的预期收益的实现程度也越高，合作越稳定。

提高合作主体之间的合作意愿和彼此之间的信任，预期的合作效应值，促进合作关系的平等性等有利于保持异质性主体之间的合作长期性和稳定性。

# 6.2　PPP 项目再谈判主体行为演化

PPP 项目再谈判异质性行为主体的合作关系是一个动态性的复杂演化过程，对项目的治理和长期稳定发展具有重要影响。通过构建演化博弈模型，用进化稳定策略来描述伙伴关系博弈的长期演化趋势的基础上，引入声誉机制，分析声誉效应对社会资本和地方政府行为的影响。结果表明，政府在制定相应的监管和惩罚机制的基础上，还要注重建立合理的声誉机制，有效治理再谈判行为造成的不利影响，以激励社会资本不断提高公共产品和服务供给效率。

### 6.2.1 基本假设

#### 6.2.1.1 交易主体的假设

**1. 收益最大化**

PPP 模式中政府和社会资本作为"经济人"参与公私合作项目，公私双方利益诉求是合作的动力，契约当事人追求自身利益最大化贯穿于项目的始终。社会资本参与 PPP 项目，除了在项目运营期获得项目经济收益，获得合理回报外，也将在社会中取得了自身的声誉效益，获得更好的融资机会。地方政府通过引入社会参与公共基础设施项目，充分运用社会资本方的技术经验和管理模式，促进投资主体多元化，缓解地方财政压力，转换政府职能，形成互利的长期目标，以最有效的成本为公众提供高质量的服务。

**2. 有限理性**

机会主义（opportunism）和有限理性（bounded rationality）是交易成本学所依赖的关键行为假设。有限理性是指介于完全理性和非完全理性之间的在一定限制下的理性。交易者在实际的决策中作为"管理者"的知识、信息、经验、能力和时间上总是有限的，以及人类大脑阐释和解决复杂问题能力的资源稀缺性，不可能达到绝对的最优解决方案，而只能找到相对满意的解决方案作为"满意"标准。PPP 合作双方在做出决策时，不能预测到将来所发生的所有事件并将其写入合同，但是可以通过在合作的过程中不断调整，以获得自身收益的改善。

**3. 机会主义**

机会主义行为是指在信息不对称的情况下人们不完全如实地披露所有的信息及从事其他损人利己的行为。在交易双方作为"经济人"的假设条件下，交易者的逐利本性，促使其在追求自身利益最大化的过程中，借助自身对掌握更多信息或者更高谈判地位的优势，通过"敲竹杠"或"要挟"的手段从对方处获得利益。信息不对称为机会主义提供了空间，而相应的收益则加强了机会主义的动机。而 PPP 特许经营合同的长期性，给交易双方进行机会主义行为提供了空间。

#### 6.2.1.2 交易环境的假设

**1. 交易环境的复杂性和不确定性**

"不确定性"和"复杂性"假设是针对经济环境的，包括技术更新、市场需求变化、国家政策、制度环境等的不确定性，正是这种交易环境的复杂性和不确定性导致公私双方只能签订涵盖不全的所有未来可能发生的事件，导致履约效率减低，再谈判事件频发。同时，这种交易环境的复杂性和不确定性不仅包括"自然存在的"复杂性和不确定性，还包括由于当事人的有限理性、信息的非对称和机会主义导致的外部冲击和行为不确定性，这些潜在的因素共同构成了事前交易和事后交易的不可预见的状态依赖。

**2. 交易成本为正**

交易成本（tarnsaction cost）泛指所有为促成交易发生而形成的成本。指起草、协商一份协议并为之提供保护措施的事前成本，尤其包括因为各种缺陷、错误、忽略和出乎意料的扰动而使合同执行被错误匹配时发生的适应不良和调整所产生的事前成本。科斯（1960）将交易成本定义为获取准确的市场信息所付出的费用以及谈判和经常性契约的费用。市场交易成本主要由信息成本和讨价还价成本构成，通过搜寻、尽职调查相关资料形成的信息成本显然是非常重要的，但讨价还价成本也不能低估。当存在交易成本时，可交易权利的初始配置将影响权利的最终配置，也可能影响社会总体福利，通过重新分配已界定权利所实现的福利改善，可能优于通过交易实现的福利改善。

## 6.2.2　PPP 项目再谈判演化博弈模型

### 6.2.2.1　PPP 项目再谈判交易主体支付矩阵构建

社会资本和地方政府基本收益 $R_S$ 和 $R_G$，其中 $R_S$，$R_G > 0$。地方政府对社会资本采取信任策略时，社会资本作为为社会公众提供高质量服务的一方，积极合作的成本为 $C_S$，因而双方形成良好的合作协同效应，达到为社会公众共谋提供公共服务的状态时，项目将获得的额外收益为 $E_h$，（额外收益专指经济），而政府对社会资本不信任，通过加强监管来监督社会资本的行为时，将会发生一系列交易成本，双方的协同效应将会削弱，社会资本在积极合作的状态下，项目将获得的额外收益为 $E_l$，其中 $E_h > E_l$。通过谈判共同商定额外收益的比例系数，社会资本分配系数为 $\alpha$，地方政府的分配系数为 $\beta$，分配系数满足 $\alpha + \beta = 1$，通过超额收益的再谈判分配，使得 PPP 项目的利益分配更加均衡，其中 $0 \leqslant \alpha \leqslant 1$，$0 \leqslant \beta \leqslant 1$。

地方政府为积极推动 PPP 项目的长期健康发展，在合同签约伊始，社会资本积极合作策略时，地方政府做出财政承诺给予社会资本的财政补贴为 $C_1$，如市场需求量不足提供的价格补偿，土地低价定向出让等；而当社会资本采取机会主义策略，被地方政府加强对社会资本的监管，一旦社会资本的机会主义行为被察觉，将会取消对社会资本的财政补贴，并对社会资本采取相应的惩罚为 F，增加惩罚机制以遏制该行为的发生。期间发生的财政补贴和惩罚措施为转移支付。地方政府加强监管所产生的额外的监管费用为 $C_2$。

由此构建 PPP 项目地方政府和社会资本合作博弈支付矩阵如表 6 - 1 所示。

表 6 - 1　　　　　　　　　社会资本和地方政府合作博弈支付矩阵

| 社会资本 | 地方政府 | |
|---|---|---|
| | 信任 | 监管 |
| 积极合作 | $R_S - C_s + \alpha E_h + C_1$，$R_G + (1-\alpha)E_h - C_1$ | $R_S - C_s + \alpha E_1 + C_1$，$R_G + (1-\alpha)E_1 - C_1$ |
| 机会主义 | $R_S + C_1$，$R_G - C_1$ | $R_S - F$，$R_G + F - C_2$ |

### 6.2.2.2　演化稳定策略分析

假定地方政府和社会资本存在两种纯策略，社会资本采取积极合作策略，也可以采取机会主义，地方政府可以在信任社会资本的情况下选择信任策略，也可对社会资本采取监管策略。假设社会资本采取"积极合作"策略的概率为 p，则"机会主义"策略的概率为 $1-p$；地方政府采取"信任"策略的概率为 q，则"监管"策略的概率为 $1-q$。其中 $0 \leq p$，$q \leq 1$。

由假设以及表 6 - 1 的博弈支付矩阵可以得知，社会资本采取"积极合作"和"机会主义"的期望收益 $\mu_{11}$，$\mu_{12}$ 以及群体平均期望收益 $\bar{\mu}_1$ 分别为：

$$\mu_{11} = q(R_S - C_s + \alpha E_h + C_1) + (1-q)(R_S - C_s + \alpha E_1 + C_1)$$
$$= R_S - C_s + \alpha E_1 + C_1 + \alpha q(E_h - E_1) \tag{6-2}$$

$$\mu_{12} = q(R_S + C_1) + (1-q)(R_S - F) = R_S - F + qC_1 + qF \tag{6-3}$$

$$\bar{\mu}_1 = p\mu_{11} + (1-p)\mu_{12} = p[R_S - C_s + \alpha E_1 + C_1 + \alpha q(E_h - E_1)]$$
$$+ (1-p)(R_S - F + qC_1 + qF) \tag{6-4}$$

根据演化博弈的原理，由式（6 - 2）和式（6 - 4）可得到社会资本选择"积极合作"策略时的复制动态方程为：

$$F(p) = \frac{d_p}{d_t} = p(\mu_{11} - \bar{\mu}_1)$$
$$= p(1-p)[-C_s + \alpha E_1 + C_1 + \alpha q(E_h - E_1) + F - qC_1 - qF] \tag{6-5}$$

地方政府采取"守信"和"监管"的期望收益 $\mu_{21}$，$\mu_{22}$ 以及群体平均期望收益 $\bar{\mu}_2$ 分别为：

$$\mu_{21} = p[R_G + (1-\alpha)E_h - C_1] + (1-p)(R_G - C_1) = R_G - C_1 + (1-\alpha)pE_h \tag{6-6}$$

$$\mu_{22} = p[R_G + (1-\alpha)E_1 - C_1] + (1-p)(R_G + F - C_2)$$
$$= R_G + F - C_2 + (1-\alpha)pE_1 - p(C_1 + F - C_2) \tag{6-7}$$

$$\bar{\mu}_2 = q\mu_{21} + (1-q)\mu_{22} = q[R_G - C_1 + (1-\alpha)pE_h] + (1-q)$$

$$[R_G + F - C_2 + (1 - \alpha)pE_1 - p(C_1 + F - C_2)] \tag{6-8}$$

根据演化博弈的原理，由式（6-6）和式（6-8）可得到地方政府选择"守信"策略时的复制动态方程为：

$$F(q) = \frac{d_q}{d_t} = q(\mu_{21} - \bar{\mu}_2)$$

$$= q(1 - q)[-C_1 + (1 - \alpha)p(E_h - E_1) - F + C_2 + p(C_1 + F - C_2)] \tag{6-9}$$

方程（6-5）和方程（6-9）构成了动态复制系统。令 $F(p) = 0$，$F(q) = 0$，从而得到社会资本和地方政府构成的动力系统存在的 5 个平衡点，分别为 $E_1(0, 0)$、$E_2(0, 1)$、$E_3(1, 0)$、$E_4(1, 1)$ 和 $E_5(p^*, q^*)$，其中 $p^* = \dfrac{C_1 - C_2 + F}{(1 - \alpha)(E_h - E_1) + C_1 - C_2 + F}$，$q^* = \dfrac{C_s - \alpha E_1 - C_1 - F}{\alpha(E_h - E_1) - C_1 - F}$，$E_1$、$E_2$、$E_3$、$E_4$ 为纯策略均衡，$E_5$ 为混合策略均衡。

为了判断这些稳定均衡点的稳定性，根据弗里德曼思想，对动态复制系统的雅克比矩阵进行局部均衡点稳定性考察可以检验该博弈系统的稳定状态。上述系统的雅克比矩阵为：

$$J = \begin{bmatrix} \dfrac{\partial F(p)}{\partial p} & \dfrac{\partial F(p)}{\partial q} \\ \dfrac{\partial F(q)}{\partial p} & \dfrac{\partial F(q)}{\partial q} \end{bmatrix}$$

其中，$\dfrac{\partial F(p)}{\partial p} = (1 - 2p)[-C_s + \alpha E_1 + \alpha q(E_h - E_1) + (1 - q)(C_1 + F)]$

$$\frac{\partial F(p)}{\partial q} = p(1 - p)[\alpha(E_h - E_1) - (C_1 + F)]$$

$$\frac{\partial F(q)}{\partial p} = q(1 - q)[(1 - \alpha)(E_h - E_1) + (C_1 - C_2 + F)]$$

$$\frac{\partial F(q)}{\partial q} = (1 - 2q)[(1 - \alpha)p(E_h - E_1) - (1 - p)(C_1 - C_2 + F)]$$

雅克比矩阵 J 的行列式 det 为：

$$\det . J = \frac{\partial F(p)}{\partial p} \cdot \frac{\partial F(q)}{\partial q} - \frac{\partial F(q)}{\partial p} \cdot \frac{\partial F(p)}{\partial q}$$

雅克比矩阵 J 的行列式的迹 tr 为：

$$trJ = \frac{\partial F(p)}{\partial p} + \frac{\partial F(q)}{\partial q}$$

### 6.2.2.3　演化稳定性分析

局部稳定性分析如表 6-2 所示。

表 6 – 2　　　　　　　　　　　　　　局部稳定性分析

| 均衡点 | det. J | trJ |
|---|---|---|
| $E_1(0, 0)$ | $(-C_s + \alpha E_1 + C_1 + F)(-C_1 + C_2 - F)$ | $-C_s + \alpha E_1 + C_2$ |
| $E_2(0, 1)$ | $-(-C_s + \alpha E_h)(-C_1 + C_2 - F)$ | $-C_s + \alpha E_h + C_1 - C_2 + F$ |
| $E_3(1, 0)$ | $-(-C_s + \alpha E_1 + C_1 + F)[(1-\alpha)(E_h - E_1)]$ | $C_s - C_1 - F + (1-\alpha)E_h - E_1$ |
| $E_4(1, 1)$ | $(-C_s + \alpha E_h)[(1-\alpha)(E_h - E_1)]$ | $-C_s + E_h - (1-\alpha)E_1$ |
| $E_5(p^*, q^*)$ | A | 0 |

$$A = -\frac{[(1-\alpha)(E_h - E_1)](\alpha E_h - C_s)}{[(1-\alpha)(E_h - E_1) + C_1 - C_2 + F][\alpha(E_h - E_1) - C_1 - F]}$$

为使分析讨论更简洁，令 $\alpha_1 = \dfrac{C_s - C_1 - F}{E_1}$，$\alpha_2 = \dfrac{C_s}{E_h}$，根据前文假设，该系统局部稳定性将会出现以下几种情形。

（1）当 $C_2 > C_1 + F$，$\alpha > \alpha_1$ 时，则系统的局部稳定性如表 6 – 3 所示。系统只有一个稳定点 $E_4(1, 1)$，地方政府的监督成本较高，大于补贴和采取惩罚措施获得的惩罚额，且补贴和惩罚额之和大于社会资本积极合作时的成本与收益的差值，社会资本在合作中获得的超额收益比例高于一定的水平，其积极合作的意愿较高，地方政府没有必要聘请专门的监督机构来监督社会资本的行为，产生额外的财政支出。双方的博弈朝着（积极合作，信任）的稳定策略组合演化。

表 6 – 3　　　　　　　　　　　情形 1 的局部稳定性分析

| 均衡点 | det. J | trJ | 局部稳定性 |
|---|---|---|---|
| $E_1(0, 0)$ | ± | – | 鞍点 |
| $E_2(0, 1)$ | ± | – | 鞍点 |
| $E_3(1, 0)$ | + | + | 不稳定点 |
| $E_4(1, 1)$ | – | + | ESS |

（2）当 $C_2 < C_1 + F$，$\alpha_2 < \alpha < \alpha_1$ 时，则系统的局部稳定性如表 6 – 4 所示。此时系统有两个稳定点 $E_1(0, 0)$，$E_4(1, 1)$。这种状态下地方政府付出的监管成本较低，小于财政承诺的财政补贴和监管社会资本获得的惩罚之和。社会资本在公私合作的行为下获得了一个较为适中的分配系数，双方有两种演化稳定状态，一种是合作（积极合作，信任），另一种是不合作（机会主义，监管），$(p^*, q^*)$ 是鞍点，决定了系统具体的演化方向取决于系统的初始状态。当双方

的初始博弈状态落在四边形 $E_1E_2E_5E_3$ 内时，系统的稳定状态将会朝着（机会主义，监管）状态演化，而当双方的初始博弈状态落在四边形 $E_2E_5E_3E_4$ 内时，系统的稳定状态将会朝着（积极合作，信任）状态演化。

表 6 - 4　　　　　　　　　　情形 2 的局部稳定性分析

| 均衡点 | det. J | trJ | 局部稳定性 |
|---|---|---|---|
| $E_1(0, 0)$ | − | + | ESS |
| $E_2(0, 1)$ | + | + | 不稳定点 |
| $E_3(1, 0)$ | + | + | 不稳定点 |
| $E_4(1, 1)$ | + | + | ESS |
| $E_5(p^*, q^*)$ | ± | − | 鞍点 |

（3）当 $C_2 < C_1 + F$，$\alpha < \alpha_2$ 时，则系统的局部稳定性如表 6 - 5 所示，系统只有一个稳定点 $E_1(0, 0)$。这种状态下地方政府付出的监管成本较低，小于财政承诺的财政补贴和监管社会资本获得的惩罚之和。对于社会资本来说，在与地方政府进行超额收益分配的再谈判中处于弱势地位，获得的收益超额收益分配系数较小，社会资本所获得的财政补贴收入和分配到的超额收益比例不足以支付其积极合作下付出的努力成本，社会资本将会采取机会主义行为，通过再谈判的方式与地方政府就超额收益分配比例展开讨价还价。这种行为对于地方政府而言，监管成本低于财政补贴成本，地方政府愿意支付第三方监管部门监督成本，来规制社会资本的机会主义行为，从而减少社会资本的财政补贴并获得惩罚额。此时（机会主义，监管）为双方的演化稳定策略组合。

表 6 - 5　　　　　　　　　　情形 3 的局部稳定性分析

| 均衡点 | det. J | trJ | 局部稳定性 |
|---|---|---|---|
| $E_1(0, 0)$ | − | + | ESS |
| $E_2(0, 1)$ | + | + | 不稳定点 |
| $E_3(1, 0)$ | ± | | 鞍点 |
| $E_4(1, 1)$ | ± | − | 鞍点 |

（4）当 $C_2 > C_1 + F$，$\alpha > \alpha_1$ 时，则系统的局部稳定性如表 6 - 6 所示，社会资本在公私合作中的获得超额收益分配比例高于一定的水平。这样社会资本在同地方政府收益分配谈判中获得了一个较为理想的收益比例，考虑可以通过积极合

作的行为方式显著提高己方的收益，社会资本将会选择积极合作的策略；而地方政府在考虑监管成本过高，放弃对社会资本的监管，双方的博弈演化策略组合最终为（积极合作，信任）。

表 6−6                        情形 4 的局部稳定性分析

| 均衡点 | det. J | trJ | 局部稳定性 |
|---|---|---|---|
| $E_1(0, 0)$ | ± | + | 不稳定点 |
| $E_2(0, 1)$ | ± | − | 鞍点 |
| $E_3(1, 0)$ | ± | − | 鞍点 |
| $E_4(1, 1)$ | − | + | ESS |

（5）当 $C_2 > C_1 + F$，$\alpha_2 < \alpha < \alpha_1$ 时，则系统的演化方向出现了较为复杂的情况，在两种条件下，系统的演化方向较为稳定。

当 $\alpha > \dfrac{C_s - C_1 + C_2 - F}{E_h}$，系统的局部稳定性如表 6−7 所示，这种状态与情形（4）演化稳定状态一样，相较于情形（4），社会资本在公私合作中的超额收益分配比例有所降低，但通过积极合作的策略选择仍然能改善自身的收益状况，社会资本会选择积极合作的策略。

表 6−7                        情形 5 的局部稳定性分析 1

| 均衡点 | det. J | trJ | 局部稳定性 |
|---|---|---|---|
| $E_1(0, 0)$ | ± | − | 鞍点 |
| $E_2(0, 1)$ | ± | − | 鞍点 |
| $E_3(1, 0)$ | + | + | 不稳定点 |
| $E_4(1, 1)$ | − | + | ESS |

当 $\alpha < \dfrac{C_s - C_2}{E_h}$，系统的局部稳定性如表 6−8 所示，这种状态下，社会资本获得的超额收益分配比例得到了相应的改善，但是由于地方政府的监督成本还较高，社会资本明知道地方政府不会采取监管的行为策略，机会主义行为仍然是社会资本的策略选择，造成"搭便车"的行为，攫取 PPP 项目收益，降低公共服务质量，造成公共服务社会福利降低。

| 均衡点 | det. J | trJ | 局部稳定性 |
|---|---|---|---|
| $E_1(0, 0)$ | $\pm$ | $-$ | 鞍点 |
| $E_2(0, 1)$ | $\pm$ | $-$ | 鞍点 |
| $E_3(1, 0)$ | $-$ | $+$ | ESS |
| $E_4(1, 1)$ | $+$ | $+$ | 不稳定点 |

表 6 – 8　　　　　　　　　　　情形 5 的局部稳定性分析 2

（6）当 $C_2 > C_1 + F$，$\alpha < \alpha_2$ 时，则系统的局部稳定性如表 6 – 9 所示，系统只有一个稳定点 $E_3(1, 0)$，这种状态下地方政府的监管成本较高，而社会资本在公私合作中获得的差额收益分配比例较小。对于社会资本来说，采取积极合作的行为策略并不能取得相应的回报，其合作的积极性将会降低，对于地方政府来说，监管成本高于对社会资本支付的补贴和通过监管社会资本的机会主义行为获得惩罚额之和，因此地方政府宁愿支付社会资本补贴成本，也不愿通过支付第三方的监管机构对社会资本的行为进行监管，此时（机会主义，信任）是双方的演化博弈均衡策略。事实上，在一个监管成本过高的市场规制环境下，地方政府考虑过高的监管成本，会放弃对社会资本的监管，同时压缩社会资本的获利空间，诱发社会资本保持机会主义的行为策略，同时降低提供的公共服务的质量，与地方政府就收益分配展开再谈判，从而使社会公众利益受损，降低社会福利。

表 6 – 9　　　　　　　　　　　　情形 6 的局部稳定性分析

| 均衡点 | det. J | trJ | 局部稳定性 |
|---|---|---|---|
| $E_1(0, 0)$ | $\pm$ | $-$ | 鞍点 |
| $E_2(0, 1)$ | $+$ | $+$ | 不稳定点 |
| $E_3(1, 0)$ | $-$ | $+$ | ESS |
| $E_4(1, 1)$ | $\pm$ | | 鞍点 |

经过上述演化稳定性分析，得到的地方政府和社会资本在不同情形下的博弈演化均衡状态。

### 6.2.3　引入声誉机制的 PPP 项目再谈判演化博弈模型

克雷普斯 1990 年提出在不完全契约的条件下，交易由一次转变为重复进行可以有效降低机会主义行为的概率，因为这样会导致有机会主义的一方"声誉"受损，从而影响在以后的交易行为中的长期获利。他认为，"声誉"的建立并不需要双方保持长久的交易关系，只要有一方长期存在，而他人可以观察到其行为，就足以使"声誉"发挥作用。因此通过引入声誉机制，将社会资本的声誉考虑到双方的演化博弈过程，除了利用监管惩罚机制约束社会资本的行为，结合声誉机制以正向引导社会资本积极合作，以提高公共服务质量。

社会资本积极合作，就会获得较高的正外部收益，以较高声誉水平 $E_r$ 为例，在未来的项目合作中获得更多的 PPP 项目合作机会，获得更多的融资，将社会资本的声誉水平转化为未来的收益 $R_w = \delta E_r$，其中 $\delta \geq 0$，为声誉水平的转化系数，声誉水平越高，获得未来的 PPP 项目合作机会越多。若社会资本选择机会主义策略被地方政府监管发现，将会呈现负外部效应，在"信用中国"网站备案后，各方的信用记录纳入信息共享平台，将严重失信的责任主体纳入黑名单，并开展联合惩戒，这将对社会资本未来投标 PPP 项目中造成极大影响，如表 6 - 10 所示。

**表 6 - 10**            引入声誉时社会资本和地方政府的合作博弈支付矩阵

| 社会资本 | 地方政府 | |
|---|---|---|
| | 信任 | 监管 |
| 积极合作 | $R_S - C_s + \alpha E_h + C_1 + \delta E_r$, $R_G + (1-\alpha)E - C_1$ | $R_S - C_s + \alpha E_1 + C_1 + \delta E_r$, $R_G + (1-\alpha)E_1 - C_1$ |
| 机会主义 | $(R_S + C_1 + \delta E_r$, $R_G - C_1)$ | $(R_S - F - \delta E_r$, $R_G + F - C_2)$ |

### 6.2.3.1   演化稳定策略分析

引入声誉机制后，社会资本采取"积极合作"和"机会主义"的期望收益 $\theta_{11}$，$\theta_{12}$ 以及群体平均期望收益 $\bar{\theta}_1$ 分别为：

$$\theta_{11} = q(R_S - C_s + \alpha E_h + C_1 + \delta E_r) + (1-q)(R_S - C_s + \alpha E_1 + C_1 + \delta E_r)$$

$$= R_S - C_s + \alpha E_1 + C_1 + \delta E_r + \alpha q(E_h - E_1) \tag{6-10}$$

$$\theta_{12} = q(R_S + C_1 + \delta E_r) + (1-q)(R_S - F - \delta E_r)$$

$$= R_S - F - \delta E_r + qC_1 + qF + 2q\delta E_r \tag{6-11}$$

$$\bar{\theta}_1 = p\theta_{11} + (1-p)\theta_{12} = p[R_S - C_s + \alpha E_1 + C_1 + \delta E_r + \alpha q(E_h - E_1)]$$

$$+ (1-p)(R_S - F - \delta E_r + qC_1 + qF + 2q\delta E_r) \tag{6-12}$$

由此根据演化博弈的原理，得到社会资本的复制动态方程为：

$$G(p) = \frac{d_p}{d_t} = p(\theta_{11} - \bar{\theta}_1) = p(1-p)[-C_s + \alpha E_1 + C_1 + 2(1-q)$$

$$\delta E_r + \alpha q(E_h - E_1) + F - qC_1 - qF] \tag{6-13}$$

同理可得到地方政府的复制动态方程为：

$$G(q) = \frac{d_q}{d_t} = q(1-q)\left[-C_1 + (1-\alpha)pE_h - F + C_2 - (1-\alpha)pE_1 + p(C_1 + F - C_2)\right]$$

$$(6-14)$$

方程 (6-13) 和方程 (6-14) 构成了动态复制系统。令 $G(p) = 0$，$G(q) = 0$，从而得到社会资本和地方政府构成的动力系统存在的 5 个平衡点，分别为 $E_1(0, 0)$、$E_2(0, 1)$、$E_3(1, 0)$、$E_4(1, 1)$ 和 $E_5(p^*, q^*)$，其中 $p^* = \dfrac{C_1 - C_2 + F}{(1-\alpha)(E_h - E_1) + C_1 - C_2 + F}$ $q^* = \dfrac{C_s - \alpha E_1 - C_1 - F - 2\delta E_r}{\alpha(E_h - E_1) - C_1 - F - 2\delta E_r}$。

上述系统的雅克比矩阵为：

$$J = \begin{bmatrix} \dfrac{\partial G(p)}{\partial p} & \dfrac{\partial G(p)}{\partial q} \\ \dfrac{\partial G(q)}{\partial p} & \dfrac{\partial G(q)}{\partial q} \end{bmatrix}$$

其中，

$$\frac{\partial G(p)}{\partial p} = (1-2p)\left[-C_s + \alpha E_1 + C_1 + 2(1-q)\delta E_r + \alpha q(E_h - E_1) + F - qC_1 - qF\right]$$

$$\frac{\partial G(p)}{\partial q} = p(1-p)\left[\alpha(E_h - E_1) - (C_1 + F) - 2\delta E_r\right]$$

$$\frac{\partial G(q)}{\partial p} = q(1-q)\left[(1-\alpha)(E_h - E_1) + (C_1 - C_2 + F)\right]$$

$$\frac{\partial G(q)}{\partial q} = (1-2q)\left[(1-\alpha)p(E_h - E_1) - (1-p)(C_1 - C_2 + F)\right]$$

表 6-11　　　　　　　　　　　演化稳定性分析

| 均衡点 | det. J | trJ |
|---|---|---|
| $E_1(0, 0)$ | $(-C_s + \alpha E_1 + C_1 + F + 2\delta E_r)(-C_1 + C_2 - F)$ | $-C_s + 2\delta E_r + \alpha E_1 + C_2$ |
| $E_2(0, 1)$ | $-(-C_s + \alpha E_h)(-C_1 + C_2 - F)$ | $-C_s + \alpha E_h + C_1 - C_2 + F$ |
| $E_3(1, 0)$ | $-(-C_s + \alpha E_1 + C_1 + 2\delta E_r + F)\left[(1-\alpha)(E_h - E_1)\right]$ | $C_s - C_1 - 2\delta E_r - F + (1-\alpha)E_h - E_1$ |
| $E_4(1, 1)$ | $(-C_s + \alpha E_h)\left[(1-\alpha)(E_h - E_1)\right]$ | $-C_s + E_h - (1-\alpha)E_1$ |
| $E_5(p^*, q^*)$ | $A'$ | $0$ |

$$A' = -\frac{\left[(1-\alpha)(E_h - E_1)\right](\alpha E_h - C_s)}{\left[(1-\alpha)(E_h - E_1) + C_1 - C_2 + F\right]\left[\alpha(E_h - E_1) - C_1 - F - 2\delta E_r\right]}$$

### 6.2.3.2　演化模型稳定性条件

(1) 当 $C_2 < C_1 + F$，$\delta < \dfrac{C_s - \alpha E_1 - C_1 - F}{2E_r}$，系统有一个稳定点 $E_1(0, 0)$，由

于声誉转化系数较小，社会资本通过积极合作并不会取得太多的正外部溢出收益，社会资本仍然选择机会主义的行为策略。

（2）当 $C_2 > C_1 + F$，$\delta < \min\left(\dfrac{C_s - C_1 - F + (1-\alpha)E_h - E_1}{2E_r}, \dfrac{C_s - \alpha E_1 - C_2}{2E_r}\right)$ 时，地方政府监管成本较高，选择放弃监管，声誉机制取得了一定的正向引导作用，但是政府的信任行为使得声誉机制对社会资本没有产生任何的收益，社会资本更倾向于选择放弃自身的声誉和信誉，选择违约和机会主义再谈判。

（3）当 $\delta > \dfrac{C_s - \alpha E_1 - C_1 - F}{2E_r}$，系统只有一个稳定点 $E_3(1, 0)$，表明当声誉的转化系数达到一定的水平时，声誉机制会对公私双方的行为产生正向的引导作用，为了在未来获得更多的合作机会，提高自身预期收入，社会资本会自觉采取积极合作的态度，减少机会主义的再谈判行为。因此，通过设定合理的声誉机制，在社会资本招标过程中就选择声誉水平较高、有较高运营能力的社会资本方作为合作伙伴，引导社会资本建立自身的信誉和声誉体系，以提高公共产品和服务质量，维持长期稳定的合作关系。

# 6.3 基于信任的 PPP 项目再谈判影响机理研究

声誉是一种运行成本低的秩序维持机制，良好的声誉反映了交易主体能力、经营业绩、公众关系、履行承诺契约水平以及社会的综合评价。PPP 合作双方具有良好的声誉可以获得以及增进相互之间的信任，对项目合作过程中的再谈判产生中介效应。通过构建结构方程模型验证"再谈判—信任—项目可持续性"的最优拟合模型，分析再谈判的各个维度如何通过信任对项目可持续性影响机理，对再谈判的治理机制构建提供理论指导。

## 6.3.1 研究假设和模型构建

### 6.3.1.1 研究假设

**1. PPP 项目再谈判与项目可持续性的关系假设**

由于人的有限理性和 PPP 项目长期性导致的不确定性，使得 PPP 合同表现出天然的不完全性。在公私合作的过程中发生合同条款不能解决的或然事件时，就需要通过再谈判的途径对 PPP 项目合同进行修改或调整，维持合作关系和项目合同的可持续性。而由于 PPP 项目合作双方在再谈判中各自的利益诉求不同，事后的再谈判能否对未来项目的可持续性产生正向影响，取决于再谈判是否取得了实质性的效果。

将 PPP 项目再谈判取得的效果分为项目范围调整和谈判有效性两个维度，项目范围调整主要涉及合同条款的变更和修订，重新定位双方在项目中的角色，明确双方未来的责权利。谈判有效性是基于参照点理论，以初始合同作为参照点，在再谈判过程中取得比初始合同更优的效果，如更合理的风险分担动态调整机制、更优化的利益分配结果或更合理的合作程序等。再谈判取得的实质性效果越明显，未来双方的合作会越密切，越容易促使项目的可持续发展。反之，再谈判未达到双方最大的满意度，合作关系破裂，政府不得不提前回购或者另外选择合作伙伴，最终导致合同提前终止。

基于上述分析，提出如下假设：

假设 H1a：PPP 项目再谈判的项目范围调整越合理，越有利于项目的可持续性发展。

假设 H1b：PPP 项目再谈判的谈判有效性越强，越有利于项目的可持续性发展。

**2. PPP 项目再谈判与信任的关系假设**

PPP 项目再谈判之后更加注重事后谈判效率的提升，而事后绩效依赖于双方信任对方能够很好地按照取得谈判结果执行合同，以一种积极互惠的合作态度推动项目的可持续发展。长期的信任产生于公私双方伙伴关系的维系中，形成一种相关沟通互动，理解包容的关系形态。合作双方在公共产品或服务的供给过程中形成价值观念的一致性是长期合作、信任的基础。信任是一个多维度的概念，在卢梭等（Rousseau et al.，1998）的研究中，信任分为计算型信任、关系型信任和制度型信任。考虑对方的行为表现是否给自身带来利益所得为计算型信任，通过长期重复、直接的互动为基础，带有明显的情感色彩的为关系型信任，以及以法律发挥作用、文化和社会规范与组织环境来促进信任的为制度型信任。

当 PPP 项目发生再谈判之后，合作双方自然将 PPP 项目初始合同作为参照点，考虑自身在谈判中取得的收益，做出未来合作中采取的策略选择。长期的合作伙伴关系的形成，能够激发合作双方沟通互动的动力，对未来发生的或然事件能够采取积极的响应措施，公平合理地解决。同时，项目所处外部制度环境越完善，对合作双方达成的协议形成约束，合作双方间产生的制度性信任越高。

基于上述分析，提出如下假设：

假设 H2a：PPP 项目再谈判的项目范围调整越合理，计算型信任水平越高。

假设 H2b：PPP 项目再谈判的项目范围调整越合理，关系型信任水平越高。

假设 H2c：PPP 项目再谈判的项目范围调整越合理，制度型信任水平越高。

假设 H3a：PPP 项目再谈判的谈判有效性越强，计算型信任水平越高。

假设 H3b：PPP 项目再谈判的谈判有效性越强，关系型信任水平越高。

假设 H3c：PPP 项目再谈判的谈判有效性越强，制度型信任水平越高。

**3. 信任与项目的可持续性的关系假设**

信任能够降低交易费用，起到限制机会主义行为的作用。当与一个信任程度高的合作方签订正式契约时，其事后机会主义导致的损失通常较小。相反，当与一个信任程度低的合作方签订正式契约时，其事后机会主义导致的损失通常较高，需要签订尽量完备的合同条款，以增加缔约成本来抵减事后机会主义可能带来的损失，影响项目的可持续发展。由于 PPP 项目的长期性、PPP 合同的不完全性和外部环境的不确定，在提供公共产品和服务时追求长期利益，因此在履约过程中不可避免地发生再谈判，当再谈判中达成的项目范围调整越合理、谈判越有效，双方间形成的信任感知越强，在未来的履约过程中越倾向于执行完美绩效，PPP 项目的长效优势越能得到更好地发挥。

另外，在 PPP 项目再谈判中，计算型信任对关系型信任也有一定的影响。在蒋卫平（2012）在信任对项目成功的影响研究中认为，计算型信任对关系型信任具有线性作用，双方收益分配和风险分担合理，维护自身声誉是促成计算型信任产生的重要因素，而双方间的目标一致性、互动沟通的畅通是促成关系型信任产生的重要因素。

基于上述分析，提出如下假设：

假设 H4a：PPP 项目中计算型信任对项目的可持续性具有显著的正向影响。

假设 H4b：PPP 项目中关系型信任对项目的可持续性具有显著的正向影响。

假设 H4c：PPP 项目中制度型信任对项目的可持续性具有显著的正向影响。

假设 H5：计算型信任对关系型信任具有显著的正向影响。

### 6.3.1.2 模型构建

在对 PPP 项目再谈判研究的基础上，以再谈判的实质性效果为核心，将再谈判分为项目范围调整和谈判有效性两个维度，采用卢梭等提出的计算型、关系型以及制度型三维度框架，将再谈判过程中的信任分为计算型信任、关系型信任以及制度型信任，力求探索"再谈判—信任—项目可持续性"之间的影响关系，探讨信任在 PPP 项目再谈判对项目可持续性的中介影响效应。

通过提出的研究假设，构建 PPP 项目中再谈判、信任、项目可持续性之间的理论模型，如图 6-2 所示。

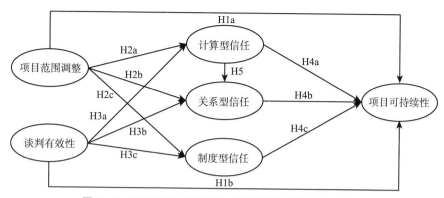

图 6 - 2　PPP 项目中再谈判对可持续性的影响模型构建

## 6.3.2　研究设计与研究方法

### 6.3.2.1　测量变量表述

根据上文综述和模型假设，设计包括 PPP 项目再谈判（项目范围调整和谈判有效性）、信任（计算型信任、关系型信任和制度型信任）和项目可持续性的测量指标和题项。

**1. 再谈判量表表述**

由于近几年 PPP 项目在国内才得到大力推广，当前国内对 PPP 项目再谈判的研究还处于起步阶段，对于再谈判维度划分还未形成统一的标准，基本上以再谈判的发起方、再谈判影响因素以及再谈判的结果进行划分。本书针对项目范围调整和谈判有效性对再谈判划分，借鉴吴淑莲、古什、崔志鹏、任志涛等人的研究成果，设计相关再谈判测量指标体系，如表 6 - 12 所示。

表 6 - 12　　　　　　　PPP 项目再谈判的测量指标体系

| 维度 | 分类 | 编号 | PPP 项目再谈判的测量题项 | 题项来源 |
|---|---|---|---|---|
| 再谈判 | 项目范围调整 | PS1 | 通过再谈判的方式调整项目收费价格，变更财政补贴额度 | 《财政部关于印发政府和社会资本合作模式操作指南（试行）》吴淑莲 |
| | | PS2 | 通过再谈判调整特许经营期长度，以保证社会资本方获得合理的收益回报 | |
| | | PS3 | 就 PPP 项目的交易结构进行调整，如投融资结构、回报机制以及相关配套安排 | |
| | | PS4 | 调整合同范围，通过补充协议或修改协议明确具体的履约实施方案，并以补充协议附加于合同文件之后 | |
| | | PS5 | 对服务标准等级、设备设施管理等级调整以满足社会公众的需求 | |

续表

| 维度 | 分类 | 编号 | PPP 项目再谈判的测量题项 | 题项来源 |
|------|------|------|------|------|
| 再谈判 | 谈判有效性 | NE1 | 在再谈判中充分考虑合作双方的利益诉求获得合理的收益，能够对超额收益提出合理的分配策略 | 古什<br>崔志鹏<br>任志涛 |
| | | NE2 | 在再谈判中仍然坚持最有能力承担风险的原则，设置合理的比例进行风险再分担 | |
| | | NE3 | 不以损害对方利益和项目价值的原则展开再谈判 | |
| | | NE4 | 在再谈判中消耗了大量的人力、物力和财力搜集再谈判所需资料 | |
| | | NE5 | 在合同中约定了再谈判事件触发的条件，相关经济指标的阈值以及合理的再谈判的程序 | |
| | | NE6 | 在再谈判的过程中，能够公开自身掌握的信息，以实现双方利益最大化进行积极的谈判 | |

### 2. 信任量表表述

信任是因行为或选择产生的一种潜在的心理状态，同时对后续的行为或选择产生影响。信任能够有效地缓解公私合作双方的分明壁垒和思维对抗，弥补正式契约的不足，限制机会主义行为发生，从而改善 PPP 项目的管理绩效，增强项目的可持续性。

PPP 项目中政府与社会资本合作产生的信任依据其动态性可以分为：在项目招投标阶段，政府和社会资本根据对彼此固有的特征、资料以及社会评价的判断而建立起初始信任；在合同谈判、执行以及再谈判阶段，由于双方通过了解沟通等交互行为以及这些行为发生所处的客观情境，不断地更新改变对对方的信任感知，从而形成动态演化的持续性信任。本书将研究范围设定为事后的再谈判，关注双方在再谈判过程中信任对履约绩效以及 PPP 项目可持续性的影响，因此选择交易过程中动态演化的持续性信任。

PPP 项目再谈判体现了在动态演化的持续性信任的交互行为，其所处在特定的制度和社会环境中，双方通过签订合约形成约束，在合作中出现初始契约很难解决的争议事件后，双方考虑自身的利益得失甚至提出的再谈判，本书将采用卢梭等提出的计算型、关系型以及制度型三维度框架，设计 9 个题项来测量信任变量，如表 6-13 所示。

表 6 – 13　　　　　　　　　　　　　　信任的测量指标体系

| 维度 | 分类 | 编号 | 信任的测量题项 | 题项来源 |
|---|---|---|---|---|
| 信任 | 计算型信任 | CT1 | 在合作过程中出于自身利益或经济诱因考虑的信任 | 勒维克等卢梭等 |
| | | CT2 | 通过信任与不信任的收益和成本比较做出的行为选择 | |
| | | CT3 | 考虑对方的社会网络关系有较高的诚信度，继续合作 | |
| | 关系型信任 | RT1 | 通过重复、直接的沟通互动，形成对对方的信任 | 卢梭等魏基旺等 |
| | | RT2 | 在合作中有共同的处事方式，形成的共同的价值观，达成的共识 | |
| | | RT3 | 认为双方在长期合作过程中形成感情维系的，以互惠为基础的信任 | |
| | 制度型信任 | IT1 | 在法律及合同规制的作用下，相信双方能够按照法律和合同条款履约 | 朱克卢梭等胡梅尔斯等 |
| | | IT2 | 考虑项目所在地的文化、习俗背景，相互遵守承诺 | |
| | | IT3 | 具有基本的社会道德规范，以及合作双方交往的规范准则，认为对方会遵守承诺 | |

### 3. 可持续性的量表表述

当前，我国大力推广 PPP 项目运用于基础设施建设还处于初步发展阶段，在投资运营的基础设施建设与管理程序中未充分考虑项目的可持续性维度，以及在研究中缺少对 PPP 项目可持续性的系统思考，导致了在项目建成后，项目维护不到位，运营管理能力低下，大大缩短项目的使用寿命。同时在政府和社会资本合作过程中，长期合作机制的缺失下引发再谈判，导致合同提前终止。因此，从基础设施评价和合作关系的长期性考量相关测量指标和题项。借鉴叶晓甦、孟俊娜、甘晓龙等人的研究成果，设计可持续性的测量指标体系，如表 6 – 14 所示。

表 6 – 14　　　　　　　　　　　　　可持续性的测量指标体系

| 维度 | 编号 | 项目可持续测量题项 | 题项来源 |
|---|---|---|---|
| 可持续性 | CS1 | 在合作过程中确定了一致的合作目标 | 叶晓甦孟俊娜甘晓龙 |
| | CS2 | 为达到项目绩效考核而积极解决项目中出现的问题 | |
| | CS3 | 考虑未来的合作项目，我们为保持良好的合作关系而加强沟通 | |
| | CS4 | 合作双方关心各自社会中的信誉评价 | |
| | CS5 | 在合作过程中能够及时共享自身掌握的资源 | |
| | CS6 | 在后续的运营过程中能够长期保证项目质量 | |

### 6.3.2.2  研究设计

**1. 数据收集**

为保证研究的科学性和有效性，研究采用结构化的问卷形式获取数据。研究问卷采用李克特（Likert）5级量表的形式对上述测量指标体系进行测量。5级量表从1~5依次表示为完全不同意到完全同意过渡，其中"3"表示为中立意见。为确保问卷内容的合理性和针对性，问卷设计分为两个步骤：（1）基于前期理论研究，初步设计各构念的题项；（2）将构念的题项制作成初始问卷，先后向相关领域内10位学术界和实务界的专家学者进行评定和修正，最终形成6个分量共26个题项的正式调查问卷，具体量表开发和问卷设计流程如图6-3所示。

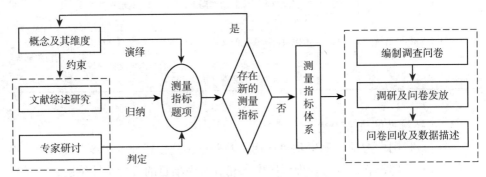

图6-3  量表开发和问卷设计流程

由于政治、经济、文化和相关技术水平条件影响，当前各地区 PPP 项目发展程度相差较大，因此选取项目所处条件相近的地区开展问卷调查。同时，我国的 PPP 事业在近几年才得到全面发展，PPP 项目实践尚处于不成熟的阶段，调查对象锁定在 PPP 项目实务操作者和 PPP 项目研究人员，以确保研究结果的可靠性。

**2. 样本描述**

问卷数据通过电子邮件和实地发放问卷的方式获得，主要针对北京市、天津市、河南省和江苏省等地的 PPP 项目从业者和高校的研究者发放问卷。共发放问卷300份，实际回收204份，回收率为68%，其中有效问卷为183份，有效问卷回收率为89.7%。根据问卷调查结果，对受访者的基本信息和从事的 PPP 项目背景信息进行了统计分析，主要从各受访者受教育情况、工作岗位、工作单位性质、从事相关工作（或研究）时间、PPP 项目类型、在 PPP 项目中的角色等几个方面进行了统计、描述，具体如表6-15所示。

表 6 – 15　　　　　　　　　　　　　样本统计特征分析

| 样本特征 | 分类标准 | 样本 | | 样本特征 | 分类标准 | 样本 | |
|---|---|---|---|---|---|---|---|
| | | 数量 | 占总体比（%） | | | 数量 | 占总体比（%） |
| 受教育情况 | 博士（及在读） | 39 | 21.3 | 从事相关工作（或研究）时间 | [1, 3] | 110 | 60.1 |
| | 硕士（及在读） | 78 | 42.7 | | [3, 5] | 54 | 29.5 |
| | 本科 | 63 | 34.4 | | [5, 10] | 17 | 9.3 |
| | 本科以下 | 3 | 1.6 | | >10 年 | 2 | 1.1 |
| 工作岗位 | 单位领导 | 2 | 1.1 | PPP 项目类型 | 公共交通 | 54 | 29.5 |
| | 部门领导 | 9 | 4.9 | | 水务 | 36 | 19.7 |
| | 项目经理/主管 | 22 | 12.0 | | 生态环境 | 19 | 10.4 |
| | 一般管理/技术人员 | 54 | 29.5 | | 医疗卫生 | 22 | 12.0 |
| | 法律咨询 | 31 | 16.9 | | 学校/教育 | 24 | 13.1 |
| | 项目顾问 | 27 | 14.8 | | 公共文化设施 | 18 | 9.8 |
| | 其他 | 38 | 20.8 | | 其他 | 10 | 5.5 |
| 工作单位性质 | 政府部门 | 6 | 3.3 | 在 PPP 项目中的角色 | 政府部门 | 11 | 6.0 |
| | 建设单位 | 38 | 20.8 | | 社会资本 | 25 | 13.8 |
| | 项目咨询单位 | 35 | 19.1 | | 项目咨询机构 | 37 | 20.2 |
| | 银行/保险等金融机构 | 21 | 11.5 | | 总承包方 | 27 | 14.7 |
| | 科研院所 | 43 | 23.4 | | 专业分包方 | 9 | 4.9 |
| | 法律咨询单位 | 27 | 14.8 | | 设备供应商 | 15 | 8.2 |
| | 其他 | 13 | 7.1 | | 其他 | 59 | 32.2 |

### 3. 数据描述

为了有利于进一步的数据分析，调查取得的样本数据须服从正态分布。因此，本书运用 Spss Statistics 23.0 统计软件对样本的所有测量题项的结果进行描述性统计分析。判断样本数据是否服从正态分布的要求，有利于结构方程进行数据分析。通过计算，得到各量表的均值、方差、偏度和峰度等统计值如表 6 – 16 所示。其中，判断样本数据是否服从正态分布的关键指标是偏度和峰度，得到的样本数据服从正态分布的标准为偏度小于 2，峰度小于 5。

表 6 – 16　　　　　　　　　　　样本测量题项的描述性统计分析

| 测量题项 | 个案数 | 平均值 | 标准差 | 方差 | 偏度 | | 峰度 | |
|---|---|---|---|---|---|---|---|---|
| | 统计值 | 统计值 | 统计值 | 统计值 | 统计值 | 标准误差 | 统计值 | 标准误差 |
| PS1 | 183 | 3.96 | 0.641 | 0.411 | 0.033 | 0.180 | −0.538 | 0.357 |
| PS2 | 183 | 3.81 | 0.727 | 0.529 | −0.209 | 0.180 | −0.159 | 0.357 |
| PS3 | 183 | 3.84 | 0.753 | 0.566 | −0.189 | 0.180 | −0.329 | 0.357 |
| PS4 | 183 | 3.83 | 0.757 | 0.574 | −0.310 | 0.180 | −0.121 | 0.357 |
| PS5 | 183 | 3.62 | 0.809 | 0.654 | −0.217 | 0.180 | 0.383 | 0.357 |
| NE1 | 183 | 3.74 | 0.759 | 0.577 | −0.216 | 0.180 | 0.228 | 0.357 |
| NE2 | 183 | 3.49 | 0.838 | 0.702 | 0.054 | 0.180 | 0.553 | 0.357 |
| NE3 | 183 | 3.20 | 0.898 | 0.807 | 0.244 | 0.180 | 0.762 | 0.357 |
| **NE4** | 183 | 3.43 | 0.963 | 0.872 | 0.327 | 0.180 | 0.623 | 0.357 |
| NE5 | 183 | 3.08 | 0.851 | 0.724 | 0.167 | 0.180 | 0.953 | 0.357 |
| NE6 | 183 | 3.46 | 0.850 | 0.722 | −0.169 | 0.180 | −0.633 | 0.357 |
| CT1 | 183 | 3.98 | 0.730 | 0.533 | −0.403 | 0.180 | 0.052 | 0.357 |
| CT2 | 183 | 4.00 | 0.777 | 0.604 | −0.426 | 0.180 | −0.221 | 0.357 |
| CT3 | 183 | 3.58 | 0.873 | 0.762 | −0.020 | 0.180 | −0.681 | 0.357 |
| RT1 | 183 | 3.60 | 0.902 | 0.814 | −0.063 | 0.180 | −0.764 | 0.357 |
| RT2 | 183 | 3.61 | 0.876 | 0.767 | −0.033 | 0.180 | −0.701 | 0.357 |
| RT3 | 183 | 3.48 | 0.925 | 0.855 | −0.075 | 0.180 | −0.838 | 0.357 |
| IT1 | 183 | 3.77 | 0.980 | 0.961 | −0.326 | 0.180 | −0.895 | 0.357 |
| **IT2** | 183 | 3.54 | 0.862 | 0.764 | −0.432 | 0.180 | −0.765 | 0.357 |
| IT3 | 183 | 3.14 | 0.982 | 0.965 | 0.355 | 0.180 | −0.962 | 0.357 |
| CS1 | 183 | 3.63 | 0.891 | 0.794 | −0.199 | 0.180 | 0.667 | 0.357 |
| CS2 | 183 | 3.61 | 0.919 | 0.844 | −0.168 | 0.180 | 0.772 | 0.357 |
| CS3 | 183 | 3.54 | 0.894 | 0.799 | −0.125 | 0.180 | 0.715 | 0.357 |
| CS4 | 183 | 3.72 | 0.981 | 0.963 | −0.320 | 0.180 | −0.881 | 0.357 |
| CS5 | 183 | 3.19 | 0.921 | 0.848 | 0.165 | 0.180 | −0.955 | 0.357 |
| CS6 | 183 | 3.10 | 0.865 | 0.749 | 0.168 | 0.180 | −0.959 | 0.357 |

### 6.3.2.3　量表检验和修正

在对获得的调查数据分析之前，对观测量表的信度和效度进行检验。将不符合信度检验的题项删除，以避免在因子分析过程中产生新的维度。通过采用总相关系数（CICT）和科隆巴赫系数（Cronbach's a）等关键评价指标作为净化量表题项的方法。通常将 CICT 值小于 0.3 且删除后可以增加 Cronbach's a 的测量题项予以删除。并利用 Cronbach's a 来判断测量量表题项的信度是否满足研究需求，通常 Cronbach's a 大于 0.7 为高信度，可以进行深入研究。

利用 Spss Statistics 23.0 软件分析结果显示，题项 NE4 和 IT2 两个题项的 CICT 值均小于 0.3。删除"谈判有效性"中"NE4"题项后，Cronbach's a 值由 0.804 提高至 0.825。而删除"制度型信任"中"IT2"题项之后，Cronbach's a 值由 0.786 提高至 0.813。净化后的量表使各分量表及整体量表的信度水平均有所提升，最终得到修正量表及其 CICT 和信度分析，如表 6 - 17 所示，整个量表的 Cronbach's a 值为 0.887，各潜变量的 Cronbach's a 值均达到标准要求。

表 6 - 17　　　　　　　　测量题项的 CICT 和信度分析

| 测量题项 | CICT | 删除本项后的 Cronbach's a | Cronbach's a | 测量题项 | CICT | 删除本项后的 Cronbach's a | Cronbach's a |
|---|---|---|---|---|---|---|---|
| PS1 | 0.698 | 0.819 | | RT1 | 0.675 | 0.798 | |
| PS2 | 0.654 | 0.763 | | RT2 | 0.706 | 0.743 | 0.801 |
| PS3 | 0.663 | 0.769 | 0.795 | RT3 | 0.565 | 0.815 | |
| PS4 | 0.671 | 0.775 | | IT1 | 0.642 | 0.785 | |
| PS5 | 0.643 | 0.801 | | | | | 初始：0.786 |
| NE1 | 0.629 | 0.851 | | IT2 | 0.569 | 0.799 | 最终：0.813 |
| NE2 | 0.582 | 0.794 | | | | | |
| NE3 | 0.618 | 0.773 | 初始：0.804 最终：0.825 | CS1 | 0.648 | 0.780 | |
| NE4 | 0.654 | 0.804 | | CS2 | 0.654 | 0.778 | |
| NE5 | 0.544 | 0.815 | | CS3 | 0.701 | 0.769 | |
| CT1 | 0.626 | 0.713 | | CS4 | 0.623 | 0.785 | 0.821 |
| CT2 | 0.584 | 0.764 | 0.768 | CS5 | 0.536 | 0.804 | |
| CT3 | 0.632 | 0.797 | | CS6 | 0.572 | 0.835 | |

### 6.3.3 实证分析与检验

#### 6.3.3.1 信度和效度检验

构建结构方程模型分析之前，需对样本数据的容量、信度和效度进行检验。而当前学者们对结构方程模型的样本容量尚未达成统一的观点，但一般情况下，100~200 的容量基本能够满足模型需要，本书最终得到的有效样本数量为 183，基本符合研究样本要求。

运用 Spss Statistics 23.0 软件进行探索性因子分析时，各潜变量对应的观测变量 Cronbach's a 信度系数值均大于 0.7，表明各潜变量的观测变量具有高度的一致性，同时潜变量的 KMO 值大于 0.7 且 Bartlett 统计值显著，满足进行因子分析的基本要求，可以进行探索性因子分析。

通过 AMOS 22.0 统计软件对各潜变量进行验证性分析，计算单个测量变量的标准化载荷系数来验证其信度。运用组合信度（CR）来检验因子的整体信度，运用平均方差抽取量来检验测量的收敛效度。根据福内利和拉克尔的研究，CR 建议值为 0.6，AVE 在 0.36~0.5 可接受，大于 0.5 为理想值。通过对样本数据的分析，如表 6－18 所示，组合信度均大于 0.5，平均方差抽取量大部分处于 0.36~0.5，部分大于 0.5，则认为样本数据具有良好的组合信度和收敛效度，适合做进一步的假设检验分析。

表 6－18　　　　　　　　测量量表的信度和效度检验结果

| 潜变量 | 观测变量 | 标准化因子载荷 | 标准化系数平方 | 标准化残差 | 组合信度（CR） | 平均方差抽取量（AVE） |
|---|---|---|---|---|---|---|
| 项目范围改变（PS） | PS1 | 0.793 | 0.629 | 0.371 | 0.827 | 0.511 |
| | PS2 | 0.637 | 0.406 | 0.594 | | |
| | PS3 | 0.732 | 0.536 | 0.464 | | |
| | PS4 | 0.710 | 0.504 | 0.496 | | |
| | PS5 | 0.803 | 0.645 | 0.355 | | |
| 谈判有效性（NE） | NE1 | 0.782 | 0.612 | 0.388 | 0.734 | 0.453 |
| | NE2 | 0.801 | 0.642 | 0.358 | | |
| | NE3 | 0.668 | 0.446 | 0.554 | | |
| | NE4 | 0.713 | 0.508 | 0.492 | | |
| | NE5 | 0.726 | 0.527 | 0.473 | | |

续表

| 潜变量 | 观测变量 | 标准化因子载荷 | 标准化系数平方 | 标准化残差 | 组合信度（CR） | 平均方差抽取量（AVE） |
|---|---|---|---|---|---|---|
| 计算型信任（CT） | CT1 | 0.824 | 0.679 | 0.321 | 0.786 | 0.474 |
| | CT2 | 0.747 | 0.558 | 0.442 | | |
| | CT3 | 0.776 | 0.602 | 0.398 | | |
| 关系型信任（RT） | RT1 | 0.831 | 0.691 | 0.309 | 0.751 | 0.462 |
| | RT2 | 0.707 | 0.450 | 0.550 | | |
| | RT3 | 0.783 | 0.613 | 0.387 | | |
| 制度型信任（IT） | IT1 | 0.752 | 0.566 | 0.434 | 0.726 | 0.455 |
| | IT2 | 0.704 | 0.496 | 0.504 | | |
| 可持续性（CS） | CS1 | 0.842 | 0.709 | 0.291 | 0.813 | 0.502 |
| | CS2 | 0.758 | 0.575 | 0.425 | | |
| | CS3 | 0.702 | 0.491 | 0.509 | | |
| | CS4 | 0.683 | 0.466 | 0.534 | | |
| | CS5 | 0.810 | 0.656 | 0.344 | | |
| | CS6 | 0.728 | 0.530 | 0.470 | | |

### 6.3.3.2  假设检验与路径分析

**1. PPP 项目再谈判对可持续的影响关系**

按照一般中介变量的研究方法，控制信任的中介变量，仅对再谈判对可持续的影响关系展开研究，运用 AMOS 22.0 软件拟合这两个维度的变量，得出再谈判对可持续性影响的关系模型 M1 的拟合结果如图 6-4 所示。

如图 6-4 所示，在再谈判对可持续性影响的关系模型 M1 中，假设 H1a 项目范围调整与可持续性间的标准化路径系数为 0.452，T 值为 3.86，显著大于 3.29 临界值，在 0.001 的水平上显著，表明项目范围调整对可持续性的影响关系模型得到支持；假设 H1b 谈判有效性与可持续性间的标准化路径系数为 0.394，T 值为 3.34，显著大于 3.29 临界值，在 0.001 的水平上显著，表明谈判有效性对可持续性的影响关系模型得到支持。

模型中证实项目范围调整和谈判有效性对可持续性的影响关系，同时，从再谈判对可持续性关系结构模型的拟合情况来看，$x^2/df = 0.082 < 3$，RMSEA = 0.102，接近 0.1 的临界值，GFI，NFI，IFI，CFI 等拟合系数也均大于 0.9，表明结构模型的拟合度基本满足拟合要求，如表 6-19 所示。

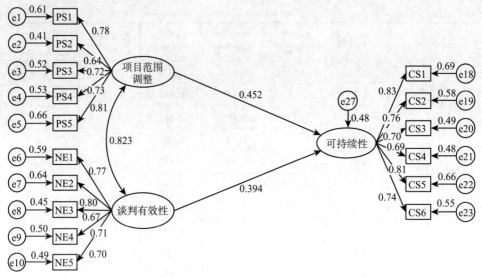

**图 6 - 4　再谈判对可持续性影响的关系模型 M1**

表 6 - 19　　　　　　　PPP 项目再谈判对可持续性影响的关系模型

| 指标 | $x^2/df$ | RMSEA | GFI | NFI | IFI | CFI |
|------|---------|-------|-----|-----|-----|-----|
| 数值 | 0.082 | 0.102 | 0.943 | 0.951 | 0.987 | 0.989 |

**2. PPP 项目再谈判对信任的影响关系**

控制可持续性变量，对再谈判对信任的影响展开研究，运用 AMOS 22.0 软件拟合结果如图 6 - 5 所示。

如图 6 - 5 所示，在 PPP 项目再谈判对信任的影响关系模型中，假设 H2a 项目范围调整与计算型信任间的标准化路径为 0.397，T 值为 4.47，显著大于 3.29 的临界值，在 0.001 水平上显著；假设 H2b 项目范围调整与关系型信任间的标准化路径为 0.226，T 值为 3.02，显著大于 2.58 的临界值，在 0.01 水平上显著；假设 H2c 项目范围调整与制度型信任间的标准化路径为 0.270，T 值为 3.02，显著大于 2.58 的临界值，在 0.01 水平上显著；假设 H3a 谈判有效性与计算型信任间的标准化路径为 0.382，T 值为 3.86，显著大于 3.29 的临界值，在 0.001 水平上显著；H3b 谈判有效性与关系型信任间的标准化路径为 0.365，T 值为 4.18，显著大于 3.29 的临界值，在 0.001 水平上显著；假设 H3c 谈判有效性与制度型信任间的标准化路径为 0.242，T 值为 2.43，显著大于 1.96 的临界值，在 0.05 水平上显著，全部路径的影响关系模型得到支持。

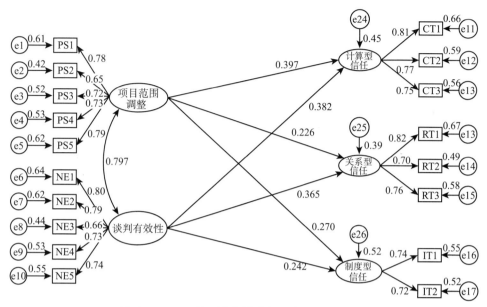

图 6 - 5　PPP 项目再谈判对信任的影响关系模型

模型中证实项目范围调整和谈判有效性对信任的影响关系，同时，从再谈判对信任关系结构模型的拟合情况来看，$x^2/df = 0.143 < 3$，RMSEA $= 0.074 < 0.08$，GFI，NFI，IFI，CFI 等拟合系数也均大于 0.9，表明结构模型的拟合情况良好，如表 6 - 20 所示。

表 6 - 20　　　　　　　　PPP 项目再谈判对信任的影响关系拟合指数

| 指标 | $6x^2/df$ | RMSEA | GFI | NFI | IFI | CFI |
|------|-----------|-------|-----|-----|-----|-----|
| 数值 | 0.143 | 0.074 | 0.947 | 0.965 | 0.987 | 0.981 |

### 3. 信任对可持续性的影响关系

控制再谈判变量，对信任对可持续性的影响关系展开研究，运用 AMOS 22.0 软件拟合结果如图 6 - 6 所示。

如图 6 - 6 所示，在信任对可持续性的影响关系模型中，假设 H4a 项目计算型信任与可持续性间的标准化路径为 0.378，T 值为 5.13，显著大于 3.29 的临界值，在 0.001 水平上显著；假设 H4b 关系型信任与可持续性间的标准化路径为 0.417，T 值为 4.72，显著大于 3.29 的临界值，在 0.001 水平上显著；假设 H4c 制度型信任与可持续性间的标准化路径为 0.329，T 值为 3.78，显著大于 3.29 的临界值，在 0.001 水平上显著，全部路径的影响关系模型得到支持。

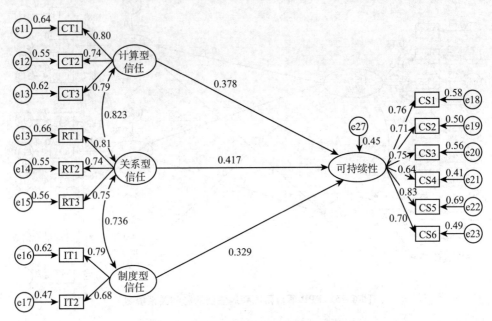

图 6-6　信任对可持续性的影响关系模型

模型中证实项目范围调整和谈判有效性对信任的影响关系，同时，再谈判对信任关系结构模型的拟合情况来看，$x^2/df = 1.437 < 3$，$RMSEA = 0.045 < 0.08$，GFI，NFI，IFI，CFI 等拟合系数也均大于 0.9，表明结构模型的拟合情况良好，如表 6-21 所示。

表 6-21　　　　　　　　信任对可持续性的影响关系拟合指数

| 指标 | $x^2/df$ | RMSEA | GFI | NFI | IFI | CFI |
|---|---|---|---|---|---|---|
| 数值 | 1.437 | 0.045 | 0.931 | 0.945 | 0.991 | 0.989 |

### 6.3.3.3　信任中介作用模型及拟合比较

本书采用结构方程模型验证本书提出的研究假设，其中，信任作为再谈判和可持续性之间的中介变量。在验证因变量与自变量和中介变量的相关性时，当中介变量与因变量之间的路径系数显著时，若自变量与因变量之间的路径系数降低到不显著水平，表明中介变量起到了完全中介作用；反之，则中介变量起到部分中介作用。因此，基于上述再谈判对可持续的影响结构模型 M1 进行完全中介模型 M2 和部分中介模型 M3 的构建。

**1. 完全中介模型**

在再谈判对可持续的影响结构模型 M1 的基础上，增加计算型信任、关系型信任和制度型信任作为中介变量，构建完全中介模型 M2。基于样本数据，对其进行拟合分析，如图 6 - 7 所示。

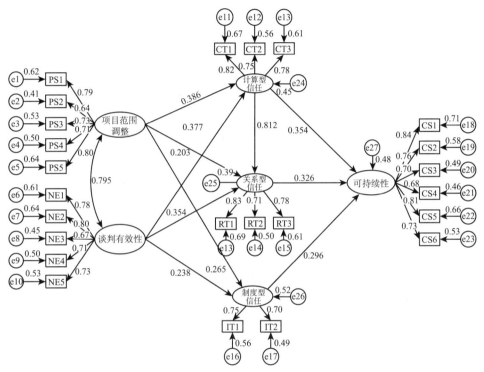

图 6 - 7　信任的完全中介模型 M2

**2. 部分中介模型**

基于信任的完全中介模型 M2，增加项目范围调整、谈判有效性对可持续的直接作用路径，构建部分中介模型 M3。基于样本数据进行拟合分析，如图 6 - 8 所示。

**3. 中介效应对比分析**

为检验信任在再谈判与可持续性之间的中介效应，在模型 M1（无中介模型）的基础上构建 M2（完全中介模型）和 M3（部分中介模型），并对这三个模型的拟合度进行对比分析，如表 6 - 22 所示。

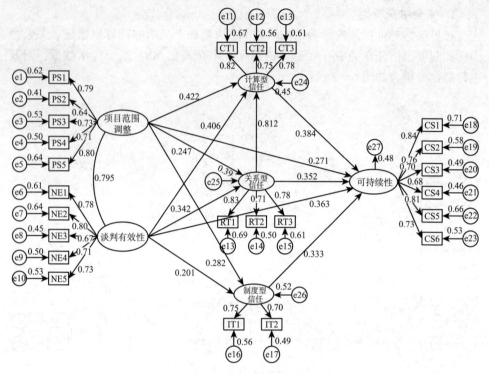

图 6-8 信任的部分中介模型 M3

表 6-22 信任的完全中介与部分中介的拟合指标对比

| 无中介模型 M1 | 信任的完全中介模型 M2 | 信任的部分中介模型 M3 |
|---|---|---|
| $x^2/df = 0.082$  RMSEA $= 0.102$<br>GFI $= 0.913$  NFI $= 0.967$<br>IFI $= 0.971$  CFI $= 0.953$ | $x^2/df = 0.322$  RMSEA $= 0.107$<br>GFI $= 0.883$  NFI $= 0.946$<br>IFI $= 0.951$  CFI $= 0.942$ | $x^2/df = 1.103$  RMSEA $= 0.045$<br>GFI $= 0.927$  NFI $= 0.943$<br>IFI $= 0.959$  CFI $= 0.958$ |

　　通过上述分析，从模型的拟合指数来看，部分中介模型 M3 更优于完全中介模型 M2 的拟合指数，尤其在模型 M2 中，GFI 为 0.883 小于 0.9 的临界值，RM-SEA 值为 0.107，大于 0.08 的临界值。可以说明：首先，部分中介模型 M3 的拟合优度最佳。其次，根据中介作用的判定条件，通过对比项目范围调整和谈判有效性与可持续性的直接作用模型 M1 与部分中介模型 M3，可以发现，项目范围调整和谈判有效性均正向影响可持续性，并且在部分中介模型 M3 中项目范围调整和谈判有效性的影响路径与模型 M1 中的路径系数均呈现减弱趋势，符合判定部分中介作用的基本要求。综上分析，项目范围调整和谈判有效性不仅对可持续性有直接正向的影响，还分别通过信任的间接作用对可持续性产生显著的正向影

响。因此，部分中介模型 M3 为最优模型。

### 6.3.4　研究结果及讨论分析

#### 6.3.4.1　研究结果

本书通过构建 PPP 项目再谈判与可持续性关系的理论模型，借助 AMOS 22.0 软件对样本数据进行实证检验，结果表明，假设与检验结论基本一致，仅路径系数存在差异，以拟合优度最佳的部分中介模型 M3 为例，实证检验结果如表 6 - 23 所示。

表 6 - 23　　　　　　　　　　　理论假设及检验结果

| 假设 | 影响路径 | S. E. | C. R. | 标准路径系数 | P | 结论 |
|------|----------|-------|-------|--------------|---|------|
| H1a | 项目范围调整→可持续性 | 0.022 | 3.621 | 0.271 | ** | 正相关 |
| H1b | 谈判有效性→可持续性 | 0.036 | 5.894 | 0.363 | *** | 正相关 |
| H2a | 项目范围调整→计算型信任 | 0.043 | 7.623 | 0.422 | *** | 正相关 |
| H2b | 项目范围调整→关系型信任 | 0.024 | 3.412 | 0.247 | ** | 正相关 |
| H2c | 项目范围调整→制度型信任 | 0.027 | 4.105 | 0.282 | ** | 正相关 |
| H3a | 谈判有效性→计算型信任 | 0.041 | 7.329 | 0.406 | *** | 正相关 |
| H3b | 谈判有效性→关系型信任 | 0.032 | 5.132 | 0.342 | *** | 正相关 |
| H3c | 谈判有效性→制度型信任 | 0.019 | 3.217 | 0.201 | * | 正相关 |
| H4a | 计算型信任→可持续性 | 0.037 | 6.671 | 0.384 | *** | 正相关 |
| H4b | 关系型信任→可持续性 | 0.033 | 5.342 | 0.352 | *** | 正相关 |
| H4c | 制度型信任→可持续性 | 0.031 | 5.130 | 0.333 | *** | 正相关 |
| H5 | 计算型信任→关系型信任 | 0.065 | 12.763 | 0.812 | *** | 正相关 |

为进一步确定 PPP 项目中"再谈判—信任—可持续性"的作用路径，在最优的部分中介模型的基础上，分析再谈判对信任和可持续性的直接作用效果、间接作用效果和总体作用效果，以及信任对可持续性的直接作用效果和总体作用效果。具体影响效果如表 6 - 24 所示。

表 6 – 24                              再谈判、信任、可持续性的影响效果

| 变量间作用路径 | 直接效果 | 间接效果 | 总效果 |
|---|---|---|---|
| 项目范围调整→计算型信任 | 0.422 | — | 0.422 |
| 项目范围调整→关系型信任 | 0.247 | — | 0.247 |
| 项目范围调整→制度型信任 | 0.282 | — | 0.282 |
| 谈判有效性→计算型信任 | 0.406 | — | 0.406 |
| 谈判有效性→关系型信任 | 0.342 | — | 0.342 |
| 谈判有效性→制度型信任 | 0.201 | — | 0.201 |
| 计算型信任→可持续性 | 0.384 | — | 0.384 |
| 关系型信任→可持续性 | 0.352 | — | 0.352 |
| 制度型信任→可持续性 | 0.333 | — | 0.333 |
| 项目范围调整→可持续性 | 0.271 | 0.115 | 0.386 |
| 谈判有效性→可持续性 | 0.343 | 0.133 | 0.476 |
| 计算型信任→关系型信任 | 0.812 | — | 0.812 |

结果显示，所有假设在 $P = 0.05$ 水平上显著，因此假设均得到证实。同时，从各变量的标准路径系数来看，项目范围调整→计算型信任、谈判有效性→计算型信任以及计算型信任→关系型信任，具有较强的正相关性。项目范围调整和谈判有效性对可持续性既有直接的作用效果，也有通过计算型信任、关系型信任和制度型信任的间接作用效果，分别是 0.115 和 0.133。信任的中介作用对比分析如表 6 – 25 所示。

表 6 – 25                         信任的中介效应对比分析

| 信任的成分 | 具体路径 | 中介效应值 | 总效应值 |
|---|---|---|---|
| 计算型信任 | 项目范围调整→计算型信任→可持续性 | $0.422 \times 0.384 = 0.162$ | 0.399 |
| | 项目范围调整→计算型信任→关系型信任→可持续性 | $0.422 \times 0.812 \times 0.352 = 0.121$ | |
| | 谈判有效性→计算型信任→关系型信任→可持续性 | $0.406 \times 0.812 \times 0.352 = 0.116$ | |
| 关系型信任 | 项目范围调整→计算型信任→关系型信任→可持续性 | $0.422 \times 0.812 \times 0.352 = 0.121$ | 0.357 |
| | 谈判有效性→计算型信任→关系型信任→可持续性 | $0.406 \times 0.812 \times 0.352 = 0.116$ | |
| | 谈判有效性→关系型信任→可持续性 | $0.342 \times 0.352 = 0.120$ | |
| 制度型信任 | 项目范围调整→制度型信任→可持续性 | $0.282 \times 0.333 = 0.094$ | 0.161 |
| | 谈判有效性→制度型信任→可持续性 | $0.201 \times 0.333 = 0.067$ | |

对信任的中介效应对比分析结果显示，计算型信任在再谈判与可持续性之间的总效应为 0.399，关系型信任在再谈判与可持续性之间的总效应为 0.357，而制度型信任在再谈判与可持续性之间的总效应为 0.161，计算型信任比关系型信任的中介总效应高出 0.042，因此，可以认为计算型信任的中介作用稍微强于关系型信任，同时两者均高于制度型信任。

### 6.3.4.2　结果讨论

通过对 PPP 项目中再谈判、信任和可持续的实证研究，得出以下结论：第一，再谈判的项目范围调整维度对项目的可持续既有直接的正向影响，也通过信任的中介作用产生间接影响；第二，再谈判的谈判有效性维度对项目的可持续既有直接的正向影响，也通过信任的中介作用产生间接影响；第三，再谈判的项目范围调整和谈判有效性维度对信任的各维度均有显著的正向影响。

**1. PPP 项目再谈判对项目可持续性有显著正向影响**

研究结果表明，再谈判的项目范围调整和谈判有效性对项目可持续性会产生显著的正向影响。政府和社会资本方发起再谈判的初衷具有两面性，基于机会主义的再谈判行为，使再谈判成为向合作一方"敲竹杠"的工具，而无论再谈判中项目范围调整或取得谈判的有效也将会对项目的可持续产生负面影响；相反，合作双方本着合作的契约精神提起再谈判，即便是在谈判中调整项目范围，在之后的合作中取得谈判的成效，都将推动 PPP 项目实现可持续发展。

假设 H1a 和假设 H1b 得到的标准化路径系数分别为 0.271 和 0.363，表明在谈判中项目范围调整和谈判有效性越合理，双方越能够推动 PPP 项目可持续发展。同时，谈判有效性的路径系数大于项目范围调整的路径系数，反映了合作双方在发生再谈判事件之后，更迫切通过多次的再谈判后实现对未来有效性的预期，而项目范围调整涉及合同结果，不能带给双方持续的合理预期。谈判有效性更偏重于原则性的改变，而项目范围调整更偏重于结果的改变，而原则性的改变更具有未来可持续性的说服力，因此，合作双方对谈判的有效性更为重视。

**2. PPP 项目再谈判对信任有显著正向影响**

研究结果显示，假设 H2a、H2b 和 H2c 得到的标准化路径系数分别为 0.422、0.247 和 0.282，表明项目范围调整对计算型信任、关系型信任和制度型信任均产生显著的正向影响，假设 H3a、H3b 和 H3c 得到的标准化路径系数分别为 0.406、0.342 和 0.201，表明谈判有效性对计算型信任、关系型信任和制度型信任均产生显著的正向影响。

合作双方在再谈判中基于经济诱因考虑各自的收益情况，与其在 PPP 项目中所做出的承诺的对等程度进行评估，在谈判前搜集相关资料，期待在谈判中获得最大收益值。再谈判过程中，双方会将 PPP 项目初始合同中项目范围等作为参照点，对拟定的合同中的补充协议或修改协议进行对比。如果双方均达到了各方的利益诉求，在未来的合作中形成一种互惠的信任行为，双方可能采取共谋的合作策略，推动项目的可持续发展。

政府和社会资本方在长达20～30年的特许经营期内形成一种长期合作伙伴关系，由于政府和社会资本地位的不对等，能够形成有效的沟通机制在长期合作中至关重要。若再谈判中双方以一种平等的身份，通过重复、直接的沟通互动形式，形成长期合作、共同的价值观念，并能够形成以感情维系的合作关系，有利于长久合作关系的形成。从结果上看，关系型信任相对于计算型信任较低，人们对政府和社会资本间的长久合作还存在观望行为表现，因此还需转变政府职能，保证政府作为一个真正的PPP 项目合作方存在，建立平等的沟通机制，才更能促进长期合作伙伴关系的形成。

在 PPP 项目中，政府和社会资本通过签订契约合同约定双方的责权利。在法律和合同规制完善的情况下，当争端事件发生时，双方倾向于运用政府的行政手段来解决争端。而在法律和监管机制缺乏、不健全的情况下，以合同规制来制约双方行为的特许经营机制就失去了赖以生存的条件，造成政府承诺的缺失，以致于人们对再谈判过程中形成的制度型信任的影响路径相对较低。因此，完善法律法规和监管体系，建立起制度型信任有助于促进谈判的有效性和项目的可持续性。

**3. 信任在再谈判对可持续性的影响起部分中介作用**

假设 H4a、H4b 和 H4c 得到的标准化路径分别为 0.384、0.352 和 0.333，表明计算型信任、关系型信任和制度型信任对项目可持续性均产生显著的正向影响。信任作为合作伙伴间关系的润滑剂，通过沟通互动的方式，降低合作双方对或然事件可能带来的交易成本增加的概率，对合作双方的交易行为产生重要的影响效应。在长期合作过程中，交易双方的信任关系能够直接或间接地减少由于信息不完全带来的风险，缓解信任程度不高和信任程度不对称带来的负面影响，有利于实现平等互信的公私合作机制。

从研究结果看，当前专家学者认为基于计算型的信任稍高于其他两种信任关系，通过对项目范围调整的谈判，社会资本方在 PPP 项目再谈判中追求自身利益的最大化，保障自己在谈判后的盈利水平，因此，考虑双方达成的承诺做出的信任行为水平较高。而政府和社会资本合作更多的是基于双方合作关系维系的长期合作关系，因此通过加强互动沟通保障沟通渠道的畅通和程序的合理性，建立声誉机制对双方的行为形成良好的约束作用，从而提高双方关系型信任。同时，相对完善的法规、政策提高制度的权威性和设立专门的 PPP 监管机构且保障 PPP 监管机构独立性是有效推动 PPP 模式的保证，有利于提高社会资本的制度型信任。

本章通过构建并验证 PPP 项目再谈判、信任以及项目可持续性之间的概念模型，揭示了 PPP 项目中再谈判—信任—项目可持续性的作用路径，验证了再谈判和信任对项目可持续性的作用差异。通过揭示 PPP 项目中再谈判对项目可持续性的影响机理，为治理再谈判提供理论依据，同时有助于 PPP 项目合同治理、行政规制方案以及关系契约治理机制的构建，尤其对再谈判程序的设计等方面做出原则性安排，提高再谈判治理效率，促进 PPP 项目的可持续发展。

## 6.4　PPP 项目再谈判治理机制构建

PPP 项目再谈判既可能优化和完善契约不完全的天然属性，也可能由于私人机会主义行为造成社会公众利益受损，降低社会剩余。综合前述分析和论证，通过构建 PPP 项目再谈判治理机制，以全寿命周期视角，从合同规制，发挥自我履约机制和增强声誉效应，加强债务风险监管，建立 PPP 专业仲裁委员会以及设计再谈判程序和步骤等方面展开，提高再谈判履约效率，促进 PPP 可持续发展，提升项目的公共价值，如图 6-9 所示。

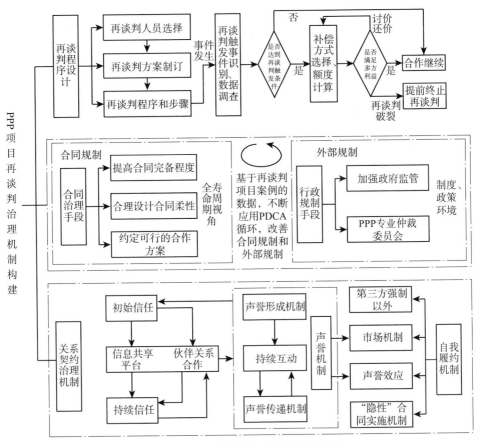

**图 6-9　PPP 项目再谈判治理机制构建**

## 6.4.1 再谈判程序设定

### 6.4.1.1 再谈判人员选择

PPP 项目谈判通常是群体的活动，根据谈判的问题和性质，合理的配置与要谈判的问题相对应的专业人员组成谈判小组，使其发挥群体优势，产生整体效应。选择优秀的谈判人员，组成在专业上强有力的谈判小组，是取得再谈判成功的基本条件。

PPP 项目中，至少要求财务、法律、投融资和工程技术专家等各 1 名小组成员及选定的谈判小组负责人组成谈判小组，由于其专业的不同，其素质要求也不同。

**1. 具有良好的思想道德素质**

PPP 项目为公众提供公共产品和服务，谈判小组成员要有坚定的政治立场，时刻谋求公众利益；了解和熟悉国家有关 PPP 政策，法律法规；同时具备强烈的事业心和责任感，有足够的为公益服务的热情。

**2. 具有广博的知识和必备的专业素质**

PPP 项目涉及众多领域，多专业协同实施，这就要求谈判者拥有广博的知识作为谈判的坚实基础，熟悉了解项目所在地的类似项目建设情况，民俗风情等社会科学方面知识，同时，还必须精通与自己领域密切相关的专业基础知识，具备综合业务知识（包括法律、财务、技术、投融资等知识）的高层次复合型人才能力。

**3. 具备坚定的心理素质、思维应变能力和表达能力**

由于 PPP 项目中政府和社会资本所处的地位不对等，往往在再谈判过程谈判人员受谈判地位、气势的影响较大，因此谈判人员要培养高尚的人格，不断调整自己的心理结构，充分发挥情感上的优势，和培养坚定的意志力；对于谈判中突发、毫无准备的事件，能够快速果断地采取措施应对，掌握谈判进程，控制谈判局势；同时谈判体现了一种信息交流和磋商的过程，口语表达和语言文字对谈判双方信息的沟通至关重要。

### 6.4.1.2 再谈判方案制订

再谈判准备工作中，涉及影响合同履行效率，影响项目可持续进行，危害社会公众利益等重大问题的谈判，必须制订相应的谈判方案。

**1. 谈判目标的确立**

谈判的目标是确定谈判程序的基础上建立的，是预先对己方所要达到的谈判结果的一种设定，是谈判的主题和核心。在项目信息调查跟踪、资料搜集整理的基础上，根据谈判可能取得的结果判断，将目标确立分为三个层级：一是基本目标，即通过多轮讨价还价之后，必须坚守、不可退让的目标，体现谈判者期望获得的最低的利益诉求；二是争取目标，即设定的理想目标，首先要立足于争取，必要时可退让或放弃；三是机动目标，出于谈判策略考虑，必要时可放弃。这样将目标区分主次，设定对应的弹性目标，增加了谈判回旋余地。然而，确立目标是一个动态的过程，通过结合实际情况，考虑可能造成的种种因素，不断修正，以达成谈判目标。

**2. 谈判计划**

谈判计划是指谈判活动各项议程的时限。在 PPP 项目中再谈判触发事件发生后，交易双方在确认谈判工作的初始，通过信函等方式，就针对 PPP 项目中出现的再谈判事件的议题、议程及确定谈判的目的、谈判的程序达成共识。具体需要做好以下工作：第一，确定谈判的具体目标，整个谈判过程必须紧紧围绕这个具体的目标来进行；第二，拟定本次谈判的要点，其中包括谈判目的、谈判程序以及谈判进度等；第三，谈判双方要根据自身的实际情况，制定谈判的战术策略，特别注重运用特殊的策略；第四，寻找谈判双方的共同利益，达成再谈判事件的和解，促进 PPP 项目运作的可持续性。

**3. 谈判范围**

为促进 PPP 项目再谈判事件的顺利解决，在谈判程序中限定一个政府和社会资本双方可接受的范围，赋予其适当的弹性，使整个谈判过程具有一定的回旋余地，不至于出现有限的分歧时导致谈判的僵化，同时，又可有明确的妥协和让步的限界，不至失控。在拟定谈判范围时，既要基于谈判双方的优劣势分析，又要着眼于未来双方合作关系发展的前景，还要考虑谈判内容和项目的重要程度以及项目最低要求和标准。

**4. 谈判的策略与技巧**

在 PPP 项目再谈判过程中，谈判的策略和技巧贯穿整个谈判活动的始终。分析谈判情景形势，针对谈判过程中可能出现的关键问题制定相应的策略，并提出合理的假设，运用适宜的技术经济分析方法，进行可行性分析，制定出具体的可行策略，拟订在时间和空间上相衔接的具体行动方案，并进行反馈控制和跟踪决策。

在再谈判前期准备过程中，逐步形成系统的谈判思维与谈判脉络，通过有效、能动性和创造性地组合各种思维方式，为谈判做好充足的准备。同时通过谈判过程中的协调控制，保证谈判程序上的协调一致，控制谈判进展，提高谈判的效率。

### 6.4.1.3　再谈判程序和步骤

**1. 再谈判程序**

由于对当前 PPP 项目再谈判规制不足，合同中很少设定再谈判程序，造成再谈判触发后，程序混乱，再谈判效率低下，造成经济方面的重大损失。在 PPP 项目合同中，通过建立一个再谈判程序，把握正确的谈判方向，按照谈判的标准程序逐步开展，就会使谈判有一个圆满的结局。通常项目再谈判过程需要经过：准备阶段、开局阶段、磋商阶段、签约或达成共识阶段等过程，如图 6 – 10 所示。

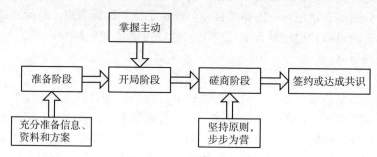

图 6 – 10　谈判基本流程

在 PPP 项目合同执行过程中，合同中未提出明确解决方式的突发事件发生后，通过调查分析事故中各组经济指标，对比在合同签订时设定的再谈判触发条件以及提前终止的阈值条件，当达到触发或阈值条件时，则进入再谈判程序。

（1）准备阶段。

再谈判准备阶段是指谈判正式开始之前的阶段，主要开展项目突发事故原因调查，搜集和整理信息资料，制订谈判方案与策略计划、选择和组建谈判小组、通过沟通建立与对方的关系等。准备阶段是项目开展再谈判最重要的阶段之一，良好和充足的谈判准备、了解对方的各个方面的真实情况有助于更好地做出研究型策略，增强自身谈判的实力，通过沟通建立与对方的关系能够影响对方的谈判期望，为谈判的进行和成功创造良好的条件。

（2）开局阶段。

再谈判开局阶段处于实质性谈判之前，是展开谈判的前奏和铺垫。通过简短的开场，可以了解参与谈判的基本信息以及谈判对方的地位和背景，便于把握和认识谈判对手。因此开局阶段在整个谈判过程中起到非常关键的作用，为谈判奠定了一个良好的谈判氛围和格局，影响和制约着实质性谈判的进行。因为这表现出谈判双方在开局阶段的首次亮相，体现谈判实力的首次较量，直接关系到谈判的主动权。开局阶段双方的主要任务是给对方一个良好的第一印象，创造融洽、和谐的会谈氛围，谋求有利的谈判地位等。

（3）磋商阶段。

实质性谈判开始后，谈判双方通常针对突发事件的调查结果，依据事先设定的谈判程序，交流各自谈判的意图和想法，进行谈判情况的审核与倡议，并针对双方无异议的问题达成一致，同时评估报价和讨价还价的形势，不断动态调整自己的谈判期望与策略。一方提出谈判要求，找到谈判问题真正的分歧点，表明自己的需求和利益，阐释自己提出解决问题的各种设想和方案，在 PPP 项目中往往表现在风险分担、利益共享等方面；另一方运用种种策略和技巧，发挥谈判人员的修养和素质，以初始合同为参照点，为共同的利益尤其是自身的需求争执较量，讨价还价。在坚持以公共利益最大化、实现项目公共价值为原则的前提下，找出双方能够接受的妥协方案。

（4）成交阶段。

经过双方多轮针锋相对的交锋和妥协，双方在交易条件上基本达成一致。谈判双方要为谈判结果议定一个补充协议或者重新签订协议，重新约定风险比例或收益分配比例，对合同中形成的价格及主要交易条件进行最后的谈判和确认，并在文件上签字。目的是为了制定一个对双方都具有约束力，能够保证彼此利益的协议。参与谈判签订的各方都必须按照共同议定的事项规定，遵照合同文件切实履行实施。

**2. 再谈判步骤**

为了给谈判小组提供一个有效掌握谈判过程的框架，在谈判中设定申明价值、创造价值和克服障碍三个步骤，并有效遵循适当的方法，就能够使谈判的结果达到双赢，并使双方利益都得到最大化。

（1）申明价值。

谈判的初级阶段，谈判双方应互相沟通各自的利益诉求。通过多向对方提出问题，探询对方的实际需求，与此同时，也要逐渐酌情申明自身的利益所在。此阶段的关键步骤是弄清对方的利益诉求。

（2）创造价值。

仅仅通过申明自身的利益所在，了解对方需求就达成的协议，并不一定对双方都是利益最大化，也可能没有达到最佳的方案。因此，谈判中双方需要想方设法去寻求更佳的方案，使谈判双方达到利益最大化，寻求实现双赢的创造价值。

（3）克服障碍。

在谈判后期交锋的攻坚阶段，谈判会遇到一定的僵局或障碍，这种障碍一般来自于两个方面：一方面是谈判双方彼此利益存在冲突，这就需要双方按照公平合理的原则来协调利益；另一方面是谈判者自身在决策程序上存在障碍，需要谈判无障碍的一方主动帮助另一方迅速做出适当决策。

**3. PPP 项目再谈判程序**

国内外对 PPP 项目再谈判的研究作为一个既定的现象，如何针对中国特色的 PPP 项目，规范再谈判程序成为提高再谈判效率的关键，如图 6-11 所示。

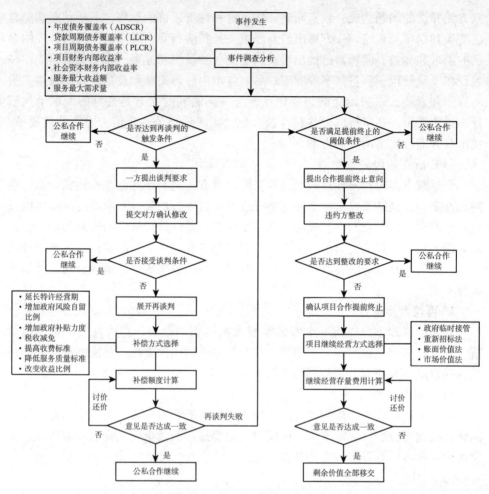

**图 6-11 PPP 项目再谈判程序**

（1）项目再谈判程序。

在项目实施过程中，违约事件发生后，己方或对方应该针对违约的事项，进行事件调查分析，包括年度债务覆盖率、贷款周期债务覆盖率、项目周期债款负债率、项目财务内部收益率、服务最大收益额、服务最大需求量等。按照合同中尽可能多的概括加列举式的违约事件的情形进行认真判别，有相应的解决方式的，通过协商解决；达到再谈判的触发条件的，启动再谈判程序。再谈判发生后，通常一方提出解决违约事件的补救措施，通知违约方在限定的时间内整改和补救，达到双方的利益最大化条件时，合作继续。若通过补救仍不能满足另一方，展开新一轮的谈判。

政府方违约导致的再谈判，通常采取延长特许经营期、增加政府补贴力度和减免税收、提高服务的收费标准或降低服务的质量、改变双方的收益比例等补偿方式的选择，而项目公司违约导致的再谈判，通常采取提高服务的质量降低服务的收费标准、接受政府的惩罚、项目临时接管、提前终止等方式补救。通过双方的讨价还价确定补偿额度，使再谈判顺利进行。然而再谈判过程中，双方对各方的利益条件争执不下，不能达成符合双方利益最大化的目标，则标志着再谈判失败。

（2）项目提前终止程序。

在 PPP 项目调查分析后满足提前终止的阈值条件时或按照再谈判程序谈判失败不得不进入项目提前终止发生后，进入项目提前终止程序。提前终止的阈值条件通常包括政府方在一定的期限内未能对政府的违约事件补救，项目公司主张终止 PPP 合同；项目公司和融资机构或融资机构方指定的第三方均不能在规定的期限内对违约事件补救的；政府单方面在项目合作期限内提出终止项目；发生的不可抗力事件持续或累计达到一定的期限，任何一方提出终止项目实施等，针对不同事由导致项目提前终止，在项目终止后的处理上也有所不同，通常涉及回购义务和回购补偿两方面的事项。由于对项目回购风险重大，政府并非全盘回购在建或已建成的项目，只有在涉及公共安全和公共利益、需要保障持续供给的 PPP 项目，政府提出临时接管项目，可以通过再次招标的方式重新选择社会资本方，组建项目公司管理运营 PPP 项目。

由于项目终止的事由不同，在具体项目中，双方应对补偿的金额进行合理地评估。政府方违约导致项目终止的，一般补偿原则是确保项目公司不会因为项目提前终止而受经济损失或获得额外收益，而项目公司违约导致项目终止且政府负有回购责任或选择进行回购的，通常采用的回购补救计算方法包括市场价值法、账面价值法等。由于自然不可抗力导致项目终止，一般双方共同分摊风险，政治的不可抗力事件发生导致项目提前终止，可要求获得回购补偿，甚至包括利润损失。

鉴于 PPP 项目合同标的巨大，生命周期长，涉及公共利益，随意提前终止一个 PPP 项目无疑给公共产品和服务的供给效率造成巨大的冲击。同时，由于资产专业性投资可能被套牢，项目提前终止无疑造成巨大的经济损失，因此，从这个角度看，即便发生了可能导致 PPP 项目提前终止的情形，PPP 项目也不能轻易提前终止，通过再谈判的机制尽可能保证项目继续实施运营。

## 6.4.2　合同治理手段

在 PPP 项目不完全契约背景下，合同规制是一种很重要的治理机制。通过完善合同全过程的管理制度和基于合作信任的柔性管理模式，提高合同的完备程度，较详细的约定双方的风险共担，利益共享机制。

### 6.4.2.1 提高合同的完备程度

由于认知和语言模糊性，造成 PPP 项目合同的不完备性，这就导致在未来项目执行阶段不能应对所有未能预见的事件。因此，政府和社会资本方在采购确认谈判中应该尽可能地规定定性和定量的再谈判触发事件以及再谈判阈值，如采用投资内部收益率、绩效评价指数等财务指标数据作为触发再谈判发生的阈值。建立动态的事件补充条件不断完善触发机制，保证再谈判可以预测，并且在再谈判发生时，能够按照合同约定的触发机制启动再谈判程序，并遵循程序来有效控制和治理再谈判。

### 6.4.2.2 合理设计合同柔性

一方面，再谈判是对原合同条款规定的变化，而不是根据原合同的调整机制对合同相关内容进行调整，合同中良好的调整条款可以避免再谈判发生。另一方面，PPP 项目的长期性决定未来合作关系的不确定性，合同柔性是适应不确定性的有效工具。通过建立一个开放的 PPP 合同，考虑实物期权理论，在合同中设立阶段性的弹性条款，如合理设置一些关于期限变更（延长合作期、提前终止）、产出内容和服务变更（产出标准调整、价格调整等）、主体变更（股权转让、合同转让）的灵活调整机制等，这些弹性条款可以依据条件满足而成立，也可以因条件成立而早期终止。通过设定合同的柔性条款，激励 PPP 项目实施方案设定者积极参与合同拟定，推动符合双方共同利益的权变条款成立，共建合理的风险共担、利益共享机制。

### 6.4.2.3 约定可行的合作方案

PPP 项目中最关键的两个特征：风险共担、利益共享。合理的风险共担和利益共享机制是 PPP 项目成功的关键因素。为了保证 PPP 项目合作期的稳定运行，避免社会资本方履行完其全部出资义务之前轻易退出项目，通常在合同中设定股权变更的锁定期，即自合同生效日期，至项目开始运营日后的一定期限内，不得提出直接或间接的股权变更的再谈判。通过在项目前期尽职调查过程中建立的风险矩阵和风险分配矩阵，根据项目实际情况，以各方所具有的控制力和承受能力原则进行风险分配，形成的项目风险分配矩阵有详细的识别过程，在再谈判中不能被修改。对于经营性较强的项目，往往会产生超额利润，合同中设计超额利润分配机制，如固定式和阶梯式方式确定、分成比例确定等，避免为追求社会资本暴利，发起机会主义的再谈判。

### 6.4.2.4　全寿命周期视角

PPP 项目长达 20～30 年的合作运营期的客观属性，要求再谈判的治理采用全寿命周期集成的视角。

项目识别阶段，为避免潜在项目的成本和收益过于乐观，项目匆匆上马，需要进行评估筛选，确定明确的项目产出说明，选择最适宜采用 PPP 模式的优质项目，政府财政部门会同行业主管部门，从定性和定量两个方面充分做好物有所值评价，为确保财政中长期可持续性，财政部门应根据项目的全寿命周期内的财政支出、政府债务等因素，对政府负有财政支出责任的项目，开展财政承受能力论证，以免回报机制不明确，增加政府债务的项目进入 PPP 程序。

项目准备阶段，充分明确项目产出的公共物品和服务内容以及采用 PPP 模式的必要性和可行性，按照风险分配优化、风险收益对等和风险可控的原则，设定合理的风险分配框架，依据收费定价方式、投资收益水平和期满处置等因素，明确项目的运作方式。依据相关法律文件，详细确定包括权利义务、交易条件、履约保障和调整衔接的项目边界条件，形成初步的 PPP 合同体系。通过编制详细的实施方案，形成政府实施 PPP 项目的计划性文件，是政府审批决策的依据，也是 PPP 合作关系展开的基石。

项目采购阶段，通过发布资格预审公告，充分验证社会资本响应程度并实现充分竞争。在社会资本采购文件中设定合理、全面、综合的评分标准，避免过分强调报价导致潜在投标人的机会主义报价，为实施阶段合作关系埋下再谈判的诱因。在采购结果确认谈判时，针对可变的细节问题，寻求符合双方共同利益，但不得涉及合同中不可谈判的核心条款，避免合同刚开始就产生再谈判。

项目执行阶段，政府应对项目公司履行监管责任，依法公开披露项目相关信息，保障公众的知情权，接受社会监督，有利于政府降低对项目的信息不对称程度，及时掌握项目建设运营关键信息，以便对再谈判的发生制定预控机制，或者再谈判发生后形成参照点，保证所谈判要求的合理性。项目的运营期间，政府有支付义务的，应按照实际绩效考核结果及时足额支付，同时设置超额分配机制的，社会资本或项目公司应根据合同约定，及时对政府支付足额应分配的超额收益。对实际绩效优于合同约定服务标准的，政府应执行合同约定的奖励条款，而未达到合同约定服务标准的，政府应执行相应的惩处条款或救济措施。

项目移交阶段，合同中应明确约定资产移交形式、补偿方式、移交内容和移交标准。采用有偿移交的，应明确约定补偿方式，委托相关资质的资产评估机构进行资产评估，作为补偿金额的依据，避免由于约定不明确，引发再谈判对双方利益造成损失。

### 6.4.3　行政规制手段

#### 6.4.3.1　加强政府监管

由于 PPP 项目为公众提供公共产品和服务的特殊性，政府从履行公共管理职能的角度出发，需要对项目的执行情况和提供的服务质量进行必要的监管，以确保项目能够按照合同约定履行。为了合理履行监督管理权，应在合同中明确政府的监管职责和范围，避免本已将项目公司需要承担的风险和管理角色重新包揽，违背 PPP 项目的初衷。PPP 项目的长周期性决定了对社会资本的履约能力的监管是一个动态的过程，需建立起对称的信息共享机制。在前期项目招投标阶段，对社会资本的资质进行严格审查，可有效避免社会资本激进的、机会主义的投标；在项目实施过程中，通过有效监管及时掌握项目实施的报告和信息，更好地治理再谈判，有效减少不必要的再谈判发生。

**1. 投标阶段的监管规制**

在政府公开招标采购社会资本方之前，通过发售招标资格预审公告，一方面测试市场的响应程度，另一方面审核潜在社会资本方的资质条件。因此设定合理的资格条件，有利于选择更适合 PPP 项目的社会资本方。正式招标时，增加招投标过程中的程序和评标方法的透明性、促进文件和合同条款的标准化，有利于保障公众的知情权，接受监督。通过对投标社会资本方的财务模型或其他财务数据的报价审核，避免前期通过低价中标，事后发起机会主义的再谈判，同时有利于提高 PPP 项目物有所值，防止乐观性的财务预测。

**2. 项目实施阶段的知情监管**

在 PPP 项目实施过程中通常规定项目公司定期向政府提交项目运行的报告和信息，保证政府对项目的知情权。在项目建设阶段，项目公司向政府提交项目计划书，政府审核建设期的重要节点计划和进度安排，按照一定格式和报送程序使政府及时了解项目的进展情况。在项目运营维护阶段，项目公司编制项目运营维护手册，项目提供的服务质量、项目日常维护和检修、运营回报收入以及成本监管和审计、年度报告和专项报告等各项经济指标情况等，需交由政府审核。通过提高信息的对称和共享，有利于减少再谈判事件发生，同时再谈判发生后有利于及时合理地解决再谈判，保证项目可持续运行。政府的监管要保证在不影响项目的正常运行的状态下进行，避免政府过多介入造成违约事件发生。

#### 6.4.3.2　PPP 专业仲裁委员会

在建立初始合同条款的过程中，明确约定未来争议解决的途径。PPP 专业仲裁委员会作为独立的第三方，公正、高效、专业地化解与 PPP 相关的商事争议，促进政府和社会资本合作各环节、各行业的健康有序发展。由于 PPP 模式在我国实践时间尚短，立法也未明确规定，但在实践中却在一定范围存在，而且随着 PPP 项目的不断发展，第三方调解仲裁作为一种再谈判的争议解决方式越来越受到重视。在 PPP 纠纷解决机制中，第三方仲裁委员会具有其自身独特的优势：

首先，PPP 专业仲裁委员会的专业性符合 PPP 争议专业性较强的要求。PPP 争议通常专业性较强且法律关系复杂，加之 PPP 涉及领域众多，对纠纷解决者的专业性提出了非常高的要求。法院法官虽有较强的司法专业性，但受 PPP 项目特有的专业性研究不足限制影响，同时第三方仲裁委员会不受地域限制，可以在不同领域资深 PPP 专家中自主性选择组成仲裁委员会，更好满足 PPP 专业性和行业多样性的要求。

其次，PPP 专业仲裁委员会的中立性满足了 PPP 争议解决对公正的追求。协调沟通，仲裁调解等方式因合作双方的自愿选择，再谈判结果自然能够更好满足各方的诉求。然而通过诉讼方式特别是行政诉讼，在 PPP 项目政府和社会资本合作中，受各种因素如传统行政思维的影响，势必会对再谈判争议解决的效率和效果产生偏颇。

最后，PPP 专业仲裁委员会的保密和高效性契合了 PPP 争议的特殊性。由于 PPP 案件的较强的社会敏感性，再谈判的结果不仅关系公私合作双方的经济利益，也关系到公共产品和服务的持续稳定供给。PPP 项目多涉及社会资本方和项目公司的商业秘密，第三方仲裁以不公开审理为原则，可以较好地满足当事人对保密性的要求。由于社会资本方相较于政府抗风险能力差，容易造成巨大的经济重大损失，重视提高争议解决的效率，采用一裁终局原则，可以高效解决 PPP 争议。

在政府和社会资本合作过程中出现再谈判的争议事件，尤其是合同中未识别的触发事件且未提供明确解决方式时，政府和社会资本需要分析合同不能匹配的基本原因，为保障双方合作的可持续性，希望对合同外产生的新特征事件达成一致，这就需要 PPP 专业仲裁委员会对双方的再谈判结果进行监督和程序上的规范，以此来保障谈判结果的公正性，对合作双方以及对社会公众的影响。PPP 专业仲裁委员会可以是财政部 PPP 中心领导的跨部门委员会，也可以是独立的第三方具有 PPP 争议仲裁能力的专业人士组成的委员会，规范再谈判流程，解决再谈判争议，增加再谈判过程的透明性。进一步提高政府的 PPP 合同管理能力，发挥 PPP 项目监管机构在合同设计、合同管理以及合同争议方面的监管作用。

## 6.4.4　关系契约治理机制

自我履约性是关系契约理论主要特点之一，在关系契约理论视角下，政府和社会资本在长期合作中有很强的人格因素，为了促成 PPP 项目顺利落地、保证交易双方合作的长期性和可持续性，就要依赖自我履约机制，声誉机制是保证双方合作关系可持续性的最好策略。

### 6. 4. 4. 1　契约的自我履约机制

**1. 自我履约机制的特点**

考虑到长期合作的不确定性、信息不对称以及政府和社会资本的行为异质性等因素，契约往往表现为不完全性。相对于运用第三方强制执行的完全契约，不完全契约的实现主要依赖于自我履约机制。自我履约机制有以下几个特点：第一，即使没有第三方强制执行的介入，在自我履约机制下也可以处理契约未明确但交易双方都理解的所有要素。第二，依赖于市场机制：对违约者实行终止未来合作交易机会的私人惩罚或威胁，这种私人惩罚既包括根据合同规定的经济性报复、终止交易造成专用性投资损失等单方惩罚，也包括声誉贬值造成未来交易成本增加、收益减少等集体惩罚。交易双方考虑守约比违约更能获得更多的利益时，不完全契约就能够持续自我实施下去。第三，在契约没有如期执行同时违约方的声誉受到质疑时，自我履约机制才可能发挥作用。即契约中的条款仅仅用来判别对方是否违约，而来自契约外的私人惩罚机制才是真正促使交易双方执行契约的关键。

**2. 自我履约机制运作的条件**

自我履约机制运作有其相对限定的条件：第一，有租金流的存在。租金流是自我实施机制运作的前提条件，没有可能失去的预期租金流的威胁，没有是否履约成本—收益的对比，机会主义的"敲竹杠"行为不能希望得到制止。第二，被"敲竹杠"的一方有能力终止合同。终止合约能力的获得是自我实施机制运行的根本性条件。即便是有准租金流的存在，在被"敲竹杠"时，利益受损方不能有效实施惩罚，行为便视为不可置信的威胁，契约便无法实施。第三，重复的交易行为。自我履约机制依赖于市场机制，所谓的终止合同，给机会主义者惩罚和威胁，并非局限于本次契约终止给对方带来损失，还要对未来双方合作产生的收益丧失可能性。第四，相应的契约配套。契约条款作为契约自我实施机制的补充，为其提供契约履行边界和必要且明确的法律约束力。第五，定期的监督和管理。契约被良好执行是履约双方的目的，履约过程中的机会主义行为应该在定期的监管中被及时发现和制止，而不是在无法履约时提出再谈判或者终止合同。第六，有声誉资本的保证。契约的自我实施是交易者利益算计的结果，没有声誉资本的存在，交易者就无法对是否履约作出判断，从而实施适当的行为，契约的自我实施也无法得到保证。

**3. 自我履约机制的运作**

自我履约机制除了通过对不履行那些未明确写明的契约共识行为实施终止交

易的惩罚或威胁来运作，还通过转移预期的未来租金和改变资产专用性投资的方式运作。

借鉴克莱因关于自我实施机制的思想：令 $W_1$ 表示交易者从违约中获得的短期收益，$W_2$ 表示当通过再谈判后交易双方终止时违约者所损失的未来预期收入的贴现值，也即交易伙伴施加给违约者的资本成本，则 $W_2 = \dfrac{\pi_1}{1+r} + \dfrac{\pi_2}{(1+r)^2} + \cdots + \dfrac{\pi_n}{(1+r)^n}$，为再谈判后交易双方终止时违约者给未来各期的预期价值损失，$r$ 为贴现率。则契约自我履行的条件为：$W_1 < W_2$，根据该式，契约的自我履约有两种方式运作——降低 $W_1$ 或提高 $W_2$。

为使自我履约机制得以运作，第一种方法主要通过在契约中进一步明确可强制执行的契约条款，通过法律约束来控制违约者从交易伙伴那里获取的准租金的数量，从而减少交易者可能从违约中获得的收益。第二种方法通过转移预期的未来租金和改变资产专用性投资等方式改变交易者的声誉资本量。转移预期的未来租金实际是通过规定一个未来履约的酬金或违约的罚金，从而实现声誉资本在不平衡的交易者之间的转移。声誉资本的改变也可以通过进行资产专用性投资来实现。通常，具有较小声誉资本的交易者，将会做出专用性投资的承诺以增加个人的声誉资本的数量，而这并不会诱导具有较大声誉资本的交易者为了盘剥专用性投资的准租金而违约。

### 6.4.4.2 发挥声誉效应

**1. 声誉效应**

在长期契约以及重复交易的情况下，更重要的是当前 PPP 相关法律不完善的问题，以信任和声誉为核心的关系治理显得愈发重要，关系治理是一种自我实施的机制，通过非正式的、定性的执行机制对公私合作关系进行协调和管理。

声誉是指行业内外对组织的整体评价或认识，是组织在长期的商业活动和社会交往中所积累起来的信誉。它并不一定代表组织的真实水平，却是外界对组织最直观的看法，表现为组织被环境中的其他成员认可的一种程度。声誉效应对于组织来说至关重要，好的声誉对于组织来说相当于一种免费的宣传方式，代表组织拥有较高的技能、较好的品牌形象及履约水平，组织在与其他组织的交往中可以较快地获取信任。

随着公私双方重复博弈次数的不断增加，为维持双方的长期合作，实现帕累托改进，双方越来越倾向于建立良好的市场信誉。声誉作为一种正外部性的无形产品，外部性内部化的方式之一，便于横向一体化的组织模式，增加了合作方将违约者逐出市场的能力。基于长期交易的利益预期或违约损失的内部化，则易形成良好的声誉。

**2. 声誉效应的溢出机制**

声誉资本往往称之为私人履约资本，其数量大小是未来净收益的贴现值。声誉资本构成了违约的资本成本，一旦违约，交易伙伴将终止与违约者的未来交易，从而使其遭受声誉资本的损失。声誉溢价关系到资产专用性，PPP 项目资产专用性的重要功能在于，既可降低违约者的当前收益，又可增加社会资本方的声誉资本。合作双方的资产专用性程度越高，资产的互补性就越强，双边在项目合作中的依赖程度越高，对社会资本方的违约动机的抑制功能则越强，交易双方之间的合作剩余越多，在政企合作中自我履约程度将提高。

声誉效应具有解决逆向选择和道德风险的双重功能。在激励相容条件下，虽然信息不对称可能导致违约，但是取消或减少未来合作的威胁却能保证契约的自我实施。一旦契约具有自我实施性，则意味着一方违约，契约另一方将实施可置信的惩罚措施。声誉效应主要取决于两个因素：提高预期收益的贴现值以及减少违约者的当期收入。这依赖于上级政府对违约者施加可置信的惩罚。公共产品或服务的特性和资产专用性的有机结合所产生的叠加效应，可增大声誉效应值，促使合作双方自我履约。在合约自我实施的同时，又增加了社会剩余。

对于 PPP 项目的参与方来说，当建立起一套声誉系统，组织较好地履行关系契约的内容时，表现会被记录到声誉系统中，这套声誉系统可供今后参与 PPP 项目的组织进行查阅，就是说该组织在此次项目中获得的声誉奖励会对其今后的工作产生帮助，自己较快获得其他组织的信任；而当组织有拒不履行关系契约内容的恶劣行为时，声誉系统也会如实地记录下其行为表现，供以后的合作单位参考，以声誉系统的存在无形地增加了组织违约的成本，使得组织采取违约行动时会慎重考虑违约成本，而不会轻易做出违背关系契约约定的行为。

### 6.4.4.3　建立信任关系

在进行合同规制的基础上，PPP 项目可持续性执行还需受信任这种良性关系治理手段的指引，不完全契约理论认为刚性的控制与柔性的信任是抑制机会主义行为和应对交易风险的两种重要途径。然而由于契约的天然的不完全性、人的有限理性和 PPP 合同的长期性造成交易过程的不确定性，通过刚性控制对交易者进行完全控制以保证尽善履约是不经济甚至是不可能的，因此，交易双方将更倾向于采用基于信任的关系治理来有效限制关系专用性投资所诱发的机会主义行为。

PPP 项目再谈判的治理终极意义就是走向基于信任的合作治理。合作治理需要寻求具体的途径来加强信任关系的培养和构建，要把合作治理模式的构建与信任关系联系在一起，形成一个共进的过程。政府在作出投资决策之前，鼓励社会资本和公众参与其中，在项目立项和设计阶段聘请优秀的运营商作为前期顾问或邀请专业的评估机构或人才，基于科学合理的可行性分析和回报率预测，做出可信的政府承诺。不断培育政府和社会资本以及公众之间的信任关系，并不断通过执行可信承诺增强多方的信任关系。地方政府在执行中央政府的政策推广中，既要考虑社会公众迫切需要解决的服务供给问题，也要对换届之后特许协议贯彻执行作出承诺，完善政府信用监督体系，提高政府的公信力和执行力，保障政府的承诺可信。

信任作为一种系统简化机制，通过信任降低环境的不确定性和合作系统的复杂性；信任具有约束功能，使得合作双方免除继续搜索信息的负担，降低各方之间协调工作量，减少形成的交易成本；同时信任发挥着重要的决策功能，根据是否存在信任做出对项目的行为选择；信任不仅是合作关系维系长期性的催化剂，也是彼此之间互相合作和取得协同效应，达成共谋的基础。基于信任的关系治理能够为交易提供"润滑剂"，在加强政府和社会资本尽善履约的同时更有利于促进双方预测未来不确定性事件发生的可能性，一旦再谈判事件发生，将有利于促进再谈判及时达成利益相关者的满意度最大化，降低对 PPP 项目可持续性的影响程度。

## 6.5　本章小结

为提高对 PPP 项目再谈判的治理能力，结合上述研究结果，本章从再谈判人员选择、方案制订、程序和步骤等方面设定和规范再谈判程序；针对 PPP 项目的天然的不完全契约，从全寿命周期视角提出提高合同的完备程度、合理设计合同柔性、约定可行的合作方案的合同治理手段；对当前 PPP 项目监管不足引发再谈判行为的问题，提出从加强政府监管和建立 PPP 专业仲裁委员解决再谈判争议；为促使双方自我履约机制的实施，提出构建发挥声誉效应和信任关系的关系契约治理机制。通过构建上述机制，以期促进 PPP 项目再谈判向着可持续方面发展，实现和提升项目价值。

# 第 7 章

# PPP 项目触发补偿机制研究

## 7.1　PPP 项目触发补偿机制设计

### 7.1.1　PPP 项目触发补偿原理

#### 7.1.1.1　基于损失补偿与触发补偿对比的补偿原理分析

补偿的意义在于补偿主体对补偿客体损失的保障，将这个概念放到具体的城市轨道交通 PPP 项目中，政府作为补偿主体，在特许经营期内由于各种不可预测的风险导致私营部门无法获取合理利益时，政府应当给予私营部门相应补偿，确保 PPP 项目可持续运作。但是目前对于补偿的研究多以损失补偿为主，即"损失多少、补偿多少"，这种补偿方式虽然保障了私营部门利益，但是也存在一定弊端，本书提出利用动态触发补偿的思想对私营部门的损失进行补偿，下面将这两种不同的补偿方式进行对比：

**1. 损失补偿**

损失补偿，顾名思义就是"损失多少、补偿多少"，即补偿主体事先与补偿客体约定给予客体的利益量，当风险因素发生致使客体无法获得约定利益量时，主体应将客体约定利益量与实获利益量的差额作为补偿额度，以货币、实物或其他可转化利益的形式进行补偿。

**2. 触发补偿**

触发补偿需要补偿主体与补偿客体事先约定相应的利益损失区间阈，以客体的利益损失量是否达到相应利益损失区间阈为补偿依据，并且每一利益损失区间阈的补偿额度都是事先约定好的，达到相应损失区间阈即进行补偿，未达到则不补偿，程序简单快捷。

触发补偿比较损失补偿的优势有以下几点（见表 7 – 1）。

表 7 – 1　　　　　　　　　损失补偿机制与触发补偿机制的比较

| 比较内容 | 损失补偿机制 | 触发补偿机制 |
| --- | --- | --- |
| 保障范围 | 预期收益与实际收益差额 | 约定的触发补偿阈 |
| 补偿上限 | Min（预期收益 – 实际收益） | 约定的补偿额度 |
| 主要争议 | 损失是否真实 | 基本没有 |
| 逆向选择 | 较高 | 基本没有 |

（1）信息透明，极大地降低了道德风险。在 PPP 项目中，由于政府和私营部门的参与角色不同，私营部门往往较政府掌握更多的项目具体建设运营信息，双方存在信息不对称，这同时极大地影响政府补偿额度的合理性。以触发补偿思想设计的补偿机制以事先约定好的损失区间及相应补偿额度为补偿标准，不受补偿主体及客体的人为影响，具有较强客观性和可靠性，一定程度上弱化了双方主体之间的信息不对称对补偿的不良影响，降低道德风险发生的可能性。

（2）政府监督管理成本较低。在损失补偿机制下，政府为了防治私营部门的道德风险，在项目特许经营期需花费大量人力、物力对私营部门进行监督管理，以尽可能减小与私营部门间的信息不对称程度，尤其对于轨道交通 PPP 项目的交通量的测定，花费成本较高。触发补偿机制的补偿依赖于事先约定好的相关补偿区间及额度，补偿成本小。

（3）完善特许经营协议的不完全性，有利于轨道交通 PPP 项目的规范化发展。由于轨道交通类 PPP 项目特许经营期较长产生的信息不确定性、人的有限理性及交易不确定性，初始契约并不能对未来较长特许经营期内的所有风险及事件进行预测，也即 PPP 项目的特许经营协议是不完全契约，而触发补偿的思想将特许期内的补偿机制设计提前到契约订制阶段，一定程度上完善了特许经营协议的不完全性，减少不确定，更有利于轨道交通 PPP 项目的规范化发展。

当然，触发补偿机制也存在不足之处。

（1）补偿额度不能反映真实的损失。由于补偿额度事先约定，这种对损失的不真实的反映，可能导致政府对私营部门的补偿与其损失并不十分吻合。触发补偿机制下的城市轨道交通 PPP 项目补偿强调的是损失的严重性，私营部门损失达到一定程度才进行补偿。

（2）补偿效率取决于补偿区间设置的科学合理性。在触发补偿机制下，城市轨道交通 PPP 项目在签订特许经营协议阶段就需要准确识别未来引起私营部门无法获得合理收益的风险因素，这里主要包括交通量变动、票价变动及其他动态风险因素，并根据私营部门不同的损失值设定损失区间阈，从而确定补偿区间。可见，损失区间阈的设定需要相关数据和风险相关研究做技术支撑，科学合理地设定触发补偿区间存在一定难度。

### 7.1.1.2  基于补偿主体与客体需求的触发补偿原理分析

对于城市轨道交通 PPP 项目的政府补偿，从补偿主体及客体需求的角度分析触发补偿原理。

**1. 补偿主体——政府**

政府作为补偿主体，承担着保障私营部门在轨道交通 PPP 项目中获得合理收益的责任，这也是政府激励私营部门参与 PPP 项目的一种手段，但是从政府的利益角度而言，它的需求是在城市轨道交通项目中通过 PPP 模式的应用，利用 PPP 模式引入私营部门资金和先进管理技术，为公众提供高效优质的轨道交通项目，提升公众出行便捷程度，追求整体社会利益的最大化，同时，私营部门资金的引入，融资形式的多样化也减轻了政府财政负担。细究城市轨道交通 PPP 项目补偿的本质，政府保障私营部门合理利益获取的目的是为使 PPP 项目能够可持续运作，进而对私营部门产生一定的激励，使其能够增强投资运营 PPP 项目积极性，故而城市轨道交通 PPP 项目补偿的本质并非简单的保障私营部门合理利益，而是政府通过补偿激发私营部门提高投资积极性、运用自身先进技术降低运营成本、提升轨道交通的服务质量，更好地实现 PPP 项目政府与私营部门之间的风险共担、利益共享，实现社会效益的最大化。

**2. 补偿客体——私营部门**

私营部门作为补偿客体，受到政府对其合理利益的补偿保障。私营部门由于天然的逐利性，其参与城市轨道交通 PPP 项目的需求是为了通过项目实现自身的利益最大化，城市轨道交通 PPP 项目虽属于使用者付费类项目，但是由于其公共物品的属性，轨道交通项目的定价势必存在一定程度的外部性，即票价不能完全依据市场来定，还要考虑公众的消费能力，考虑到综合的社会效益，有一定的政府干预，而这与私营部门追求自身利益最大化的需求相冲突，政府对私营部门的补偿一定程度上缓解了这种冲突，也将票价的部分外部性内部化补偿于私营部门，所以私营部门通过补偿的需求即是实现自身利益的最大化。

基于上述对城市轨道交通 PPP 项目补偿的分析，政府采用触发补偿机制更能协调好政府与私营部门之间的不同利益需求。一方面，政府角度，触发补偿机制意在特许经营协议签订阶段约定好各项补偿区间，转换损失补偿机制中"损失多少、补偿多少"的思想，对私营部门的补偿进行阶段性的动态的触发补偿，这样根据科学合理的触发补偿区间设定，政府免去了在特许经营期为部分由于私营部门自身原因而导致无法获取合理收益填补漏洞的负担，触发补偿的思想更有利于政府真正通过 PPP 模式的应用实现减轻财政负担的目的；另一方面，私营部门角度，由于触发补偿是根据事先约定好的补偿区间进行补偿，只有损失达到触发补偿阈值时才进行补偿，否则不补偿，这种机制设计有利于充分激发私营部门的主观能动性，自发积极应对各种风险损失，避免对政府补偿的过度依赖，同时也激励私营部门主动革新技术、降低管理运营成本，以获得更高的利益。

### 7.1.1.3　触发补偿流程

政府建立有效补偿机制是其承担风险的具体表现，城市轨道交通 PPP 项目风险主要来源于需求量变动（当然风险还包括其他），政府补偿的依据即为需求量变动导致的私营部门实际收益与特许权协议中政府所许收益的差额，这一差额往往事先不可准确预测，但事后根据私营部门损失进行的补偿一方面增加政府风险承担量，另一方面使私营部门过度依赖政府而减弱其主观能动应对需求风险的能力。基于政府通过合理补偿来激励私营部门与其风险共担、利益共享、绩效提升的本质，特许权协议中约定不同标准区间作为触发阈，根据私营部门损失值所属不同触发阈进行不同级别的补偿，即触发补偿，其中补偿并非一次性发生，而是随着私营部门损失值的变动进行动态调整，触发补偿流程如图 7 - 1 所示。

触发补偿阈的事先确定，弱化运营期私营部门的信息优势，减少公私之间的信息不对称，同时极大地降低因公私之间信息不对称而产生的私营部门道德风险。此外，不同触发阈内补偿的动态调整有利于提高私营部门主动承担风险的能力，减轻政府压力。

## 7.1.2　PPP 项目公私双方演化博弈的触发补偿分析

### 7.1.2.1　基本假设

轨道交通 PPP 项目虽是政府和私营部门以契约形式建立合作伙伴关系来建设运营的项目，但政府是项目的发起者，且私营部门在特许经营期结束后将项目重新移交给政府，政府仍是轨道交通项目的主导者，在公私双方的合作关系中，政府不仅是"参赛员"，同时还是"裁判员"。对城市轨道交通 PPP 项目而言，虽然触发补偿相关区间和补偿形式是在签订初始契约时约定，但特许经营协议契约的不完全性本质仍不变，初始契约中约定的触发补偿可能在特许经营期内各种不确定风险因素的影响下而不符合实际，这就需要分阶段设立一个触发补偿周期（补偿周期的具体设定将在下一节进行阐述），而在较长特许经营期内公私双方必定存在演化博弈，触发补偿机制的设计也要考虑公私双方的演化博弈，在博弈中政府处于相对强势地位，私营部门处于较弱地位，如图 7 - 1 所示。

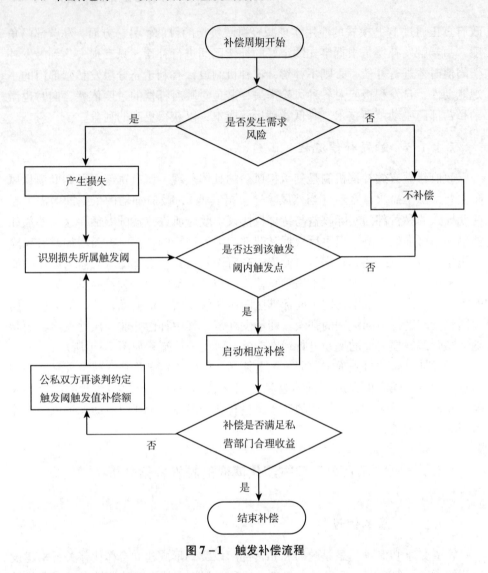

图 7-1    触发补偿流程

基于项目主体双方地位的差异及利益需求的不同，构建演化博弈的政府补偿模型，做出如下假设：

（1）PPP 项目初始契约设立的触发补偿机制并未能完全预测项目后续发生的所有意外情况，由此，当私营部门利益受损时，初始契约中设立的触发补偿不能满足其合理利益，则触发补偿相关参数及触发区间还需双方通过再谈判来重新约定。

（2）私营部门作为轨道交通 PPP 项目建设运营的主要承担者，拥有更多项目运营收益及市场变动的信息，相对而言，政府作为管理监督者处于信息劣势，公私之间存在信息不对称。因此，对于私营部门的损失界定公私双方往往存在争议，私营部门基于自身利益出发界定的利益损失可能得不到政府的认可，其向政府发出的补偿诉求也存在政府不回应的情况。

（3）当私营部门损失已达触发值，并向政府发出补偿诉求时，政府的策略有两种，即认可私营部门的损失达到触发值，并对其进行约定好的补偿，设为政府妥协策略；或基于社会利益最大化角度考虑不认可私营部门的损失已达到触发值，不对其进行补偿，设为政府斗争策略。此时，私营部门的策略也有两种，一是撤销补偿诉求，提高自身应对风险损失的能力，设为私营部门妥协策略；二是通过继续再谈判或不作为的方式进一步谋求政府的补偿，设为私营部门斗争策略。

### 7.1.2.2　演化博弈的 "鹰鸽" 博弈模型

以强势群体 A 代表政府和弱势群体 B 代表私营部门构造非对称 "鹰鸽" 博弈模型，收益矩阵如图 7 - 2 所示。

| 私营部门 | 政府 | |
|---|---|---|
| | $A_1$ | $A_2$ |
| $B_1$ | $V_1 - C_3$，$-V_1 - C_1$ | $D_1 - C_4$，$-D_1 - C_2$ |
| $B_2$ | $V_2$，$-V_2$ | $D_2$，$-D_2$ |

**图 7 - 2　"鹰鸽" 博弈收益矩阵**

其中，$A_1$、$B_1$ 分别表示公私双方的斗争策略，$A_2$、$B_2$ 分别表示双方的妥协策略；$V_1$、$V_2$、$D_1$、$D_2$ 为双方相应策略下政府给予私营部门的补偿额度；$C_3$、$C_4$ 为私营部门采取斗争策略时的斗争成本；$C_1$、$C_2$ 为私营部门采取斗争策略时政府采取相应策略的成本。依据现实情况，上述变量之间存在如下不等式关系：

$$\begin{cases} V_1 > V_2, \ D_1 > D_2 \\ D_1 > V_1, \ D_2 > V_2 \\ C_1 > C_2, \ C_3 > C_4 \end{cases} \tag{7-1}$$

假设政府采取策略 $A_1$ 的概率为 q，则采取策略 $A_2$ 的概率为 （1 - q）；假设私营部门采取策略 $B_1$ 的概率为 p，则采取策略 $B_2$ 的概率为 （1 - p）。

由此可以得到政府采取策略 $A_1$ 的边际期望收益为：

$$U_{A_1} = (-V_1 - C_1)p - V_2(1 - p) \tag{7-2}$$

采取策略 $A_2$ 的边际期望收益为：

$$U_{A_2} = (-D_1 - C_2)p - D_2(1 - p) \tag{7-3}$$

政府的期望收益：

$$U_A = U_{A_1}q + U_{A_2}(1-q) \tag{7-4}$$

在 PPP 项目政府补偿中，由于政府是给予补偿者，其收益以支出形式体现，用负的收益表示支出。私营部门采取策略 $B_1$ 的边际期望收益为：

$$U_{B_1} = (V_1 - C_3)q + (D_1 - C_4)(1-q) \tag{7-5}$$

私营部门采取策略 $B_2$ 的边际期望收益为：

$$U_{B_2} = V_2q + D_2(1-q) \tag{7-6}$$

私营部门的期望收益为：

$$U_B = U_{B_1}p + U_{B_2}(1-p) \tag{7-7}$$

得到私营部门采用斗争策略的增长率为：

$$\frac{dp}{dt} = p(U_{B1} - U_B) = p(1-p)\left[(V_1 - V_2 + D_2 - D_1 + C_4 - C_3)q + D_1 - D_2 - C_4\right] = \overline{F}(p, q)$$

$$\tag{7-8}$$

政府采用斗争策略的增长率为：

$$\frac{dq}{dt} = q(U_{A_1} - U_A) = q(q-1)\left[(V_1 - V_2 + D_2 - D_1 + C_1 - C_2)p + V_2 - D_2\right] = \overline{G}(p, q)$$

$$\tag{7-9}$$

式（7-8）、式（7-9）所标示的系统同时也被称为私营部门与政府动态复制系统。

### 7.1.2.3　模型分析

为简化动态复制系统方程，定义：

$$M_p = V_1 - V_2 + D_2 - D_1 + C_4 - C_3, \quad N_p = D_2 - D_1 + C_4$$

$$M_q = V_1 - V_2 + D_2 - D_1 + C_1 - C_2, \quad N_q = D_2 - V_2$$

即上述微分自治系统可改写为：

$$\begin{cases} \dfrac{dp}{dt} = P(1-P)(M_p q - N_p) = \overline{F}(p, q) \\[2mm] \dfrac{dp}{dt} = q(q-1)(M_q p - N_q) = \overline{G}(p, q) \end{cases} \tag{7-10}$$

根据微分方程定性理论中的平衡点定义，自治系统（7-10）的平衡点应满足的条件为：

$$\left[F(p, q)\right]^2 + \left[G(p, q)\right]^2 = 0 \tag{7-11}$$

在政府与私营部门演化博弈模型中，$p$ 与 $q$ 代表双方采取某一策略的概率，其取值范围为 $[0, 1]$，由（7-10）式可得出平衡点分别为 $E_1(0, 0)$、$E_2(0, 1)$、$E_3(1, 0)$ 及 $E_4(1, 1)$。当式（7-10）、式（7-11）满足：

$$\begin{cases} 0 \leqslant \dfrac{N_p}{M_p} \leqslant 1 \\[3mm] 0 \leqslant \dfrac{N_q}{M_q} \leqslant 1 \end{cases} \tag{7-12}$$

则存在第五个平衡点 $E_5\left(\dfrac{N_p}{M_p}, \dfrac{N_q}{M_q}\right)$。

在实际情况中，私营部门采取缓和策略的绝对收益低于采取斗争策略的绝对收益，即 $N_p = D_2 - (D_1 - C_4) < 0$。则由式（7-12）可得

$$M_p \leqslant N_p < 0, \quad M_q \geqslant N_q > 0 \tag{7-13}$$

各不稳定平衡点汇总如表 7-2 所示。

表 7-2　　　　　　　　　　各不稳定平衡点数值

| | 不稳定平衡点 |
|---|---|
| $E_1\ (0,\ 0)$ | $\lambda_1^1 = -N_p > 0$、$\lambda_2^1 = N_q > 0$ |
| $E_2\ (0,\ 1)$ | $\lambda_1^2 = M_p - N_p \leqslant 0$、$\lambda_2^2 = -N_q > 0$ |
| $E_3\ (1,\ 0)$ | $\lambda_1^3 = N_p < 0$、$\lambda_2^3 = N_q - M_q \leqslant 0$ |
| $E_4\ (1,\ 1)$ | $\lambda_1^4 = N_p - M_p \geqslant 0$、$\lambda_2^4 = M_q - N_q \geqslant 0$ |
| $E_5\left(\dfrac{N_p}{M_p}, \dfrac{N_q}{M_q}\right)$ | $\lambda_{1,2}^5 = \pm\sqrt{\dfrac{N_p N_q}{M_p M_q}\ (M_q - N_q)\ (N_p - M_p)}$ |

为讨论的直观性做出平衡点相，如图 7-3 所示。

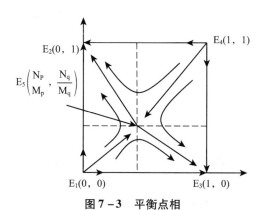

图 7-3　平衡点相

平面 $S = (p, q)\ (0 \leqslant p, q \leqslant 1)$ 指政府和私营部门之间的动态演化博弈过程，由点相图可以看出，公私双方博弈过程趋向于 $E_2(0, 1)$ 或 $E_3(1, 0)$ 两个平衡

点，即当私营部门采取妥协缓和策略相较采取斗争策略的绝对收益低时，一方面，当 $\frac{N}{M_p}$ 逐渐减小同时 $\frac{N}{M_q}$ 逐渐增大，均衡点趋向于 $E_2(0,1)$，即当私营部门采取妥协缓和策略而政府采取斗争策略，此时博弈趋向于平衡，在轨道交通 PPP 项目实践中，由于存在公私之间的信息不对称，政府无法准确衡量私营部门的补偿诉求合理性，出于项目社会利益最大化的考虑，政府往往采取斗争策略不对私营部门进行其所期望的补偿，此时私营部门处于弱势地位，为防止损失的扩大，私营部门不得不采取妥协缓和策略；另一方面，当 $\frac{N}{M_p}$ 逐渐增大，同时 $\frac{N}{M_q}$ 逐渐减小，均衡点趋向于 $E_3(1,0)$，即当私营部门采取斗争策略，而政府采取妥协缓和策略时，博弈趋向于平衡，即在私营部门损失严重威胁项目成败时，政府为保证 PPP 项目的可持续进行往往会选择妥协缓和策略。

城市轨道交通 PPP 项目政府补偿是一项涉及众多利益相关者的博弈活动，以上分析表明：当私营部门采取斗争策略比采取妥协缓和策略绝对收益高时，政府出于 PPP 项目可持续进行及进一步实现公众利益的考虑，回应私营部门的补偿诉求，根据设定的触发补偿阈进行补偿，鉴于私营部门的天然逐利性，政府对其补偿诉求的有求必应会增加私营部门依赖性，降低私营部门承担风险损失的积极性，即使博弈陷入 $E_3(1,0)$ 均衡。在轨道交通 PPP 项目实践中，如果政府触发补偿机制的设计并未能根据项目发展进行很好的动态调整，补偿往往存在滞后性，这导致私营部门的合理利益无法得到应有的保障，使得私营部门出于自身利益的考虑，利用所占有的信息优势，谎报损失额度达到触发补偿值，产生道德风险，博弈陷入 $E_2(0,1)$ 均衡。

因此，各不同补偿周期触发补偿机制的设计必须考虑公私双方的演化博弈，以使得触发补偿机制设计更合理。

### 7.1.3 PPP 项目公私双方讨价还价博弈的触发补偿分析

由于项目未来风险因素的不确定性，城市轨道交通 PPP 项目的初始契约中约定的触发补偿区间和补偿方式可能在项目实际建设运营中无法保障私营部门的合理收益，所以触发补偿机制的设计也不可能在特许经营协议即初始契约中一蹴而就地确定，还需要随着项目的发展、风险因素的动态变化进行调整，本书设立一定的触发补偿周期，每个补偿周期末下个补偿周期初，政府和私营部门进行再谈判，根据项目的发展动态和识别的风险因素调整触发补偿区间和补偿方式，若上一周期的补偿能够保障私营部门的合理收益，则双方约定可以继续延续上一周期的触发补偿区间和补偿方式，若不能保障私营部门的合理收益，则政府与私营部门就补偿问题重新谈判和约定，这种再谈判可能需要多次反复的谈判，理论上双方的再谈判是一个讨价还价的博弈过程，在这个过程中政府和私营部门就下一个补偿期的各种预期风险进行分担，根据风险的分担量进而重新设立触发补偿机制。

### 7.1.3.1　相关参数

谈判损耗因子。谈判损耗因子设为 $\sigma$，是双方的谈判成本，即政府和私营部门在谈判中损耗的时间、精力及其他相关具象和抽象的成本。城市轨道交通 PPP 项目一旦开始再谈判，必定会影响到私营部门对项目的运营效率，再谈判的次数每增加一次，双方的损耗也更多一分，故再谈判损耗因子 $\sigma > 1$。一般情况下，在城市轨道交通 PPP 项目的初始契约阶段，政府谈判的损耗因子（$\sigma_z$）小于私营部门的损耗因子（$\sigma_s$），但是在再谈判中，由于私营部门的信息优势、政府考虑到轨道交通项目所带来社会公共服务的可持续性、社会稳定和谐等，政府对再谈判的失败更为不耐受，更希望再谈判的成功，因此再谈判中政府的损耗因子（$\sigma_z$）大于私营部门的损耗因子（$\sigma_s$）。由于本书中的谈判损耗是研究补偿周期末再谈判中的一部分，所以对于初始契约谈判中的谈判损耗不予赘述。

### 7.1.3.2　博弈过程

第一轮谈判：私营部门提出的风险分担比例为 $q_1$，则政府分担的风险比例为 $1 - q_1$。其风险分担比例为：

$$S_1 = q_1 \tag{7-14}$$
$$Z_1 = 1 - q_1 \tag{7-15}$$

如果政府不满意私营部门的风险分担比例设定，则进入第二轮谈判。

第二轮谈判：政府提出私营部门的风险分担比例为 $q_2$，则政府方承担比例为 $1 - q_2$。由于第一轮的谈判是不可避免必须发生的，而第二轮是因为第一轮的失败而发生，所以从第二轮开始考虑谈判损耗，谈判迟迟未果也会加重损耗，由此，第二轮的谈判中私营部门和政府分担的风险比例为：

$$S_2 = q_2 \sigma_s \tag{7-16}$$
$$Z_2 = (1 - q_2)\sigma_z \tag{7-17}$$

第二轮中如果私营部门拒绝政府提出的风险分担比例，则进入第三轮谈判。

第三轮谈判：私营部门重新提出一个新的风险分担比例 $q_3$，则政府分担的比例为 $1 - q_3$。考虑双方的谈判损耗因子，得到私营部门和政府的风险分担比例：

$$S_3 = q_3 \sigma_s^2 \tag{7-18}$$
$$Z_3 = (1 - q_3)\sigma_z^2 \tag{7-19}$$

讨价还价过程会持续进行下去，直到博弈中的其中一方接收另一方所提出的风险分担比例。

### 7.1.3.3 博弈结果分析

此类无限轮数的讨价还价博弈具有唯一的精炼子博弈纳什均衡，以第三轮作为逆推基点进行求解。第三轮中私营部门的风险分担为 $S_3 = q_3\sigma_s$，政府的为 $Z_2 = (1-q_2)\sigma_z$，可以这样考虑，当第三轮中私营部门自己提出的风险分担比例 $S_3$ 小于在第二轮中政府提出的私营部门风险分担比例 $S_2$ 时，必然进入第三轮谈判，那么在第二轮中，若政府考虑到第三轮中的情形，为避免第三轮中再谈判带来的不必要损耗，政府在第二轮中采取提出的私营部门风险分担比例等于私营部门在第三轮中自身提出的风险分担比例的策略，即

$$S_2 = S_3 \tag{7-20}$$

$$q_2\sigma_s = q_3\sigma_s^2 \tag{7-21}$$

得到：

$$q_2 = q_3\sigma_s \tag{7-22}$$

这时，政府的风险分担为：

$$Z_2 = (1-q_3\sigma_s)\sigma_z \tag{7-23}$$

相较于式（7-19）$Z_3$ 的和式（7-23）的 $Z_2$：

$$Z_2 - Z_3 = [(1-q_3\sigma_s) - (1-q_3)\sigma_z]\sigma_z \tag{7-24}$$

由于 $1 < \sigma_s < \sigma_z$，$0 \leqslant q_3 \leqslant 1$，故 $Z_2 < Z_3$。表明在第二轮谈判中，政府同样不希望谈判进入第三轮。

继续退回到第一轮的谈判，这一轮中是私营部门先提出自身的风险分担量，出于私营部门的考虑，一旦当谈判进入第二轮时，政府提出的风险分担比例为 $q_2$，则私营部门需承担的风险为 $q_2\sigma_s$，政府承担的风险为 $(1-q_2)\sigma_z$，根据同样的推理，第一轮谈判中若私营部门提出的政府风险分担量小于第二轮谈判中政府所提议的风险分担量，政府才不会拒绝，谈判结束，不进入第二轮。所以，第一轮谈判中私营部门提出的 $q_1$ 必须是一个既能让政府满意，同时也让私营部门自身承风险最小的量，如下：

$$Z_1 = Z_2 \tag{7-25}$$

式（7-16）和式（7-23）代入式（7-25）有：

$$1 - q_1 = (1-q_3\sigma_s)\sigma_z \tag{7-26}$$

即

$$q_1 = 1 - (1-q_3\sigma_s)\sigma_z \tag{7-27}$$

对于一个无限次的讨价还价博弈来说，每一轮中双方所提出的自身的风险分担比例理论上都一样。故而，

$$q_3 = q_1 \tag{7-28}$$

则

$$q_3 = 1 - (1 - q_3\sigma_s)\sigma_z \qquad (7-29)$$

整理上式，变形为，

$$q_3 = (1 - \sigma_z)/(1 - \sigma_s\sigma_z) \qquad (7-30)$$

则有，

$$1 - q_3 = 1 - (1 - \sigma_z)/(1 - \sigma_s\sigma_z) \qquad (7-31)$$

由此，可以得出，在无限讨价还价谈判博弈中，政府和私营部门所分担的风险比例子博弈精炼纳什均衡解为：

$$Q^* = (1 - \sigma_z)/(1 - \sigma_s\sigma_z) \qquad (7-32)$$

$$1 - Q^* = 1 - (1 - \sigma_z)/(1 - \sigma_s\sigma_z) \qquad (7-33)$$

至此，求得政府和私营部门在再谈判中所分担的风险比例，可以看出，风险分担的比例与政府和私营部门的谈判损耗因子有关，即双方的谈判成本付出是影响能否尽快结束谈判达成共识的关键影响因素。对城市轨道交通 PPP 项目的触发补偿机制设计而言，每一个补偿周期末对触发补偿区间及形式的再谈判，实则就是政府和私营部门对下个补偿周期可识别风险的一次再分担过程，良好的再谈判可提高下一补偿周期触发补偿机制设计的科学性，也更能体现 PPP 项目风险共担的本质，促使轨道交通项目良性的可持续运作。

## 7.1.4　PPP 项目触发补偿相关参数分析

城市轨道交通项目具有若干经济性特征，同时城市轨道交通 PPP 项目是一个庞大复杂的系统，虽然触发补偿在初始契约中确定，但是在较长特许经营期内仍存在许多复杂多变而又不确定、不完整或无法量化的影响因素，这就需要在项目建设运营开始后的再谈判中重新调整并约定，根据城市轨道交通 PPP 项目的特性及前文从不同角度对触发补偿原理的分析，触发补偿复杂结构涉及的主要参数包括项目的投资及成本分析、交通量和收费收入、基准收益率及项目再谈判的风险分担量。

### 7.1.4.1　城市轨道交通项目的经济性特征

**1. 投资密集，沉没成本较大**

城市轨道交通单位造价成本高昂，图 7-4 为我国 10 个具有代表性城市在 2017 年即将开工建设的轨道交通的单位造价（亿元），由于每个城市土质类别的差异，每个城市轨道交通的单位造价也不尽相同，但是基本每公里平均造价为 7 亿元左右。可以看出，城市轨道交通项目的投资密集性。此外，城市轨道交通项目具有较强的资产专用性，项目的位置及形态稳定，无论土建机构或车辆设备、列车牵引系统、售票检票和其他资本的流动或移作他用都十分困难，形成较大的沉没成本。

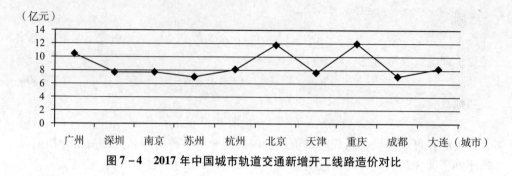

图 7 - 4    2017 年中国城市轨道交通新增开工线路造价对比

## 2. 产品生命周期较长

城市轨道交通项目与一般项目的生命周期相比较如图 7 - 5 所示。

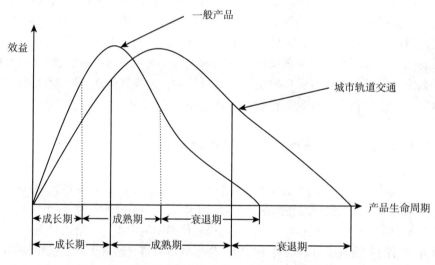

图 7 - 5    城市轨道交通项目与一般产品生命周期比较

如图 7 - 5 所示，根据生命周期理论，一般的产品周期主要包括成长期、成熟期及衰退期。一般的产品在成长期过后，成熟期较短，继而迅速进入衰老期，这是普遍性的正常规律，而对于城市轨道交通项目而言，其不仅生长期较一般产品长，而且具有较长成熟期，例如，伦敦地铁作为世界上最早通车的项目，如今仍在正常使用，承载较大客流量。

## 3. 正外部性效应明显

外部效应（externality）从产生主体角度定义是指某些个人或厂商的行为影响了其他人或厂商，却没有为之承担应有的成本费用或没有获得应有的报酬现象。外部效应又分正外部效应和负外部效应，正外部效应是指一个主体的经济活动给其他经济主体带来的有利影响，而受益的经济主体并不付出任何成本，反之，若带来的是不利影响，且产生影响的经济主体不承担赔偿，则为负外部性。总之，外部效应的本质就是某个经济主体的行为对另一个经济主体产生一种正或负的外部影响，而这种影响又无法通过市场价格进行买卖。

假设私营部门通过参与城市轨道交通项目所获得的边际效益为 MR，成本为 MC，而轨道交通项目带来的边际社会效益为 MSR，由于外部性的存在，轨道交通项目的边际社会效益 MSR 必定大于私营部门的边际效益 MR，两者差值 MER 即为边际外在效益，理论上而言，MER 可作为政府给予私营部门补偿的参考。鉴于私营部门的天然逐利性，从私营部门的角度分析，边际成本曲线 MC 与边际效益曲线 MR 的交点 A 所对应的为私营部门理论上不受外部性影响而可以收回投资利益的资金投资量；而从社会公众福利的角度分析，边际成本曲线 MC 与边际社会效益曲线 MSR 的交点 B 所对应的为轨道交通 PPP 项目所真实要达到社会利益最大化的私营部门实质应该投入的资金量，如图 7 - 6 所示。

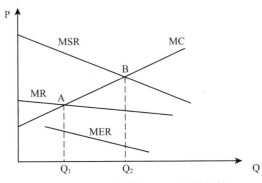

图 7 - 6　城市轨道交通项目的外部性

城市轨道交通具有投资大、建设期长、技术复杂的特点，是一个影响广泛的系统工程，以全生命周期为时间轴，外部效应在项目的规划、建设至运营阶段不同阶段都带来一定程度的利益扩散。根据本书的研究目的，城市轨道交通外部性效应分为三类：一是经济主体对经济主体，如轨道交通的开通一定程度上增加沿线土地开发商的额外附加经济效益；二是经济主体对消费者，如城市轨道交通使得公众出行更加便捷；三是消费者对消费者，如公众对轨道交通的使用缓解了地面交通的负担，同时也减少城市空气污染。

**4. 具有显著的规模经济**

规模经济是指因产业规模的扩大而引起企业经济效益增加的经济现象，即产品的平均成本随着产量的增加而降低。城市轨道交通的规模经济特征表现在：轨道交通承载客运量随其网络规模增大、覆盖面增广、交通效率增高而增大。此外，城市轨道交通投资建成的资产流动性较差，具有永久性。可见，城市轨道交通具有显著的规模经济特性，不仅存在最低效率规模，也存在规模效益递增。

**5. 投资回收期较长，盈利能力较弱**

由于轨道交通项目很难在较短时间内通过票价收入收回全部投资，具体的投资回收期测算比较困难，而鉴于其公共物品的属性，政府的低票价政策使得项目在初期运营较长时间内处于亏损状态，一般从项目运营收支平衡年份到收回全部投资所需约 20 年，个别特殊线路可能更长。此外，庞大的初始投资额融资一般要通过金融市场来获取，一般总投资中银行贷款比例高达 70%，高昂的融资成本也增加了运营期的财务负担。

### 7.1.4.2 PPP 项目的投资及成本分析

PPP 项目的产品服务或定价由成本、税收和利润构成，项目成本占最大的份额并决定价格水平，城市轨道交通 PPP 项目的投资及成本即为项目的现金流出，包括建设期投资及运营期的运营成本，触发补偿区间设定及相应补偿额度测算主要根据项目的现金流入（将在下一小节阐述）与现金流出的 NPV 来设定，如图 7 - 7 所示。

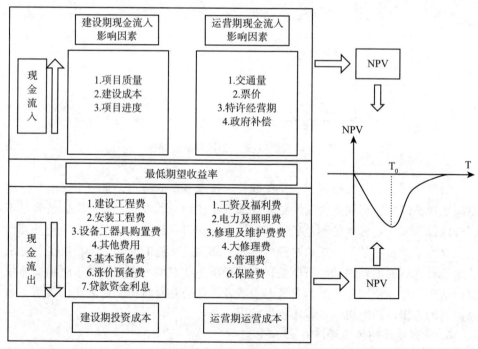

**图 7 - 7 轨道交通 PPP 项目现金流入与现金流出**

建设期投资的估算一般在可行性研究之后进行，若能掌握合理可靠的基础数据，投资估算的精度可以得到提高，主要估算建筑工程费、安装工程费、设备费及工器具购置费及工程造价的其他相关费用，进而根据相应方法计算基本预备费、涨价预备费和建设期利息等，最后组合各项数据形成建设投资。建设工程总投资是城市轨道交通 PPP 项目成本的重要组成部分，也是考虑触发补偿区间及补偿额度测定必须要考虑的因素。

运营期成本是指城市轨道交通 PPP 项目的日常运营维护费用，如销售和管理费用等。轨道交通 PPP 项目具有较长的特许经营期，运营时间长，且项目设施的维护需要有良好的资金链条做保障，这与私营部门的管理水平、技术标准及人员能力有极大的相关性。

### 7.1.4.3　交通量的预测

城市轨道交通 PPP 项目的特许权收益是由项目运营期的交通量、特许价格（票价）及特许期的长短来决定的，理论上特许权收益应满足私营部门的合理利益，并且在经济上是可行的，特许期内特许价格的改变也应该符合市场环境和政府相关政策。对私营部门而言轨道交通 PPP 项目的现金流入主要是项目运营期的现金流入，在未考虑政府补偿的情况下，其影响因素主要包括项目的交通量、特许价格（票价）、特许期，此外可能还包括轨道交通沿线附属服务带来的收益，如项目站内的广告费及某些商铺出租收益等，为方便研究，本书对项目现金流入的研究只考虑交通量和特许价格及特许期三个因素的影响，其他收益可以化为部分票价纳入票价中进行研究。

**1. 交通量的预测**

以前景理论为科学依据对城市轨道交通 PPP 项目的交通量进行预测，前景理论主要是站在公众的角度研究其出行的路径选择行为，根据前景理论，面对不同的出行选择，对不同出行路径进行效用度量时，存在参考点依赖。

参考点的选取是前景理论中最为关键的一部分，卡尼曼和特沃斯基的研究表明在参考点上，公众较重视预期与结果的差距而非结果本身。根据文献，由于备选路径的自由流行程时间能反映该路径的物理特性，故而根据选择所有出行路径的自由流行程时间的加权平均和公众出行的目的选取参考点，其公式为：

$$t_0 = \frac{1 - \beta}{m} \sum_{k=1}^{m} t_i, \ \beta \in [0, \ 1] \qquad (7-34)$$

其中，$\beta$ 为与出行目的有关的时间价值系数，$\beta$ 的大小反映时间价值的高低。由于工作的出行，时间价值系数较高，由于休闲的出行，时间价值系数较低。使用所有备选出行路径自由流时间的加权平均和出行目的来计算参考点，公式为：

$$t_0 = \frac{1 + \beta}{m} \sum_{k=1}^{m} t_{k, free} \qquad (7-35)$$

价值函数和决策权重函数在第二节理论部分有相关阐述，价值函数主要考量相较于参考点的获得和损失，其公式为：

$$v(\Delta x) = \begin{cases} (\Delta x)^{\alpha}, & (\Delta x \geqslant 0) \\ -\theta(-\Delta \chi)^{\beta}, & (\Delta x < 0) \end{cases} \tag{7-36}$$

决策权重函数为：

$$w(p) = \begin{cases} \dfrac{p^{r}}{\left[ p^{r} + (1-p)^{r} \right]^{\frac{1}{r}}}, & (\Delta x \geqslant 0) \\ \dfrac{p^{\delta}}{\left[ p^{\delta} + (1-p)^{\delta} \right]^{\frac{1}{\delta}}}, & (\Delta x < 0) \end{cases} \tag{7-37}$$

p 为选择某路径的概率，因在项目前期无法得到客观准确数值，故用公众出行的经验选择得到的主观概率代替，也就是说出行者选择某路径是因为预计可以到达，预计花费时间 t 小于等于参照点，且大于自由流行程时间，p 的计算式为：

$$p = p(t_f \leqslant t \leqslant t_0) = \frac{1}{\sqrt{2\pi}\sigma} \int_{t_{k,\,free}}^{t_0} e^{\frac{(t-\tau)^2}{2\sigma^2}} dt \tag{7-38}$$

t 服从均值 $\tau$ 为自由行程时间 $t_f$，方差 $\sigma^2 = 0$ 的正态分布。

最后，由前述相关函数可得前景值的计算公式为：

$$v = \sum_i \pi(p_i) v(\Delta x) = \frac{\Delta x^{\alpha} p^{\gamma} - \theta(-\Delta x)^{\alpha} (1-p)^{\gamma}}{\left[ p^{\gamma} + (1-p)^{\gamma} \right]^{\frac{1}{\gamma}}} \tag{7-39}$$

由此，可以计算前景值，进而预测轨道交通 PPP 项目的交通量。

**2. 特许价格（票价）及特许期**

城市轨道交通项目的特许价格（票价）及特许期的确定已有相关学者进行专门的研究，在城市轨道交通 PPP 项目的触发补偿机制设计中，特许价格（票价）及特许期可直接引用已有研究成果，故本部分内容不再赘述。

### 7.1.4.4 项目收益指标分析

**1. 城市轨道交通 PPP 项目的基准收益率**

项目的基准收益率是指企业、行业或投资者以动态的观点所确定的投资方案最低标准的收益率，它表明投资者对项目资金时间价值的估价，投资者应当获得的最低盈利率水平，是评价和判断投资方案在经济上是否可行的依据。影响基准收益率的因素包括：资金成本和机会成本、风险贴补率、通货膨胀率、资金限制。计算基准收益率的方法有：代数和法、资本资产定价模型法、加权平均资金成本法、典型项目模拟法和德尔菲专家调查法。

本书中城市轨道交通 PPP 项目的基准收益率以资本资产定价模型法来计算，计算公式为：

$$R_e = R_f + \beta_e (R_m - R_f) \tag{7-40}$$

式（7-40）中：

$R_e$：基准收益率；$R_f$：市场无风险收益率；$\beta_e$：风险系数；$R_m$：市场期望收

益率；$R_m - R_f$：风险溢价系数。

风险系数 $\beta_e$ 的确定应以行业内抽取有代表性的企业样本，以若干年财务报表数据为基础进行行业风险系数测算，具体是以相关类上市公司的收益率与市场指数收益率的协方差与市场指数收益率方差之比计算。

$$\beta_e = Cov(R_m，R_e)/\sigma^2(R_m) \qquad (7-41)$$

式（7-41）中：

$Cov(R_m，R_e)$：第 e 种证券与市场收益的协方差；$\sigma^2(R_m)$：市场组合收益的方差。

**2. 内部收益率**

内部收益率（Internal Rate of Return，IRR）是指项目到计算期末，正好将未回收的投资全部收回来的折现率，也可以理解为项目对贷款利率的最大承担能力，反映的是项目占用的尚未回收投资的获利能力，反映项目自身的盈利能力。IRR 是一个客观指标，它表现的是项目本身的收益属性，在项目各年净现金流量确定的情况下，IRR 是一个可以通过函数计算出来的值（内插法）。

内部收益率常被众多学者运用于项目投资决策评价指标与方法，世界银行和我国发展与改革委员会均规定以 IRR（内部收益率）作为最主要的评价指标。对于城市轨道交通 PPP 项目中的私营部门而言，在项目中的投资包括股本资金和债务资金，当项目发生破产、终止等一系列风险时，显然股本资金将承担更多的风险支付，故权益资金（这类资金通常没有规定偿还本金的时间，通常也没有偿付利息的约束）的收益率对私营部门更有衡量价值。

项目权益内部收益率的计算公式为：

$$\sum_{t=0}^{n}(CI - CO)_t(1 + IRR)^{-t} = 0 \qquad (7-42)$$

式（7-42）中：

CI：项目经济效益的流入量；CO：项目经济效益的流出量。

**3. 项目预期收益率**

项目预期收益率是私营部门企业内部对项目收益属性的预期值，设为 $R'$，一般情况下私营部门的项目预期收益率大于或等于项目的基准收益率，即 $R' \geqslant R_e$。在私营部门决策项目是否达到其收益标准时，主要以内部收益率 IRR 作为参考，若 $IRR \geqslant R'$，私营部门认为该城市轨道交通 PPP 项目的投资回报水平满足其预期要求，项目是可行的；若 $IRR < R'$，私营部门认为该城市轨道交通 PPP 项目的投资回报水平没有达到其预期要求，该项目不可行。

# 7.2　PPP 项目触发补偿模型构建

通过前述节从不同角度对 PPP 项目触发补偿的相关原理分析及相关参数的分

析，本节以数理分析方法为主，结合相关技术经济学知识，考虑 PPP 项目的经济特性，建立触发补偿模型。

### 7.2.1 模型的条件假设及整体架构

#### 7.2.1.1 触发补偿本质分析

对于 PPP 项目而言，以项目的全生命周期为时间维度，政府和私营部门的全过程合作的基本阶段有：初始契约签订谈判阶段、项目建设阶段和项目运营阶段，初始契约签订阶段是第一个补偿周期触发补偿机制的设置阶段，为方便研究，建设期的补偿暂不考虑（由于建设期的风险因素较为容易识别，该阶段的补偿考虑以其他形式进行，本书暂不研究该部分内容），触发补偿的第一个周期的初始节点从建设期末运营期初开始，补偿发生阶段如图 7-8 所示。在项目特许经营期内，政府给予私营部门的补偿方式包括直接补偿和间接补偿，直接补偿即政府直接给予私营部门资金补偿，间接补偿指政府给予私营部门以税费减免、材料价格优惠及附加产业经营等补偿方式，如政府给予私营部门轨道交通沿线土地开发权，私营部门可以开发民用地产项目，增加其收益，同时政府达到间接补偿私营部门的目的。

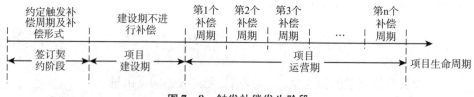

**图 7-8　触发补偿发生阶段**

城市轨道交通 PPP 项目的补偿，从表面来看，政府补偿是通过具体的方式给予私营部门一定的经济收益的来源，保障私营部门的合理利益，但是从深层次来看，政府通过对私营部门的利益转移，保证双方在特许经营期内的顺利合作，从而达到为公众提供高效优质的轨道交通服务，而在触发补偿的思想下，政府通过不同触发补偿区间和非固定具有弹性的补偿额度的设置，有效减少了私营部门道德风险和机会主义行为，充分激发私营部门应对风险损失的主观能动性，同时政府也免于为补偿所累，减轻政府财政负担，突出私营部门优势，真正发挥 PPP 模式中政府与私营部门之间风险共担和利益共享的优势特性。

城市轨道交通 PPP 项目触发补偿的效用如图 7-9 所示。假设项目的特许经营期为 $t_0$，建设期为 $t_c$，经济寿命周期为 $t_e$，则当没有政府补偿时，特许经营期内私营部门的收益累积净现值 $\sum \mathrm{NPV} \leqslant 0$；当有政府补偿时，私营部门的累积收益净现值 $\sum \mathrm{NPV} \geqslant 0$。

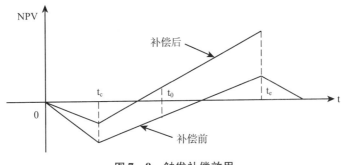

图 7 - 9　触发补偿效用

通过触发补偿实现了私营部门在特许经营期末的项目收益 $\sum \mathrm{NPV} \geqslant 0$，政府对补偿是否具有合理性的原则是：

$$\sum_{t=1}^{t_0} \mathrm{SO}_t (1 + i)^t \leqslant S_{\max} \tag{7-43}$$

其中，$S_{\max}$ 为政府对补偿支出额度的财政承受能力最大值；$\mathrm{SO}_t$ 为运营期内所发生的所有补偿额。

### 7.2.1.2　相关参数假设

本书所研究的 PPP 项目触发补偿机制主要以平衡政府及私营部门风险分担量和收益为出发点，政府补偿依据事先约定好的不同触发阈内的固定补偿额度进行，假设在签订特许经营协议初始阶段，私营部门的特许经营期为 T（不包括建设期），针对轨道交通 PPP 项目触发式的补偿问题，分析所基于的假设如下：

（1）私营部门在轨道交通 PPP 项目特许经营期的建设成本看作为沉没成本，是一个固定值，设为 I；为体现补偿的动态性，项目各数据均设为单位瞬时值，私营部门单位服务定价设为 $p_2$；需求量是价格的函数，设运营期内项目单位时间需求量设为 D(p)；私营部门单位时间内的运营成本包括固定成本和变动成本，固定成本设为 K，变动成本是需求量 D 和运营年数 t 的函数，总成本设为 $O_p(t, D)$，在项目谈判初期，公私双方确定固定的补偿周期 $t_i'$（为保证补偿的动态调节性设置 $t_i'$，$t_i'$ 将在下一节研究），即 $t_i'$ 内补偿区间及触发阈的确定根据上一个补偿周期 $t_{i-1}'$ 末，政府与私营部门根据项目实际收益与预期的差距及政府补偿额度给予私营部门的满意效用，双方进行再谈判以约定下个周期内的补偿区间，私营部门在补偿周期内。

预期收益（S）= 预期需求量 × 单位服务定价；

预期成本（C）= 固定成本 + 变动成本；

预期利润（R）= 预期收益 – 预期成本。

假定需求函数和成本函数均为线性的，则有：

$$D(p) = bB - bp(b > 0, \ B > 0) \tag{7-44}$$

$$O_p(t, \ D) = aD(p) + \beta t + K(0 < \alpha < B, \ \beta > 0, \ K > 0) \tag{7-45}$$

其中，– b 为需求函数的斜率，表示需求量随价格变动的速率；B 为需求函数的截距，表示当单位服务价格 p 定为 B 时，需求量为零；α 为需求量的边际运营成本，表示在其他情况不变下每增加 1 单位需求量所增加的运营成本，0 < a < B 即需求量为零时的价格是高于边际运营成本的，否则私营部门收益总是负值；β 为运营时间的边际运营成本，表示在其他情况不变下项目每增加 1 单位使用年限所增加的成本。在一个补偿周期 t′ 内，预期利润 R 可表示为：

$$R \int_t^{t+3} \{(bB - bp)p - [aD(p) + \beta t + k]\} dt \tag{7-46}$$

（2）政府在一个补偿周期内给予私营部门的补偿记为 Q，$Q \in (0, \ Q^*]$，其中，$Q^*$ 为政府对私营部门补偿的上限，即政府对私营部门的补偿不可能无限大，存在一个上限，根据触发补偿的动态设定，Q 随补偿阶段的不同而发生变化，Q 根据私营部门预期利润的不同损失程度来确定，设 λ 为损失系数，0 < λ < 1，私营部门损失记为 L，L 是关于 R 的函数，即

$$L = \lambda R \tag{7-47}$$

根据 λ 的不同范围确定不同的触发补偿阈，进而确定不同的补偿额度 Q，即

$$Q = D(L) \tag{7-48}$$

在每个补偿周期末，政府和私营部门进行再谈判，根据上个周期的补偿带给双方的满意度来调节下个周期的触发阈、补偿额度等。

（3）为方便研究，城市轨道交通 PPP 项目的触发补偿只考虑运营期内的补偿，且运营期内的影响私营部门损失的风险因素只考虑交通量的变动，可以理解，运营期内其他风险因素对项目的最终影响均间接反映在交通量的变动上，所以为研究方便，只考虑交通量的变动。此外，私营部门在轨道交通沿线附属设施的收益考虑在私营部门的合理收益中，暂不具体计算，私营部门的收益直接计算来源视为交通量与特许票价的乘积，同时为减少可变系数，特许票价设定为政府和私营部门事先约定好的固定值。

### 7.2.1.3 触发补偿模型整体架构

PPP 项目的政府补偿以触发补偿思想为依据，根据事先设定好的损失补偿区间进行补偿，它是事前补偿的一种，当私营部门损失达到预先设定的触发值时政

府才予以补偿，否则不补偿，补偿的形式也根据损失值所在的不同的补偿阈而确定，不同补偿阈内的触发补偿形式不同。触发补偿区间及补偿形式依据轨道交通项目的特性及已有项目的经验来总结提炼。模型架构如图 7 - 10 所示。

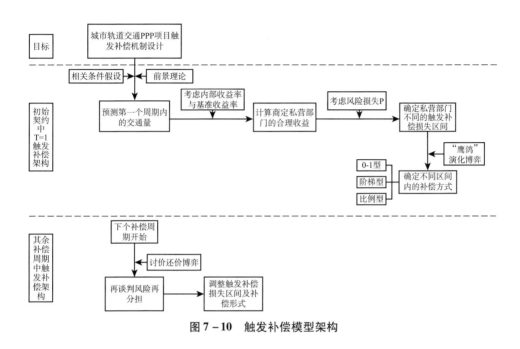

**图 7 - 10　触发补偿模型架构**

## 7.2.2　模型的建立

### 7.2.2.1　触发补偿周期的确定

城市轨道交通 PPP 项目特许经营期一般长达 20 ~ 30 年，在较长特许经营期内各种风险因素存在极大的不确定性，若将初始契约中设计的触发补偿机制应用于整个特许经营期，随着项目的动态发展和经济环境的不断变化，项目谈判初期设计的触发补偿机制可能无法满足私营部门的合理收益，所以，为设计分阶段，动态的城市轨道交通补偿机制，政府补偿需设定一个合理的补偿周期，设为 $t_i'(i=1, 2, 3, \cdots, n)$。

宏观层面，影响 $t_i'$ 设定的主要因素包括社会经济的发展水平、当地居民的消费价格指数、通货膨胀率及社会环境的变化等，这些宏观因素是影响轨道交通项目交通量及收益的外部环境，它主要从公众消费者的行为角度影响轨道交通项目的交通量及收益，进而影响触发补偿周期的设定；微观层面，影响 $t_i'$ 设定的主要因素包括轨道交通项目的特性、私营部门所提供的项目服务质量、不确定风险因素的变动及私营部门所求的合理收益等，微观因素是影响轨道交通项目交通量及收益的内部环境，它主要从项目本身及参与主体的自身性质出发影响项目的交通量及收益，进而影响触发补偿周期的设定。

综上所述，宏观和微观层面对 $t_i'$ 影响因素的分析，利用具体模型及量化方法计算精确 $t_i'$ 值存在一定困难，而补偿周期 $t_i'$ 也是事先设定好的再谈判周期，故结合相关 PPP 再谈判及其他相关研究资料，将城市轨道交通 PPP 项目的触发补偿周期 $t_i'$ 设定为 5 年，即 $t_i' = 5$。

### 7.2.2.2 私营部门预期合理收益

**1. 基于模型的条件假设和前景理论预测特许经营期交通量**

根据前文所述，利用前景理论对城市轨道交通 PPP 项目的交通量进行预测，前景值的计算公式为：

$$v = \sum_i \pi(p_i) v(\Delta x) = \frac{\Delta x^\alpha p^\gamma - \theta(-\Delta x)^\alpha (1-p)^\gamma}{[\rho^\gamma + (1-p)^\gamma]^{\frac{1}{\gamma}}} \qquad (7-49)$$

其中，$v(\Delta x)$ 表示价值，$\Delta x$ 为决策方案相对于参考点的差值，$\Delta x$ 正值为收益，负值为损失，$\alpha$ 表示决策者的风险态度系数，表示的是价值函数在收益和损失区域的凹凸程度，$0 < \alpha \leq 1$，特沃斯基和卡尼曼（Tversky and Kahneman）通过研究得出结论：$\alpha = 0.88$，$\gamma$ 为风险收益态度系数，$0 < \gamma < 1$，$\theta$ 为损失规避系数，$\theta > 1$，表示决策者面对同等收益和损失时，对损失更加敏感，$\theta$ 表示决策者对损失的敏感程度，$\theta = 2.25$ 时决策结果与经验数据较为一致，假设 $P_g$ 为公众选择轨道交通出行的概率，则有：

$$P_g = \frac{V_g}{\sum_{j=1}^m V_j} \qquad (7-50)$$

其中，$V_g$ 为公众选择轨道交通出行的前景值，$V_j$ 为第 j 备选出行路径的前景值。则公众选择轨道交通出行的交通量 $Q_g$ 为总交通量 $Q_w$ 与概率 $P_g$ 的乘积，即

$$Q_g = Q_w \times P_g \qquad (7-51)$$

**2. 计算私营部门的预期合理收益**

PPP 项目中私营部门的项目预期收益率应在政府与私营部门签订特许经营协议时约定好，城市轨道交通类 PPP 项目也一样，对私营部门而言，其所设定的预期收益率需符合以下原则：

（1）预期收益率必须基于行业基准收益率来确定，且一般情况下项目的预期收益率大于或等于行业基准收益率，同时项目内部收益率需大于或等于项目的预期收益率，此时，项目才具有盈利性，即 $R_e \leq R' \leq IRR$。

（2）私营部门所提出的收益要求同时也要符合政府的期望，私营部门所要求

的过高项目预期收益率不符合政府对 PPP 项目的期望，不能使项目的社会利益最大化，所以，为了防止私营部门通过 PPP 项目攫取暴利，项目内部收益率必须在私营部门和政府商定后确定。

通过上述对交通量的预测，设预测的轨道交通项目年交通量 $Q_t$，（$t = 1$，$2$，$\cdots$，$n$），$n$ 为特许经营年限，轨道交通项目的票价为 $\mu$，且 $\mu$ 为政府和私营部门约定的一个固定值，私营部门的预期合理收益以项目预期收益率所计算的净现值指标来衡量，即

$$NPV(R') = \sum_{t=0}^{n} (CI - CO)_t (1 + R')^{-t} \qquad (7-52)$$

$$CI = Q_t \times \mu \qquad (7-53)$$

其中，CI：项目经济效益的流入量；CO：项目经济效益的流出量。

### 7.2.2.3　私营部门风险损失分析

**1. 风险因素识别**

风险是指产生损失或伤害的可能性，王海生将项目中产生的损失界定为风险，并且认为这些损失的形式是多样的，如表现为质量下降与费用增加等。而城市轨道交通 PPP 项目的风险因素更是错综复杂，各风险因素造成的项目经济损失程度不同，风险因素之间表现为交叉多样和多层次性的特征。

城市轨道交通项目在特许经营期内的风险因素识别，参照学术界普遍认可的里宾等人使用的分类方法，分别从宏观、中观及微观层面展开风险因素的识别如图 7 – 11 所示。宏观层面，是指项目建设运营的外部大环境，由轨道交通项目系统之外的因素导致的，并且风险超出项目自身控制的范畴，这些宏观层面的风险往往作用于轨道交通项目系统的边界，贯穿整个项目全生命周期，通过影响项目系统生存的大环境来间接影响项目的收益，宏观因素通常包括政策法规变动、通货膨胀率变动及其他自然环境和社会环境的变换等；中观层面，是指轨道交通项目的完成问题，与项目的融资、建设及运营管理紧密相连，作用于项目系统边界内部；微观层面，是指轨道交通项目参与主体的相关联风险，属于项目内在风险，是由参与主体的主观行为所导致的风险，如政府与私营部门之间的信任缺失、私营部门的道德风险等。

此外，除了以上三个层面识别的风险外，在轨道交通 PPP 项目较长特许经营期内可能存在着其他不可预测的风险因素，这些风险因素可能是宏观层面的，也可能是中观或微观层面的，其具有偶然性和不可预测及动态变化性。

借鉴已有学者通过风险分解结构（Risk Breakdown Structure，RBS）、调查问卷等方法对轨道交通 PPP 项目的风险因素研究成果，从宏观、中观及微观层面识别出城市轨道交通 PPP 项目的风险清单，如表 7 – 3 所示。

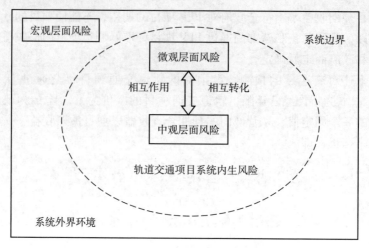

**图 7 – 11    轨道交通项目风险分类**

表 7 – 3                                          轨道交通 PPP 项目关键风险因素

| 风险层面 | 风险归类 | 风险因素 |
|---|---|---|
| 宏观层面 | 市场风险 | 通货膨胀率 |
| | | 利率变动 |
| | | 同质项目竞争 |
| | 法律风险 | 税收政策变动 |
| | | 交通行业法规变化 |
| | | 法律变化 |
| | 自然环境风险 | 地质水文条件 |
| | | 不可抗力 |
| 中观层面 | 融资风险 | 融资结构 |
| | | 项目融资吸引力 |
| | 设计风险 | 设计变更 |
| | 建设风险 | 审批延误及土地使用 |
| | | 合同变更 |
| | | 施工进度及安全 |
| | | 劳资设备获取 |
| | 运营风险 | 运营管理费过高 |
| | | 服务质量低 |
| | | 运营安全 |
| 微观层面 | 合作关系 | 责权利分配不合理 |
| | | 分包供应商破产 |

**2. 私营部门损失概率分析**

影响城市轨道交通 PPP 项目私营部门收益的主要风险为需求量的变动，根据损失的不确定性，利用风险——概率分布对风险损失进行数学转换，假设需求量风险发生的概率为 $P^*$，造成的损失为 L，则 L 是关于风险概率 $P^*$ 的一条曲线，即

$$L = NPV(R') \times P^* \tag{7-54}$$

现有研究通常采用对称的正态分布和非对称的帕累托分布（80/20 法则）、F 分布及 γ 分布对曲线进行拟合，虽不同类别 PPP 项目损失曲线存在差异，但随着城市轨道交通 PPP 项目需求风险的产生，政府及私营部门会采取相应措施应对风险，减轻损失，故整体而言，需求风险概率随损失的渐增而先增大后减小，当损失逐渐增大且超过一定值时，风险概率趋向于零。如图 7 - 12 所示，损失分布曲线往往呈现"右偏"和"厚尾"现象，故采用非对称的帕累托分布（80/20 法则）、F 分布及 γ 分布对曲线进行拟合，图 7 - 12 中，a 点为风险概率最大时所对应损失值；b 点为分布曲线拐点所对应损失值，b 点前后损失增加幅度不同；c 点为假设私营部门所能承受利益损失的最大值（私营部门损失不可能无限增大），超过该临界值私营部门将因不堪重负而退出 PPP 项目。

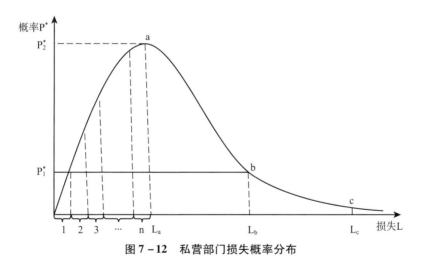

图 7 - 12　私营部门损失概率分布

### 7.2.2.4　不同损失的触发阈确定

根据拟合的损失分布曲线可知，如图 7 - 12 所示，当损失 L 在区间 [0，a] 内，该段函数为凸函数，斜率为正，该损失阈内随着需求风险概率的增大，私营部门损失随即增大，且增加幅度大，说明初始需求风险对私营部门利益影响较大；当损失 L 在区间 [a，b] 内，该段函数为凹函数，斜率为负，该损失阈内

风险概率与损失变化已不成正比关系，当风险概率达到 $P_2^*$ 时，其值不会再增加，此后需求风险仍然存在，但私营部门利益损失已呈缓慢增长趋势；当损失 L 在区间 [b, c] 内，该段函数同样为凹函数，斜率为负，该损失阈内需求风险概率逐渐变小，私营部门损失虽然增大，但相比区间 [a, b]，损失增长趋势更为平缓，整体已达到稳定状态。

可以理解，在需求风险初始发生时，私营部门及政府会采取相应措施应对风险，减小风险对私营部门利益的影响，但由于需求风险产生原因的复杂多变性，从风险识别到做出风险决策需要时间，风险应对措施效果具有滞后性，不能立即减少私营部门利益损失，故损失阈 [0, a] 内随风险概率增加而损失大幅增加；之后随着风险应对措施效果的显现，损失阈 [a, b] 内需求风险概率自达到最大值后开始减小，同时损失增大的幅度减小；最后，在损失阈 [b, c] 内，随着风险应对措施的不断加强，需求风险概率较低，私营部门损失趋于稳定。总之，根据损失概率分布图不同阶段的变化特征，将城市轨道交通 PPP 项目的触发补偿阈分别设为 [0, a]、[a, b] 及 [b, c]，且在不同触发阈内设计不同的触发补偿机制。

### 7.2.2.5　各触发阈内补偿机制设计

由于 PPP 项目特许经营期较长，在整个运营期内依据不同触发阈进行的补偿不能完全体现触发补偿的多层次、多阶段性，根据上文分析，以 5 年为一整个补偿周期，在每个周期末，政府与私营部门根据以往运营期需求量的变化情况制定下个周期中的补偿触发点，即点 a，b，c，并预测需求风险概率 $P_1^*$ 及 $P_2^*$，[0, a]、[a, b]、[b, c] 触发阈内的补偿机制设计如下：

（1）[0, a] 内进行阶梯型补偿，如图 7-13 所示。该触发阈内私营部门损失随需求风险概率的增加而快速增加，若政府根据私营部门损失值进行补偿，私营部门会降低应对风险的积极性，政府补偿要同时兼顾私营部门所获合理利润、私营部门自身应对风险能力及政府自身财政负担。应用阶梯补偿方式，在 [0, a] 内根据具体项目类型将其分为 n 段，当初始损失发生时，政府不进行补偿，此时私营部门需自身承担需求风险，通过识别风险采取相应措施，提高风险应对能力；当损失继续增大达到第一个触发点时，政府则进行固定额度的补偿以保障私营部门合理收益，保证 PPP 项目可持续运作；同样随着损失的继续增加，直到下一个触发点时，政府才改变补偿额度。阶梯补偿一方面激发私营部门应对需求风险的自主性，触发点和相应补偿额度事先确定，减少私营部门对政府的依赖；另一方面减轻政府承担全部需求风险的压力，阶段性的补偿同时也给予私营部门应对风险、持续运作 PPP 项目的信心。

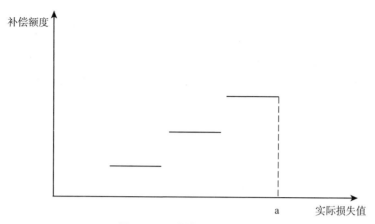

**图 7 - 13　阶梯型触发补偿**

（2）［a，b］内进行比例型补偿，如图 7 - 14 所示。随着［0，a］内私营部门应对风险措施的效果显现，该触发阈内私营部门损失增加幅度相对［0，a］内较小，但损失超过 a 点后仍在增加，私营部门在［0，a］内已发挥应对需求风险积极性，故在［a，b］内阶梯型补偿对激励私营部门主动应对风险的效用并不大，同时随着损失增加，阶梯型补偿的间断性也无法有效保障私营部门的合理利益。［a，b］内比例型触发补偿更能有效保障私营部门的合理利益需求，该阶段政府根据损失的增长幅度按事先规定的比例对私营部门进行补偿，比例型触发补偿的渐进性缓解私营部门渐增的损失，使其在主动应对需求风险的同时得到合理利益保障。

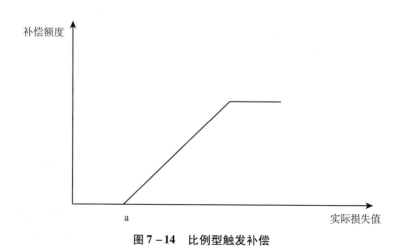

**图 7 - 14　比例型触发补偿**

（3）［b，c］内进行 0 - 1 型补偿，如图 7 - 15 所示。当私营部门损失超过点 b 时，虽然需求风险概率在逐渐降低，损失增长幅度减缓，但此时私营部门损失累计值较大，损失额度逐渐达到私营部门承受上限（本书假设点 c 为私营部门损失承受上限，超过该点时私营部门退出 PPP 项目），阶梯型和比例性触发补偿已不能有效补偿损失，为保证私营部门持续运作 PPP 项目的信心，防止私营部门因不堪重负而退出项目，损失超过触发点 b 时，政府进行一次性的补偿，即 0 - 1 型触发补偿。

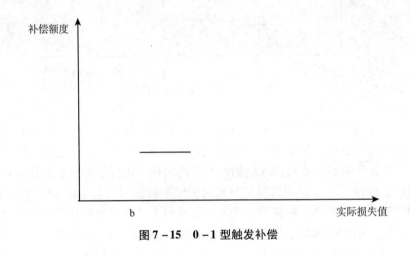

图 7 - 15　0 - 1 型触发补偿

## 7.3　PPP 项目触发补偿实证研究

### 7.3.1　项目背景

#### 7.3.1.1　项目概况

某西北省会城市轨道交通项目 A 属于城市路网中的主干道路之一，承载着该市自西向东的交通人流，是该省会城市东西交通的大动脉，同时也是该市轨道交通类首次采用 PPP 模式建设的地铁项目，私营部门角色由几个社会资本组成的联合体承担，负责项目的建设、运营和管理，项目的特许经营期为 24 年，包括 4 年的建设期和 20 年的运营期。此条轨道交通项目全长 15 公里，车站数量共有 20 座，穿越该省会城市的 3 个繁华行政区域，2012 年 7 月正式开工建设，2016 年 12 月正式开始通车试运营，历经 4 年的建设期。

该条轨道交通线路作为该市东西交通的大动脉，对缓解市区交通压力，提升公众出行效率，扩大城市空间发展格局具有重要的意义，同时作为轨道交通领域首次应用 PPP 模式的项目，其成功的运作也对该省其他 PPP 项目起到良好的示范作用。

### 7.3.1.2　项目融资结构

A 轨道交通项目每公里的造价按 5 亿元计算，其 15 公里的里程所需造价为 75 亿元，该项目中权益投资占造价的 40%，为 30 亿元，其余 60% 由私营部门通过银行的长期贷款来筹措，为 45 亿元。30 亿元的项目资本金中：注册资本金为 16 亿元，工程保证金为 8 亿元，开发银行贷款 6 亿元，项目融资结构如图 7 – 16 所示。

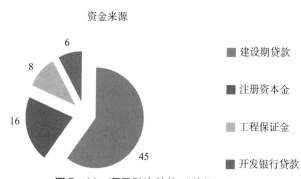

资金来源

■ 建设期贷款

■ 注册资本金

■ 工程保证金

■ 开发银行贷款

**图 7 – 16　项目融资结构（单位：亿元）**

## 7.3.2　项目风险损失分析

### 7.3.2.1　风险因素识别

根据上文对风险的分类，结合该城市轨道交通 A 项目的特性及该西北省会城市的经济特点，且通过借鉴相关文献对城市轨道交通 PPP 项目风险的研究成果、实践案例总结，及轨道交通 A 项目在论证阶段某咨询公司所出具的 PPP 项目实施方案中列出的风险清单，识别出轨道交通 A 项目在整个全生命周期的关键风险因素，如表 7 – 4 所示。

表 7 - 4                             轨道交通 A 项目关键风险因素

| 风险层面 | 风险归类 | 风险因素 |
|---|---|---|
| 宏观层面 | 市场风险 | 通货膨胀率 |
|  | 法律风险 | 税收政策变动 |
|  | 自然环境风险 | 地质水文条件 |
| 中观层面 | 融资风险 | 融资结构 |
|  | 设计风险 | 设计变更 |
|  | 建设风险 | 审批延误及土地使用 |
|  |  | 合同变更 |
|  |  | 施工进度及安全 |
|  | 运营风险 | 运营管理费过高 |
|  |  | 服务质量低 |
|  |  | 运营安全 |
| 微观层面 | 合作关系 | 责权利分配不合理 |

由于轨道交通 A 项目触发补偿机制的设计主要针对项目的运营期，并以交通量变动为所有风险最终的表现形式来考量风险损失，所以上述轨道交通 A 项目关键风险因素中只提取运营期相关的风险因素进行阐述。

（1）运营管理费用过高。主要是指在轨道交通 A 项目的运营管理过程中，对轨道交通的换乘站点、车组、电梯及车道的维护和增加购买车辆等的追加投资等所需的大量费用。

（2）服务质量低。服务质量低的来源包含两方面内容：一方面，私营部门在轨道交通 A 项目的建设过程中没有达到工程本身所要求的质量，项目土建施工质量不过关而导致运营期项目相关构件影响公众出行质量，服务质量低；另一方面，是私营部门在运营期对项目本身的运作管理不过关，导致换乘繁杂、轨道交通物业等工作不到位而影响公众出行质量，服务质量低。

（3）运营安全隐患。主要指私营部门在运营管理过程中，管理不当而引发的安全事故，事后的补救措施导致的运营成本的增加，进而使得正常收益降低。如×市地铁×号线曾由于电梯设备故障导致严重后果，项目相关费用支出明显增加。

（4）责权利分配不合理。主要是指在轨道交通 A 项目中，参与主体政府和私营部门之间所承担的责任、权力和利益分配不合理，所承担的责任和所获得的利益之间不匹配，风险分配的不合理，使得各方无法调动积极性去主动应对风险，同时政府由于其在项目中的主导地位而存在对私营部门失信的问题，更加剧了政府及私营部门之间的责权利划分的不对等。

（5）不可预测的其他风险。不可预测风险因素是指在 A 项目长达 24 年的特许经营期内发生的各种风险，考虑触发补偿机制建立的条件，这里主要指 A 项目运营期的不可预测风险，其可能是宏观层面的风险，也可能是中观或微观层面的风险，具有不可预测性、偶然发生和动态性。

### 7.3.2.2　风险损失概率分析

对轨道交通 A 项目，根据上文对风险因素的分析，将其运营期内产生的关键风险因素大致分为五种：运营管理费用过高、服务质量低、运营安全隐患、责权利分配不合理及不可预测的其他风险，其发生的概率分别设为 $P_a^*$、$P_b^*$、$P_c^*$、$P_d^*$ 和 $P_e^*$，这种概率也即私营部门发生损失的概率（风险的发生必然伴随着相应损失），每种风险概率值的确定需要私营部门和政府以往同类别项目和轨道交通 A 项目本身的特性进行谈判商定，根据拟合的私营部门损失概率分析，每种风险概率还需确定一个使损失增量递增和损失增量递减的临界概率值（这个风险发生的概率达到该值前，其给私营部门带来的损失增量递增，风险发生的概率达到该值后，其给私营部门带来的损失增量递减），即 a 点所对应的概率值，同时还需确定 b 点所对应的概率值，具体概率值的计算较庞杂繁复，本例暂不研究风险损失概率值的定量方法，只从定性描述的角度给出每种风险因素下所要确定的各个概率值的性质。

## 7.3.3　交通量预测

根据上文中前景理论的相关公式及计算，预测轨道交通 A 项目运营期内的交通流量，前景值的计算公式为：

$$v = \sum_i \pi(p_i)v(\Delta x) = \frac{\Delta x^\alpha p^\gamma - \theta(-\Delta x)^\alpha(1-p)^\gamma}{[p^\gamma + (1-p)^\gamma]^{\frac{1}{\gamma}}} \qquad (7-55)$$

假设，$P_g$ 为公众选择轨道交通 A 项目出行的概率，则有，

$$P_g = \frac{V_g}{\sum_{j=1}^m V_j} \qquad (7-56)$$

其中，$V_g$ 为公众选择轨道交通出行的前景值，$V_j$ 为第 j 条备选出行路径的前景值。则公众选择轨道交通 A 项目出行的交通量 $Q_g$ 为总交通量 $Q_w$ 与概率 $P_g$ 的乘积，即

$$Q_g = Q_w \times P_g \qquad (7-57)$$

由于交通量的测算发生在实际产生交通量之前，所以是公众选择轨道交通 A 项目出行的概率 $P_g$ 是一个主观概率值，即公众主观上选择轨道交通 A 项目出行的可能性，可以通过向公众投放调查问卷来确定，第一个触发补偿周期即 2016～

2021 年公众选择轨道交通 A 项目出行的概率为 58.6% （调查问卷的具体形式不再赘述，理论上该概率数据应通过调查问卷而来，但本案例意在论证触发补偿概念的可行性，且数据计算较为繁复，故暂不研究模型中涉及的相关数据的科学计算，该概率数据暂以已在运营期的其他同类型项目的公众实际出行概率作为参考）。此外，$Q_w$ 是预测的日交通量，这个数据以该市官方网站公布的相关数据作为依据，经查证 $Q_w = 90$ 万人次/工作日。

最后根据项目的可行性研究报告及物有所值论证文件的相关参数，首先预测项目运营期第一个触发补偿周期（2016 ~ 2021）内的交通量，代入式（7 - 57）得：$Q_g = 52.8$ 万人次/工作日。

### 7.3.4　触发补偿模型

#### 7.3.4.1　触发补偿过程

**1. 私营部门的合理收益**

根据上一节私营部门合理收益的计算公式，私营部门的预期合理收益以项目预期收益率所计算的净现值指标来衡量，即

$$NPV(R') = \sum_{t=0}^{n} (CI - CO)_t (1 + R')^{-t} \qquad (7 - 58)$$

$$CI = Q_t \times \mu \qquad (7 - 59)$$

其中，CI：项目经济效益的流入量；CO：项目经济效益的流出量。

其中，$R'$ 为私营部门的预期收益率为 6%，$\mu$ 为轨道交通项目 A 的特许经营价格，经政府与私营部门商定在第一触发补偿周期内平均按 3.5 元计算，$Q_t(t=1, 2, 3, 4, 5)$ 与 $Q_g$ 含义相同，其值为 52.8 万人次/工作日，CO 为 A 项目年经济效益流出量，即运营成本，包括运营期的管理费、机械维修费及折旧摊销等费用，参考相关文献估算运营成本的模型，本案例中暂以 CO = 1.58 亿元/年计算。

将各值代入式（7 - 58）得第一个触发补偿周期内私营部门的净现值：

$$NPV(R') = 21.74 \text{ 亿元}$$

**2. 触发阈及补偿形式的确定**

风险概率损失的确定是研究轨道交通 PPP 项目触发补偿机制最为关键的因素，本案例 A 项目中识别的风险因素有五种，理论上需要分别确定每种风险导致损失发展不同阶段的风险概率值，但是由于笔者水平和篇幅限制，为简化研究，这里将五种风险概率 $P_a^*$、$P_b^*$、$P_c^*$、$P_d^*$ 和 $P_e^*$ 综合表示为 $P^*$，根据风险概率的分布，由政府和私营部门或专业咨询机构依据相关数据分别确定 a 点所对应的概率值 $P_2^*$、b 点所对应的概率值 $P_1^*$，同时为了防止触发补偿过程中私营部门不堪

重负退出项目，初始契约中需约定私营部门所能承受的损失上限，即 c 点对应的
损失值 $L_c$。综上所述，将各值代入式（7 - 54）经计算得：

$$L_a = 21.74P_2^*$$
$$L_b = 21.74P_1^*$$

即在区间 $[0, 21.74P_2^*]$ 进行阶梯型补偿，区间 $[21.74P_2^*, 21.74P_1^*]$ 内
进行比例型补偿，区间 $[21.74P_1^*, L_c]$ 内进行 0 - 1 型补偿。

### 7.3.4.2　结果分析

在项目运营期，当风险因素发生且带来的风险损失值在区间 $[0, 21.74P_2^*]$
内时，政府以阶梯型的补偿方式对私营部门进行补偿，在这个区间内，补偿可以
细分为几个不同的阶段，当私营部门初始损失发生时，政府并不立即予以补偿，
为激发私营部门应对风险的积极性，当风险损失达到某一个触发值时政府再予以
一个固定值补偿，补偿分阶段进行。

当风险因素带来的损失值在区间 $[21.74P_2^*, 21.74P_1^*]$ 时，政府通过比例
补偿的方式对私营部门进行补偿，在这个区间内，随着私营部门损失的发生，政
府对其以一定的比例进行补偿，不同于上一触发阈内阶段性的补偿，在该区间
内，风险损失量已逐渐加大，完全依靠私营部门可能无法有效应对风险，需要政
府以一定的补偿来分担部分风险损失，但政府补偿也并非一次性发生，而是以一
定的比例渐进式的对私营部门进行补偿。

当风险因素带来的损失值在区间 $[21.74P_1^*, L_c]$ 时，政府通过 0 - 1 型触
发补偿方式对私营部门进行补偿，在这个区间内，风险损失已逐渐逼近私营部门
所能承受的风险损失上限，政府的补偿对私营部门能否可持续运作 PPP 项目起到
至关重要的作用，所以该区间内政府直接采取 0 - 1 型补偿方式，即当风险损失
达到私营部门所能承受的临界值 $L_c$ 时，立即触发政府补偿。

此外，以上的对轨道交通 A 项目的触发补偿设计只针对补偿的第一个周期，其
他周期的触发补偿流程同第一个周期，只是需要在上个补偿周期末政府与私营部门进
行再谈判，再谈判过程会涉及政府与私营部门之间的讨价还价博弈，对下一周期的风险
分担存在一定影响，需考虑这些影响从而重新约定触发阈及不同触发阈内的补偿方式。

## 7.4　本 章 小 结

### 7.4.1　研究总结

PPP 模式近年在我国掀起大热潮，政府和私营部门"联姻"共同提供公共服

务的合作思想越来越广泛渗入公共基础设施的各个领域，城市轨道交通作为城市基础设施的重要类别，PPP 模式在轨道交通领域的应用无疑具有广阔前景。城市轨道交通 PPP 项目既然以政府和私营部门合作为基础，由于双方主体的本质差异，合作必然涉及风险分担、利益分配及政府监管和补偿等问题，其中政府补偿作为政府使 PPP 项目可持续运作的重要手段之一，是 PPP 项目研究中的重要内容。科学合理的补偿机制设计一方面有利于发挥 PPP 模式减轻政府财政负担的本质优势，使政府不为补偿所累；另一方面，也能充分激发私营部门应对项目特许经营期内致使损失发生的各种风险因素，实现 PPP 项目的风险共担，总体提升 PPP 项目的运作效率。

本书旨在研究如何设计科学合理的城市轨道交通 PPP 项目补偿机制，通过对已有研究中"损失补偿"的思想进行剖析，提出运用"触发补偿"的新思想设计轨道交通 PPP 项目的政府补偿机制，并以 PPP 项目触发补偿所涉猎的相关理论为基础，分析城市轨道交通 PPP 项目触发补偿的本质、原理及相关补偿的参数，构建触发补偿的模型，最后以某西北省会城市的轨道交通 A 项目佐证。本书的具体研究结论如下：

（1）基于城市轨道交通项目的相关特性及 PPP 项目补偿的相关理论，通过对"损失补偿"和"触发补偿"思想的对比分析揭示"触发补偿"运用于轨道交通 PPP 项目政府补偿的原理。同时从政府及私营部门参与主体的需求角度出发分析触发补偿的原理，并描述触发补偿的流程。

（2）对城市轨道交通项目的特性和触发补偿机制设计中所涉及的相关参数逐一进行分析。分析轨道交通项目的经济特性及运用 PPP 模式时的投资及成本，为后续指标的分析提供背景基础。运用前景理论，以公众选择轨道交通作为出行路径的未来主观概率来预测项目未来的交通流量；通过对项目经济评价中的基准收益率和内部收益率的分析，提出私营部门本身所预期的项目收益率，并分析三者之间的关系，以厘定私营部门对项目预期收益率的合理性；最后分析政府与私营部门在项目不同阶段的博弈，在触发补偿阈内双方存在演化博弈，而在每一个补偿周期末的再谈判中双方存在讨价还价的博弈，触发补偿模型的构建需考虑双方在项目发展不同阶段的博弈。

（3）构建城市轨道交通 PPP 项目政府触发补偿模型。根据上文对触发补偿相关参数的解析，设定触发补偿模型的基本假设，并分析补偿的本质，建立城市轨道交通 PPP 项目触发补偿的基本架构。确定触发补偿的周期、分析私营部门的预期合理收益及损失概率、确定不同损失区间的触发补偿阈及设计各个不同触发域内的补偿机制，自下而上地构建触发补偿模型。

（4）以西北某省会城市的轨道交通 A 项目为例进行实证。介绍项目的背景概况，分析项目的融资结构。结合该项目的特性对其特许经营期内的风险因素进行识别，并选取其中的关键风险因素，对其风险损失概率进行分析，同时参考相关同类型项目实际交通量及前景理论对轨道交通项目 A 的交通量进行预测。最后描述轨道交通 A 项目的触发补偿过程，并分析其结果。

### 7.4.2　研究不足及展望

本章所提出运用"触发补偿"的思想研究城市轨道交通 PPP 项目触发补偿机制，并建立触发补偿模型，提出补偿的本质为通过补偿激发私营部门应对风险损失积极性，转变政府补偿思路，并通过不同触发阈内相匹配的补偿机制设计，激发私营部门主观能动性，为提高补偿的公平与效率，完善轨道交通 PPP 项目政府补偿机制，增强政府的补偿有效性提供一定的理论支持和技术支撑。但是，由于笔者自身的能力限制及所研究问题的庞杂繁复等原因，本书还存在诸多不足之处，需后续进行更深入的研究：

（1）城市轨道交通 PPP 项目触发补偿模型中相关参数多以定性描述为主，缺乏相关定量计算方法。触发补偿机制设计中最为关键的内容是准确预测未来各种动态风险因素所发生的概率，及相关风险概率下私营部门所承担的损失量，本书中此风险损失概率只进行定性描述，准确预测风险概率值是一项复杂的工作，在今后的研究中应对此风险损失概率值进行科学严谨的定量研究。

（2）触发补偿周期的确定存在一定片面性。为简化研究，本书只以相关文献研究作为参考，将轨道交通 PPP 项目触发补偿周期设定为 5 年，由于轨道交通 PPP 项目特许经营期较长，项目未来风险动态变化幅度大，固定的补偿周期可能会限制触发补偿机制发挥其补偿的有效性，所以，补偿周期的设定可根据项目的变化而进行动态变化，更能体现触发补偿的多阶段、多层次性。

（3）城市轨道交通 PPP 项目触发补偿机制只以项目运营期为研究范畴，未考虑项目建设期内的补偿。虽然相比较长的项目运营期，建设期往往时间相对较短，且风险因素相对固定，但是建设期的补偿同样也对 PPP 项目能否顺利进行存在影响，所以，为更加精细与科学地研究轨道交通 PPP 项目触发补偿机制，后续研究应将项目建设期的补偿纳入触发补偿研究框架内。

# 第8章

# PPP 项目失败关键影响因素研究

PPP 项目触发补偿机制的构建在一定程度上削弱了项目风险，但 PPP 项目面临的失败风险依然存在，因此，本章对 PPP 项目失败的关键影响因素展开研究。本章以失败理论、系统动力学理论以及结构方程为基础，对 PPP 项目失败的关键因素进行了较系统深入地探讨和研究。

## 8.1　PPP 失败因素分析

### 8.1.1　PPP 项目的失败影响因素风险源分析

本书探讨了公私双方在合作中存在的问题，组织之间存在着共生，也正是因为共生的作用，才使得在失败的 PPP 项目中，主体双方去追求更高的合作空间和效益。下面将进一步寻找 PPP 项目失败的因素。PPP 项目建设的政府部门和私营部门的利益诉求不一样，社会效益的高低对于政府部门具有很强的吸引力，而经济效益却显得相对较次要。

研究 PPP 项目的失败因素，首先要定位好 PPP 项目的失败，从 PPP 项目失败标准的层级维度来看，导致 PPP 失败的层级可以依据利益相关者分为三层，每一层都制定了失败的标准，这些失败都导致了最终失败。在失败度的划分中，将失败度分为初始失败、中间失败、最终失败三种。在这三类中，初始失败的失败成本最低，通常情况下，当初始失败发生时，可以通过一定的管控手段将初始失败控制在一定的范围，并积极采取措施，将初始失败进行转化。其所付出的代价最少。中间失败次之，最终失败最大，一般是不可挽回的，或者即使付出了很大的努力也注定要接受失败所带来的教训。所以在研究 PPP 项目失败的关键因素中可以从初始失败入手，经过中间失败，再到最终失败，研究失败的路径，这样的研究思路和途径也可以更好地避免失败，使失败发生的概率在可控的范围内尽量达到最小。PPP 模式的风险成本有很多的分配方式，邓小鹏等认为风险分担应使参与各方承担风险的总成本最小，运行中政府部门凭借其自身优势，往往会将本应该由政府自身去匹配和承担的风险进行转移，即风险移位至私营部门，而这些风险又是私营部门是无法承受的，是与自身能力不匹配的风险，无法掌控和有效管理的。

通过分析 PPP 项目失败框架，考虑 PPP 项目自身特点，对 PPP 项目失败的因素进行分类。很多有关 PPP 项目的文献研究中，每一个专家学者根据其所研究的 PPP 项目的不同，对于 PPP 项目的风险因素的划分也各有不同。

### 8.1.1.1　PPP 项目失败与传统项目的区别

PPP 项目失败原因纷繁复杂，PPP 项目的建设运营失败区别于传统项目的方面有两个。

**1. 社会环境**

政策和法律，PPP 项目的建设与运营契约不清晰、政策与法规不完善或缺乏连续性；运营环境，PPP 项目需求风险评估不准确，私人部门利益可能导致公共利益，社会福利缺失，政府部门的诚信问题使私营部门项目运营得不到应有回报；公共采购体系，PPP 项目采购决策体系科学性不强，采购低效率使得项目建设周期和成本增加；融资渠道，PPP 项目融资渠道的单一，以及内部和外部多元化渠道可能带来的风险，制约 PPP 项目的成功；风险分担，PPP 项目将大部分风险转移给私营部门，但公共部门不愿意承担风险，使风险分担很难达到合理匹配，不能实现公共资金使用价值达成预期公共利益；公私部门差异，公私部门本质差异和执行力可能失败问题，没有很好地解决公平问题，或者政府权力过大。

**2. 主体行为**

PPP 项目参与方公私部门、项目管理公司、第三方运营和公共消费者等，参与方的合作绩效影响 PPP 项目成功与否，最为关键的是公共部门和私人部门的差异性协作的情况。

（1）政府方面。

政府作为项目的参与方，需要了解经营 PPP 项目相关专业技术，有效管理合同的手段和明确地治理结构。政府部门不能良好地规制项目，不能协同与私人部门差异关系则会导致项目失败，招致公共利益损失。

（2）私人投资者方面。

私人部门首先对项目进行前期可行性研究，根据自身的管理水平、技术优势、筹集资金以及政府激励政策等判断是否参与项目的建设。项目建设运营过程中，私人部门依据能力分担项目风险，协调与政府部门差异性关系。此外，政府高层的政治意愿、项目战略、承诺诚信和公众参与手段问题可能会导致 PPP 项目失败。

### 8.1.1.2 从宏观、中观、微观研究 PPP 项目失败

研究 PPP 项目的失败，从研究这些失败因素与 PPP 项目自身的相关性；是否参与 PPP 项目的运营；参与 PPP 项目主体特征差异性等方面入手，可以将 PPP 项目失败因素分为宏观因素、中观因素和微观因素三个层次。下面从这三个方面进行论述。

**1. 宏观因素**

对于宏观层面来说，PPP 项目失败风险源来自于 PPP 项目本身之外，也就是项目以外的失败风险因素。PPP 项目失败的宏观因素是指存在于项目外部，不以项目管理者的意志为转移的因素，多是指与国家或行业有关的因素，包括政府政策、宏观经济、法律法规、社会以及自然等方面的因素。

（1）政府政策因素。政治决策失误/决策时间冗长：政府在 PPP 项目实施中的过程过于烦琐，运行程序还没有形成规范化，对于 PPP 项目的管控还缺少经验，政府和私营部门之间的信息不对称，公共决策过程中行政手续繁杂，公众缺乏参与或反对：项目建设或运营过程中，公共服务设施的最终使用者即社会公众的利益不能被充分维护从而引起社会公众对 PPP 项目施加压力和阻碍；政治信用不足：政府官员换届或政策性问题，致使政府部门的本届政府约定好的承诺合同在下一届政府得不到很好地贯彻和履行，甚至出现了中止，从而危害项目的建设和运营；政府监管和腐败问题：政府官员寻租和公私部门合谋，使得 PPP 项目公司在维护关系中的成本加大，同时政府部门的违约风险也在不断上升。在与国外的外交环境中，其他国家与我国关系的好坏，外交的亲密关系和程度以及国际、国内政坛的稳定性都是政治环境所要考虑的方面。

（2）宏观经济因素。利率变动；汇率变化；通货膨胀：通货膨胀率波动问题；金融市场不健全；影响宏观经济事件。

（3）法律法规因素。税收变化；产业规制变化；法律、法规、标准变化。法律法规的修订也使得 PPP 项目在运行中出现了不一致，会引起项目的不正常运行，甚至导致项目的最终失败。王盈盈等学者通过结构化访谈的方式对 PPP 行业的专家进行调查和访谈，认为国家政策法规的不稳定性的风险程度相对较高。

（4）社会因素。低效率公共采购：项目采购低效率增加项目的成本和周期，采购质量安全纰漏，阻碍 PPP 项目建设运行；PPP 服务机构不健全：公共服务私人能力不足、供应产品不达标；专业人才匮乏；公共需求低：公共采购对公众消费者对产品或服务需求不高，缺乏科学评价。

（5）自然因素。在 PPP 项目协议在达成一致后，签订协议前，PPP 项目的利益相关者都无法掌控的事件。如自然灾害、不可抗力、地理条件、气候环境。

**2. 中观因素**

中观因素指项目内部，与项目的建设运营相关的失败因素。其中包括项目的选址是否合理、财务能力是否健壮、项目的设计是否合理。

（1）项目选择。土地征用获取受阻；项目决策失误：项目需求评价的前期决策失误，项目的建设后期为避免项目失败付出巨大代价。

（2）项目融资。项目融资能力不足：渠道不畅，程序烦琐；投资诱因不足：高融资成本和民间借贷。

（3）项目风险。残值风险：PPP 项目建设运营政府回购的残值，或者项目公司问题提前回购风险；项目审批风险：项目的审批程序复杂，时间过长/成本过高，给项目正常运作带来威胁；质量风险；技术风险。

（4）项目设计。设计延误：项目立项和批准延误；设计不当：设计缺陷；未经检验技术。

（5）项目建设。配套设施服务欠缺：项目相关的基础设施不到位使得项目无法按期进行，影响项目建设工期；合同过分变更：PPP 项目合作各方权利与义务以及所承担责任的规范性文件、合同对于 PPP 项目的运作至关重要。合同面临的问题主要包括合同文本的规范性、合同执行中的连续性以及合同条款的约束力等方面。在项目建设中合同的变更时有发生，但合同过分变更则会影响项目按计划完成，增加摩擦和降低信任度。建设工期延误：施工方若不能按时完成项目建设，则会对项目的后期按时运营产生影响。建设成本超支：成本超支与工期延误是在项目施工过程中经常会发生的，若项目组不能很好地控制项目成本，则很容易造成成本超支，项目建设成本超支太多，则视项目失败；质量缺陷：合同参数过多；分包供应商违约；

（6）项目运营。运营收益低于预期：项目运营收益不能预期收回投资或达到预定收益，致使市场预测与实际需求之间出现差异；运营生产率低下；收费变更，PPP 项目收费与市场水平不一致，弹性较差，项目的盈利来源渠道变得狭窄；维护费用、维护频率高于预期。运营者为维持项目的运营很容易投入过多的运营成本，运营成本增加若不能使盈利增加，则私人部门很难在运营期内收回投资。

**3. 微观因素**

微观因素是指在 PPP 项目采购阶段，在项目各参与方的关系中产生影响项目成功的因素，重点在于政府与私人部门差异性。微观因素来自于项目内部，但不同于中观因素，它所涉及的是项目中存在的各参与方关系而并非指项目本身问题。这些因素的成因在于政府与私人投资者之间的差异，政府参与 PPP 项目建设是其自身的社会责任，而私人部门是出于对项目利益最大化追求，建立合作关系和互动关系。

微观因素主要有以下几个方面。各参与方在项目组织与合作上存在的问题：组织和协调风险；PPP 项目经验不足：在 PPP 项目的建设运营，政府部门或私人部门无法正确理解 PPP 项目角色界定不准确而引起不必要的损失；责任和风险分配不足：PPP 项目失败风险应当结合 PPP 各利益相关者自身的特点和能力，有选择性的进行风险的分配和匹配，并且要有最高风险线的限制。政府部门的优势在于法律的控制和政策的把握，私营部门的优势在于项目具体的设计和运营，双方就应在自身特点之上对以上风险进行选择性的匹配。双方都处于弱势的，如市场和不可抗力等方面，那么双方应当共同来面对。寻求合理的分担模式，避免一方因过分承担风险而遭受损失；伙伴权力分布失衡：在一些法律制度不完善的国家和地区，政府权力超出合同约束；合作伙伴工作关系缺乏方法和技能；其他伙伴缺乏承诺：参与方之间缺乏信任。公私部门中政府不履行合同承诺（Ramamurit，2003），政府与私人之间若缺乏信任则很难将项目成功完成。

PPP 项目失败因素复杂多样，无论是宏观、中观还是微观，各个因素之间并不是相互独立的，而是有很强的联系，一个因素的发生可能导致项目失败但在同时必然伴随着其他因素的发生，有些因素是起因，导致后续一系列的因素发生。

### 8.1.1.3 PPP 项目失败因素分类

导致 PPP 项目的失败有很多因素，但是在我国 PPP 的运行过程中，并不是所有的因素都会发生作用。无论是宏观、中观还是微观因素，都从不同方面进行了总结，从以上分析可以发现，并不是所有的宏观、中观和微观因素中的因素都会对 PPP 项目的失败起关键作用。在总结了所有的因素的基础上，对以上因素进行汇总，通过访谈各位专家学者，根据大量的案例，结合中国的国情，结合前人的研究、PPP 项目的特点以及本书所要研究的方向，可以保留影响因素相关或者相近以及适合我国国情的因素，删除不必要的，最后得到 23 个导致 PPP 项目失败的因素，分别是政治和政策匮乏、政府信用、审批和许可、政治不可抗力、技术能力、融资能力、建设变更、环境保护、建设不可抗力、法律体系完善性、法律稳定性、合约合理性、风险分配、利率汇率变动、通货膨胀、影响宏观经济事件、私人投资者变更、组织协调、回购、运营管理、资源管理、管理者素质、公共需求。

结合每个因素的特点，将导致 PPP 项目失败的因素分为 6 大类，找出目前出现最多的最主要的因素，分别是政治方面、建设方面、法律及合约方面、金融方面、组织方面、运营方面。

在本书的第 4 章节中的探索性因子分析，将对以上分类的科学性和合理性进行验证，通过主成分分析，可以得知，以上对于 PPP 项目的 6 大类别分类是具有科学性的。

下面对每一个方面都进行一下分析和总结。

**1. 政治方面**

政治方面主要包括政治和政策匮乏、政府信用、审批和许可和政治不可抗力四个方面。

对于政治方面来说，有国内政治和国外政治的风险而导致的 PPP 项目的失败。无论是国内还是国外，都是当项目投资在某一地区，由于政治方面的变化而导致项目出现了延期、合同变更等方面的无法预料的结果。政治和政策匮乏主要表现为政府部门在 PPP 方面的政策落实不到位，认识不到位而导致的 PPP 项目受阻。政府的信用问题在引起 PPP 项目失败中也占有重要的地位，政府作为强势方，在和私营部门共生的基础上，很容易破坏共生环境，导致系统的不稳定，其强势地位也使得私营部门在政府信用面前显得无能为力。由政府信用问题也会引起审批和许可的滞后问题，在政府审批和许可中，如果政府审批的时间过长、程序过于烦琐就会阻碍 PPP 项目的进程，从而带来一系列的问题。

政治不可抗力是政府部门也无法控制的，它会迫使 PPP 项目面临巨大的失败风险。在 PPP 项目的建设过程中，很多时候政府的作用显得至关重要。当出现问题时，政府凭借自身的优势强有力的介入，可以使风险分配的更加合理，为利益相关者的各方提供强有力的政治保障。

**2. 建设方面**

建设方面包括技术能力、融资能力、建设变更、环境保护、建设不可抗力五个方面。

PPP 项目失败在建设方面主要表现在项目的建设过程中，有大量不确定性因素的存在，这些因素可以导致项目建设的中断或者中止，从而对项目产生不利的影响。通常包括技术能力、融资能力、建设变更、环境保护和建设不可抗力。技术能力是保障 PPP 项目能否高效运营的前提和保证，如果技术能力不到位那么 PPP 项目就会因为技术能力而出现问题，导致 PPP 项目的失败。建设变更是指由于涉及不合理或者调查不足导致建设中发生变更。金融市场在外界条件的影响下，会出现不稳健、融资结构不合理等造成的融资困难，这对于 PPP 项目的风险是巨大的。PPP 项目涉及的周期长，面临的环境复杂，在项目的建设期，工人罢工、地质以及天气或者自然灾害等造成的不可抗力在建设中非常多，建设不可抗力带来了很多的不利因素。环境保护在建设方面的表现主要是人们对于环境的要求越来越高，对环境保护的问题也逐渐关注和重视起来，社会公众或者社会监督部门对项目环境保护标准的提高，这些直接关系着项目的工期和项目成本，工期的延长和成本的提高，又会带来一系列的谈判问题，它们是一系列因素的连锁反应，最终导致项目的失败。

**3. 法律及合约方面**

法律及合约方面主要包括：法律体系完善性、法律稳定性、合约合理性、风险分配四个方面的因素。法律及合约的合理和完善是 PPP 项目成功运营的前提，政府政策和良好的政治环境是 PPP 项目的保障。PPP 项目特许经营权协议的成功实施是在完善的法律和合约基础之上的。PPP 项目建设周期长，涉及的资金数额大，从全寿命周期来看，会涉及非常多的法律方面的问题，它需要有强有力的法律保证，才能保证其顺利实施。如果法律不健全，当 PPP 的相关各方在发生矛盾时，会出现权、责、利不统一而使 PPP 项目被迫中止。在法律方面，当 PPP 项目出现纠纷时，是否能有一套行之有效的法律来进行保障，项目的发起人能否建立一套完整的组织结构和组织体系以取得法律的支持。参与 PPP 项目的各利益相关者，每一方的初衷和目的都不一样，在众多的指标中，PPP 协议和合约的有效签订是取得 PPP 项目避免失败，走向成功的关键。

**4. 金融方面**

金融方面主要包括利率汇率变动、通货膨胀以及影响经济宏观事件三个方面。

PPP 项目一般涉及的资金数量都是比较巨大的，涉及的利益群里也比较多，如果金融市场发生变化，将直接影响 PPP 项目的融资和投资效益。

利率变动是指在建设过程中，社会外界环境发生变化引起的利率变化，导致项目投资增加而引起的导致 PPP 项目失败的风险。汇率变动则是指由于国家币值的变化，导致国与国之间在汇兑业务中，同样的资金在不同的汇率下发生增值和贬值的情形，尤其是当币值贬值时，项目的投入成本救护增加，增大了 PPP 项目投资的难度。

当国与国之间发生严重的国际关系问题需要解决时，如果国家大量地发行纸币，就会导致通货膨胀现象的发生，通货膨胀的结果是引起货币的大量贬值，货币的大量贬值会直接或间接地导致 PPP 项目中私营方在特许经营期内无法获取可观的利润，甚至是难以收回投资成本。

影响经济宏观事件的发生也会造成 PPP 项目的失败。通常情况下，影响经济的宏观事件是国家和社会的大政方针，这种事件一旦发生则表现为不可控。影响经济宏观事件的发生对于 PPP 项目失败的影响不容小觑。不过，这种事件通常在发生前都是有征兆的，发生的概率也不是很大。

**5. 组织方面**

组织方面主要包括私人投资者变更、组织协调、回购三个方面。

组织方面主要表现为由于组织的不协调而使项目出现了不应该出现的情况。在组织方面，由于组织不合理，通常会使组织面临着重新协调的困难，如果组织机构的设置出现问题，那么由组织方面引发的其他方面的问题也将产生连锁反应。在组织协调方面，如果私人投资者产生了变更，那么将会出现再谈判问题，再谈判的成本就会变得非常的大，最后也会出现回购的发生。

### 6. 运营方面

运营方面主要包括运营管理、资源管理、管理者素质、公共需求四个因素。

PPP 项目的运营涉及的面比较广。PPP 项目涉及的都是大型公共服务项目，这些项目有着很强的公众性，而且 PPP 项目涉及的也都是公众所迫切关心的，所以公共的需求对于 PPP 项目后期的运营有着至关重要的关系。公共需求大，那么项目的收益自然就好，这对于项目收益的及早回收有着很大的促进作用。

在 PPP 项目运营过程中，管理者素质和私营部门的运营管理水平以及资源管理的水平都决定着项目运营是否成功。如果资源管理水平较低，资源的配置跟不上 PPP 项目运行的需求，那么就会使 PPP 项目的发展滞后，从而产生问题。运营管理水平和管理者素质也都反映着私营部门和政府部门组建的 PPP 项目组织是否有效。对风险把控最有掌控的一方应当承担与其自身能力相匹配的更多的风险，而且应当贯穿于全寿命周期的管理中，承担风险较多的一方也应当分得更多的回报，使得风险与回报成正相关。

PPP 项目需求风险评估不准确，私人部门利益可能导致公共利益和社会福利的缺失，这样政府部门的诚信问题使私营部门项目运营得不到应有的回报，如表 8 − 1 所示。

表 8 − 1　　　　　　　　　　PPP 项目失败关键因素的种类及定义

| 序号 | 分类 | PPP 项目失败因素 | 定义 |
|---|---|---|---|
| 1 | 政治方面 | 政治和政策匮乏 | 政府的政策跟不上 PPP 的快速发展的步伐而导致的政策匮乏 |
| 2 | | 政府信用 | 在没有明确理由或合理赔偿的情况下中止合同、拒付债务、暂停或征收项目等与政府信用相关的因素 |
| 3 | | 审批和许可 | 中央或地方政府对项目审批的拖延或驳回 |
| 4 | | 政治不可抗力 | 由于政府或官员的更替，或政局不稳定等不可抗力给项目带来的损失或危害 |
| 5 | 建设方面 | 技术能力 | 采用的技术不成熟或不能满足预定的标准和要求，或对该项目的实用性差 |
| 6 | | 融资能力 | 由于金融市场不稳健、融资结构不合理、融资可获得性等因素引起的融资困难 |
| 7 | | 建设变更 | 由于设计不合理或调查不足导致建设中发生变更 |
| 8 | | 环境保护 | 由于公共部门及公众对项目保护环境的要求提高，导致成本、工期上的损失 |
| 9 | | 建设不可抗力 | 工人罢工、地质或天气条件不宜、自然灾害或战争贸易禁运等 |

| 序号 | 分类 | PPP 项目失败因素 | 定义 |
|---|---|---|---|
| 10 | 法律及合约方面 | 法律体系完善性 | PPP 项目缺乏全国性的法律体系，各规范文字之间存在一定冲突，对监管部门和项目相关方来说，可操作性低 |
| 11 | | 法律稳定性 | 由于相关法律法规的变更引起项目成本的增加或收益的降低 |
| 12 | | 合约合理性 | 合约中不合理的安排（如风险分担、责任分配等）造成实施受阻 |
| 13 | | 风险分配 | 合约方面在约定双方的权利和义务时，对于风险的分担与责任划分。PPP 项目将大部分风险转移给私营部门，但公共部门不愿意承担风险，使风险分担很难达到合理匹配，不能实现公共资金使用价值达成预期公共利益 |
| 14 | 金融方面 | 利率汇率变动 | 利率变动引起的项目成本的增加、汇率变动引起进口设备价格上涨，导致成本增加 |
| 15 | | 通货膨胀 | 通货膨胀造成的项目成本增加而使收益受阻 |
| 16 | | 影响宏观经济事件 | 国内或国外发生的能够使经济的动向发生改变的事件 |
| 17 | 组织方面 | 私人投资者变更 | 在组成的联盟中，联盟成员之间的争端所造成的一个或多个投资者退出或进入 |
| 18 | | 组织协调 | 公共部门和私营部门之间因组织协调不合理而产生的交易成本增加或争端 |
| 19 | | 回购 | 在项目完成后公共部门暂时没有对项目进行正常的回购 |
| 20 | 运营方面 | 运营管理 | 项目在运营过程中的管理运营水平，也包括 PPP 项目的建设运营水平等方面 |
| 21 | | 资源管理 | 项目建设过程中，对于资源的合理配置 |
| 22 | | 管理者素质 | 项目管理人员的基本素质和专业素质 |
| 23 | | 公共需求 | PPP 项目的市场需求以及被公众需要的程度以及被同类公共服务产品替代的程度 |

通过以上分析可知，导致 PPP 项目失败的因素有 6 大类，共 23 个，分别是政治和政策匮乏、政府信用、审批和许、政治不可抗、技术能力、融资能力、建设变更、环境保护、建设不可抗力、法律体系完善性、法律稳定性、合约合理性、风险分配、利率汇率变动、通货膨胀、影响宏观经济事件、私人投资者变更、组织协调、回购、运营管理、资源管理、管理者素质、公共需求。

## 8.1.2　PPP 项目失败因素的动力学分析

导致 PPP 项目失败的因素有很多方面。在导致其失败的风险因素中，依照与 PPP 项目本身的相关性可以分为内部和外部环境两个方面。作为外部环境，尽管与 PPP 项目相关联度相对较弱，概率相对较小，但是它所发挥出的能量却是巨大的，它所导致的失败影响也是不容小觑的。外部环境的可控性不大，甚至容易失控，它是不由系统的结构所决定和改变的，如果把重点放在外部环境上，那么不但花费的时间长而且效果也不理想，会因为因素较多而产生混乱。所以运用系统动力学分析时，重要的还是从内部出发，研究内部因素之间的相互关系和作用，所有内部因素相互运动和作用的结果决定了 PPP 项目的整体行为的发展方向。

PPP 项目失败不是一蹴而就的，它是一系列因素的共同作用，各个因素之间存在着一定的相关性，他们相互作用。下面将用系统动力学对 23 个因素进行进一步的分析。系统动力学的子系统之间的关系也是相互作用的，为了研究因素之间的关联性和其相互关联关系，就要将 6 大类因素放在一个系统中进行动力分析。政府方面、建设方面、法律及合约方面、金融方面、组织方面、运营方面这 6 个方面都从不同的角度进行了归类，这 6 个方面涉及的子系统有 3 个，分别是政府部门、私营部门和第三方。PPP 项目的失败一般都是从政府部门、私营部门和第三方开始的。所以研究动力机制就要从这三个方面着手进行综合分析。

### 8.1.2.1　失败因素反馈总系统

政府部门和私营部门在信息不对称下，会加剧 PPP 项目的失败，但是二者又是相互作用和依赖的。政府借助私营部门的资金、管理和技术等优势促进 PPP 项目的顺利开展，私营部门借助政府手中的政策资源为 PPP 项目保驾护航，发挥出双方的最大效用。公私合作中，在共赢中实现效益的最大化，风险分配的最优化，当达到最优平衡点时，私营部门就会积极的应对风险，从而避免风险的转移，提高运营效率。作为第三方，主要是社会公众、社会的监督机构、民间组织的力量，由于 PPP 项目一般都是作为公共基础设施而出现的，其运营的好坏直接关系着社会大众的切身利益、关乎社会的发展和稳定，因此第三方在与政府和私营部门的交流与合作中，更多地扮演了监督者和舆论者的身份，PPP 项目基础设施建设的好坏很大程度上也是受第三方所影响的。在这三个利益相关者之间，其又是直接和 PPP 项目的失败相关联，发生着交互的作用，如图 8 - 1 所示。

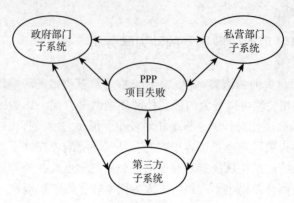

**图 8 - 1　PPP 项目失败综合系统分析框架**

通过以上分析可知，构成这 6 大类的因素分别是政治方面、建设方面、法律及合约方面、金融方面、组织方面、运营方面。在政治方面，主要表现为政治和政策匮乏、政府信用、审批和许可、政治不可抗力；在建设方面，主要表现为技术能力、融资能力、建设变更、环境保护、建设不可抗力；在法律及合约方面，表现为法律体系完善性、法律稳定性、合约合理性、风险分配；另外就是金融方面，主要包括利率汇率变动、通货膨胀、影响宏观经济事件；在组织方面，主要有私人投资者变更、组织协调和回购；运营方面表现为运营管理、资源管理、管理者素质、公共需求，共有 23 个因素。因果关系以反馈回路为其组成要素，反馈回路为一系列原因和结果的闭合路径。反馈回路的多少是系统复杂程度的标志。下面通过系统动力学对这 23 个因素之间的关系加以动力分析，从而找出反馈路径，如图 8 - 2 所示。

在这个动力模型中，各个因素之间是相互作用的，有些因素没有直接的联系，但是通过反馈环，是可以联系在一起的，它们构成了作用与反作用的关系。在这个系统动力模型中，系统的演化决定了系统行为模式的变化，无论是哪一条反馈路径，都可以找到导致 PPP 项目失败的回路。从 PPP 项目失败的演化过程入手，揭示系统的行为模式，进而揭示系统的结构。在这个反馈系统中，用箭线来表示各导致 PPP 项目失败的要素之间的关系。这其中有正因果关系和负因果关系，"＋"号表示促进作用，是正作用，"－"号表示抑制，是负作用。当两个因素呈正因果关系时，它们的变化方向一致，都是会导致 PPP 项目失败的因素。正反馈环有自我加强的功能，负反馈环有自我减弱的功能。在这个系统总图中，风险分配处于最核心的位置，它也是个系统功能图交汇的一个重要节点。

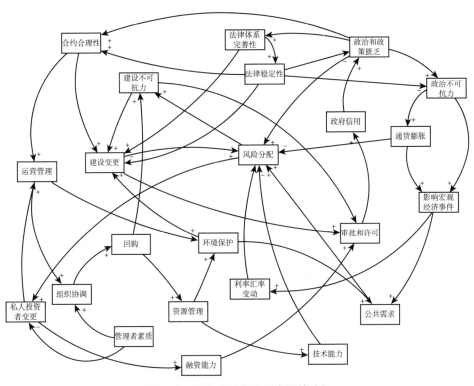

**图 8 - 2　PPP 项目失败因素反馈路径**

### 8.1.2.2　失败因素反馈子系统

PPP 项目失败反馈子系统包括三个，分别是政府部门子反馈系统、私营部门子反馈系统和第三方反馈子系统，如图 8 - 3 ~ 图 8 - 5 所示。

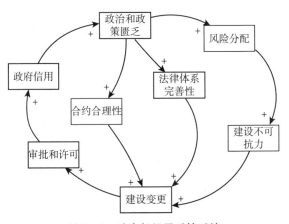

**图 8 - 3　政府部门子反馈系统**

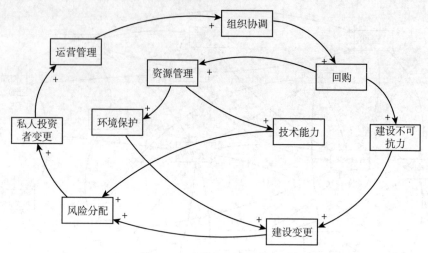

图 8-4　私营部门子反馈系统

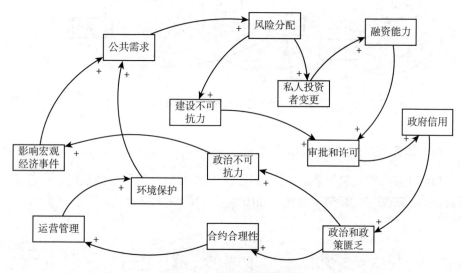

图 8-5　第三方子反馈系统

政府角度子反馈系统有三条回路：

反馈回路一：政府信用→政治、政策匮乏→合约合理性→建设变更→审批和许可→政府信用；

反馈回路二：政府信用→政治、政策匮乏→法律体系完善性→建设变更→审批和许可→政府信用；

反馈回路三：政府信用→政治、政策匮乏→风险分配→建设不可抗力→建设变更→审批和许可→政府信用。

私营部门方面，有三条反馈回路：

反馈回路一：运营管理→组织协调→回购→建设不可抗力→建设变更→风险分配→私人投资者变更→运营管理；

反馈回路二：运营管理→组织协调→回购→资源管理→技术能力→风险分配→私人投资者变更→运营管理；

反馈回路三：运营管理→组织协调→回购→资源管理→环境保护→建设变更→风险分配→私人投资者变更→运营管理。

第三方子系统共有四条反馈回路。

反馈回路一：公共需求→风险分配→私人投资者变更→融资能力→审批和许可→政府信用→政治和政策匮乏→政治不可抗力→影响宏观经济事件→公共需求；

反馈回路二：公共需求→风险分析→私人投资者变更→融资能力→审批和许可→政府信用→政治和政策匮乏→合约合理性→运营管理→环境保护→公共需求；

反馈回路三：公共需求→风险分配→建设不可抗力→审批和许可→政府信用→政治和政策匮乏→政治不可抗力→影响宏观经济事件→公共需求；

反馈回路四：公共需求→风险分配→建设不可抗力→审批和许可→政府信用→政治和政策匮乏→合约合理性→运营管理→环境保护→公共需求。

从以上分析可知，影响 PPP 项目失败的这些因素，有相互很强的促进和抑制的互动反馈关系。系统动力学从动力学的角度分析了各因素之间的相互关系，为结构方程进一步研究因素之间的关系打下了一定的基础。反馈回路的产生也为结构方程的应用提供了一定的思路。在结构方程的分析中，各因素之间的关联度和相关性都与动力学分析，各因素之间的关系有关。所以在下一节的结构方程的分析中，包括调查问卷中，都会考虑到它们之间的关系，这样对于分析的结果的可靠性也有很大的推动作用。

## 8.2　PPP 项目失败关键因素识别

### 8.2.1　结构方程模型

#### 8.2.1.1　结构方程

结构方程（SEM）是一个结构方程式的体系，其方程式中包含随机变量、参数结构，有时也包括非随机变量。结构方程模型本身属于一种多元统计技术，适用于大数据的分析，但与一些传统多元统计技术既有联系，又有区别，与一些新近的分析方法相比，也有其独特优势。传统上，使用探索性因素分析可以求得测验量表所包含的共同特质或抽象概念，但此种建立建构效度的因素分析也会受到限制。相对于因素分析出现的问题，结构方程模型就具有很多的优点。结构方程模型有时也以共变结构分析或共变结构模型等名词出现，不论是使用何种名词，结构方程模型均具有很多的特性。它具有理论先验性，也可同时处理测量与分析问题，还可以关注协方差的运用。协方差可以定义如下：

总体数据：$COV(X, Y) = \sum (X_i - U_x)(Y_i - U_y) \div N$

样本数据：$COV(X, Y) = \sum (X_i - \bar{X})(Y_i - \bar{Y}) \div (N - 1)$

在 SEM 模型分析中，样本的方差协方差矩阵简称为协方差矩阵。协方差矩阵中对角线为方差，此数值即变量与它自己间的协方差，对角线外的数值为协方差矩阵，如观察数据获得的 S 矩阵中，有两个变量 X 与 Y，则其样本协方差矩阵如下：

$$S = \left( \frac{COV(X, Y) \quad COV(Y, X)}{COV(X, Y) \quad COV(Y, Y)} \right)$$

由于 $COV(X, Y) = VAR(X)$；$COV(Y, Y) = VAR(Y)$；$COV(Y, Y) = COV(Y, X)$，所以上述样本协方差矩阵也可以表示如下：

$$S = \left( \frac{VAR(X)}{COV(X, Y) VAR(Y)} \right)$$

而两个变量的协方差是两个变量之和乘积除以样本数减一，其定义公式改为变量间交叉乘积（CP），其公式如下：

$$COV(X, Y) = \sum (X - \bar{X})(Y - \bar{Y})/(N - 1) = CP_{xy}/(N - 1) \quad (8-1)$$

两个变量的协方差等于两个变量间的相关系数乘以两个变量的标准差，因而从变量的标准差与相关系数，可以求出两个变量间的协方差。

$$r_{xy} = \sum (X - \bar{X})(Y - \bar{Y})/(N - 1)S_x S_y = CP_{xy}/(N - 1)S_x S_y = \frac{[CP_{xy} \div (N - 1)]}{S_x S_y}$$

$$= \frac{[CP_{xy} \div (N - 1)]}{S_x S_y} = \frac{COV(X, Y)}{S_x S_y COV(X, Y)} = r_{xy} S_x S_y \quad (8-2)$$

### 8.2.1.2 测量模型

测量模型由观察变量和潜在变量构成。观察变量也叫指标变量，就是可以直接测量的变量，潜在变量是用圆形表示，指标变量用矩形表示。结构方程模型包括两组基本模型：结构模型代表潜在外生变量和潜在内生变量之间的关系；测量模型代表潜变量和观测变量之间的关系。观察变量叫作反映性指标，即当一个以上指标变量为果、潜在变量为因时，指标变量（观察变量）就叫作反映性指标；反之，如果指标变量为因，它们共同觉醒一个潜在变量时，指标变量就叫作构成性指标。在结构方程分析软件（AMOS）和结构方程分析软件（LISREL）中，很难对构成性指标进行分析，所以结构方程模型中使用反映性指标。做验证性因素分析就是使用测量模型进行的，验证性因素分析的目的就是要查看几个观察变量在潜变量上的载荷的大小和显著性。在做效度分析的时候，通常期望得到的结果就是用验证性因素分析发现观察变量在理论上相关的潜变量上载荷显著，而在不相关的潜在变量上的载荷不显著。结构效度是一个测验实际测到所要测量的理论结构和特质的程度，或者说它是指实验与理论之间的一致性，即实验是否真正测量到假设（构造）的理论，如图 8 - 6 所示。

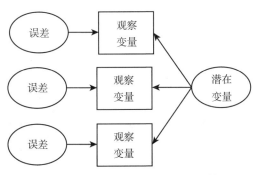

**图 8 - 6　观察变量与潜在变量测量模型**

## 8.2.2　PPP 项目失败关键因素探究

### 8.2.2.1　失败关键因素

失败关键因素顾名思义就是指对项目或企业的失败起关键作用的因素，是导致项目失败的因素中最为重要的几个因素。关键性因素是变化的，其排序划分体现的是一种变量关系，这种划分不是目的，只是评价 PPP 项目的一种手段。失败关键因素是指导致失败极其重要的几个因素。在很多的项目中，一般都会有某一个或者一类因素，如果这些因素的条件被满足，那么这些因素将会促使总目标发生很大的变化，当这些因素被关注时，对于项目的进程才不会产生影响。成功最重要的因素是拥有从过去所犯错误中提取新知识并将其以更具生产效率的方式应用的能力。

关键因素不仅会对项目的短期利益目标产生影响，而且关键因素会促使其他因素发生变化，导致项目的最终失败。成功与失败相对应，一个成功的 PPP 项目一定是对其自身进行关键因素管控之后所展现的优势的集中体现。失败关键因素对于项目或组织的发展带来很大的不利，它会妨碍组织进行资源的有效合理再分配。

失败关键因素是 PPP 项目以及组织在行业成长和自身发展中可以积累和传递的经验规律，它们具有很强的普适性，可以在不同的项目或组织中进行复制和传导，可以相互借鉴和效仿。找出关键因素，有利于将宝贵的稀缺资源用在最能发挥其效能的地方。失败关键因素源于二八法则，二八法则在 PPP 项目中的具体体现是，20% 的 PPP 项目风险因素决定了 80% 的 PPP 项目的成败。这个法则的核心思想是在 PPP 项目的建设和运营中，最重要的环节和因素并不是很多，这些因素在 PPP 项目的成功运营中扮演着举足轻重的角色。为了避免 PPP 项目的失败，就要从大量的因素和失败条件中找出那 20% 的起到成败决定作用的因素。关键因素的识别能够为管理者找出制约项目成功的最关键因素控制点，通过控制最关键的因素控制点对项目进行管控。失败关键因素应当在项目的管控中占有重要的地位，是需要重点考虑和关注的。

随着关键因素引起重视，关键因素在项目的组织和管理中变得越来越高效，它是提高组织核心竞争力的重要手段，是管理人员在决策时重点关注的方面。托马斯等通过专家访谈并结合调查问卷，对于 PPP 项目的三个利益相关方在项目初期的关键因素进行研究，找寻各利益相关者实现利益最大化的关键控制点，以实现项目的成功。

PPP 项目失败的关键因素在 PPP 项目的成功运营，达到政府部门、私营部门、社会公众等各利益相关者目标最大化中，可以有效防止不利因素带来的障碍，把控失败关键因素节点，使得对项目失败有显著性影响的关键因素所带来的问题得以及时解决，保障 PPP 项目的成功运营。

### 8.2.2.2 PPP 项目失败关键因素调查问卷设计

对 PPP 项目失败关键因素进行识别要借助调查问卷的方式，结合本书的研究思路对调查问卷设计进行分析。本书在文献研究的基础上，对 PPP 项目失败因素进行汇总并对相关因素进行合并和删除，然后进行分类，找出影响 PPP 项目失败的相对关键因素。然后对问卷进行设计，展开问卷调查，最后进行问卷分析。问卷的调查分析步骤如图 8 - 7 所示。

本书有关于 PPP 项目失败关键因素的研究根据 PPP 项目的特定，对于 PPP 项目的不同参与主体进行了分析。在考虑每一个 PPP 项目参与主体时，根据随机分布的抽取标准和原则对问卷进行分析，保证每一个参与的主体都有相同的概率被抽取到。在调查问卷中，"未应答"应当作为考虑的对象。"未应答"是指参

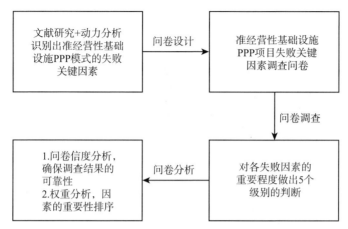

图 8－7　问卷调查分析步骤

与调查问卷者，在提交调查问卷时，提交的问卷是不完整或者是没有任何意义的（未参与问卷填写）。本次研究中，通过各种途径发放的问卷总数是 289 份，经回收、甄别有效问卷，其中有 260 份符合对于问卷的问答要求，经计算应答率为 89%，符合标准的要求。本次调查，调查问卷的样本具有比较好的代表性。

这些问卷针对导致 PPP 项目失败的程度给予了 1~5 分的评价，不影响、影响较弱、没有影响、影响较、影响强，分别给予了 1 分、2 分、3 分、4 分、5 分的值。

考虑到 PPP 项目的特征，分布比较广泛，那么在调查问卷的发放中，就要充分考虑到这些因素，尽可能考虑周全，将覆盖的范围全面化。本次调查，问卷的发放对象有政府部门、项目建设单位、咨询公司、项目规划和设计师、高校以及其他科研院所。在发放问卷过程中，充分借助已经毕业参加工作并且在相关单位已经参加工作的同学，在大学实习期间的同事，导师的人际关系，身边师弟师门们的关系等人际网络展开问卷的发放和投递工作。

问卷回收后，对问卷进行分类，其中高校和科研院所、建设单位的比例相对较高，分别占 29% 和 24%；其次是设计院和咨询单位，占问卷的 15% 和 11%，政府机构和施工单位分别占 9% 和 12%，如图 8－8 所示。

以上参与 PPP 项目失败关键因素的被调查者中，他们从事 PPP 项目的工作几乎都在 5 年以上，有着很好的经验基础。在这些人群中，几乎也都参与了 PPP 项目全过程的管理工作，在 PPP 项目融资、建设管理和国家相关法律以及政策的研究方面都有很强的理论和实践基础，相对于整个 PPP 项目从业人员和利益相关者人员来说，被调查者对于 PPP 项目的运营也比较熟悉，这对于问卷的可用性是一个特别大的好处。这些被调查对象自身具有丰富的准经营性，基础设施 PPP 项目建设管理工作经验，都能保证问卷调查数据的可靠性。

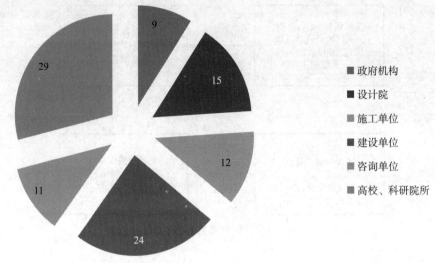

图 8-8　被调查群体职业分布（单位：%）

### 8.2.2.3　PPP 项目失败的结构方程模型构建

　　PPP 项目失败是由政治、建设、法律及合约、运营、组织、金融六个方面来共同决定的。每一方面是由不同的因素来进行表达的，基于此，可以建立结构方程模型，如图 8-9 所示。

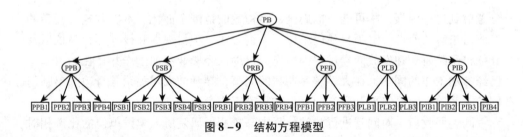

图 8-9　结构方程模型

　　其中，PB 代表 PPP 项目失败，PPB、PSB、PRB、PFB、PLB、PIB 分别代表政治、建设、法律及合约、金融、组织、运营六个方面。

　　PPB、PSB、PRB、PFB、PLB、PIB 分别又由各自的因素组成。

　　本模型存在唯一的内生潜变量：PPP 项目失败；有六个外生潜变量：政治方面、建设方面、法律及合约方面、金融方面、组织方面、运营方面；

　　政治方面对应四个外生观测变量，分别是政治和政策匮乏、政府信用、审批和许、政治不可抗力；

　　建设方面对应五个外生观测变量，分别是技术能力、融资能力、建设变更、环境保护、建设不可抗力；

法律及合约方面对应四个外生观测变量，分别是法律体系完善性、法律稳定性、合约合理性、风险分配；

金融方面对应三个外生观测变量，分别是利率汇率变动、通货膨胀、影响宏观经济事件；

组织方面对应三个外生观测变量，分别是私人投资者变更、组织协调、回购；

运营方面对应四个外生观测变量，分别是运营管理、资源管理、管理者素质、公共需求；

PPP 项目失败与失败关键因素的研究假设如下：

假设 1：政治方面对 PPP 项目失败有显著影响；

假设 2：建设方面对 PPP 项目失败有显著影响；

假设 3：法律及合约方面对 PPP 项目失败有显著影响；

假设 4：金融方面对 PPP 项目失败有显著影响；

假设 5：组织方面对 PPP 项目失败有显著影响；

假设 6：运营方面对 PPP 项目失败有显著影响。

## 8.2.3　基于结构方程的失败关键因素识别

### 8.2.3.1　问卷的信度检验

基于得到的样本数据，运用 Spss 19.0 软件进行了 Cronbach's a 系数综合信度检验。以 Cronbach's Alpha 和 Cronbachs Alpha 为依据，根据两项标准对问项进行删减：第一，复相关系数（SMC）小于 0.5；第二，该问项删除后，Cronbach's a 系数显著增加。各变量的 Cronbach's a 系数计算结果将在表 8 - 2 和表 8 - 3 中列出，并将原有量表进行删减的部分用阴影显示。信度检验分为运用 Cronbach's Alpha 系数检验信度、多相关性的平方系数（SEM）、构建信度（CR）和平均方差抽取量（AVE）这四个常见指标评鉴模型变量的信度。在问卷效度研究中，可通过构建可观测变量和隐变量之间的结构方程模型、理论模型，并对其与问卷的实际结构的吻合程度进行评价，得出拟合值，即问卷的拟合效度，再通过改变模型结构为优化问卷结构效度提供帮助。

运用 Cronbach's a 系数、多相关性的平方系数、建构信度、平均方差抽取量这四个指标来评价模型变量的信度。Cronbach's a 系数用以检验数据的内部一致性，其系数越高，表明观察变量间越具有系统性。其系数至少应在 0.7 以上，低于 0.7 时，需调整测量问项，直至达到标准。多相关性的平方系数用于测量单个变量的测量误差，其系数一般大于 0.5 才可接受。建构信度用来评价潜在建构指标的内在一致性程度，其值一般大于等于 0.6 时方可接受。平均方差抽取量用以度量变量对潜在变量的方差解释力，其值要大于等于 0.5。

PPP 项目失败因素的信度分析。

经过计算，并将数据进行汇总，可得可靠性统计量，如表 8 - 2 所示。

表 8 - 2　　　　　　　　　　　　　可靠性统计量

| | Cronbach's Alpha | 基于标准化项的 Cronbachs Alpha | 项数 |
|---|---|---|---|
| 政治 | 0.865 | 0.870 | 4 |
| 建设 | 0.716 | 0.752 | 5 |
| 法律及合约 | 0.865 | 0.870 | 4 |
| 金融 | 0.836 | 0.837 | 3 |
| 组织 | 0.843 | 0.842 | 3 |
| 运营 | 0.853 | 0.883 | 4 |

经分析可知，在政治、建设、法律及合约、金融、组织、运营方面的 Cronbach's Alpha 和 Cronbachs Alpha 均大于 0.7，可靠性全部通过。

经过计算，并将数据进行汇总，可得可靠性统计量，如表 8 - 3 所示。

表 8 - 3　　　　　　　　　　　　　项总计统计量

| | | 项已删除的刻度均值 | 项已删除的刻度方差 | 校正的项总计相关性 | 多相关性的平方 | 项已删除的 Cronbach's Alpha 值 |
|---|---|---|---|---|---|---|
| 政治方面 | 政治和政策匮乏 | 10.05 | 2.357 | 0.689 | 0.759 | 0.850 |
| | 政府信用 | 9.85 | 3.240 | 0.579 | 0.657 | 0.878 |
| | 审批和许可 | 9.35 | 2.136 | 0.916 | 0.863 | 0.733 |
| | 政治不可抗力 | 10.50 | 2.861 | 0.746 | 0.559 | 0.821 |
| 建设方面 | 技术能力 | 11.88 | 6.427 | 0.545 | 0.554 | 0.649 |
| | 融资能力 | 12.65 | 6.939 | 0.140 | 0.521 | 0.830 |
| | 建设变更 | 12.60 | 6.944 | 0.320 | 0.766 | 0.724 |
| | 环境保护 | 13.12 | 4.808 | 0.773 | 0.844 | 0.526 |
| | 建设不可抗力 | 13.06 | 5.568 | 0.828 | 0.811 | 0.546 |

续表

| | | 项已删除的刻度均值 | 项已删除的刻度方差 | 校正的项总计相关性 | 多相关性的平方 | 项已删除的 Cronbach's Alpha 值 |
|---|---|---|---|---|---|---|
| 法律及合约方面 | 法律体系完善性 | 10.05 | 2.357 | 0.689 | 0.759 | 0.850 |
| | 法律稳定性 | 9.85 | 3.240 | 0.579 | 0.657 | 0.878 |
| | 合约合理性 | 9.35 | 2.136 | 0.916 | 0.863 | 0.733 |
| | 风险分配 | 10.50 | 2.861 | 0.746 | 0.559 | 0.821 |
| 金融方面 | 利率汇率变动 | 5.54 | 3.508 | 0.637 | 0.491 | 0.830 |
| | 通货膨胀 | 6.04 | 2.427 | 0.838 | 0.707 | 0.627 |
| | 影响宏观经济事件 | 6.00 | 3.784 | 0.664 | 0.552 | 0.813 |
| 组织方面 | 私人投资者变更 | 5.52 | 3.123 | 0.630 | 0.508 | 0.852 |
| | 组织协调 | 6.02 | 2.100 | 0.859 | 0.744 | 0.623 |
| | 回购 | 6.00 | 3.205 | 0.677 | 0.601 | 0.816 |
| 运营方面 | 运营管理 | 10.05 | 5.970 | 0.712 | 0.739 | 0.810 |
| | 资源管理 | 9.40 | 4.758 | 0.832 | 0.762 | 0.748 |
| | 管理者素质 | 10.35 | 7.055 | 0.730 | 0.642 | 0.839 |
| | 公共需求 | 9.50 | 4.467 | 0.691 | 0.651 | 0.844 |

在政府方面的测量量表中，各个问项的 SMC（多相关性的平方）皆大于 0.5，整体 Cronbach's Alpha 系数都高于 0.7，表明该量表具有较高的信度水平。

在建设方面的测量量表中，SMC 均大于 0.5，Cronbach's Alpha 系数与 SMC 趋向一致，表明该量表具有较高的信度水平。

在法律及合约方面的测量量表中，各个问项的 SMC 皆大于 0.5，整体 Cronbach's Alpha 系数高于 0.7，表明该量表具有较高的信度水平。

在金融方面的测量量表中，各个问项的 SMC 皆大于 0.5，问项"利率汇率变动：因为金融方面的因素，导致 PPP 项目失败"的 SMC 小于 0.5（0.491），但删除该项后 Cronbach's Alpha 系数没有显著增加。因此，将该项保留。表明该量表具有较高的信度水平。

在组织方面的测量量表中，各个问项的 SMC 皆大于 0.5，整体 Cronbach's Alpha 系数，私人投资者变更和回购项都高于 0.7，组织协调项接近于 0.7，表明该量表具有较高的信度水平。

在运营方面的测量量表中，各个问项的 SMC 皆大于 0.5。整体 Cronbach's Alpha 系数高于 0.7，表明该量表具有较高的信度水平。

### 8.2.3.2 探索性因子分析

实证研究中，通过众多指标可以对研究对象进行全面认识，但有可能出现重叠与共线性等误差源。探索性因子分析是从观测变量中综合出发代表性因子的统计方法。进行探索性因子分析的主要目标是浓缩数据，研究如何丢失最少信息，将观测变量浓缩为少数几个因子。因此，通过探索性因子来分析多个指标间的关系结构，从而为结构方程模型的分析做准备。

进行探索性因子分析主要考察巴特利球体检验，巴特利（Bartlett）球度检验的统计量对应的概率 P 值大于显著性水平则拒绝原假设，认为适合做因子分析，相反，则不可以；而 KMO 一般度量标准时：0.9 以上非常适合；0.8 适合；0.7 表示一般；0.6 表示不太适合；0.5 以下表示极不适合。因子分析的基本思想是要寻找公共因子，以达到降维的目的。探索性因子分析主要是为了找出影响观测变量的因子个数，以及各个因子和各个观测变量之间的相关程度，以试图揭示一套相对比较大的变量的内在结构。研究者的假定是每个指标变量都与某个因子匹配，而且只能通过因子载荷凭知觉推断数据的因子结构。而验证性因子分析的主要目的是决定事前定义因子的模型拟合实际数据的能力，以试图检验观测变量的因子个数和因子载荷是否与基于预先建立的理论的预期一致。指标变量是基于先验理论选出的，而因子分析是用来看它们是否如预期的一样。其先验假设是每个因子都与一个具体的指示变量子集对应，并且至少要求预先假设模型中因子的数目，但有时也预期哪些变量依赖哪个因子。

利用 PPP 失败项目关键因素的调查问卷，进行 KMO 和 Bartlett 的检验。KMO 值在 0.9 以上表示非常适合；0.8 表示适合；0.7 表示一般；0.6 表示不太适合；0.5 以下表示极不适合。关键因素的 KMO 值为 0.796，满足大于 0.7 的基本要求，而且接近于 0.8，并且 Bartlett 的球形度检验显著，说明 PPP 失败项目关键因素的调查问卷适合进行因子分析，如表 8 - 4 所示。

表 8 - 4 　　　　　　　　　　　　　　KMO 和 Bartlett 的检验

| 取样足够度的 Kaiser - Meyer - Olkin 度量 | | 0.796 |
|---|---|---|
| Bartlett 的球形度检验 | 近似卡方 | 2410.292 |
| | df | 120 |
| | Sig. | 0.000 |

解释的总方差在提取平方和载入中为 87.709，满足大于 70% 的要求，总体上看，原有信息丢失很少，因子分析结果比较理想，如表 8 - 5 所示。

表 8 - 5                                                解释的总方差

| 成分 | 初始特征值 | | | 提取平方和载入 | | |
|---|---|---|---|---|---|---|
| | 合计 | 方差的% | 累积% | 合计 | 方差的% | 累积% |
| 1 | 6.531 | 28.396 | 28.396 | 6.531 | 28.396 | 28.396 |
| 2 | 5.431 | 23.611 | 52.007 | 5.431 | 23.611 | 52.007 |
| 3 | 3.242 | 14.095 | 66.102 | 3.242 | 14.095 | 66.102 |
| 4 | 2.556 | 11.114 | 77.215 | 2.556 | 11.114 | 77.215 |
| 5 | 1.404 | 6.103 | 83.319 | 1.404 | 6.103 | 83.319 |
| 6 | 1.010 | 4.391 | 87.709 | 1.010 | 4.391 | 87.709 |

　　通过主成分分析法可知，对于导致 PPP 项目失败关键因素的 6 大类分析法是可行和有效的，如表 8 - 6 所示。

表 8 - 6                                                旋转成分矩阵

| | 成分 | | | | | |
|---|---|---|---|---|---|---|
| | 1 | 2 | 3 | 4 | 5 | 6 |
| 建设变更 | 0.013 | -0.012 | -0.015 | 0.748 | -0.052 | -0.571 |
| 环境保护 | 0.000 | -0.048 | -0.008 | 0.914 | -0.049 | 0.032 |
| 建设不可抗力 | 0.007 | -0.039 | -0.116 | 0.810 | -0.016 | 0.465 |
| 技术能力 | 0.010 | 0.016 | -0.223 | 0.759 | -0.019 | 0.047 |
| 融资能力 | -0.006 | -0.034 | -0.049 | 0.929 | -0.034 | 0.154 |
| 法律体系完善性 | 0.880 | -0.281 | 0.063 | 0.044 | -0.060 | 0.000 |
| 法律稳定性 | 0.758 | 0.617 | 0.134 | 0.029 | 0.056 | 0.002 |
| 合约合理性 | 0.943 | 0.109 | 0.165 | 0.053 | 0.130 | 0.026 |
| 风险分配 | 0.877 | 0.095 | -0.218 | -0.083 | -0.019 | -0.028 |
| 利率汇率变动 | 0.023 | 0.010 | 0.943 | -0.027 | 0.272 | -0.007 |
| 通货膨胀 | 0.121 | 0.095 | 0.728 | -0.088 | 0.578 | -0.014 |
| 影响宏观经济事件 | -0.028 | 0.251 | 0.891 | -0.147 | 0.198 | -0.037 |
| 运营管理 | 0.081 | 0.908 | 0.039 | -0.019 | -0.009 | 0.006 |
| 资源管理 | -0.185 | 0.880 | 0.076 | -0.122 | 0.026 | -0.071 |
| 管理者素质 | -0.125 | 0.812 | 0.245 | 0.090 | -0.076 | 0.060 |
| 公共需求 | -0.218 | 0.671 | 0.332 | -0.120 | 0.410 | -0.123 |

续表

| | 成分 | | | | | |
| --- | --- | --- | --- | --- | --- | --- |
| | 1 | 2 | 3 | 4 | 5 | 6 |
| 政府信用 | 0.056 | 0.617 | 0.134 | 0.029 | 0.758 | 0.002 |
| 审批和许可 | 0.130 | 0.109 | 0.165 | 0.053 | 0.943 | 0.026 |
| 政治不可抗力 | -0.019 | 0.095 | -0.218 | -0.083 | 0.877 | -0.028 |
| 政治和政策匮乏 | -0.060 | -0.281 | 0.063 | 0.044 | 0.880 | 0.000 |
| 私人投资者变更 | 0.023 | 0.010 | -0.007 | -0.027 | 0.272 | 0.943 |
| 组织协调 | 0.121 | 0.095 | -0.014 | -0.088 | 0.578 | 0.728 |
| 回购 | -0.028 | 0.251 | -0.037 | -0.147 | 0.198 | 0.891 |

PPP 项目失败因素的成分矩阵和 PPP 项目失败因素的旋转成分矩阵可以看出，PPP 项目失败所包含的 23 个因素，通过 EFA 最终萃取出 6 个因子。各测量变量的因子载荷都在 0.6 以上，并且不存在明显的跨因子分布。同时，此 6 个因子所属测量指标与原概念模型界定的 6 个次级测量指标构成完成吻合，从而证实了概念模型对于 PPP 项目失败风险构成的合理性和有效性。

### 8.2.3.3 验证性因子分析

**1. 验证性路径分析图汇总**

PPP 项目失败因素的政治方面测量模型包括 1 个潜在变量和 6 个显性变量。显性变量分别为政治和政策匮乏、政府信用、审批和许可、政治不可抗力。通过验证性因子分析，得出此测量模型如图 8 – 10 所示。

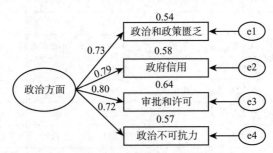

**图 8 – 10　政治方面验证性因子分析**

PPP 项目失败因素的建设方面测量模型包括 1 个潜在变量和 5 个显性变量。显性变量分别为技术能力、融资能力、建设变更、环境保护、建设不可抗力。通过验证性因子分析，得出此测量模型如图 8 – 11 所示。

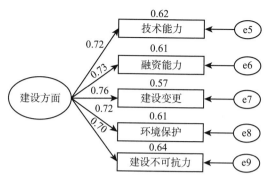

图 8-11　建设方面验证性因子分析

PPP 项目失败因素的法律及合约方面测量模型包括 1 个潜在变量和 4 个显性变量。显性变量分别为法律体系完善性、法律稳定性、合约合理性、风险分配。通过验证性因子分析，得出此测量模型如图 8-12 所示。

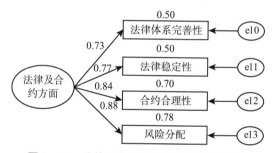

图 8-12　法律及合约方面验证性因子分析

PPP 项目失败因素的金融方面测量模型包括 1 个潜在变量和 3 个显性变量。显性变量分别为利率汇率变动、通货膨胀、影响宏观经济事件。通过验证性因子分析，得出此测量模型如图 8-13 所示。

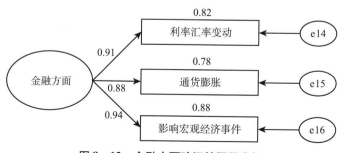

图 8-13　金融方面验证性因子分析

PPP 项目失败因素的组织方面测量模型包括 1 个潜在变量和 3 个显性变量。显性变量分别为私人投资者变更、组织协调、回购。通过验证性因子分析，得出此测量模型如图 8 – 14 所示。

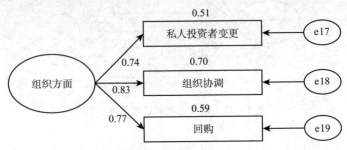

**图 8 – 14　组织方面验证性因子分析**

PPP 项目失败因素的运营方面测量模型包括 1 个潜在变量和 4 个显性变量。显性变量分别为运营管理、资源管理、管理者素质、公共需求。通过验证性因子分析，得出此测量模型如图 8 – 15 所示。

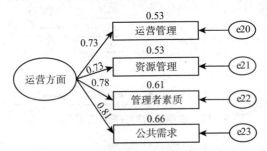

**图 8 – 15　运营方面验证性因子分析**

**2. PPP 项目失败因素测量模型检验数据结果统计如表 8 – 7 所示。**

表 8 – 7　　　　　　　　　PPP 项目失败因素测量模型检验数据结果

| | | 标准化因子荷载 | 多相关系数平方（SMC） | 建构信度（CR） | 平均方差抽取量（AVE） | Cronbach's a |
|---|---|---|---|---|---|---|
| 政治方面 | 政治和政策匮乏 | 0.734 | 0.539 | 0.846 | 0.580 | 0.806 |
| | 政府信用 | 0.791 | 0.577 | | | |
| | 审批和许可 | 0.798 | 0.637 | | | |
| | 政治不可抗力 | 0.717 | 0.569 | | | |

| | | 标准化因子荷载 | 多相关系数平方（SMC） | 建构信度（CR） | 平均方差抽取量（AVE） | Cronbach's a |
|---|---|---|---|---|---|---|
| 建设方面 | 技术能力 | 0.717 | 0.619 | | | |
| | 融资能力 | 0.728 | 0.606 | | | |
| | 建设变更 | 0.756 | 0.571 | 0.884 | 0.560 | 0.819 |
| | 环境保护 | 0.723 | 0.611 | | | |
| | 建设不可抗力 | 0.702 | 0.638 | | | |
| 法律及合约方面 | 法律体系完善性 | 0.731 | 0.498 | | | |
| | 法律稳定性 | 0.774 | 0.495 | 0.872 | 0.631 | 0.879 |
| | 合约合理性 | 0.838 | 0.703 | | | |
| | 风险分配 | 0.881 | 0.775 | | | |
| 金融方面 | 利率汇率变动 | 0.905 | 0.819 | | | |
| | 通货膨胀 | 0.884 | 0.782 | 0.934 | 0.826 | 0.975 |
| | 影响宏观经济事件 | 0.936 | 0.877 | | | |
| 组织方面 | 私人投资者变更 | 0.739 | 0.508 | | | |
| | 组织协调 | 0.834 | 0.695 | 0.819 | 0.601 | 0.815 |
| | 回购 | 0.765 | 0.585 | | | |
| 运营方面 | 运营管理 | 0.730 | 0.532 | | | |
| | 资源管理 | 0.725 | 0.525 | 0.846 | 0.580 | 0.921 |
| | 管理者素质 | 0.778 | 0.605 | | | |
| | 公共需求 | 0.809 | 0.655 | | | |

（1）政治方面，潜在变量的 Cronbach's Alpha 系数为 0.806，超过了 0.7 的信度系数接受标准，表明测量模型的内部一致性信度较高。标准化因子荷载在 0.71 ~ 0.80 之间，皆大于 0.7，适配度良好。SMC 中，政府信用、审批和许可、政治不可抗力三个皆大于 0.5，信度水平良好。建构信度为 0.846，大于 0.60 的接受标准，建构信度较高。AVE 值为 0.580，大于 0.5 的判断标准，表明测量指标变量能有效反映其共同概念的潜在特质，收敛度较好。

（2）建设方面，潜在变量的 Cronbach's Alpha 系数为 0.819，超过了 0.7 的信度系数接受标准，表明测量模型的内部一致性信度较高。标准化因子荷载在 0.70 ~ 0.76 之间，皆大于 0.7，适配度良好。SMC 均大于 0.5，信度水平也在可接受的范围内。建构信度为 0.884，大于 0.60 的接受标准，建构信度较高。AVE 为

0.560，大于 0.5，表明测量指标变量能有效反映其共同概念的潜在特质，收敛度较好。

（3）法律及合约方面，潜在变量的 Cronbach's Alpha 系数为 0.879，超过了 0.7 的信度系数接受标准，表明测量模型的内部一致性信度较高。标准化因子荷载在 0.73 ~ 0.90 之间，皆大于 0.7，适配度良好。SMC 中，SMC 值分别为 0.498、0.495、0.703、0.775，信度水平较好。建构信度为 0.872，大于 0.60 的接受标准，建构信度较高。AVE 大于 0.5，表明测量指标变量能有效反映其共同概念的潜在特质，收敛度较好。

（4）金融方面，潜在变量的 Cronbach's Alpha 系数为 0.975，超过了 0.7 的信度系数接受标准，表明测量模型的内部一致性信度较高。标准化因子荷载在 0.88 ~ 0.94 之间，皆大于 0.7，适配度良好。SMC 的值分别为 0.819、0.782、0.877，信度水平良好。建构信度为 0.934，大于 0.60 的接受标准，建构信度较高。AVE 大于 0.5，表明测量指标变量能有效反映其共同概念的潜在特质，收敛度较好。

（5）组织方面，潜在变量的 Cronbach's Alpha 系数为 0.815，超过了 0.7 的信度系数接受标准，表明测量模型的内部一致性信度较高。标准化因子荷载在 0.73 ~ 0.84 之间，皆大于 0.7，适配度良好。SMC 均大于 0.5，信度水平良好。建构信度为 0.819，大于 0.60 的接受标准，建构信度较高。AVE 大于 0.5，表明测量指标变量能有效反映其共同概念的潜在特质，收敛度较好。

（6）运营方面，潜在变量的 Cronbach's Alpha 系数为 0.921，超过了 0.7 的信度系数接受标准，表明测量模型的内部一致性信度较高。标准化因子荷载在 0.72 ~ 0.81 之间，皆大于 0.7，适配度良好。SMC 皆大于 0.5，信度水平良好。建构信度为 0.846，大于 0.60 的接受标准，建构信度较高。AVE 大于 0.5，表明测量指标变量能有效反映其共同概念的潜在特质，收敛度较好。

拟合优度指标检验如表 8 - 8 所示。

表 8 - 8　　　　　　　　　　　拟合优度指标检验

| 统计检验指标 | 名称 | 检验结果 | 评判标准 |
| --- | --- | --- | --- |
| 绝对拟合指标 | 卡方与自由度的比值（$x^2/df$） | A | 2.0 ~ 5.0 |
| | 近似误差均方根（RMSEA） | B | < 0.10 |
| 相对拟合指标 | 赋范拟合指数（NFI） | C | > 0.90 |
| | 非规范拟合指数（IFI） | D | > 0.90 |
| | 比较拟合指数（CFI） | E | > 0.90 |
| 简约拟合指标 | 简约规范拟合指数（PNFI） | F | > 0.50 |
| | 简约优度拟合指数（PGFI） | G | > 0.50 |

经过汇总总计，各个方面的数据统计如下：

政治方面：A（2.428）、B（0.059）、C（0.912）、D（0.912）、E（0.911）、F（0.553）、G（0.513），均符合标准要求，所以政治方面拟合优度指标具有很好的吻合性；

建设方面：A（2.023）、B（0.059）、C（0.097）、D（0.098）、E（0.097）、F（0.578）、G（0.578），均符合标准要求，所以建设方面拟合优度指标具有很好的吻合性；

法律及合约方面：A（2.553）、B（0.043）、C（0.932）、D（0.934）、E（0.933）、F（0.686）、G（0.687），均符合标准要求，所以法律及合约方面拟合优度指标具有很好的吻合性；

金融方面：A（2.477）、B（0.089）、C（0.954）、D（0.955）、E（0.951）、F（0.559）、G（0.558），均符合标准要求，所以金融方面拟合优度指标具有很好的吻合性；

组织方面：A（3.267）、B（0.059）、C（0.912）、D（0.913）、E（0.912）、F（0.552）、G（0.533），均符合标准要求，所以组织方面拟合优度指标具有很好的吻合性；

运营方面：A（3.925）、B（0.078）、C（0.934）、D（0.935）、E（0.933）、F（0.787）、G（0.787），均符合标准要求，所以运营方面拟合优度指标具有很好的吻合性。

### 8.2.3.4　测量模型检验与分析

**1. 一阶性验证性因子分析（见图 8 - 16）**

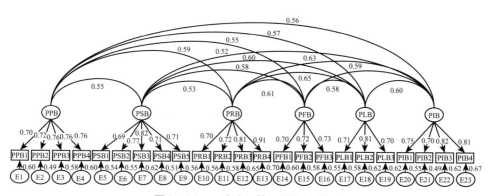

图 8 - 16　一阶验证性因子估计模型

**2. 二阶验证性因子分析**

组变量之间的相关系数表明存在另外一个更高阶的共同因子可以解释这六个

初阶因子，下面进行二阶验证性因子分析，如表 8 – 9 所示。

表 8 – 9 二阶因子测量模型检验相关数据结果

| 路径关系 | | 标准化路径系数 | 多相关系数平方（SMC） | 建构信度（CR） | 平均方差抽取（AVE） |
|---|---|---|---|---|---|
| 政治方面 | < ⋯ PPP 项目失败 | 0.734 | 0.672 | | |
| 建设方面 | < ⋯ PPP 项目失败 | 0.723 | 0.505 | | |
| 法律及合约方面 | < ⋯ PPP 项目失败 | 0.801 | 0.544 | 0.888 | 0.526 |
| 金融方面 | < ⋯ PPP 项目失败 | 0.708 | 0.695 | | |
| 组织方面 | < ⋯ PPP 项目失败 | 0.711 | 0.536 | | |
| 运营方面 | < ⋯ PPP 项目失败 | 0.722 | 0.603 | | |

二阶因子模型中 6 个一阶因子为内因潜在变量，外因潜在变量为高阶因子。从 6 个初阶内因潜在变量对高阶的外因潜在变量因素负荷量可以看出，二阶因子模型的基本适配度良好。同时，6 个初阶因子的 SMC 值分别高于推荐标准 0.50，可见高阶因子对 6 个初阶因子的解释力均较高。建构信度为 0.888，表明二阶因子模型的内在质量理想。平均方差抽取量为 0.526，表明二阶因子模型具有良好的收敛效度。

PPP 项目失败因素二阶验证性因子模型拟合度检验，如表 8 – 10 所示。

表 8 – 10 PPP 项目失败因素二阶验证性因子模型拟合度检验

| 统计检验指标 | 名称 | 检验结果 | 评判标准 |
|---|---|---|---|
| 绝对拟合指标 | 卡方与自由度的比值（$x^2/df$） | 2.054 | 2.0 ~ 5.0 |
| | 近似误差均方根（RMSEA） | 0.094 | <0.10 |
| 相对拟合指标 | 赋范拟合指数（NFI） | 0.941 | >0.90 |
| | 非规范拟合指数（IFI） | 0.960 | >0.90 |
| | 比较拟合指数（CFI） | 0.959 | >0.90 |
| 简约拟合指标 | 简约规范拟合指数（PNFI） | 0.659 | >0.50 |
| | 简约优度拟合指数（PGFI） | 0.674 | >0.50 |

数据拟合度较好，表明二阶验证性因子模型具有较高的内在质量和外在质量。

### 8.2.4　PPP 项目失败关键因素影响分析

在对导致 PPP 项目失败的因素研究中，政治方面、建设方面、法律及合约方面、金融方面、组织方面、运营方面的路径系数分别为 0.734、0.723、0.801、0.708、0.711、0.722，它们均为正。

结果表明 6 个外生潜变量与 PPP 项目的失败有正相关关系，说明之前的假设全部成立。

假设 1：政治方面对 PPP 项目失败有显著影响成立，并且影响为正向；

假设 2：建设方面对 PPP 项目失败有显著影响成立，并且影响为正向；

假设 3：法律及合约方面对 PPP 项目失败有显著影响成立，并且影响为正向；

假设 4：金融方面对 PPP 项目失败有显著影响成立，并且影响为正向；

假设 5：组织方面对 PPP 项目失败有显著影响成立，并且影响为正向；

假设 6：运营方面对 PPP 项目失败有显著影响成立，并且影响为正向。

结果显示，这 6 个方面的假设都成立，均为有正向显著影响。然而它们的显著性程度却是不一样的。以法律及合约方面与 PPP 项目失败的相关关系最为显著，是最关键的因素，仅次于法律及合约方面的是政治方面，是排在第二位的最关键因素。这 6 个方面的显著关系依次为法律及合约方面、政治方面、建设方面、运营方面、组织方面、金融方面。

（1）在政治方面，政治和政策匮乏、政府信用、审批和许、政治不可抗力四个因素中，它们的因子荷载分别是，0.734、0.791、0.798、0.717，四个因素对于政治方面的相关性相差不大，依次为审批和许可、政府信用、政治和政策匮乏、政治不可抗力。其中，审批和许可与政治方面的相关关系最为显著，在此类别中为最关键因素。

（2）在建设方面，技术能力、融资能力、建设变更、环境保护、建设不可抗力五个因素中，它们的因子荷载分别 0.717、0.728、0.756、0.723、0.702。它们相关性排序依次为建设变更、融资能力、环境保护、技术能力、建设不可抗力。其中，建设变更与建设方面的相关关系最为显著，在此类别中为最关键因素。

（3）在法律及合约方面，法律体系完善性、法律稳定性、合约合理性、风险分配四个因素中，它们的因子荷载分别为 0.731、0.774、0.838、0.881。这几个因素与法律及合约方面的相关性相差较大，差异比较明显。它们相关性的排序依次为风险分配、合约合理性、法律稳定性和法律体系完善性。其中，风险分配与法律及合约方面的相关关系最为显著，在此类别中为最关键因素。

（4）在金融方面，利率汇率变动、通货膨胀、影响宏观经济事件三个因素中，它们的路径系数因子荷载分别为 0.905、0.884、0.936，它们的相关性程度相差不大，而且都比较弱。其中，利率汇率变动和影响宏观经济事件与金融方面的相关关系最为显著，在此类别中为最关键因素。

（5）在组织方面，私人投资者变更、组织协调、回购三个因素中，它们的路径系数因子荷载分别为 0.739、0.834、0.765。其中，组织协调的相关性最大，在组织方面是最关键因素。

（6）在运营方面，运营管理、资源管理、管理者素质、公共需求四个因素中，它们的因子荷载分别为 0.730、0.725、0.778、0.809。这一组因素中，它们的相关性排序依次为公共需求、管理者素质、运营管理、资源管理。其中，公共需求的相关性系数最高，所以公共需求是运营方面的最关键因素。

## 8.3　PPP 项目失败的对策与建议

在前两节的分析中，从系统动力学和结构方程的角度对 PPP 项目失败因素进行分析，最后得出了各因素之间的关联关系，这为今后避免 PPP 项目的失败提供了很好的参考。但是 PPP 项目的成功运营也并不是对那些不重要的因素采取忽略的态度，只重视比较重要的那几个因素。失败学理论告诉大家，失败都是由小的失败引起，经过逐步放大，由初级失败发展成为中级失败，再到最后的最终失败。所以无论是哪一类因素都应当引起足够重视。

在导致 PPP 项目失败中，法律及合约方面与其相关性较强，其次是政治方面。而在法律及合约方面，风险分配与法律及合约方面的相关关系最为显著，在此类别中为最关键因素。在政治方面，审批和许可与政治方面的相关关系最为显著，在此类别中为最关键因素。另外，建设方面、运营方面、组织方面、金融方面等也有最关键的因素，如建设方面的建设变更，也是值得引起重视的方面。在避免 PPP 项目失败的关键因素的对策和建议时，应当从多方位角度出发，不应单单只关注几个重要的因素，而忽视了因素之间的传导与放大效应。

### 8.3.1　设计合理的风险分担机制

通过系统动力学和结构方程的分析，风险的分担在 PPP 项目失败的项目中占用重要的地位，处于失败因素的核心位置，公共需求处于其次。这对于研究 PPP 项目的失败有着很强的指导作用。合理的风险分担和合理的公共产品定价机制对于避免 PPP 项目失败至关重要。风险分担越合理，对私营部门的激励作用越大，再谈判就会相应的越少。

PPP 项目一般都是时间比较长的项目，时间的加长和全寿命周期中的各个阶段的突变情况的无法预料性，使得在漫长的岁月中，PPP 遇到的风险会不断涌现，政府部门和私营部门各自的优势的不同，对于风险的分担是否能够实现最优化，发挥出各自的优势，这就需要一个合理的风险分担，合理的风险分担也是避免 PPP 项目的失败，保证 PPP 项目的成功所必不可少的条件。

PPP 项目中的私营部门，在项目的运营过程中，如何把风险降低在可控的范围内，尽可能地降低和减少风险是其比较关心的问题。风险的分配是否合理，风险的分配是否有效，对于私营部门来说都有着很强的吸引力。在很多的 PPP 项目中，政府政策的不稳定性对于私营部门的积极性是有着负相关作用的，阻碍了民间资本参与 PPP 建设的进程，削弱了私营部门的信心。为了使双方达到利益最大化，政府部门就应当制定出一系列的政策，将烦琐的审批简单化，兑现对于私营部门的承诺，主动承担起私营部门无法承担而政府却可以承担的风险，将风险分配得更加合理。

在实际运行中，表现更多的是政府部门的风险分担不合理。处于强势地位的政府，在将 PPP 项目的特许经营权协议授权给私营部门的同时，也捆绑了一些私营部门，实现了成功的转嫁，私营部门不但处于劣势，而且在和政府合作的过程中，会理所当然地认为自己获得了丰厚的回报，得到了政府税收和政策优惠，应当将本不属于私营部门的风险也承担下来，这样本来最优能力控制风险的政府却没有完成自身使命，造成风险的分担不合理。在英法隧道项目中，就是由于私营部门承担了过多本该由政府部门承担的风险而造成了项目的不成功运营。由此可以看出，合理的风险分担可以有效地降低 PPP 项目失败的概率。

## 8.3.2　加强政府自身建设

通过结构方程的分析，审批和许可的相关性最强。无论是建设变更、审批和许可，还是政府信用，这些都与政府自身紧密相连。在公私合作中，政府部门处于强势地位，这也造成了很多的不平衡，在这样的形势下，政府就有必要改进自身行为，从政府的角度出发，为 PPP 的良性发展建言献策。

首先，避免盲目承诺投资回报率。PPP 项目一般涉及的金额都比较大，建设周期也相对较长，面临的风险也更为难以预测，比较复杂，因而私营部门作为项目的直接操控者，往往在与政府谈判时，会要求较高的投资回报作为补偿其所承担的较大的风险所应当得到的风险回报。

为了保证 PPP 项目建设的顺利进行，抑制和限制投资回报率是一个应该有的方向，但是在实际的 PPP 项目运行中，政府部门为了提升业绩，希望 PPP 项目能够尽早完成，再加上 PPP 项目一般都是政府所主导的，政府对于市场的预测往往比较乐观，多重因素的组合，导致了政府部门在与私营部门谈判时，过高的承诺了投资回报率。政府应重视这些方面，以保证 PPP 项目的顺利实施。

其次，要转变政府的角色。PPP 模式在基础设施的应用中越来越广泛，政府作为投资者、建设者、运营者的角色是长久以来对于自身的定位，但是从管理的角度来看，政府应当将多重的角色加以转变，成为公共基础服务设施的监管者。换言之，政府应该把自己从管理资产的角度解脱开来，成为制度实施效果的监管者，注重配合私营部门建立相应的监管体系，使自身的能量得以最大化的发挥。不过这种转变也不是一蹴而就的，毕竟 PPP 在我国还处于初级的发展阶段，引入的时间还不是很长，实践经验还不是很充分，对于 PPP 模式的理解还不是很到位，这也在某种程度上阻碍了政府角色的改革和政府职能的转变。

最后，要营造一个清正廉洁的政治环境。不良的政治环境会造成很多的不良后果，通常会导致过高的谈判环境、暗箱操作等，这都都会导致 PPP 项目的失败。清正廉洁环境的构建需要社会各界共同努力，尤其是政府部门从自身出发，从制度设计入手，营造一个良好的政治环境。

### 8.3.3 健全法律保障体系和机构建设

尽管法律及合约方面在关键因素中并不是出于最关键的位置，然而法律及合约比管理者素质等因素对于 PPP 项目的成功运营更具有评价意义。法律的健全和合约的有效是 PPP 项目得以顺利实施的前提和保障，是具有导航作用的。

自 PPP 引入我国的基础设施的建设，为我国基础设施的建设提供了强有力的促进作用，在公路、铁路、水污染处理、电厂等各个行业都有着应用。PPP 项目的大量应用，尽管取得了很大的成就，然而失败的案例还是大量的存在着。每一个案例都有不同的失败因素，但是从整体来看，如果在 PPP 的运行过程中，有一个全国的机构去负责 PPP 的相关事务将会对 PPP 项目的发展产生积极的影响，而我国目前缺少这种机构。在一些 PPP 应用比较成熟的国家，都有全国性的 PPP 模式负责机构在维持着 PPP 项目的推广和应用管理工作。如英国的私营机构合作署、加拿大的 PPP 国家委员会、澳大利亚的基础设施发展委员会、日本的 PFI 委员会等。建立这样一个机构之后，能够较好地对行业进行管理，积累行业的成功和失败的经验，保证 PPP 项目的顺利实施。在 PPP 项目的风险意识管理中，退出机制的建立和不断完善，私营部门积极参与管理的积极性和热情在不断衰退，显得比较保守。专业的 PPP 项目管理机构能够从整个行业的专业角度监管项目的运行，为公共谋求更多的福利，使 PPP 项目的建设跟上时代发展的潮流，促使政府、私营部门和公众等各利益相关者的利益得到最大化的发挥。

目前，我国有关 PPP 法律方面的文件虽然有了大幅提高，可是相对于 PPP 大量的应用而言还是显得并不完善，其中大部分的内容还是针对早期的比如 BOT、BT 模式的研究，对于 PPP 运行过程中的诸多具体问题仍没有做出明确的说明和指示，这样的情况也就导致了有些关于 PPP 现有的法律并不是很适用目前 PPP 项目的运作。由此可以看出，PPP 法律体系不完善也是制约 PPP 发展的重大障碍。

### 8.3.4　培养 PPP 专业储备人才

PPP 项目涉及工程、融资、管理、经济、法律等诸多学科，它的广泛性显示出了它对人才要求的专业性。专业的 PPP 项目人才能够从科学的角度给予项目管理，能够从全寿命周期的角度构建 PPP 项目的运作框架。当前，虽然 PPP 项目在我国已经拓展至了很多的方面，然而随着国家城镇化的大力发展，国家基础设施的大力推进，PPP 项目方面的专业人才显得比较匮乏。扎实的理论基础知识和具有良好实践的人才是我国当前需要重点培养的。另外，我国不仅要加强人才的培养，而且还要做好人才的引进工作。

### 8.3.5　设计合理的定价机制

PPP 项目的价格与需求之间有着很紧密的联系。当价格过高时，那么需求就会被削弱。公共需求的高低又决定着项目的盈利水平和能力。PPP 项目产品的价格和需求是一对孪生兄弟，两者既会相互制约又会相互促进。合理的公共产品定价对于刺激产品的需求有着至关重要的作用。公共产品的价格关系着政府部门、私营部门、社会公众、监督者等利益相关者群体。合理的定价该如何制定，也存在着一些争议。公共产品的价格也会遵循一定的市场规律，定价要考虑到各个方面，在各方利益诉求中寻找平衡点，既要保证投资者能够获得一定的利润回报，又要让公众在一个合理的可以接受的范围之内，使公众对于公共服务感到更加的满意。当价格低于市场水平时，政府就要通过政策扶持，如税收、财政补贴等形式对 PPP 项目进行人为的干预，保证其依照轨道行使。当价格高于市场价格时，公众的利益就会受到损害，此时，政府也应当采取强制措施对此行为进行干预，以避免项目公司因自己经营管理不善或者恶意竞争而把此部分损失转嫁到社会公众身上。在定价方面，政府是监督者，将更好、更合乎标准的产品提供给公众。

### 8.3.6　建立预警系统

PPP 项目的失败牵涉的资金数额都较大，涉及的不仅有政府和私营部门双方的利益问题，还包括社会公众的利益，其影响范围较广。PPP 项目一旦失败，公共部门和私营部门一般损失会比较大，PPP 项目失败预警系统的建立也是根据 PPP 项目的某些征兆信息，通过预警系统将其反馈给管理者，以便及早采取措施，避免 PPP 项目从初级失败发展到中间失败，最终导致 PPP 项目的最终失败。

在预警系统中，预警的指标是失败预警系统中筛选预警因子、选择预警模型和数据整合的过程，是预警系统中核心部分。PPP 项目的预警涉及的利益相关者比较多，在预警过程中，传导的因素也会比较多，因此 PPP 项目预警系统只能是重点设防。在预警系统中，为了提高预警的效率和准确性，就要在 PPP 预警系统中建立失败知识库，根据以往 PPP 项目的相似经验，找出 PPP 项目失败的危险因素和发展路径以及与该危险环节相关的控制条件，构成报警系统。

PPP 项目失败预警是度量 PPP 项目在面临失败危险时，其所处的状态偏离预警线的强弱程度以及发出预警信号的过程。PPP 项目失败预警系统是确定失败预警状态、发出监控信号的计算机信息模拟系统。PPP 项目失败预警通过定性与定量相结合的方法有效进行预警分析不仅可以对指标层以及准则层进行风险等级评判，而且也能对 PPP 项目面临的综合风险状况进行总体评价。在研究 PPP 项目失败的预警系统中，采用的系统分类模块就应当全面化、系统化，并将其与失败度进行结合，这样的预警系统就能够在预测报警中起到有效的传导，通过失败知识库的联立，使得预警系统在运行中的效率和精度变得越来越高。

PPP 项目失败预警系统建立中，要正确确定失败预警模型、失败预警指标、失败报警的级别划分及相应监测指标量值。通过对 PPP 项目失败路径的理论分析，对失败的划分和失败度的计量研究成果，依据所确定的失败预警指标、预警模型以及预警等级等，最终建立 PPP 项目的失败预警系统。如图 8-17 所示：

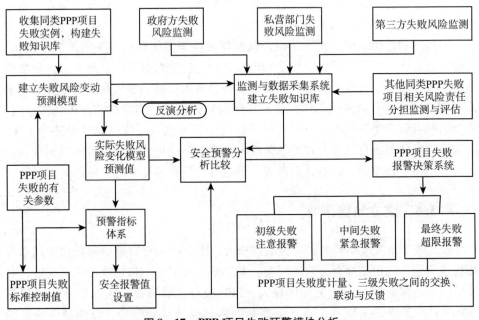

**图 8-17  PPP 项目失败预警模块分析**

在 PPP 项目失败预警系统模块分析中，为提高 PPP 项目失败报警的准确度，引入了反演分析模块，反演分析是根据已取得的 PPP 项目失败数据结构及 PPP 项目本身的有关数据，代入计算模型，反演修正初始计算参数，以提高下一步预测计算值的准确度。在预警模块中，还可以根据失败知识库中收集的同类 PPP 项目样本数据作为学习样本进行监测比较，确定报警指标量值的参考。报警级别有三级：初级失败注意报警、中间失败紧急报警及最终失败超限报警。在这个模块中，政府、私营部门和利益相关者群体是三个主要的方面，所有的定性和定量化指标比较也以此三个群体来设定。监测与采集系统与失败风险变动预测模型是双向互动的关系，两者之间相互反馈，不断进行数据的交换与更替，监测与数据采集系统通过反演分析，促进失败风险变动预测模型的改进，而失败风险变动预测模型又通过自身数据处理的结果为监测与数据采集系统提供更为丰富的数据结构。PPP 项目失败控制值在预警指标体系中作为衡量预警报警的一个层级维度判断标准，失败知识库为失败知识的存储与学习提供了可能。PPP 项目失败报警决策系统对初级失败、中间失败、最终失败的划分以及三者之间的交换、联动与反馈，使得在安全预警分析比较形成了一个循环的闭合回路，为系统的升级与丰富、拓展提供了可能。

## 8.4　本 章 小 结

在研究 PPP 项目失败的关键因素分析中，本书借助系统动力学对影响 PPP 项目失败的因素进行分类整合，对这些因素之间的关系进行梳理。在研究中发现，作为 PPP 项目的主体利益相关的三方，政府、私营部门以及企业在各种因素的交错中扮演着不同的角色，在利益相关主体之下，表现出了不同的反应，为了使整体利益达到一致的最大化，需要三方的共同努力。

本书在借鉴国内外相关文献研究的基础上，以失败理论、系统动力学理论以及结构方程为基础，对 PPP 项目失败的关键因素进行了较系统深入的探讨和研究。为准经营性基础设施 PPP 项目的成功实施提供理论控制依据。

研究 PPP 项目风险的因素分析很多，但是研究 PPP 项目失败的关键因素分析却比较少，这为以后继续研究提供了很大的空间和研究方向。文章将导致 PPP 项目失败的因素归为 6 大类，6 类之间有明显的界限，从而界定了研究对象的范围，在研究无法定量的因素分析中，运用调查问卷，对调查问卷进行处理之后，运用科学的方法是可以将其排序的，从而找出关键因素。在分析的过程中，运用因子分析理论，检验因素的可靠性及有效性，在此基础上通过分析论证二者之间的相关关系，对关键失败因素进行详细剖析，提出了相应建议。

在导致 PPP 项目失败中，法律及合约方面与其相关性较强，其次是政治方面。而在法律及合约方面，风险分配与法律及合约方面的相关关系最为显著，在此类别中为最关键因素。在政治方面，审批和许可与政治方面的相关关系最为显著，在此类别中为最关键因素。

对于其他方面导致 PPP 项目失败的因素在 PPP 项目失败中也扮演着重要的角色。通过动力学分析可以看出，这些因素之间有着很强的动力关系，每一个因素都是 PPP 项目全寿命周期中不可或缺的一部分，无论是哪一个环节出现了问题，都将在因素的传导中由初级失败发展到中间失败，最后致使最终失败的发生。每一个因素都值得 PPP 项目管理者及利益相关者引起重视。

# 第9章

# PPP 项目失败的预控机制研究

　　上一章探讨了 PPP 项目失败的关键影响因素。本章沿袭上一章思想的基础，引入可拓物元理论分析 PPP 项目的失败根源，建立失败测度指标体系，对项目失败进行等级划分，进而构建具有可操作性的 PPP 项目失败测度的多维可拓物元模型。针对 PPP 项目失败的程度，从宏、微观两个层面建立预控机制。减少失败发生的概率和可能性。

## 9.1　PPP 项目失败的根源及指标

### 9.1.1　环境治理 PPP 模式的应用状况

　　2014 年以来，国家开始大力推广 PPP 模式在各个领域的应用，并出台了一系列的相应政策。随着"十三五"规划提出加快推进生态文明建设，经济与环境可持续发展的要求。环境保护也越来越得到政府和社会的重视。2016 年 10 月 11 日，财政部发布的《关于在公共服务领域深入推进政府和社会资本合作工作的通知》明确提出"在垃圾处理、污水处理等环保领域要'强制'应用 PPP 模式"。PPP 模式为环境治理提供了有效的途径，在环境治理中的热度持续攀升。在环境治理领域引入 PPP 模式，不仅能有效地降低社会主体的投资风险，还有利于减轻政府财政负担，在 PPP 模式顺利实施下实现高效环境治理，保障人类的可持续发展。

　　根据全国 PPP 综合信息平台项目库的数据，截至 2016 年 12 月末，全国入库 PPP 项目数量达 11260 个，总投资金额为 13.5 万亿元。其中，环保 PPP 项目数量占比为 26%，投资额达 2.56 万亿元，占全部投资额的 19%。环保 PPP 项目主要包括污水处理、环境综合治理、垃圾处理、供水排水、低碳能源、景观绿化和其他等方面。与 6 月末相比较，污水治理 PPP 项目数量增长了 33%，垃圾处理方面增长了 28%, 如图 9 - 1 所示。在环保 PPP 项目的投资方面, 污水治理、综合治理、垃圾处理成为了环境治理最重要的三个方面, 截至 9 月末分别占到环保 PPP 项目投资总额的 37%、22%、16%, 如图 9 - 2 所示。

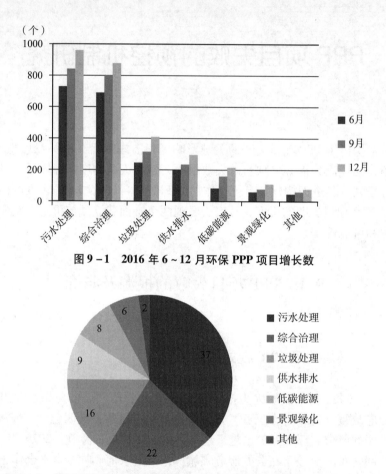

图 9 - 1  2016 年 6 ~ 12 月环保 PPP 项目增长数

图 9 - 2  截至 2016 年 9 月末环保 PPP 项目投资需求分布情况 (单位: %)

资料来源: 中华人民共和国财政部项目库。

综上分析, 在国家鼓励推行 PPP 模式的作用下, 我国对环境治理投入的比重越来越大, 环境治理应用 PPP 模式的项目也越来越多, 这么多的 PPP 项目在开工、建设、运营、收益, 那么这些项目的工程质量如何? 经济效益如何? 有没有达到预期目标? 其中很多项目是成功的, 解决了项目资金缺乏问题, 并获得了一定的收益。但也有很多项目遇到了问题甚至最后失败了。根据世界银行统计, 发展中国家 PPP 项目的总体失败率为 5.53%。而我国 PPP 项目的失败率达 6%。从 PPP 项目失败的行业分布来看, 主要分布于电力行业、交通行业和环保行业。

2016 年 12 月末，我国 PPP 真正落地项目为 1351，而环保 PPP 项目落地率更不足 30%。而环境治理 PPP 项目落地率低，通常是因为 PPP 项目在建设和运营中多种因素综合作用，从而出现了项目没有达到预期的社会效益、环境效益、经济效益一系列问题。而解决这些问题的基础就是找出导致 PPP 项目失败的根源。

### 9.1.2　环境治理 PPP 项目失败的根源

　　案例分析是研究项目失败的常用方法之一，案例具有直接性和客观性。更能直观地反映出项目出现的问题。在政府大力推进 PPP 模式在环保领域应用的背景下，本书力图尽量多的选取国内影响较大的环境治理 PPP 项目失败案例进行深入研究。案例选取的标准为 PPP 相关的主流部门和网站，这样案例的选取才更具有代表性和合理性。因此从财政部 PPP 研究中心、政府和社会资本合作中心、原国家环境保护部、中国政府采购网等 PPP 相关主流网站公布的失败案例选取 15 个典型案例进行总结，并对导致项目失败的主要问题进行分析梳理，如表 9 - 1 所示。

表 9 - 1　　　　　　　　　　　　环境治理 PPP 项目失败案例

| 序号 | 项目名称 | 出现的问题 | 失败因素的识别 |
|---|---|---|---|
| 1 | 长春汇津污水处理项目 | 国家政策的变更，合同违约 | 政策法律变更、政府信用 |
| 2 | 天津双港垃圾焚烧发电厂 | 公众反对，收益不足 | 组织管理、协商沟通、风险分配 |
| 3 | 青岛威立雅污水处理厂 | 政府单方面要求谈判降低价格 | 政府信用、组织管理、汇率变动 |
| 4 | 江苏某污水处理厂 | 法律变更迫使谈判延误，融资失败 | 政策法律变更、审批延误 |
| 5 | 山东华中发电项目 | 项目独自承担风险，政府违约 | 政府信用、风险分配 |
| 6 | 汉口北垃圾焚烧发电项目 | 公众反对，项目运作困难 | 组织管理、协商沟通、公众需求 |
| 7 | 兰州威立雅污水治理项目 | 多次调价，收益不足 | 合约变更、组织管理 |
| 8 | 大理市生活垃圾处理项目 | 公众反对，政府财政补贴不明确 | 组织管理、沟通协商、政府信用 |
| 9 | 河北廊坊"三脱"环保项目 | 国家政策调整，项目运营困难 | 政策法律变更、组织管理 |
| 10 | 廉江中法水务项目 | 合同违约，谈判无果后项目闲置 | 政府信用、风险分配 |
| 11 | 西宁市第一污水处理厂 | 合同违约、项目运作困难 | 法律变更、组织管理、补偿不足 |
| 12 | 江西峡江水利枢纽项目 | 审批延误、运营困难 | 决策风险、沟通协商 |
| 13 | 张家界杨家溪污水处理厂 | 项目独自承担风险 | 风险分配、政府信用 |
| 14 | 汤逊湖污水处理厂 | 政策变更，项目运作困难 | 政府信用、合同合约 |
| 15 | 常州横山桥污水处理厂 | 建设工期延误，公众反对 | 组织管理混乱、政府信用 |

　　资料来源：各地方政府网站、报道、文献汇总以及论坛贴吧的归纳汇总。

通过以上案例总结分析，不难发现，环境治理 PPP 项目出现的问题主要表现在国家政策的调整、收益不足、企业运营困难以及公众的反对等方面。而通过这些问题总结出了政策法律变更、审批延误、政府信用、组织管理、协商沟通等主要影响因素。根据环境治理 PPP 项目失败的界定，这些因素又主要是因为社会制度的不合理、企业组织管理的混乱，协商沟通不到位而产生的。从这个角度讲，可以从社会价值、组织管理及协商沟通分析 PPP 项目失败的根源。

### 9.1.2.1 社会价值的缺失

公共项目应作为社会价值的承载而具有合法性，环境治理 PPP 项目本身就是一种公共项目。有无产出社会价值成为衡量环境治理 PPP 项目是否具有合法性的最高标准。环境治理 PPP 项目的建设与实施可对社会的发展目标产生积极或消极的影响。而这种影响不仅涵盖社会分配、社会稳定与安全、生态文明建设、公众满意度等各方面，也包括项目实施是否与当地社会环境相适应，如项目与当地的社会政治、社会文化、民族关系、生活质量等方面。而这种影响就是项目所产生的社会价值。PPP 项目作为一种公益性项目，它是一种由政府提供、企业建设、供给公众，从而弥补市场失灵的公共物品。它的社会价值即产生的社会效益，环境治理 PPP 项目社会价值的核心内涵就是环境的可持续性以及公众对 PPP 项目的满意度与获得感。因此可以看出，社会价值缺失就会导致项目不能满足公众的需求，项目没能达到与社会环境的可持续性。而社会价值的缺失主要是因为社会政治制度不完善而形成的一种畸形的政绩价值观念，不考虑项目本身的一种社会效益，最后导致项目无法正常运行。社会制度不完善主要表现在法律法规的变更、审批延误、政府信用缺失以及政治反对等方面。

过去判断一个项目的失败往往局限于项目所产生的经济效益的大小，而忽略了它的社会效益以及环境效益。由于环境治理 PPP 项目的外部性，它所产生的社会价值效益更能表现一个项目的成功还是失败。社会价值的缺失造成的项目失败的主要表现形式就是"政绩"工程。惠民、经济、城市面貌改善、环境治理等公益性项目可能会承载错误的内容而沦为"撑面子"项目。"撑面子"工程主要是政府部门在建设过程中只是一味地追求政绩效益，而完全不考虑项目的可持续性以及是否能够提高人民的生活质量和水平。从以上案例中可以看出，一些地方政府在没有政策支持和法律保障的前提下只是单纯地为了政绩要求，在环境治理领域也开展一些不符合市场需求的环境治理 PPP 项目，浪费了大量的资金和资源，最后也没达到项目预期效益，导致项目的失败。

### 9.1.2.2 组织管理的混乱

环境治理 PPP 项目与一般 PPP 项目类似，由政府部门通过对项目进行可行性论证，确定该项目是否适合采用 PPP 模式，通过适宜的方式招标确定合适的社会资本，组建项目公司（SPV），由项目公司对 PPP 项目进行融资、设计、建设、运营、管理等，特许经营期满后移交政府，如图 9 - 3 所示。由此可见，组织管理贯穿于整个 PPP 项目的建设运营，是项目成功运作的保证。组织管理的不到位就会造成环境治理 PPP 项目的混乱，从而出现项目的层层分包、转包，甚至会出现共谋、腐败等现象，造成建筑工程造价成本高、工程质量低下、进度缓慢、人员伤亡等主要问题。最后导致项目没有达到预期经济收益目标，造成项目的失败。因组织管理问题而导致的 PPP 项目失败主要表现为 "豆腐渣" 工程、"断头路" 工程。而这类失败项目的核心特征就是由于组织管理的不到位，导致项目建设指标没有达成。而合理的组织管理需要解决的就是将公民需求最大化的问题，组织管理的根本目的是谋求最高劳动生产率，达到经济效益最大化，也即偏离了经济效益的组织管理会造成 "经济损失"。

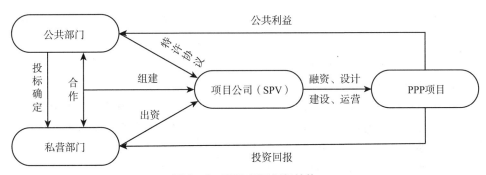

**图 9 - 3　PPP 项目组织结构**

环境治理 PPP 项目承载了社会公民的需求，属于公众支持度很高的项目，这类项目如果失败，不仅会造成巨大的经济损失，其强大的负外部性更会影响政府公信力。PPP 模式保证环境治理的有效性就是通过合理的组织管理模式来实现。从现有的环境治理 PPP 项目失败案例中可以看出组织管理的问题主要表现在缺乏战略规划与顶层设计，行政干预、政企合谋，监管不到位、监督流于形式等方面。缺乏战略规划与顶层设计使得项目没有完善的配套设施与科学的运行机制，导致项目在建设完成后无法正常使用。行政干预、政企合谋会使项目出现腐败、寻租、质量低等问题。从组织机构设置上讲，各个工程行业都有质量监督管理机构，对工程项目进行监督管理。而环境治理 PPP 项目作为一种公益性项目，需要专门的监督管理机构对项目进行监督管理，保证项目质量。合理的组织管理，既能保证社会资本获得足够的收益，也能保证政府提供更好的服务。

### 9.1.2.3 协商沟通不到位

协商沟通系统主要任务是平衡冲突并实现战略目标。不管是 PPP 项目的社会价值建构过程、还是组织管理过程，均存在着各种类型的价值冲突。环境治理 PPP 项目从计划、建设到运营的全寿命周期中会有大量的冲突存在，就组织外部来看，政府与公民之间会存在冲突，而从组织内部来看，纵向的上下级之间、横向的部门之间会存在冲突。从理论上讲，一旦项目发生冲突，项目失败的风险就很大了。从以上案例中可以看出，在垃圾焚烧、污水处理等环境治理 PPP 项目中，导致项目失败的原因中很多是因为项目在建设过程中造成激烈的冲突与对立，甚至会引起群体性事件，最终导致项目的停滞或下马。而造成冲突的根源就是协商沟通的不到位。协商沟通引起的冲突会导致出现"邻避类"项目，"邻避类"项目会造成短期内剧烈的危害，反对者通常对项目本身的公益性不做质疑，只是对项目的选址存在争议。没有对话过程与沟通机制预示着协商沟通的失败，因此协商沟通的不到位是"邻避类"项目发生的根源，也是造成环境治理 PPP 项目失败的根源。

环境治理 PPP 项目具有很强的公益性的社会公共项目，相关政府决策部门很容易达成共识，也因此项目很容易就会得到审批建设，然而在项目建设过程中却没有考虑到项目周围居民的利益，没有就"垃圾处理厂对当地环境造成影响应该怎么处理？政府应该针对周围环境的危害给予怎么样的补偿？"等问题进行沟通协商。项目当地居民的利益一旦受到损害，就会将矛盾指向政府与项目建设方，此时政府再被迫出来调解协商，无论效果如何，冲突已经发生，项目就可能停滞造成失败。协商沟通其实就是要处理好"大公共利益"与"小公共权利"的关系。"大公共利益"就是指群体利益最大化，达到一定的公共价值。但是在大公共利益实现的同时，也要保障小公共权力。在一些公共项目建设过程中，少数受影响的群众的基本权力也应该得到保障，这些基本权利包括知情权、参与权、合法补偿等。而协商沟通不到位造成冲突的处理方法主要包括信息公开、公民参与以及补偿机制三个内容。

## 9.1.3 环境治理 PPP 项目失败测度指标的确定

### 9.1.3.1 失败测度指标的设计原则

环境治理 PPP 项目周期长、投资大、影响范围广。因此在设计环境治理 PPP 项目失败测度指标体系时，需要考虑指标应该系统全面、深刻、客观地反映环境治理 PPP 项目的各个方面的风险水平。建立一个科学准确而又切实可行的指标体系不是一蹴而就的，必须经过反复的研究与考量，并且要在实证中不断修正、完善。因此，针对环境治理 PPP 项目失败的特点，考虑以下原则进行指标体系的建立。

全面性原则。环境治理 PPP 项目作为一个复杂的社会公益性项目，受到各个方面的影响，建立对其测度的指标体系是一个系统工程，需要兼顾各项相互联系的子系统。明确系统的层次与结构，准确把握各项指标的属性，分析指标之间的等级关系，形成自上而下逐级支配的指标体系。

可操作性原则。建立失败测度指标体系不是目的而是手段，是要通过测度结果测评环境治理 PPP 项目状况。因此需要保证确定的指标能够量化，具有可操作性。客观实在的数据才是指标体系的落脚点，否则即便有系统完整的理论作为基础，也难以保持长久的生命力。可操作性才是指标体系能够发挥作用的根本所在，测度体系不仅要能反映某地区当前的风险水平，还要对于未来的风险进行预测。

针对性原则。案例分析是反映项目失败的重要方法之一，通过案例可以很直观地反映出项目的很多问题。由于环境治理 PPP 项目是由多个部门相互合作又受到地方环境的影响，出现的问题都会不一样。因此，要在建立指标体系时针对性地选取能反映项目失败的测度指标，避免出现失败测度评价指标设计与研究目的不符。

### 9.1.3.2 环境治理 PPP 项目失败测度指标的识别及确定

通过对国内外学者与环境治理 PPP 项目的成败因素相关研究进行归纳。并对国内影响较大的典型失败案例进行总结。以环境治理 PPP 项目失败标准为基础，本书将失败因素指标划分社会制度、组织管理、公众行为三个方面。实证案例研究是研究项目失败的重要方法，国外关于环境治理 PPP 项目失败因素的实证研究成果对构建项目失败测度指标体系具有重要的参考价值。但这些研究成果不能直接套用失败因素指标体系。首先不同学者的失败指标体系设计差异很大，调查得出的重点因素指标的结论也不尽一致。其次是因素指标的数目选取跨度大，最多有 96 个，最少为 6 个，平均因素设置数为 18 个。如亓霞和王守清（2009）通过对国内 16 个失败典型案例进行分析，总结出 13 个失败因素。王秋菲和石丹（2016）选取了道路、供电、供水、环保等领域的 17 个 PPP 项目典型失败案例，把失败因素划分为 5 大类。最后是不同的因素体系设计有严重的交叉重复性，又不具备完备性，有的侧重社会与市场因素，有的侧重技术因素。

导致 PPP 项目失败的因素有很多，但并非所有的因素都会发生作用。本书对环境治理 PPP 项目的失败因素识别主要是通过中国知网搜集与环境治理 PPP 项目失败相关的中外文献资料，然后对文献分类，提取、整理文献中涉及的失败因素，但通过文献综述识别出的因素，虽有一定的说服力，但对象比较笼统，缺乏针对性。因此结合上述对失败案例的总结分析，按照研究需要，将提取、整理出的失败因素有条理有逻辑地陈述出来，并依据环境治理 PPP 项目失败测度指标的设计原则以及中国国情，与相关专家学者和实际工作人员研讨后，选取重点因素，按照政府行为、企业行为、公众行为将环境治理 PPP 项目失败因素指标划分为社会制度、组织管理、公众行为三大类，如表 9 - 2 所示。

表 9 - 2　　　　　　　环境治理 PPP 项目失败因素、产生的问题及效益效率

| 序号 | 分类 | 项目失败因素 | 产生的主要问题 | 环境治理的效益效率 |
|---|---|---|---|---|
| 1 | 社会制度 | 法律体系不完善 $x_1$ | 政府回购<br>项目延期<br>收益不足<br>项目停滞 | 环保管理体系 |
| 2 | | 政府信用缺失 $x_2$ | | 政府承诺资金 |
| 3 | | 审批延误 $x_3$ | | 信息沟通水平 |
| 4 | | 政策法律变更 $x_4$ | | 排污费缴纳标准 |
| 5 | | 补偿机制不完善 $x_5$ | | 补贴比例 |
| 6 | | 合同合约不规范 $x_6$ | | 合同履约率 |
| 7 | | 风险分配不合理 $x_7$ | | 风险控制能力 |
| 8 | | 政治不可抗力 $x_8$ | | 安全事故发生率 |
| 9 | 组织管理 | 缺少有效监管 $x_9$ | 工期延误<br>成本超支<br>工程质量差 | 工期控制能力 |
| 10 | | 运营管理不规范 $x_{10}$ | | 停工待料程度 |
| 11 | | 组织不协调 $x_{11}$ | | 环境成本收益率 |
| 12 | | 决策能力差 $x_{12}$ | | 废气废水排放量 |
| 13 | | 缺少技术支持 $x_{13}$ | | "三废"综合达标率 |
| 14 | | 资源管理不合理 $x_{14}$ | | 材料浪费率 |
| 15 | 公众行为 | 公众意识低 $x_{15}$ | 公众反对<br>公众参与性低 | 产品服务评价 |
| 16 | | 参与路径少 $x_{16}$ | | 公众参与数量 |
| 17 | | 公众素质低 $x_{17}$ | | 公众支持率 |
| 18 | | 公共需求 $_{18}$ | | 公众满意度 |

**1. 社会制度方面**

对于社会制度方面来说，投资项目所在的国家或地区的政策制度或政治环境发生变化而导致的项目失败，便归结为社会制度。社会制度主要涉及政府的政策制度以及法律法规，结合环境治理 PPP 项目的特点，本书认为社会制度方面的失败因素主要包括法律体系的不完善、政府信用的缺失、审批延误、政策法律的变

更、补偿机制不完善、合同合约不规范、风险分配不合理以及政治的不可抗力八个方面。而这类失败因素主要可能引起项目的延期、项目被政府回购、项目停滞以及项目收益不足等问题，从而造成项目的效益效率不足，导致项目的失败。

**2. 组织管理方面**

组织管理不仅是指项目私营部门内部的组织管理，也包括政府部门与私营企业机构外部的管理。组织管理方面的失败主要是指项目开始后，由于政府部门与参与项目的私营部门由于组织管理不合理等问题而产生的失败。弗朗西斯和沃尔夫（Francis and Wolf，1994）通过实验研究认为，对于项目来说有效合理的组织管理与低效的组织管理相比，可缩短项目周期 20%～60%，降低额外成本 8% 左右，可提高 10%～30% 的成功率。这说明组织管理对项目成功的重要影响。通过总结这类失败的因素主要包括缺少有效监管、运营管理不规范、组织不协调、缺少技术支持、资源管理不合理以及决策能力差六个方面。在项目建设过程中，由于政府部门与私营企业之间组织管理不合理就会引起项目工期延误、成本超支、工程质量差等问题，有可能产生环境成本收益率低、废气废水排放量过高，而被有关部门处罚甚至停产，导致项目的失败。

**3. 公众行为**

公众作为环境治理 PPP 项目的伙伴主体及重要参与方，是项目成果的最终的受益者。公众行为对于项目的成败具有重要的影响作用。社会公众的行为属于自我管理的范畴。公众的生存理念、生活方式以及消费行为都直接影响了环境治理的进程。因此公众行为方面的失败因素主要包括公众意识低、参与路径少、公众素质低以及是否能符合公共需求四个方面。由于社会公众对环境治理意识薄弱，参与的主动性不高，只要不涉及自己利益的就会置之不理，就会造成公众参与性低，而如果 PPP 项目的建设并不符合公众的公共需求或损害了一部分人的公共利益，没有达到公众的满意度，就会出现公共反对的问题，从而造成公众的支持率低、参与数量少，导致 PPP 项目的下马或停滞，阻碍了环境治理 PPP 项目的成功实施。

### 9.1.3.3　环境治理 PPP 项目失败测度指标的分析

在环境治理 PPP 项目失败因素指标中，有些因素指标对项目的失败影响较大，有些因素指标影响较小，为了识别这些因素指标对 PPP 项目失败的影响程度，以便区分 PPP 项目中关键失败因素指标，从而评估环境治理 PPP 项目失败的可能性以及失败的程度大小。通过对失败因素指标权重分析，可以为后续项目失败测度以及在 PPP 项目建设和运营过程中加强高影响因素的预控提供依据，从而达到避免项目失败的目的。

针对本书研究内容设计了一套问卷调查表。问卷调查表主要采用邮件发送、当面发放、面谈、函寄等调查形式，要求被调查人员针对环境治理 PPP 项目每一个失败因素的影响程度进行评分。评分标准为"无影响"为 1 分；"影响较弱"为（1，3］；"影响一般"为（3，5］；"影响较强"为（5，7］；"影响突出"为（7，10］。

问卷调查的目的与意义是，首先调查每个失败因素指标对 PPP 项目的影响程度，找出关键的失败因素指标，为后续项目的风险预控提供参考。其次检验指标体系的建立是否合理，包括问卷有效性检验、影响水平检验。最后为环境治理 PPP 项目的失败测度提供因素指标权重参考。

由于环境治理 PPP 项目的特点，涉及的部门比较多，影响范围比较广，在进行问卷调查时应考虑周全，将调查范围全面化。因此，本次调查问卷的发放对象主要是与环境治理 PPP 相关的政府部门、咨询公司、高校以及其他科研单位、私营企业中高层技术人员等。问卷回收后，对问卷进行分类，被调查人员的职业分布如图 9 - 4 所示。其中政府部门和私营部门分别占 30% 和 21%，占到调研总数的一半以上，高校和科研院所分别占 24% 和 16%，咨询单位占比最少为 9%。

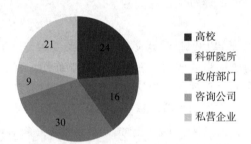

图 9 - 4　环境治理 PPP 项目失败因素问卷调查群体职业分布（单位：%）

本次问卷一共发出 160 份，回收 148 份，通过甄选，得到有效问卷 126 份。通过集中度对问卷进行有效性检验。利用 Spss 软件，通过计算机进行数据处理，并对各因素的影响进行了系统分析，得出各个失败因素的平均评分值和相关系数。

令

$$\delta_i = \Big[ \sum_{i=1}^{n} \Big( F_{ij} - \sum_{i=1}^{n} F_{ij} \Big/ n \Big)^2 \Big]^{1/2} \Big/ \sum_{i=1}^{n} F_{ij}$$

$$\delta = \sum_{i=1}^{n} \delta_i \Big/ m \qquad\qquad (9-1)$$

式（9 - 1）中，$F_{ij}$ 为第 j 个被调查者给第 i 个失败因素指标的评分，n 为有效的问卷数，m 为失败因素指标的数量。

估算得，

$$\delta_m = \max\{\delta_i\} = 4.6\%$$

$$\delta = 4.18\%$$

按照集中度判别的原则，$\delta_m < 5\%$，$\delta < 5\%$，因而设计的问卷符合集中度要求，问卷及处理结果如表 9 - 3 所示。

表 9 - 3　　　　　环境治理 PPP 项目失败因素指标评分及失败权重系数

| 序号 | 分类 | 项目失败因素 | 平均评分值 | 权重系数 |
|------|------|------------|----------|---------|
| 1 | 社会制度 | 法律体系的不完善 $x_1$ | 6.8 | 0.0541 |
| 2 | | 政府信用的缺失 $x_2$ | 7.2 | 0.0573 |
| 3 | | 审批延误 $x_3$ | 6.9 | 0.0549 |
| 4 | | 政策法律变更 $x_4$ | 6.6 | 0.0525 |
| 5 | | 补偿机制不完善 $x_5$ | 6.4 | 0.0509 |
| 6 | | 合同合约不规范 $x_6$ | 6.2 | 0.0494 |
| 7 | | 风险分配不合理 $x_7$ | 8.2 | 0.0653 |
| 8 | | 政治不可抗力 $x_8$ | 6.1 | 0.0485 |
| 9 | 组织管理 | 缺少有效监管 $x_9$ | 7.1 | 0.0565 |
| 10 | | 运营管理不规范 $x_{10}$ | 7.4 | 0.0589 |
| 11 | | 组织不协调 $x_{11}$ | 7.6 | 0.0605 |
| 12 | | 决策能力差 $x_{12}$ | 6.8 | 0.0541 |
| 13 | | 缺少技术支持 $x_{13}$ | 6.5 | 0.0517 |
| 14 | | 资源管理不合理 $x_{14}$ | 6.4 | 0.0509 |
| 15 | 公众行为 | 公众意识低 $x_{15}$ | 8.2 | 0.0653 |
| 16 | | 参与路径少 $x_{16}$ | 7.5 | 0.0597 |
| 17 | | 公众素质低 $x_{17}$ | 6.9 | 0.0549 |
| 18 | | 公共需求 $x_{18}$ | 6.8 | 0.0541 |

本书中将环境治理 PPP 项目失败因素指标分为社制度、组织管理、公众行为三大类。通过以上数据分析，社会制度方面风险分配不合理和政府信用缺失分值为 8.2 分和 7.2 分，其影响程度属于影响突出的范围。合同合约不规范和政治不可抗力评分最低，影响程度最小。社会制度中的审批延误和政府信用缺失权重系数分别达 0.0549 和 0.0573，而风险分配不合理更达 0.0653。因此社会制度方面风险分配不合理是 PPP 项目失败因素中最关键的因素。组织管理方面组织的不协调评分值最高为 7.6 分，其权重系数为 0.0605。其次是运营管理不规范，评分值为 7.4，也属于影响程度突出的范围。评分最低的为资源管理不合理，分值为

6.4，权重系数为 0.0509。组织管理方面影响因素最为关键的是组织不协调和运营管理不规范。公众行为方面公众素质低和公共需求影响程度评分值分别为 6.9 和 6.8。而公众意识低评分值为 8.2，权重系数达 0.0653，成为公众行为中对 PPP 项目影响最主要的因素指标。

## 9.2 PPP 项目失败的测度模型及其预控机制

### 9.2.1 PPP 项目失败的测度

#### 9.2.1.1 环境治理 PPP 项目失败等级划分

环境治理 PPP 项目失败测度就是系统分析和权衡项目失败的各种因素，综合评估环境治理 PPP 项目的整体水平。由于影响 PPP 项目失败因素非常多，而且涉及各个方面，但人们在对项目风险研究时并不是对所有的风险都予以重视，因为这样不仅将大大增加成本费用，而且操作起来具有一定的难度，反过来还对正常的决策过程造成一定的干扰。考虑到表 9 - 3 中各个失败因素指标的不确定性，绝大多数指标难以量化。本书将环境治理 PPP 项目失败测度指标划分为五个级别即一级风险、二级风险、三级风险、四级风险、五级风险。相应的失败因素造成的项目失败程度统一划分为五个等级成功（一级风险）、比较失败（二级风险）、基本失败（三级风险）、失败（四级风险）、完全失败（五级风险），如表 9 - 4 所示。即成功 = $R_1$，比较失败 = $R_2$，基本失败 = $R_3$，失败 = $R_4$，完全失败 = $R_4$。

表 9 - 4　　　　　　　　　　PPP 项目失败等级概念的界定

| 失败等级 | 概念定义 |
| --- | --- |
| 成功（一级风险） | 实现了原定目标，项目顺利运行 |
| 比较失败（二级风险） | 实现一部分目标，项目存在风险 |
| 基本失败（三级风险） | 实现少部分目标，项目运行困难 |
| 失败（四级风险） | 目标完全没有实现，项目无法运行 |
| 完全失败（五级风险） | 项目终止或暂停 |

假设 PPP 项目失败测度指标 $x_i$ 可以被量化，其量化结果为模糊值 $xv_i$，$xv_i \in [0, 5]$。其中 $xv_i$ 表示第 i 位专家对环境治理 PPP 项目失败指标 $x_i$ 的评分值。即

当 $xv_i \in [0, 1]$ 时，失败因素 $x_i$ 处于一级风险；当 $xv_i \in (1, 2]$ 时，指标 $x_i$ 属于二级风险；当 $xv_i \in (2, 3]$ 时，则指 $x_i$ 处于三级风险；当 $xv_i \in (3, 4]$ 时，$x_i$ 处于四级风险；则当 $x_i$ 处于五级风险时，$xv_i \in (4, 5]$，如表 9-5 所示。

表 9-5　　　　　　　　　　　失败测度指标的级别及量化

| 失败指标级别 | 失败测度指标量化值 $xv_i$ |
| --- | --- |
| 一级风险 | $[0, 1]$ |
| 二级风险 | $(1, 2]$ |
| 三级风险 | $(2, 3]$ |
| 四级风险 | $(3, 4]$ |
| 五级风险 | $(4, 5]$ |

### 9.2.1.2　环境治理 PPP 项目失败测度模型的构建

环境治理 PPP 项目失败测度就是通过对环境治理 PPP 项目失败因素识别的基础上，通过建立失败测度模型，对项目失败因素进行系统分析，从而评估 PPP 项目的整体风险水平，估算出 PPP 项目失败的程度大小，建立有效的预控系统，为环境治理 PPP 项目的成功运行提供科学依据。因此环境治理 PPP 项目失败测度的目的主要有以下几点。

（1）对环境治理 PPP 项目的失败测度指标进行系统分析以及综合评价，确定这些失败指标的权重，挖掘这些失败指标间的相互联系，分析内在成因，进一步分析失败指标对项目影响程度大小，为项目失败测度提供客观基础。

（2）建立失败测度模型，进行失败测度指标的进一步研究，分析失败发生的可能性和后果，明确项目失败的风险大小，减少失败发生的概率和不确定性，为风险应对和预控提供依据和管理策略。

本书以环境治理 PPP 项目失败为研究对象，在构建失败测度指标体系的基础上，建立失败测度模型，并结合案例进行模型应用，从而对项目失败进行综合评判。

**1. 失败测度可拓物元模型的建立**

通过日常实例分析可以发现，人们在处理矛盾问题时，一般习惯将事物、事物的特征以及相应的量值一起综合考虑，才能更贴切有效地描述客观事物的变化，为解决矛盾提供更好的方法。而物元理论的基本思想就是将事物、事物的特征以及相应量值这三个要素组成有序的基本单元，即物元。物元成为了解决事物矛盾的基本元素。

（1）物元的概念。假定事物的名称为 N，关于它的特征为 c，对应的量值为 $\nu$，组成的有序三元组为：

$$R = (N,\ c,\ \nu)$$

作为描述事物的基本元，简称物元。事物的名称 N、特征 c 和量值 $\nu$ 称为物元的三要素。

物元把事物、特征以及量值统一整体考虑，物元三要素或事物内部变化时，既考虑了量变，又考虑了质变，物元成为了描述事物可变性的重要工具，而因素作为一种动态可变的基本元素，符合物元的内涵。事物名称是认为用来为了区分和判别、表达事物的，本文中将环境治理 PPP 项目失败等级认定为事物。事物的特征就是表达事物的本质、性质以及状态的体现。经过前文分析，环境治理 PPP 项目失败的根源就是由于各种失败因素导致的，因而本文将失败因素指标认定为事物的特征。而量值就是赋予事物的特征一定的数值，将事物进行量化。

（2）构建环境治理 PPP 项目主特征物元矩阵。一个事物可以有多个特征，设某一个事物 N 的有 n 个特征，这 n 个特征为 $c_1$，$c_2$，…，$c_n$，其对应的量值为 $v_1$，$v_2$，…，$v_n$，则该事物的多维特征物元矩阵如下：

$$R = \begin{bmatrix} N & c_1 & v_1 \\ & c_2 & v_2 \\ & \vdots & \vdots \\ & c_n & v_n \end{bmatrix} = \begin{bmatrix} R_1 \\ R_2 \\ \vdots \\ R_n \end{bmatrix}$$

其中，R 表示 n 维特征物元矩阵。

有些事物的特征可能有无数个，如果将这些特征全部进行比较计算，虽然理论上是科学的，但是在实践中难以实现，这样不仅会花费大量的资源，而且成本高、效率低。在实例中解决矛盾问题时，一般只要抓住关键因素进行科学分析，就能有效地解决问题。因此，在分析环境治理 PPP 项目失败问题时，只要针对关键因素进行分析，将关键因素作为主要的特征，建立主特征物元矩阵。

设某一个事物 N 的全部特征有 n 个，主特征有 m 个。这 m 个主特征为 $cc_1$，$cc_2$，…，$cc_m$，其对应的量值为 $vv_1$，$vv_2$，…，$vv_m$，建立该事物的多维主特征物元矩阵如下：

$$RR = \begin{bmatrix} N & cc_1 & vv_1 \\ & cc_2 & vv_2 \\ & \vdots & \vdots \\ & cc_m & vv_m \end{bmatrix} = \begin{bmatrix} RR_1 \\ RR_2 \\ \vdots \\ RR_M \end{bmatrix}$$

其中，RR 表示 m 维主特征物元矩阵。

环境治理 PPP 项目在实施过程中，受到外部和内部的风险因素各不相同，不同的项目也会受到不同因素的影响，即使是同一项目，受到的失败因素的状态也不相同。因此，以环境治理 PPP 项目失败的关键影响因素为主特征，建立多维主特征物元矩阵进行对项目失败的量变过程描述，进而对其测度，确定项目失败风险的大小。

（3）经典域物元模型和节域物元模型。设环境治理 PPP 项目失败测度的因素指标有 m 个，即为 $x_1$，$x_2$，$\cdots$，$x_m$，将这部分因素指标作为基础指标，通过专家调研，并进行数据分析，将 PPP 项目失败定量地分为 n 个等级，建立以下定性、定量综合测度物元模型即经典域物元矩阵：

$$R_{0j} = \begin{bmatrix} N_{0j} & x_1 & V_{0j1} \\ & x_2 & V_{0j2} \\ & \vdots & \vdots \\ & x_m & V_{0jm} \end{bmatrix} = \begin{bmatrix} N_{0j} & x_1 & \langle a_{0j1}, b_{0j1} \rangle \\ & x_2 & \langle a_{0j2}, b_{0j2} \rangle \\ & \vdots & \vdots \\ & x_m & \langle a_{0jm}, b_{0jm} \rangle \end{bmatrix}$$

其中，$R_{0j}$ 表示环境治理 PPP 项目处于第 j 级失败时的物元模型，$N_{0j}$ 表示第 j 级失败等级，$V_{0jk} = \langle a_{0jk}, b_{0jk} \rangle$（j = 1，2，$\cdots$，n；k = 1，2，$\cdots$，m）表示项目失败是第 j 级时第 k 个失败因素指标的取值范围。

而建立的节域物元矩阵就是综合测度各失败因素指标的允许取值范围形成的物元模型：

$$R_{pj} = \begin{bmatrix} N_{pj} & x_1 & V_{p1} \\ & x_2 & V_{p2} \\ & \vdots & \vdots \\ & x_m & V_{pm} \end{bmatrix} = \begin{bmatrix} N_p & x_1 & \langle a_{p1}, b_{p1} \rangle \\ & x_2 & \langle a_{p2}, b_{p2} \rangle \\ & \vdots & \vdots \\ & x_m & \langle a_{pm}, b_{pm} \rangle \end{bmatrix}$$

其中，$R_p$ 表示环境治理 PPP 项目失败测度的物元模型的节域，$N_p$ 表示项目失败等级，$V_{pk} = \langle a_{pk}, b_{pk} \rangle$ 表示 $N_p$ 中失败因素指标 $x_k$ 允许的取值范围，且 $V_{0jk} \subset V_{pk}$，j = 1，2，$\cdots$，n；k = 1，2，$\cdots$，m。

把要评价的环境治理 PPP 项目的失败因素指标所检测得到的数据或分析结果用下面的物元矩阵表示：

$$R = \begin{bmatrix} N & x_1 & v_1 \\ & x_2 & v_2 \\ & \vdots & \vdots \\ & x_m & v_m \end{bmatrix}$$

其中，N 表示项目失败等级，$v_k$（k = 1，2，$\cdots$，m）表示的所评价项目的第 k 个失败因素指标的评价值。

环境治理 PPP 项目失败因素指标对应的评价值由下述方法确定：

邀请环境治理 PPP 项目领域的 f 位权威专家，根据自己的经验和问卷调查数据分析后得到的失败因素指标的权重以及失败等级的划分标准对 PPP 项目失败因

素指标 $x_i$ 进行评分。例如，第一位专家认为指标 $x_i$ 会造成项目比较失败，则对该指标的评分值为 $\mu_1$（$\mu_1 \in (2, 3]$），第二位专家认为指标 $x_i$ 对项目的影响是失败，那么对该指标的评分值为 $\mu_2$（$\mu_2 \in (3, 4]$）。

设第 n 位专家对风险因素指标 $x_i$ 的评分值为 $\mu_n$，则该风险因素指标 $x_i$ 的评价值 $v_i$ 为

$$v_i = \frac{1}{f} \sum_{n=1}^{f} \mu_n \tag{9-2}$$

### 2. 环境治理 PPP 项目失败的可拓测度方法

建立环境治理 PPP 项目失败测度物元模型后，对环境治理 PPP 项目失败等级进行评价。首先以建立的失败测度指标体系为基础，建立所要评价的 PPP 失败项目的物元矩阵与经典域物元矩阵的关联函数。然后，根据确定的关联函数对项目失败等级进行评价，确定环境治理 PPP 项目失败等级大小。为了解决这一问题，关于如何建立关联函数，利用可拓学的思想以及相关理论，将定性描述转化为定量描述，引入了函数中"接近度"的概念，依据"接近度"建立所要评价的环境治理 PPP 项目失败物元矩阵的关联函数，从而根据关联度函数确定项目失败等级大小。

设区间 $V_{0jk} = \langle a_{0jk}, b_{0jk} \rangle$ 表示项目失败处于第 j 级时第 k 个失败因素指标 $x_k$ 评价值的取值范围，区间 $V_{pk} = \langle a_{pk}, b_{pk} \rangle$ 表示第 k 个失败因素指标 $x_k$ 处于全部失败等级范围内的评价值范围，点 $v_k$ 表示失败项目的第 k 个失败因素指标 $x_k$ 的评价值，则

$$p(v_k, V_{0jk}) = \left| v_k - \frac{a_{0jk} + b_{0jk}}{2} \right| - \frac{1}{2}(b_{0jk} - a_{0jk}) \tag{9-3}$$

$$p(v_k, V_{pk}) = \left| v_k - \frac{a_{pk} + b_{pk}}{2} \right| - \frac{1}{2}(b_{pk} - a_{pk}) \tag{9-4}$$

$p(v_k, V_{0jk})$，$p(v_k, V_{pk})$ 分别称为点 $v_k$ "接近度"，其中 $k = 1, 2, \cdots, m$；$j = 1, 2, \cdots, n$。"接近度"可以把点与区间的位置关系用定量的形式表现出来，下面，根据项目失败因素指标 $x_k$ 的评价值 $v_k$ 与其处于失败是第 j 级时取值区间 $V_{0jk}$ 之间的"接近度"作进一步的分析。

当 PPP 项目的第 k 个失败因素指标 $x_k$ 的评价值 $v_k$ 处于失败第 j 级时的取值范围内（$v_k \in V_{0jk} = \langle a_{0jk}, b_{jk} \rangle$，且 $v_k \neq a_{0jk}, b_{jk}$）。

由接近度的定义得到，

$$p(v_k, V_{0jk}) = \left| v_k - \frac{a_{0jk} + b_{0jk}}{2} \right| - \frac{1}{2}(b_{0jk} - a_{0jk}) < 0 \tag{9-5}$$

当项目的第 k 个失败因素指标 $x_k$ 的评价值 $v_k$ 处于第 j 级的取值范围内，其接近度为负值。

　　同理，当项目的第 k 个失败因素指标 $x_k$ 的评价值 $v_k$ 超过第 j 级的取值范围内，其接近度为正值。当 PPP 项目的第 k 个失败因素指标 $x_k$ 的评价值 $v_k$ 处于第 j 级的取值范围上下界点时，其接近度为 0。

　　由此可以得出，当 $p(v_k, V_{0jk}) \leqslant 0$，即 $p(v_k, V_{pk}) \leqslant 0$ 时，评价值 $v_k$ 在区间 $V_{0jk}$ 和区间 $V_{pk}$ 内，表示所评价的环境治理 PPP 项目第 k 个失败因素指标 $x_k$ 在其取值的允许范围内，即评价的环境治理 PPP 项目第 k 个失败因素指标 $x_k$ 属于失败第 j 等级；当 $p(v_k, V_{0jk}) > 0$，即 $p(v_k, V_{pk}) > 0$ 时，评价值 $v_k$ 超出了区间 $V_{0jk}$ 和区间 $V_{pk}$，表示所评价项目第 k 个失败因素指标 $x_k$ 不在取值的允许范围内，即所评价项目第 k 个失败因素指标 $x_k$ 不属于失败第 j 等级。

　　因此，所评价环境治理 PPP 项目第 k 个失败因素指标 $x_k$ 的评价值是否在取值范围内，可以依据 $p(v_k, V_{pk})$ 正负来判断，相应的根据 $p(v_k, V_{0jk})$ 的正负来判断所评价环境治理 PPP 项目第 k 个失败因素指标 $x_k$ 失败等级及处于该等级的程度。

　　设区间 $V_{0jk} = <a_{0jk}, b_{0jk}>$（k = 1, 2, …, m）表示项目失败处于第 j 级时第 k 个风险因素指标 $x_k$ 的取值范围，区间 $V_{pk} = <a_{pk}, b_{pk}>$ 表示第 k 失败指标 $x_k$ 取值的允许范围，区间 $V_{0jk} \subset V_{pk}$，则将

$$D(v_k, V_{pk}, V_{0jk}) = p(v_k, V_{pk}) - p(v_k, V_{0jk}) \tag{9-6}$$

$$K_j(v_k) = \frac{p(v_k, V_{0jk})}{p(v_k, V_{pk}) - p(v_k, V_{0jk})} \tag{9-7}$$

　　$p(v_k, V_{pk})$，$p(v_k, V_{0jk})$ 分别表示 $v_k$ 与区间 $V_{pk}$ 和 $V_{0jk}$ 的"接近度"；$D(v_k, V_{pk}, V_{0jk})$ 表示 $v_k$ 与区间 $V_{pk}$ 和 $V_{0jk}$ 的"位值"；$K_j(v_k)$ 表示所评价项目的第 k 失败因素指标 $x_k$ 关于第 j 级的关联度。

　　当 PPP 项目的第 k 个失败因素指标 $x_k$ 的评价值 $v_k$ 处于失败第 j 级时的取值范围内（$v_k \in V_{0jk} = \langle a_{0jk}, b_{jk} \rangle$，且 $v_k \neq a_{0jk}, b_{jk}$）。

　　可得

$$D(v_k, V_{pk}, V_{0jk}) = p(v_k, V_{pk}) - p(v_k, V_{0jk}) < 0$$

　　因此

$$K_j(v_k) = \frac{p(v_k, V_{0jk})}{p(v_k, V_{pk}) - p(v_k, V_{0jk})} > 0$$

　　即当项目的第 k 个失败因素指标 $x_k$ 的评价值 $v_k$ 处于第 j 级的取值范围内，其关联度为大于 0。

　　相应地可以得到，当项目的第 k 个失败因素指标 $x_k$ 的评价值 $v_k$ 超过第 j 级的取值范围内，即 $K_j(v_k) < 0$ 其关联度为负值小于 0。同理，当 PPP 项目的第 k 个失败因素指标 $x_k$ 的评价值 $v_k$ 处于第 j 级的取值范围上下界点时，即 $K_j(v_k) = 0$。

　　由此可以得出，当 $K_j(v_k) \geqslant 0$ 时，即评价值 $v_k$ 在区间 $V_{0jk}$ 和区间 $V_{pk}$ 内，表

示所评价的环境治理 PPP 项目第 k 个失败因素指标 $x_k$ 在其取值的允许范围内，即评价的环境治理 PPP 项目第 k 个失败因素指标 $x_k$ 属于失败第 j 等级；当 $K_j(v_k)$ 越大说明失败因素指标 $x_k$ 具有失败第 j 等级属性越多；当 $K_j(v_k) < 0$ 时，评价值 $v_k$ 超出了区间 $V_{0jk}$ 和区间 $V_{pk}$，表示所评价项目第 k 个失败因素指标 $x_k$ 不在取值的允许范围内，即所评价项目第 k 个失败因素指标 $x_k$ 不属于失败第 j 等级。

设若 $a_i(\sum_{i=1}^{m} a_i = 1)$ 为环境治理 PPP 项目失败测度指标的权系数，则

$$K_j(R) = \sum_{i=1}^{m} a_i K_j(v_i) \qquad (9-8)$$

$K_j(R)$ 称为 PPP 项目与失败等级第 j 级的关联度。

由失败关联度综合计算可得环境治理 PPP 项目失败等级，即

$$K_{j0}(R) = \max_{1 \leqslant j \leqslant n} K_j(R) \qquad (9-9)$$

由此可得出环境治理 PPP 项目失败等级为第 $j_0$ 级。

上述公式中全面考虑了环境治理 PPP 项目中各个失败测度指标对项目失败的影响程度以及失败测度指标的关联度，并进行综合计算，测度 PPP 项目失败程度，具有较强的科学性和可行性。

## 9.2.2 PPP 项目失败预控机制

### 9.2.2.1 环境治理 PPP 项目失败预控的设定

环境治理 PPP 项目是一项复杂的综合性公益项目，涉及多个利益主体，如果项目实施的过程中对风险控制不力，便会给政府、企业还有公众带来损失或危害。因此，建立科学有效的失败预控机制显得尤为重要，以便识别、警报风险以及测度风险，并根据预警的大小采取相应的预控和防范措施处理这些风险因素，避免和减少项目失败的可能性，将失败转化为成功，从而保障项目的顺利实施，为社会和公众创造价值利益。

本书将环境治理 PPP 项目失败指标造成的失败程度统一划分为成功、比较失败、基本失败、失败、完全失败五个等级。为了更好地对失败指标进行预控，将分别采用蓝灯、绿灯、黄灯、橙灯、红灯五种信号进行预警，分别对应失败的五个等级。即成功 = 蓝灯，比较失败 = 绿灯，基本失败 = 黄灯，失败 = 橙灯，完全失败 = 红灯。这五种预警信号也分别对应上文中划分的失败区间。即当 [0，1]、(1，2]、(2，3]、(3，4]、(4，5]。

环境治理 PPP 项目失败因素指标绝大多数属于定性指标，很难用确定的数值

进行描述，因此，本书通过专家调查问卷以及专家评分的方法得出每个失败因素的权重，以此为基础，利用 PPP 项目失败测度模型分析失败因素指标对项目失败的影响程度以及造成项目失败的程度大小。通过明确失败指标对项目造成的失败等级大小，从社会制度、组织管理以及社会公众三个层面中的 18 个具体失败测度指标，对项目失败预控进行设定。设定范围如表 9 - 6 所示。

表 9 - 6　　　　　　　　环境治理 PPP 项目失败测度指标预控的判别

| 分类 | 项目失败因素 | 成功<br>（蓝灯） | 比较失败<br>（绿灯） | 基本失败<br>（黄灯） | 失败<br>（橙灯） | 完全失败<br>（红灯） |
|---|---|---|---|---|---|---|
| 社会制度 | 法律体系的不完善 $x_1$ | 完善 | 一般 | 比较不完善 | 不完善 | 很不完善 |
| | 政府信用缺失 $x_2$ | 无缺失 | 较低 | 比较严重 | 严重 | 很严重 |
| | 审批延误 $x_3$ | 无影响 | 影响小 | 比较严重 | 严重 | 很严重 |
| | 政策法律变更 $x_4$ | 无影响 | 影响小 | 比较影响 | 影响 | 很影响 |
| | 补偿机制不完善 $x_5$ | 完善 | 一般 | 比较不完善 | 不完善 | 很不完善 |
| | 合同合约不规范 $x_6$ | 规范 | 比较规范 | 一般 | 不规范 | 很不规范 |
| | 风险分配不合理 $x_7$ | 合理 | 比较不合理 | 基本不合理 | 不合理 | 很不合理 |
| | 政治不可抗力 $x_8$ | 轻 | 比较轻 | 较严重 | 严重 | 很严重 |
| 组织管理 | 缺少有较监管 $x_9$ | 完善 | 一般 | 比较不完善 | 不完善 | 很不完善 |
| | 运营管理不规范 $x_{10}$ | 规范 | 比较不规范 | 一般 | 不规范 | 很不规范 |
| | 组织不协调 $x_{11}$ | 协调 | 比较不协调 | 比较混乱 | 混乱 | 很混乱 |
| | 决策能力差 $x_{12}$ | 强 | 较弱 | 较差 | 差 | 很差 |
| | 缺少技术支持 $x_{13}$ | 支持 | 支持 | 一般 | 不太支持 | 支持 |
| | 资源管理不合理 $x_{14}$ | 合理 | 比较合理 | 基本不合理 | 不合理 | 非常不合理 |
| 公众行为 | 公众意识低 $x_{15}$ | 强 | 弱 | 一般 | 较低 | 低 |
| | 参与路径少 $x_{16}$ | 多 | 一般 | 比较少 | 少 | 很少 |
| | 公众素质低 $x_{17}$ | 比较高 | 一般 | 较低 | 低 | 很低 |
| | 公共需求 $x_{18}$ | 很强 | 不强 | 一般 | 较低 | 低 |

通过上述失败因素指标预控的设定，从而更直观地对项目失败因素指标进行评估和预控，根据失败因素发出的预控信号，进行适当的处理，并采取不同的预控策略和方法，进行有效的预防和控制风险。

在对环境治理 PPP 项目失败预控分析时，当失败因素显示的预控信号是蓝灯时，表示该失败因素的失败等级是在成功的范围，失败因素对项目造成的影响程度在可以接受的范围内。当失败因素显示的预控信号是绿灯、黄灯及橙灯时，表示该因素的失败等级处于失败区域，需要建立相应的预控系统对其进行防范与控制，需要通过预控系统以及预控对策进行预防和管理。

### 9.2.2.2 环境治理 PPP 项目失败预控系统

环境治理 PPP 项目失败预控系统，就是通过对与环境治理 PPP 项目相关的失败因素进行监测、预测、估计、推断，从而确定 PPP 项目的运行状态，并在确定失败风险发生的情况下，采取有效的措施和方法调控其运行过程，保障项目的正常运行。环境治理 PPP 项目预控管理采用预先防范的方式，对项目进行预先评估、警报和预控风险。其方式就是建立环境治理 PPP 项目失败预控系统，进行预控管理。

**1. 环境治理 PPP 项目失败预控系统的构建**

环境治理 PPP 项目失败预控系统是建立在社会制度、组织管理及社会公众等微观层面中进行构建的，必须具备预警信号和预控功能。因此环境治理 PPP 项目失败预控系统中，要确定失败预控指标、失败等级以及相应的预控信号。通过对项目失败因素指标以及失败测度的研究，建立环境治理 PPP 项目失败预控系统。如图 9 - 5 所示。

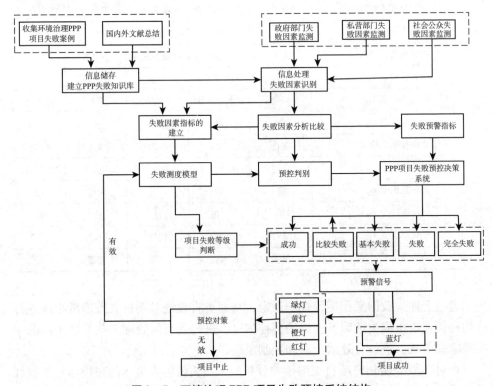

**图 9 - 5　环境治理 PPP 项目失败预控系统结构**

从图 9-5 可以看出，预控系统主要包括 PPP 项目失败的信息储存、信息处理失败因素识别、失败因素分析比较、失败测度模型、预控判别、失败预警指标以及预控对策七个子系统。

（1）信息存储子系统。该子系统主要通过收集环境治理 PPP 项目失败的相关案例以及通过国内外的相关文献进行总结，存储的信息主要包括项目失败的状况、原因以及造成这种失败的影响因素，从而建立项目失败库，是分析项目失败以及预控系统建立的基础。只有通过信息的存储才能掌握更多的信息。项目失败信息的收集与存储是全过程的，只有当 PPP 项目结束或中止时，才会停止收集存储与该项目相关的信息。

（2）信息处理子系统。该子系统主要对收集并存储的信息进行识别与分类。环境治理 PPP 项目的主体主要包括政府部门、私营部门以及社会公众，因此从这三个方面对失败因素进行识别，以便进行分析与判别。书中已经对环境治理 PPP 项目失败因素进行了详细分析，并建立了相应的失败因素指标体系。

（3）失败因素分析比较。失败因素分析比较系统就是对各项目失败因素指标以及各因素指标之间的交互关系进行分析判断。环境治理 PPP 项目失败因素指标较多，将失败因素指标定量化分析，计算因素指标的权重大小，从而判别失败因素指标对 PPP 项目的影响程度大小，找出关键失败因素，影响较大的失败因素指标作为重点监测对象，为后续失败因素的测度提供基础数据。

（4）项目失败测度子系统。失败测度子系统就是以 PPP 项目失败因素指标体系为基础，通过建立项目失败测度可拓物元模型，对失败因素指标进行测度，从而判别失败因素的失败等级以及项目失败程度大小，以便对环境治理 PPP 项目风险进行预测和判别。

（5）预控判别子系统。预控判别子系统主要是利用项目失败测度模型，从而判别环境治理 PPP 项目失败程度是完全失败、失败、基本失败、比较失败还是成功。根据不同的失败程度做出决策判定，从而发出不同的预警信号。

（6）预警信号子系统。通过预控决策得到的结论来判定在当前情况下是否应当发出警报以及发出哪种程度的警报，预警信号的发出以及发出何种信号的预警，不仅取决于失败因素以及失败因素的影响程度，也取决于该失败因素是否造成项目实际损失或影响，因为并非失败因素一出现就必须发出警报。

（7）预控对策子系统。该系统主要是一些具体的失败风险防范的方案以及措施对策，通过这些对策以及措施对失败风险因素进行预防和控制。因为不同的 PPP 项目失败情况不同因此采用的防范与对策也不同，当预控决策系统判定发出预警信号时，根据预警信号的不同可调用或参考相应的对策及方案，采取不同的防范措施。

**2. 预控系统的运行**

环境治理 PPP 项目失败预控系统把环境治理 PPP 项目运行过程中所涉及的

各种失败风险作为研究对象，并对 PPP 项目实施过程中的失败风险进行监测、识别、测度、预控，同时不断地调整项目实施过程中的运行方案，从而有效地降低和控制风险，以期望环境治理 PPP 项目能成功实施。其运行模式如图 9-6 所示。

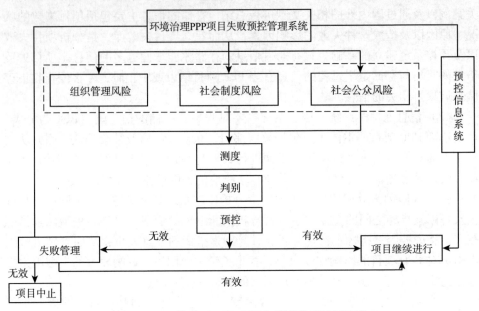

图 9-6　环境治理 PPP 项目失败预控系统的运行

从图 9-6 中可以看出，环境治理 PPP 项目失败预控管理系统主要围绕 PPP 项目实施过程中所涉及的各类失败因素进行预警预控，预控管理系统通过对社会制度、组织管理、社会公众等方面各种失败因素的监测、测度、分析以及判别，作出及时的预控对策的选择。而预控对策的实施可能会对项目产生两种不同的效果，一种是预控有效，另外一种是预控无效。而预控有效会保障 PPP 项目能够继续进行，而预控无效会使项目处于非常状态，从而进入失败管理阶段。而环境治理 PPP 项目如果真的失败程度过大，进入失败管理阶段后，经过失败管理，项目可能会恢复成功，如果项目没有能够恢复成功则必须中止项目进行。

为了表述环境治理 PPP 项目失败预控管理系统的运行方式，建立了失败预控系统的工作流程，如图 9-7 所示。

环境治理 PPP 项目是一个大的系统性的项目，项目的运行涉及各个部门，因此失败预控是建立在各个部门之间的协同合作基础之上。项目失败预控部门根据各个部门提供的项目风险数据进行预警分析，确认项目失败因素指标所处的状态，并根据失败因素对项目的预警信号是黄灯、橙灯还是红灯，分别采取相应的对策。当监测失败因素指标所发出的是蓝灯或预警信号时，说明该指标对 PPP 项

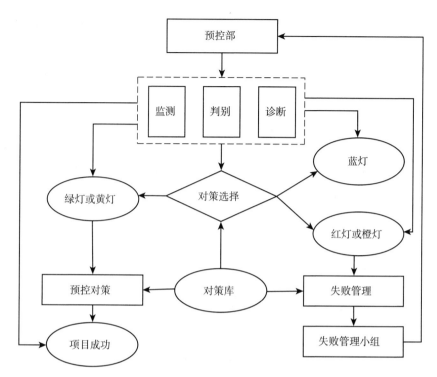

图 9 – 7　失败预控系统的工作流程

目影响程度较小，对失败指标进行继续监测。当监测失败因素指标所发出的是绿灯或黄灯时，说明该失败因素指标对项目影响程度较大，但是还不至于到无法控制的地步，因此根据失败因素的影响情况提出预控对策方案，对失败风险进行防范和处理，直到 PPP 项目恢复正常的运行。当失败因素对 PPP 项目造成的损失非常巨大，预警信号显示橙灯或红灯时，就要成立专门的失败管理小组，对失败因素进行采取特殊的预控方案，直至失败危机化解。在整个环境治理 PPP 项目失败预控系统运行过程中，预控部要负责整个失败预控过程中的组织和协调。

此外，环境治理 PPP 项目失败预控管理系统要建立相应的预控对策库。对策库是由两部分组成，一是对以往有风险的 PPP 项目实施对策的归纳与评价，以及通过总结成功的 PPP 项目的失败风险预控对策经验。二是通过建立项目失败预控对策模型系统，主要是对环境治理 PPP 项目失败进行预测监控，并相应地作出模拟对策。为现阶段环境治理 PPP 项目失败预控对策提供借鉴和参考。

目前在一般公共项目失败的预控管理中一般采用的是指数数值的区域划分法来确定警报发出的条件以及警报发出的等级。即指标数值处于不同的等级区间将会发出不同程度的警报。因此本书根据 PPP 项目的失败等级，设置成不同的预警信号，对失败因素指标进行设定。将分别采用蓝灯、绿灯、黄灯、橙灯、红灯五种信号进行预警，分别对应失败的五个等级。即成功＝蓝灯，比较失败＝绿灯，基本失败＝黄灯，失败＝橙灯，完全失败＝红灯。这五种预警信号也分别对应失败区间的取值，即蓝灯［0，1］、绿灯（1，2）、黄灯（2，3）、橙灯（3，4）、红灯（4，5）。这种区间警报法不仅考虑单个失败因素的影响，而且还考虑 PPP 项目总体的失败风险，能更好地为失败预控提供参考。

对于单个的重要失败因素指标来说。当失败因素指标处于一级等级时，系统发出蓝色警报，对项目失败风险因素继续监测。当失败因素指标处于二级或三级失败等级时，系统会发出绿色或黄色警报，应对项目进行对策预控。当失败因素指标处于四级或五级失败等级时，系统发出橙色或红色警报，项目进入失败管理阶段。相应地对于整个 PPP 项目而言，当项目的总体失败程度处于一级失败时，系统发生亮蓝色信号，PPP 项目正常运行；当项目的总体失败处于二级或三级失败时，系统发出绿色或黄色预警，PPP 项目存在一定的失败风险，应采取对策预控；当项目的总体失败处于四级或五级失败时，PPP 项目应进入失败管理。

### 9.2.2.3 环境治理 PPP 项目失败预控对策分析

#### 1. 健全环境治理 PPP 相关政策法规

由于 PPP 项目周期长，涉及的利益主体多，政治、政策以及法律法规等变化，都会对环境治理 PPP 项目产生不利影响，从而导致项目失败。因此健全的环保政策法规制度，可以为 PPP 项目的顺利实施提供制度保障。从 PPP 项目失败因素来看，政策法规的不完善或不稳定对 PPP 项目的影响最大。由于政策法规的变动很多 PPP 项目被搁置或者失败。例如，PPP 项目法规存在效力弱、法规冲突、层次低、操作性不强等问题。政策的不确定性，会导致政府信用的弱化，从而增加社会资本参与 PPP 项目的风险，减少或不参与投资的行为，从而制约了 PPP 项目在环境治理领域的推广和应用。环境治理是属于政策指导性行业，环保政策决定了环境治理行业的走向。因此，在环保 PPP 项目建设中健全政策法规，保持政策法规的稳定性，对于环境治理 PPP 项目的顺利实施具有重要作用。

第一，构建完善的环保 PPP 法律规范体系。健全的环保 PPP 法规体系，可以明确项目中公共部门的职责，避免出现多方管理，提高 PPP 项目建设环境的可预测性，确保项目的风险可控。法律体系的不统一、法律关系不清晰、法规的缺失以及缺乏操作性、实施的力度不够等问题，为机会主义行为提供了生存空间。结合环保领域 PPP 项目的实施中的问题总结，首先要对现行的政策法规和规章制度进行梳理，找出有冲突的制度并修改，进一步完善 PPP 项目的实际操作流程以及配套性法规制度，包括政府采购、风险分担、价格机制、绩效评价以及退出机制等。其次是制定环保 PPP 项目的相关评价标准，地方政府结合地区的实际情况以及 PPP 相关法律，制定相关地方性法规，为地方政府在环保领域更好地应用

PPP 模式提供指导性政策。

第二，保持法律规范的稳定性。PPP 项目的特点以及相关利益者的复杂性决定了对法律环境稳定性有较高的要求。例如，法律法规的变更、补偿标准变化、服务费以及收税标准的调动都会影响 PPP 项目的收益以及正常运行。地方在根据自己的实际情况制定相关地方政策法规时可能会与中央政府制定的政策有冲突，因此我国应该把全国层面的 PPP 法规作为下层地方法规的基础，加强对 PPP 的研究和学习。健全稳定的法规体系，既能有效协调公共部门、社会资本和其他利益相关方的利益，又能有效发挥 PPP 模式的优势，保障 PPP 模式环境治理项目的成功实施。

### 2. 环境治理的外部性内在化机制

环境污染问题是一种典型的市场失灵现象，外部性理论引导，环境外部性问题是环境污染产生的重要原因，环境污染是一种外部效应，是没有可标价成本或收益的，因而无法通过市场价格的变动使其减少，从社会的角度来看，环境治理的目标就是要达到社会环境效益的最大化控制水平，而要解决环境治理问题，建立合理的环境外部性内在化机制显得十分重要。最佳的解决办法是设计合理的税收制度以及提高相应的治理技术，使治理费用等于污染的外部成本，由此使外部成本内在化。

如图 9 - 8 所示，设横轴为环境污染程度，纵轴为环境治理费用。MCC 为边际治理费用曲线，其形状是下行的，表明每减少一个单位的污染所需费用是持续上升的；而边际污染损失曲线 MDC 的形状是上行的，表明每增加一个单位污染所造成的损失是持续增大的。$P_0$ 表示环境治理费用等于污染损失，即社会环境收益最大，此时处于最佳控制水平。如果持续增加治理费用，即成本超过了收益，因此政府可以通过立法确定 $P_0$ 为环境污染质量标准，即污染征税点，$P_1$ 点是完全没有治理时的污染水平。当污染为 $P_1$ 水平时，税收为 $O_t$；在 $P_0$ 和 $P_1$ 区间，税收 $O_t$ 是高于治理成本的，这也促使污染者不断加大治理力度，直到治理成本等于税收，即污染最佳控制点为止。超过 $P_0$，税收 $O_t$ 则低于治理成本，污染者就宁愿交税也不愿意治理污染了。如果污染治理技术得以提高，则治理的单位费用会降低，即 MCC 曲线下移到 MCC′，它与原有的 MDC 曲线相交于新的平衡点，由此决定的污染最佳控制水平为 $P_2$，而 $P_2 > P_0$，说明技术改进使环境质量标准提高了。如果污染由于累积或新的污染源的产生而使污染损失加大，则 MDC 曲线上移至 MDC′，它将与原有的 MCC 曲线相交于另一平衡点，由此决定的污染最佳控制水平为 $P_3$，其结果是为达到这个控制点需要付出更高的污染税。因此设计合理的税收制度以及提高相应的治理技术是环境治理以及环境污染外部性内在化的重要途径。

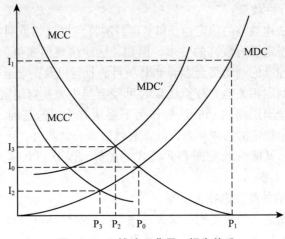

图 9 - 8 环境治理费用—损失关系

### 3. 完善社会公众参与机制

社会公众是 PPP 项目的相关利益主体，又是环境治理重要的受益者。完善的社会公众参与机制对环境治理 PPP 项目的成功实施起着重要的作用。没有完善的信息公开，会使社会公众在参与环境治理 PPP 项目中信息不对称，导致社会公众对政府行为产生不信任，从而造成公众参与仅表现为偶然性的行动。没有正规严格的参与途径会使公众难以参与到 PPP 项目中来，导致参与者目标分散、参与不公平。没有相应的激励措施，会使公众参与环境治理的积极性低，没有参与环境治理的主动性，导致 PPP 项目的效率低，甚至产生冲突导致项目失败。因此本书主要从以下三个方面进行完善环境治理 PPP 项目社会公众参与机制，如图 9 - 9 所示。

（1）完善信息公开保障公众知情权。知情权是保障公众参与机制最基本的权利，如果社会公众没有知情权，就会使参与盲目无效。而环境治理领域，社会公众的知情权是通过环境信息公开来实现的。环境信息的公开能保障社会公众的知情权，对 PPP 项目的相关利益者都产生了作用。对于公共部门环境信息公开对环保部门提升了工作水平，对私营企业加强了管理减少事故的发生。对社会公众环境信息的公开提高了公众的环保意识，加强了公众的监督能力，更有效地促进社会公众与政府、企业的交流和沟通，更好地参与到环境治理 PPP 项目中来。针对环境信息的公开主要包括两大类，第一是环境治理 PPP 项目的状况，包括环境污染程度、城市交通情况、PPP 项目概况及实施方案等。第二是环境治理 PPP 项目实施影响要素，包括政府实施 PPP 项目的行政措施、私营企业产生的污染排放情况等。建立信息公开的渠道建设，通过科学的、多样的信息渠道，使公众更及时有效地了解到相关信息。信息公开不仅满足了公民的知情权，更保障了公众参与环境治理 PPP 项目的平等权。

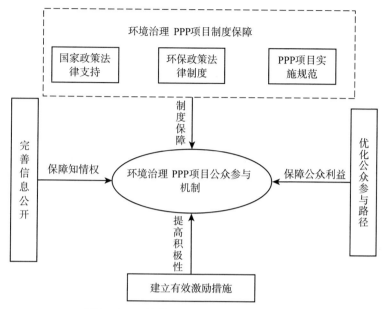

**图 9 - 9　环境治理 PPP 项目公众参与机制**

（2）优化公众参与环境治理途径。目前我国环境治理中，公众参与渠道不顺畅，最主要是因为社会公众参与环境治理的成本过高。在环境治理 PPP 项目中，公众参与的最大动力就是 PPP 项目产生的环境效益，而这种环境效益是潜在收益。在环境治理中，社会公众与政府部门之间缺乏沟通，沟通的渠道比较间接，这就导致了公众参与成本过高，因此社会公众参与就会缺乏动力和积极性。

社会公众参与环境治理的途径主要包括直接途径和间接途径。为了优化社会公众参与环境治理 PPP 项目的途径，主要从拓展直接途径和规范间接途径两个方面着手。拓展直接途径可以发挥网络媒介的作用，政府建立公众参与环保网站，社会公众可以网上投递、在线询问以及发表意见等，政府和企业可以更好地与社会公众交流，听取公众的意见。规范间接途径主要是规范政府环保部门决策以及监督权力，通过论坛会、座谈会以及听证会等方式进行社会公众动员，保障社会公众的利益。

（3）采取激励措施提高公众参与积极性。社会公众参与环境治理的积极性低，最主要是没有良好的激励措施，去鼓励社会公众主动参与环境治理 PPP 项目。环境的外部性通过"成本—收益分析"法对公众参与行为进行一般性分析。说明了社会公众参与主动性低的根本原因。而解决环境治理最主要的途径就是环境治理的外部性内部化。通过一定的激励措施，提高社会公众参与的积极性。而激励措施主要包括政府回应、奖励补偿以及为公众参与提供条件等。奖励、提供便利条件、补偿等都是环境治理中公众参与的直接激励措施。目前还需要采取更多有效的激励措施，来提高公众的积极性，包括继续加强环境警示教育，实行举报奖励制度，设立生态环保奖励基金等。通过各种措施的实施，全面调动社会公众参与环境治理的积极性。

**4. 构建环境 PPP 项目多元主体协同治理模式**

（1）政府—企业协同治理模式。环境污染问题主要是由于私营企业在生产经营过程中，只追求企业利益，而没有承担相应的成本责任，产生了负外部性，导致了市场失灵。面对日益严重的环境问题，政府在环境治理中发挥了重要的环境行政职责，政府对消除环境外部性具有重要作用。构建政府—企业环境治理模式，通过政策法规等制度安排，减少外部性产生的机会，消除私营企业污染外部性实现条件。政府部门和私营企业协同环境治理模式，主要是降低政府和企业之间的高额的交易成本，提高环境治理的效率。从环境治理理念和环境发展共识的实现到组织设计以及制度安排，开展广泛的共同规划，从而实现"整体大于局部"的效应。政府和企业在环境治理中的关系不仅仅是由上而下的监督和主导的关系，双方应该基于资源的互补优势实现良性互动。构建政府—企业环境协同治理模式应该在政府部门和私营企业之间建立内在"有机组织"，通过"有机组织"内部之间的互动关系与外部环境进行协调。从愿景共构、部门协作、风险分担、信任沟通和绩效评估等方面构建政府—企业协同治理模式，如图 9 – 10 所示。

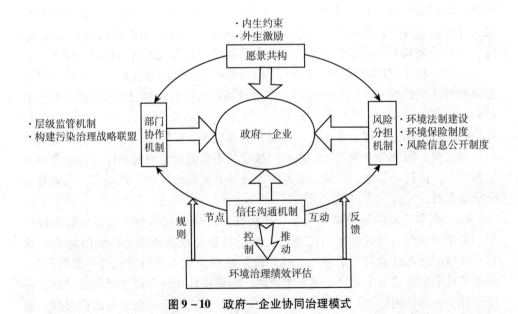

图 9 – 10   政府—企业协同治理模式

在政府—企业协同治理模式中构建共同愿景，保证政府和企业的目标的一致性。首先，政府通过政策制度以及行政法律约束私营企业污染排放的外部性行为，而管制企业将外部监管转化为内生约束机制。其次，利用资源再分配以及正向激励措施提高企业的环境管理能力。

政府和企业之间的部门协同，主要是减少环境管制"租金"和避免政企"合谋"的现象，主要包括层级监管机制和构建企业污染治理的战略联盟。而合理的风险分担，更能增强双方合作的稳定关系。通过政府部门和企业之间的信任沟通，增强协同主体间的凝聚力，推动项目的顺利实施，使环境治理 PPP 项目产生更高的社会效益。

（2）政府—公众协同治理模式。政府和公众协同参与环境治理，不仅要发挥政府的行政管理效能以及市场资源配置功能，更要发挥公众参与的独特作用。例如，强调公民个人的参与，以及公民社会中的环境 NGO、社区组织协同治理。政府通过与社会公众的参与，弥补了政府部门单独治理环境的不足，增进了环境行政的有效性。而对于社会公众为了自身环境的改善，参与环境治理政策规划，组织利益团体发动交涉和请愿活动，与政府积极沟通合作，并及时反馈信息，不仅提高了环境保护意识，也更好地享受到了环境治理带来的环境效益。根据公众参与环境治理的程度高低和政府管制程度的强弱，政府与公众协同环境治理模式，如图 9 – 11 所示，主要包括引导式参与模式、互动式参与模式和协同式参与模式。这三种模式在环境治理的不同阶段发挥的作用不同、特点不同，政府和公众各自的职责也不相同。

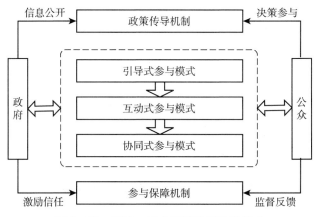

**图 9 – 11　政府—公众环境协同治理模式**

（3）环境治理 PPP 项目多元主体协同治理模式。环境治理 PPP 项目多元主体协同治理模式是指政府在保护并尊重企业、公众的主体地位以及社会—经济—自然的系统运作机制和规律基础上，政府构建制度化的沟通渠道和参与平台，既加强对企业、公众的支持培育，保障了私营企业和社会公众发挥自主治理、参与服务、协同管理等方面的作用。在多元协同治理模式下，政府应该改变自上而下的传统单一的管控治理模式，综合运用行政法律、企业自主管理、社会自我调节以及市场机制等多种方式，从而形成政府主导、企业公众协同、共治共建共享的多元环境治理新格局，实现治理污染、节约资源的环境治理目标。环境治理 PPP 项目多元主体协同治理模式，如图 9 - 12 所示。

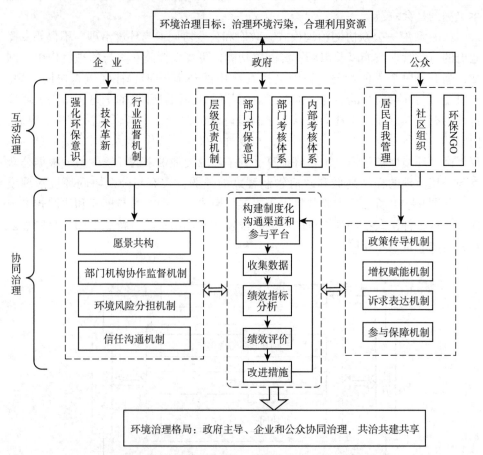

**图 9 - 12　环境治理 PPP 项目多元协同治理模式**

　　PPP 项目涉及政府、企业以及社会公众三方主体的利益，三方协同治理的形成和维护，是保证环境治理目标实现的基础。环境治理 PPP 项目顺利实施就是政府、企业以及社会三方互动协调的循环过程。在环境治理 PPP 项目实施过程中重点是保证信息传递和反馈的畅通，通过有效的参与保障制度，实现信息流通来建立互信，并建立多重绩效考核标准的选择机制。评估私营企业的融资能力和资金来源，同样重要的是企业能否在一定收益的前提下，提倡技术革新、让利于民，这需要评估企业承担和履行社会责任的能力、社会信誉、企业价值，以及社会公众的满意度。并结合结果，制定整改措施，形成动态持续更新的过程，借此建立和维持三方互动关系。

## 9.3　我国环境治理 PPP 项目失败测度的实证研究

### 9.3.1　项目概述

#### 9.3.1.1　项目背景

近年来，我国经济的快速正常，伴随着环境污染问题也越来越受到国家的关注。2014 年以来国家开始大力推广政府和社会资本合作模式在环保领域的应用，并出台了系列相关政策，2016 年 10 月，财政部发布的《关于在公共服务领域深入推进政府和社会资本合作工作的通知》明确提出"在垃圾处理、污水处理等环境治理领域要大力推广 PPP 模式的运用"。X 市污水处理 PPP 项目就是首批污水处理 PPP 模式试点项目。各地政府也积极响应国家政策，尤其在污水处理方面的应用更为突出。X 市污水处理 PPP 项目就是首批污水处理 PPP 模式试点项目。

X 市污水处理 PPP 项目是省重点市政基础设施建设项目，一直得到政府各部门和领导的高度重视和大力支持，政府采用的是竞争性招标方式，X 市水务有限公司最终成为了污水处理 PPP 项目的中标人，并签订了《污泥处理 PPP 项目特许经营协议》，规定由 X 市水务有限公司负责项目的投资、建设、运营。运营期为 20 年。要求 2014 年底项目基本建成并投入污水处理试运行，日污水处理量为 50 万立方米，初始总投资约为 9.86 亿元。

#### 9.3.1.2　项目运作

项目总投资除自有资金 4.23 亿元人民币外，其他资金均通过项目融资解决，项目公司通过对设计并优化融资方案，最终确定了由工商银行进行融资。并与保险公司签订保险合同。市政府与 X 市水务有限公司签订了《污水处理 PPP 项目特许经营协议》就 X 市污水处理厂、输送污水入厂的 42 公里截污干管及四个外围污水提升泵站等建设内容的特许经营、建设运营、维修维护、双方的权利和责任以及补偿等内容进行约定。由于绝大部分的城市污水 PPP 项目投资者不具备大型市政工程施工的能力，因此 X 市污水处理 PPP 项目采用的是 EPC 合同的形式进行。EPC 合同规定以交钥匙的项目总承包方式对污水处理项目进行设计、采购和建设。在建设过程中，政府对施工现场的质量、安全、进度等方面进行监督和控制，并公开招标具备相当资质和经验的监理公司，对工程实行全程监理，确保项目交付时符合 EPC 合同规定的基本污水处理力能，X 市污水处理 PPP 项目结构，如图 9-13 所示。

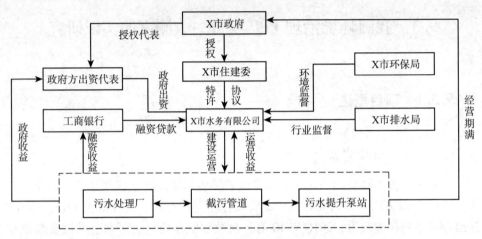

图 9-13　X 市污水处理 PPP 项目结构

特许经营项目在建成后，项目公司与运营商签订详细的运营和维护合同，并由运营商提供履约担保，使投资者、融资银行、项目公司对项目的运营成本、营运风险得到更有效的管理。

### 9.3.1.3　项目风险

对于目前绝大多数的城市污水 PPP 投资者来说，污水处理 PPP 项目的风险是影响项目收益导致项目失败的重要因素。X 市污水处理 PPP 项目在建设运营中，受到了各种内部和外部因素的影响，如污水处理工艺水平、设备的运行问题，造成项目处理污水量不能达到项目规定的排放标准，而被有关部门处罚甚至停产。或者是收费价格的不合理、补偿服务费和违约金等原因，造成项目的收益没有达到预期目标。也会受到法律政策的变更的影响，以及在污水处理过程中影响周围居民的环境，从而导致公众纠纷冲突的产生，影响项目的正常运行。

## 9.3.2　X 市污水处理 PPP 项目失败测度

对 X 市污水处理 PPP 项目进行失败测度，首先，确定项目失败因素指标，并邀请专家对因素指标进行评分得到评价值。其次，在确定失败因素指标体系的基础上，建立失败可拓物元模型。最后，利用可拓物元测度方法对 X 市污水处理

PPP 项目进行测度，综合评价项目失败的程度。

### 9.3.2.1　项目失败因素指标及其评价值

通过对 X 市污水处理 PPP 项目风险分析，找出项目失败的风险因素，建立项目失败测度指标体系，并通过调查问卷评价各个失败因素对项目失败的影响程度，处理得到相应的平均评分值，对其进行归一化处理，通过归一化处理得到的数据作为失败测度指标的权重。将 X 市污水处理 PPP 项目失败因素指标划分为一级风险、二级风险、三级风险、四级风险、五级风险。对应的将失败程度统一划分为五个等级：成功、比较失败、基本失败、失败、完全失败。即成功 = $R_1$，比较失败 = $R_2$，基本失败 = $R_3$，失败 = $R_4$，完全失败 = $R_5$。邀请相关专家根据表 9 - 7 及失败等级标准，给各个失败因素指标评分，最终得到 X 市污水处理 PPP 项目失败因素指标的评价值及各失败因素风险等级。

表 9 - 7　　　　X 市污水处理 PPP 项目各失败测度指标权重及评分值

| 序号 | 分类 | 项目失败因素 | 权重系数 | 专家评分值 | 因素风险等级 |
|---|---|---|---|---|---|
| 1 | 社会制度 | 法律体系的不完善 $x_1$ | 0.0541 | 1.89 | 二级风险 |
| 2 | | 政府信用的缺失 $x_2$ | 0.0573 | 2.16 | 三级风险 |
| 3 | | 审批延误 $x_3$ | 0.0549 | 2.08 | 三级风险 |
| 4 | | 政策法律变更 $x_4$ | 0.0525 | 1.67 | 二级风险 |
| 5 | | 补偿机制不完善 $x_5$ | 0.0509 | 1.56 | 二级风险 |
| 6 | | 合同合约不规范 $x_6$ | 0.0494 | 1.32 | 二级风险 |
| 7 | | 风险分配不合理 $x_7$ | 0.0653 | 3.23 | 四级风险 |
| 8 | | 政治不可抗力 $x_8$ | 0.0485 | 1.18 | 二级风险 |
| 9 | 组织管理 | 缺少有效监管 $x_9$ | 0.0565 | 2.13 | 三级风险 |
| 10 | | 运营管理不规范 $x_{10}$ | 0.0589 | 2.32 | 三级风险 |
| 11 | | 组织不协调 $x_{11}$ | 0.0605 | 2.85 | 三级风险 |
| 12 | | 决策能力差 $x_{12}$ | 0.0541 | 1.96 | 二级风险 |
| 13 | | 缺少技术支持 $x_{13}$ | 0.0517 | 1.42 | 二级风险 |
| 14 | | 资源管理不合理 $x_{14}$ | 0.0509 | 1.36 | 二级风险 |
| 15 | 公众行为 | 公众意识低 $x_{15}$ | 0.0653 | 2.87 | 三级风险 |
| 16 | | 参与路径少 $x_{16}$ | 0.0597 | 2.35 | 三级风险 |
| 17 | | 公众素质低 $x_{17}$ | 0.0549 | 1.93 | 二级风险 |
| 18 | | 公共需求 $x_{18}$ | 0.0541 | 1.85 | 二级风险 |

### 9.3.2.2 确定项目经典域物元矩阵和节域物元矩阵

假设 X 市污水处理 PPP 项目失败测度指标可以被量化，其量化结果为模糊值 $xv_i$，$xv_i \in [0, 5]$。即当 $xv_i \in [0, 1]$ 时，$x_i$ 处于一级风险；当 $xv_i \in (1, 2]$ 时，$x_i$ 处于二级风险；当 $xv_i \in (2, 3]$ 时，则 $x_i$ 属于三级风险；当 $xv_i \in (3, 4]$ 时，$x_i$ 则处于四级风险；则当 $x_i$ 处于五级风险时，$xv_i \in (4, 5]$。根据项目失败因素指标处于不同失败等级的取值范围，可以得到 X 市污水处理 PPP 项目失败测度的经典域物元矩阵为：

$$R_{01} = \begin{bmatrix} N_{01} & x_1 & <0, 1> \\ & x_2 & <0, 1> \\ & \vdots & \vdots \\ & x_{18} & <0, 1> \end{bmatrix} \quad R_{02} = \begin{bmatrix} N_{02} & x_1 & <1, 2> \\ & x_2 & <1, 2> \\ & \vdots & \vdots \\ & x_{18} & <1, 2> \end{bmatrix}$$

$$R_{03} = \begin{bmatrix} N_{03} & x_1 & <2, 3> \\ & x_2 & <2, 3> \\ & \vdots & \vdots \\ & x_{18} & <2, 3> \end{bmatrix} \quad R_{04} = \begin{bmatrix} N_{04} & x_1 & <3, 4> \\ & x_2 & <3, 4> \\ & \vdots & \vdots \\ & x_{18} & <3, 4> \end{bmatrix}$$

$$R_{05} = \begin{bmatrix} N_{05} & x_1 & <4, 5> \\ & x_2 & <4, 5> \\ & \vdots & \vdots \\ & x_{18} & <4, 5> \end{bmatrix}$$

综合 X 市污水处理 PPP 项目各失败因素指标的允许取值范围，建立项目失败测度的经典域物元矩阵为：

$$R_p = \begin{bmatrix} N_p & x_1 & <0, 5> \\ & x_2 & <0, 5> \\ & \vdots & \vdots \\ & x_{18} & <0, 5> \end{bmatrix}$$

### 9.3.2.3 X 市污水处理 PPP 项目综合失败测度

邀请污水处理 PPP 项目 16 位权威专家，给项目的失败因素指标 $v_k$ 评分。设第 i 位（i = 1，2，…，16）专家对 X 市污水处理 PPP 项目失败指标 $v_k$ 的评分值为 $\delta_i$，则该风险指标的评价值为：

$$v_k = \frac{1}{16} \sum_{i=1}^{16} \delta_i$$

根据上述方法，并对评分结果进行汇总求取平均值，得到 X 市污水处理 PPP

项目各个失败因素指标的评价值，将这些数据用下面的物元矩阵表示：

$$R = \begin{bmatrix} N & x_1 & 1.89 \\ & x_2 & 2.16 \\ & x_3 & 2.08 \\ & x_4 & 1.67 \\ & x_5 & 1.56 \\ & x_6 & 1.32 \\ & \vdots & \vdots \\ & x_{18} & 1.85 \end{bmatrix}$$

由环境治理 PPP 项目各失败因素指标与各个失败等级的关联度函数 $K = [K_j(v_k)]_{18 \times 5}$，计算 X 市污水处理 PPP 项目失败测度指标与失败等级的关联度。计算结果如下：

$$K = [K_j(v_k)]_{18 \times 5} = \begin{bmatrix} 0.2315 & 0.3168 & -0.1250 & -0.1676 & -0.2395 \\ -0.3256 & 0.1326 & -0.2236 & -0.2187 & -0.2455 \\ -0.3201 & -0.1296 & 0.1852 & -0.2316 & -0.1896 \\ -0.1546 & 0.0583 & -0.1562 & 0.0572 & -0.0324 \\ -0.4625 & -0.1574 & -0.3468 & -0.1763 & -0.2182 \\ 0.0329 & 0.2785 & 0.0805 & 0.0214 & -0.2895 \\ 0.2567 & 0.3928 & 0.0553 & -0.2576 & -0.3472 \\ -0.3496 & 0.0154 & -0.2676 & -0.1576 & -0.0538 \\ -0.1157 & 0.2855 & -0.1296 & -0.2416 & -0.3276 \\ -0.2128 & -0.0852 & -0.3625 & -0.1886 & -0.0897 \\ -0.3293 & -0.2246 & -0.1450 & -0.2033 & -0.2168 \\ 0.0492 & 0.2367 & -0.0578 & 0.1167 & -0.1157 \\ -0.0594 & 0.3162 & 0.1052 & -0.2415 & -0.3273 \\ -0.1426 & 0.2155 & -0.1436 & -0.3421 & -0.1252 \\ -0.2357 & 0.1496 & -0.2189 & -0.3296 & -0.3527 \\ -0.1853 & -0.1754 & -0.3352 & -0.2312 & -0.2450 \\ -0.0425 & -0.2313 & -0.0245 & -0.1173 & -0.3256 \\ -0.2152 & 0.1532 & -0.1835 & -0.2043 & -0.2289 \end{bmatrix}$$

将表 9 - 7 中环境治理 PPP 项目失败因素指标的权重系数 $a_i$（$i = 1, 2, \cdots, 18$），以及关联函数计算的数据代入式（9 - 10）中

$$K_j(R) = \sum_{i=1}^{m} a_i K_j(v_i) \tag{9 - 10}$$

计算可得

$$K_1(R) = -0.1826 < 0, \ K_2(R) = 0.0825 > 0, \ K_3(R) = -0.1587 < 0,$$
$$K_4(R) = -0.2362 < 0, \ K_5(R) = -0.3254 < 0$$

即 $K_{j0}(R) = \max\{K_1(R), \ K_2(R), \cdots, \ K_5(R)\} = K_2(R) = 0.0825 > 0$

根据, 当 $K_{j0}(R) > 0$ 以及最大原则, 表示所评价的环境治理 PPP 项目失败测度指标综合评价属于该项目失败等级区间内, 即评价的环境治理 PPP 项目属于失败第 j 等级。可得, X 市污水处理 PPP 项目失败等级为二级风险, 即该项目属于比较失败。通过分析, 政府和私营企业在 PPP 项目实施过程中, 可以根据项目失败风险程度的大小, 建立相应的预控机制加强失败因素风险管理, 从而将降低其失败风险, 使环境治理 PPP 项目能够顺利进行。

# 9.4 本章小结

研究失败是为了更好地避免失败, 本书通过文献综述和案例分析, 总结环境治理 PPP 项目存在的问题及失败的原因, 以环境治理 PPP 项目失败的相关理论为基础, 对环境治理 PPP 项目失败进行界定。分析环境治理 PPP 项目失败的根源, 并建立相应的失败测度模型, 对项目失败进行测度, 判别项目失败程度的大小, 并针对不同的失败建立失败预控机制, 从而预防和控制失败, 减少项目的失败率, 保障 PPP 模式在环境治理领域更好地应用。

本书首先通过文献综述以及收集国内外环保领域的 PPP 项目失败典型案例, 总结分析失败的原因、根源以及造成失败的风险因素。从政府、企业、公众出发将失败根源划分为社会价值的缺失、组织管理的混乱、协商沟通不到位, 将失败指标划分为社会制度、组织管理、公众行为三个维度, 建立失败测度指标。通过对各个失败测度指标分析, 社会制度中的风险分配的不合理和政府信用的缺失影响最为突出, 并可能会引起社会价值的缺失, 从而出现"撑面子"工程, 没有考虑环境治理 PPP 项目的可持续; 组织管理中组织不协调以及运营管理不规范影响最大, 会引起组织管理的混乱, 造成 PPP 项目的成本高、质量差, 而出现"豆腐渣"工程; 而公众行为中公众参与性低以及环保意识差都会引起环境治理 PPP 项目发生冲突, 造成群体事件, 从而出现"邻避类"工程。

通过失败测度指标的分析, 以失败理论为基础, 将环境治理 PPP 项目失败测度指标划分为一级风险、二级风险、三级风险、四级风险和五级风险五个级别。相应的失败指标造成的失败程度划分为五个等级: 成功、比较失败、基本失败、失败和完全失败。并邀请相关专家对失败指标的风险等级进行评分, 评分结果显示失败指标大多处于二级风险和三级风险, 基于可拓物元理论, 建立环境治理 PPP 项目失败测度模型, 并以 X 市污水处理 PPP 项目为案例进行实证分析, 经过测度模型计算，X 市污水处理 PPP 项目失败等级为比较失败与该项目实际情况基本相同，说明了建立的失败测度模型合理性和可行性，为以后环境治理 PPP 项目失败风险的判别提供了实用性工具。

通过建立的环境治理 PPP 项目失败测度模型，明确 PPP 项目失败程度。针对不同的失败程度，建立相应的预控机制。预控机制的建立主要从微观方面和宏观方面分析。微观方面通过建立失败预控系统，预控系统主要包括 PPP 项目失败的信息储存、信息处理失败因素的识别、失败因素分析比较、失败测度、预控判别、预警信号以及预控对策七个子系统。宏观方面主要从环境治理的外部性内部化分析，从健全环境治理 PPP 相关政策法规、环境治理外部性内在化机制、完善社会公众参与机制、构建环境 PPP 项目多元主体协同治理模式四个方面提出了相关预控对策。预控机制的建立为环境治理 PPP 项目失败提供了解决工具，更有效地对 PPP 项目风险进行预防和监控，减少项目失败发生的概率和可能性，为环境治理 PPP 项目的成功实施提供保障。

本书以环境治理 PPP 项目现状为背景，分析环境治理 PPP 项目失败的原因和根源，以失败测度指标体系为基础，通过失败测度模型对项目失败进行测度，明确项目失败的程度大小，并建立预控机制，更有效地预防和控制风险。虽取得了一定的研究进展和成果，但由于笔者的研究能力尚浅，在资料收集以及调研分析时的局限性，加之本书篇幅和内容有限，因此本书还需要进一步优化和改进。

（1）本书中案例的选取的准确性和合理性有待提高。由于本书选取案例主要通过网上收集和专家调查，对失败典型案例没有进行实地考察，在分析项目失败的时可能存在一定的主观性，使得样本在某些方面降低了一定的客观性。

（2）测度模型建立的科学性有待进一步优化。本书建立的失败测度模型，主要依靠专家评分对失败测度指标进行分析，人为的主观性难以避免，因此，打破数据的局限性，以实际数据为依托的 PPP 项目失败测度模型需要进一步优化。

（3）预控机制建立的实用性需要进一步验证。预控机制的建立可以实现项目失败预控，但是由于环境治理 PPP 项目的复杂性和长期性，项目受到的风险影响也是千变万化的，因此预控系统的建立以及预控对策的实施的实用性需要进一步验证。

# 第10章

# PPP 项目非正常退出机制研究

## 10.1 PPP 项目非正常退出界定

### 10.1.1 退出机制的定义

"退出机制"最早源于 20 世纪 70 年代初赫希曼提出的"退出—呼吁"理论。赫希曼认为市场的正常运行离不开企业前期进入的呼吁机制与后期的退出机制，呼吁机制属于非市场性手段的一种，通过对大众的宣传，政府优惠引导等手段吸引企业进入市场；而退出机制是市场发展到一定阶段，解决不可预控问题时所采用的一种市场性手段，是参与者矛盾激化到一定程度的产物。因此，随着社会的高速发展，不仅在政策等方面吸引企业进入某个领域，更需要给它们设置后期的退出路径，提高市场的运作水平和效率，防止矛盾激化对社会产生不良的影响及侵犯到公众的利益。

在国内，很多学者从不同形式研究退出机制的内涵。姜桂清和游伟平（2002）在研究市场经济基础上，从企业如何退出市场角度出发，认为退出是企业在市场的显性和隐形竞争的形势下，为了防止降低自身利润进而达到利益最大化的目的，在某个市场停止作为交易一方，从中退出买卖的一种行为。简兆权（2008）从国有企业发生不能解决问题时，如何保全自己的利益角度出发，结合产业组织理论，认为退出是在一个产业系统中，某一企业放弃为市场和社会提供服务，从系统中撤离出来的一种保全措施。郑兴明（2012）从人的组织行为的角度出发，认为人的退出是自身具有理性思考，独立性的表现，同时也是行使法律给予他们的人身自由权和选择权，离开某一组织的行为。刘建华（2013）认为风险资本退出不同于其他形式的退出，指出它是项目发展到某个最高盈利点时，为了获得高额的利润回报，投资者从某个行业中以一个恰当的路径退出的行为。唐湘博和刘长庚（2010）从污染的角度探讨了退出的概念，认为为了防止对环境的继续污染及环境的可持续发展，企业需要放弃原来的生产模式，采用更换旧装备、技术、工艺、材料减轻污染的新模式进行生产。

目前退出机制研究主要集中在企业、人员、风险资本、重污染产业的退出方面。从国内外学者对退出的定义研究来看，本书得出退出机制是为了提高项目的正常运作效率，项目其中一主体行使退出权的制度及相互作用机理的总和。

## 10.1.2　PPP 项目非正常退出机制的概念

关于非正常退出机制的内涵，不同学者从不同类型的项目对其进行了研究。贾欢（2010）从经营性公路资金非正常退出的角度，认为它是在项目发生风险较大的事故时，为了降低风险的损害度及双方的利润，能够使资金从项目中快速抽离的一种保障措施。汤永胜（2011）从经营性公路收费权的角度，认为非正常退出机制是收费公路受到政府方的自身及其他各参与方的原因致使企业收费权终止的一种现象。陈（Chen C，2009）、达哈达尔（Dahdal A，2010）、德米拉格（Demirag I，2011）、宋金波（2014）认为 BOT 项目的非正常退出多出现于项目的运营期，当然也有少量的出现在建设期，由于政府部门或者项目公司参与方的过错以及其他非过错因素导致项目在未达到特许合作期满之前无法继续进行建设或运营，致使项目被政府提前收回或采取其他措施。

PPP 项目的非正常退出当然离不开国家政策的支持。《国务院关于创新重点领域投融资机制鼓励社会投资的指导意见》第一次明确在政府与社会资本合作协议中，为了防患于未然，保证 PPP 项目得到顺利实施，需要明确本项目具体的退出途径。《财政部关于推广运用政府和社会资本合作模式有关问题的通知》表示要确保退出安排等关键环节。《关于规范政府和社会资本合作合同管理工作的通知》中规定当项目发生延期和提前终止情况时，在股权、内容及主体变更（转让），价格方面建立灵活的调节方式。《国家发展改革委关于开展政府和社会资本合作的指导意见》指出相关部门应积极建立股权、产权交易场所，为社会资本的退出提供多层次、多种类的畅通渠道。

根据国内外学者对不同类型项目退出机制内涵的论述以及相关政策对 PPP 项目非正常退出定义的研究，本书得出，PPP 项目非正常退出机制是社会资本在建设和运营 PPP 项目的过程中，由于受到自身过失的主观因素或者政府方的原因（政策变化、法规变更等）或者不可抗拒的客观原因，导致项目不能达到预期目标，政府或社会投资人终止现有的契约（协议），原始的社会资本从项目中主动（被迫）撤离的行为。

### 10.1.3　PPP 项目非正常退出主体的界定

PPP 模式涉及全寿命周期项目的建立、设计、施工、运营及资本金的融资等各个关键节点。整个过程中参与方主要有公共部门、私人部门、公众，其中公共部门是项目的发起者、监管者等；社会资本（单个企业或者多个企业组成的联合体）负责项目的建设、运营维护、融资；公众则是项目最终成果的购买者和体验者。

每个参与者在项目中承担的角色不同，所承担的义务和风险也不尽相同，然而它们有着 PPP 项目能够成功实施的共同目标。除此之外，各参与者自身的利益更备受关注，政府追求社会利益最大化，社会资本追求自身收益最大化，公众的目标则是项目的便捷程度及使用成本最小化，各自追求利益的不尽相同。政府部门通过限制投资收益率、运作模式牵制了私人部门的利益，私人部门则通过政府部门的公益心理等锁定了政府部门的利益，在长期的 PPP 项目合作中，发生利益的冲突是不可避免的，图 10 - 1 显示了政府与社会资本利益关系。

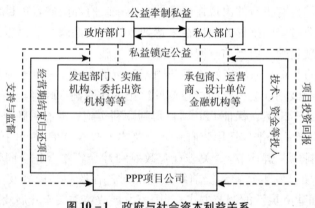

**图 10 - 1　政府与社会资本利益关系**

图 10 - 1 中能够显示出 PPP 项目中政府与社会资本相互间的利益通过项目公司联系在一个体系中，各角色之间形成了复杂协同关系，它们之间的利益关系是 PPP 项目能否成功实施的关键。而如果利益一旦发生冲突则势必会导致政府部门与私人部门的重新谈判，在不断博弈依旧达不到各自利益诉求的情况下，由于政府部门是 PPP 项目的最终产权归属者，社会资本此时就会选择退出此项目，来使自己的利益损失降到最低。因此本书是为了保障社会资本利益不受损坏，以 PPP 项目各参与方中的社会资本为对象，研究其非正常退出机制。

## 10.2　PPP 项目非正常退出的行为及影响因素分析

### 10.2.1　政府与社会资本的异质性行为分析

PPP 项目中不同的投资主体在参与类型上存在着明显的差异，而各方不同的投入要素决定了各参与主体对于同一决策有着不同的价值取向，本小节从政府与社会资本价值取向、公私权利、公众利益冲突等三个角度的异质行为（如表 10 - 1 所示），分析导致社会资本非正常退出的动因。

表 10 - 1　　　　　　　　　　PPP 项目参与主体间异质性

| 行为异质性<br>表现 | 政府部门 | 社会资本 |
| --- | --- | --- |
| 价值取向 | 提供优质公共产品和服务，追求效用最大化 | 要求高的投资回报，追求自身利益最大化 |
| 权利 | 公权力是为维护公众利益和增进项目社会效益而设立的拥有项目监督权、政策的制定变更权等 | 私权力是指契约中以满足私人部门需要为目的而设置的经营项目等权利 |
| 公众利益 | 追求政绩，自身利益最大化，在项目实施过程中损害到社会公众利益 | 追求高的利润，容易出现机会主义行为，造成社会公众利益受损 |

#### 10.2.1.1　价值取向的行为异质性

公共部门重视提供公共服务。PPP 模式的核心之一是利益共享，然而利益共享却并不等同于其双方有共同利益。由于 PPP 项目往往具有公益的性质，即它具备非排他性和有限的非竞争性。据此，政府部门掌握着公共资源，政府的基本职能就是为国家和人民提供公共产品和服务。相比较社会资本的自利性，其本身具备亲社会偏好。因此政府是以社会公共利益最大化为价值取向。与此同时，一些地方政府以自身考虑，同样也会积极规避因公共危机引发的政治风险，继而维护公共利益。当公私的利益价值取向产生冲突时，政府部门会为了维护公共利益而在市场运作和退出等阶段对社会资本进行制约，并且约定社会资本不能随意退出市场，以确保 PPP 项目提供的公共产品与服务的可持续性。

与政府相反，社会资本关注的是投资回报。PPP 项目在保证公益性的同时也要保证项目的盈利性。项目中的社会资本同样具有企业的一般性质，因此其会基于自利性价值取向追求自身利益最大化。当因维护公益性而损失项目盈利性时，即公私价值取向的异质性造成社会资本自身利益损失时，社会资本此时会采用其在 PPP 项目中的所处的地位及拥有的权利以维护自身利益。而基于上述的社会资本不能随意退出市场的约定，在 PPP 协议期间当公私伙伴关系无法持续时，社会资本只能以非正常方式退出。

### 10.2.1.2 公权力与私权力的行为异质性

公权力是指片面决定改变相对私人权利义务的力量，是政府部门拥有的权利；私权力指社会资本在 PPP 项目中拥有的权利，受私法规范，如社会资本在合同签订中拥有的权利受合同法保护。公权力与私权力异质性主要表现在两个方面，即价值取向和资源优势。价值取向方面，公权力是为维护公众利益和增进项目社会效益而设立；私权力通常指以满足个人需要为目的的权利，如私人资本追求自身利益最大化，重视资金回报。资源优势方面，公权力通常拥有项目的监督权、政策的制定变更权等；私权力通常是指契约中政府部门和社会资本拥有的权利。

PPP 项目中公私双方通过签署契约建立伙伴合同关系，合同作为政府管制的主要手段实际上具有私法契约自由与公法行政许可的双重属性。由于 PPP 项目中政府具有监督权和天然的行政权，使其在合同履行上具有更多的主动权和话语权，在项目的全生命周期中一直处于强势地位，政府公法上的权利破坏了公私双方在履约上的平等地位。公私双方确立了伙伴关系（合同的签订）后，由于政府对项目的建设承担最终责任和公共责任，社会资本方可利用自己的权利在成本、进度等方面锁定政府的行为。而政府方公权力的强势性致使私人资本承担着一定的政治风险，进而可以通过政策的变更、出台损害私人资本的利益。合作双方基于权利的异质性无疑增加了 PPP 项目非正常退出的风险。

### 10.2.1.3 公众利益行为异质性

政府代表了社会公众的利益，但在实践中往往忽视了同样作为相关利益主体的地方政府也有其自身的利益。当政府部门的利益不足以表达社会公众利益出现差异时，会出现政府部门利益与社会公众利益相互冲突。地方政府此时要保障经济发展、改善就业和保持政绩的责任义务，既要考虑项目的实际情况，又要站在本地区角度从全局出发，导致出现与社会公众利益形成不一致的行为。一些地方政府一味追求政绩，考虑政府部门的本部门利益最大化，在项目实施过程中侵害社会公众的利益。

对于追求投资利益最大化的社会资本来说，虽然它有一定的社会责任，与社会公共利益有相同之处，但是他们的利益主要立足点还是在投资回报率上。利润最大化是企业的目标，实现经济效益的最优是社会资本的最终目标。当社会资本为追求高的利润，容易出现机会主义行为，造成社会公共利益受损。社会资本的内部结构和特性决定了在参加项目的实施过程中会表现出与社会公众的不同之处，从而决定了社会资本利益与社会公众利益的异质性。在进行 PPP 项目实施的过程中，政府部门和社会资本合作都是为了提高社会的基础设施水平，能够更好地服务公众，但由于自身利益的限制，未免不出现政府（社会资本）与其代表公众的利益发生冲突。合作双方各自追求的利益诉求分别与公众利益的不一致的异质性行为，难免不会增加项目能否顺利实施的风险。

## 10.2.2　PPP 项目非正常退出的影响因素的识别

### 10.2.2.1　PPP 项目非正常退出影响因素识别的方法

**1. 案例分析法识别非正常退出影响因素**

我国从开始应用 PPP 模式至今约为 30 年，在实际应用中出现了许多的问题，其中不乏存在一些 PPP 项目出现重大的问题导致社会资本非正常退出，最后政府斥巨资购回项目特许权。本书通过对调研资料、书籍和文献资料、相关网站和新闻报道对我国现阶段采用 PPP 模式建设基础设施项目存在的问题，寻找影响 PPP 项目非正常退出的影响因素，如表 10 - 2 所示。

表 10 - 2　　　　　　　　　　　　PPP 项目案例中存在的问题

| 案例 | 项目名称 | 建设期 | | | 运营期 | | | | | | | | |
|---|---|---|---|---|---|---|---|---|---|---|---|---|---|
| | | 项目融资 | 施工技术水平 | 政府政策 | 法律监管 | 项目竞争 | 政府信用 | 政府腐败 | 政府审批 | 公众反对 | 经济效益 | 环境效益 |
| 1 | 贵州某污水处理 | | | | | | √ | | | | | |
| 2 | 长春汇津污水处理 | √ | √ | | | | | | | | | |
| 3 | 湖南某电厂 | | | √ | √ | | | | √ | √ | | |
| 4 | 北京大场水厂 | | | | √ | | | | | √ | | |
| 5 | 北京第十水厂 | | | | | | | √ | | | | |
| 6 | 沈阳第九水厂 | | | √ | | | √ | | | | | |
| 7 | 杭州湾跨海大桥 | | | | | √ | | | | | √ | |
| 8 | 福建泉州刺桐大桥 | | | | | √ | | | | | √ | √ |
| 9 | 山西东路隧道 | | | | √ | | | | | | | |
| 10 | 梧桐山隧道 | | | | | √ | | | | √ | | |

资料来源：各地方政府网站、报道、文献汇总以及论坛贴吧归纳汇总。

从表 10 - 2 中可以看出，在 PPP 模式应用中出现了很多问题，如公众的反对、政府信用等问题时常发生在项目的运营期。其原因在于 PPP 项目大多是大型的基础设施建设项目并且经营期比较长，初始协议并未涉及项目实施、管理中将遇到的很多问题，在公私双方再谈判中容易解决不了实际需求的问题，因此就会发生社会资本非正常的退出。

**2. 文献研究法识别非正常退出影响因素**

案例分析法虽然能有效识别 PPP 项目非正常退出的影响因素，但是它最大的缺点是个别案例的影响因素不具有代表性，比较笼统，缺乏针对性。为保证影响因素识别的有效性，本书在总结 PPP 项目的潜在因素基础上通过文献分析搜索 PPP 项目非正常退出的影响因素，如表 10 - 3 所示。

表 10 - 3　　　　　　　　　文献研究法识别非正常退出的影响因素

| 序号 | 影响因素 | 提出学者 |
|------|---------|----------|
| 1 | 融资能力 | 亓霞、叶晓甦、桑美英 |
| 2 | 同类项目竞争 | 叶晓甦、宋金波、王秀芹、胡改蓉 |
| 3 | 市场需求变化 | 汤永胜、桑美英、胡改蓉 |
| 4 | 利率汇率变化 | 亓霞、桑美英 |
| 5 | 通货膨胀 | 汪文雄、桑美英 |
| 6 | 投资收益率 | 柯冬梅、胡改蓉 |
| 7 | 税金 | 汪文雄、桑美英 |
| 8 | 运营维护成本 | 胡改蓉、王秀芹、桑美英 |
| 9 | 运营管理水平 | 汤永胜、汪文雄、宋金波、胡改蓉 |
| 10 | 官僚腐败 | 苗延亮、亓霞 |
| 11 | 政治决策失误/冗长风险 | 苗延亮、亓霞、张红平、叶晓甦、王秀芹、桑美英、程海群 |
| 12 | 政府支付能力 | 亓霞、汤永胜 |
| 13 | 政府信用 | 苗延亮、亓霞、张红平 |
| 14 | 不可抗力 | 汤永胜、苗延亮、程海群、王秀芹、桑美英 |
| 15 | 法律法规变化 | 苗延亮、亓霞、宋金波、王秀芹、桑美英 |
| 16 | 监管体制变化 | 汪文雄、张红平、叶晓甦、程海群 |
| 17 | 财政补贴水平 | 柯冬梅、汪文雄、叶晓甦、王秀芹 |
| 18 | 还贷款或有偿集资款的期限 | 汪文雄 |
| 19 | 项目收费水平 | 柯冬梅、亓霞、王秀芹 |
| 20 | 项目风险分担与利益补偿机制 | 柯冬梅、张红平、叶晓甦 |

| 序号 | 影响因素 | 提出学者 |
|---|---|---|
| 21 | 当地经济发展水平 | 汤永胜、汪文雄 |
| 22 | 社会福利水平 | 汤永胜、汪文雄、桑美英 |
| 23 | 项目效益 | 杨兆升、张红平 |
| 24 | 投资规模和结构 | 杨兆升 |

### 10.2.2.2　PPP 项目非正常退出影响因素的确定

本书利用案例分析法和文献研究法从不同方面总结出很多能够影响非正常退出的因素，但是在我国实际的 PPP 项目的实施过程中，并不是所有的因素都会发生作用。由于本书研究的 PPP 项目的非正常退出主要相关者为政府方和社会资本方，因此在汇总了所有因素的基础上，通过访谈各位专家学者，根据大量的案例，结合中国的国情、PPP 项目不完全契约的特点以及本书所要研究的方向，从社会资本非正常退出的主观与被动退出并适合我国国情，得到被动退出的因素有政策法规方面、金融方面、社会方面、市场方面；社会资本方自身原因致使主观退出的因素有建设运营方面、管理方面、技术方面，最终分为 7 大类、23 小类，如表 10 - 4 所示。

表 10 - 4　　　　　　　　　　PPP 项目非正常退出的影响因素

| | 退出角度 | 层级 | 因素 |
|---|---|---|---|
| PPP 项目非正常退出影响因素 | 被动退出 | 政策法规方面 A | 政府腐败 A1 |
| | | | 政府信用 A2 |
| | | | 政府补贴 A3 |
| | | | 法律变更 A4 |
| | | | 法律监管 A5 |
| | | 金融方面 B | 利率浮动 B1 |
| | | | 通货膨胀 B2 |
| | | | 税收水平 B3 |
| | | 社会方面 C | 公共利益 C1 |
| | | | 经济效益 C2 |
| | | | 环境效益 C3 |
| | | 市场方面 D | 同类项目的竞争 D1 |
| | | | 市场需求 D2 |
| | | | 收益水平 D3 |

| | 退出角度 | 层级 | 因素 |
|---|---|---|---|
| PPP 项目非正常退出影响因素 | 主动退出 | 建造运营方面 E | 项目经验 E1 |
| | | | 运营成本 E2 |
| | | | 投资回报率 E3 |
| | | 管理方面 F | 机构设置 F1 |
| | | | 履约能力 F2 |
| | | | 融资能力 F3 |
| | | 技术方面 G | 施工设计水平 G1 |
| | | | 专业人才 G2 |
| | | | 评估方法 G3 |

## 10.2.3 基于 SEM 的 PPP 项目非正常退出的关键因素分析

### 10.2.3.1 结构方程模型

#### 1. 结构方程的概念

结构方程模型（Structural Equation Modeling，SEM），也称协方差结构模型（Covariance Structure Model，CSM），是一种多变量复杂关系的建模工具。它是针对一个社会存在的复杂问题，利用问题假设的模型，同时采用一定的数学方法采集研究问题的数据且要求数据与问题需具有高度的关联性，最后通过数据的统计来检验模型的拟合度并研究假设是否成立，从而实现所要研究问题解决的一种定量的方法。潜变量和显变量是结构方程模型中两个非常关键的变量。潜变量是实际学习工作生活中不能够轻易观测到的变量，一般为某种较为抽象的定义及由于其他因素不能够精确地观测到的变量。这些潜变量的测量需要通过它所对应的一种或者多种显变量的分析和总结，显变量即为某个潜变量的反应指标。

对观测量变量描述指标与潜变量之间的关系，公式如下：

$$y = \Lambda y\eta + \varepsilon x = \Lambda x\xi + \delta \qquad (10-1)$$

式（10-1）中：y 为内生观测变量组成的向量；x 为外生观测变量组成的向量；$\eta$ 为内生潜变量；$\xi$ 为外生潜变量，且经过标准化处理；$\Lambda y$ 为内生观测变量在内生潜变量上的因子负荷矩阵，

指标体系：表示内生潜变量与内生观测变量之间的关系；$\Lambda x$ 为外生观测变量在外生潜变量上的因子负荷矩阵，表示外生潜变量与外生观测变量之间的关

系；ξ、δ 为测量模型的残差矩阵。

描述潜变量之间的因果关系。其方程表达式为：

$$\eta = B\eta + \Gamma\xi + \xi \tag{10-2}$$

式（10-2）中：B 为内生潜变量之间的相互影响效应系数，Γ 为外生潜变量对内生潜变量的影响效应系数，ξ 为 η 的残差向量。

**2. 结构方程模型的优点**

近些年来结构方程之所以受到各个领域忠爱，就是因为有别于传统的统计模型，它具有一些传统方法无可比拟的优势，其优点是：不再只是局限于一个因变量的研究，可以研究多个因变量与结果的关系；结构方程给予了相对误差存在的空间，抛弃了绝对化的概念，利用定量的方法可以精确分析观测变量与潜变量的关系；结构方程可以同时构建结构和研究相关性；最大的特点是可以和现实中的样本数据进行拟合。

### 10.2.3.2　PPP 项目非正常退出关键因素的调查问卷

**1. 调查问卷设计**

PPP 项目非正常退出关键因素识别主要借助调查问卷的方式，本次问卷主要通过对社会资本在建设运营过程中受到政府、设计院、建设运营单位、咨询机构、科研机构等部门的影响，以及政策法律方面、金融方面、社会方面、市场方面、建设运营方面、管理方面、技术方面 7 个方面因素潜在变量的影响，这些无法观察到的潜在变量需要借用 23 个观察变量（或称指标）来加以测量，因此本书采用 5 点李克特量表法设计调查问卷。

本书调查问卷采用标准化的调查问卷格式，其中被调查者基本信息的对本书受访人员的甄别起着至关重要的作用，PPP 模式作为一种基础设施建设模式与普通工程项目也存在差异，必须保证受访对象的有效性，受访者根据自身工作经验或理论知识对问卷进行填写。本次研究中，通过各种途径发放的问卷总数是 289 份，经回收、筛选有效问卷，其中有 260 份符合对于问卷的问答要求，经计算应答率为 89%，符合标准的要求。本次调查，调查问卷的数据样本具有很好的代表性。这些问卷针对根据导致 PPP 项目非正常退出的程度给予了 1~5 分的评价，其中"不影响"为 1 分、"不太影响"为 2 分、"一般影响"为 3 分、"比较影响"为 4 分、"非常影响"为 5 分。被调查者根据自己所从事 PPP 项目的实际情况，给出评价。

问卷是在大学同学、研究生同学及导师帮助下开展发放和投递工作的。问卷回收后，对问卷进行分类，其中建设运营单位、科研机构的比例相对较高，分别占 29% 和 36%；其次是设计院和咨询单位占问卷的 11% 和 15%，政府部门占 9%，如图 10-2 所示。

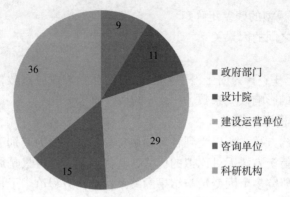

图 10 –2　被调查群体职业分布（单位：%）

　　以上参与 PPP 项目非正常退出关键因素的被调查者中，从事 PPP 项目的工作几乎都在 5 年以上，在 PPP 项目融资、建设管理和国家相关法律以及政策的研究方面都有很强的理论和实践基础，相对于整个 PPP 项目从业人员和各个利益相关方来说，被调查者对于 PPP 项目的建设运营比较熟悉，丰富的 PPP 项目建设管理工作的经验，能够提高保证问卷调查样本数据的准确性。

　　**2. 问卷调查的数据检验**

　　问卷的检验主要包括两方面：信度（reliability）和效度（validity）。信度用来反映测量结果是否具有稳定性的特征，信度高表示测量值接近实际值，误差值越低。效度是模型确实能够测量所要观察的问题，并且保证测量结构的正确性和准确性，问卷检查的流程如图 10 – 3 所示。

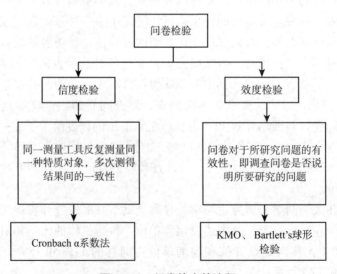

图 10 –3　问卷检查的流程

（1）信度检验。信度是问卷的一致性问题，本书选取比较常用的信度系数为克朗巴哈系数 Cronbach's a。Cronbach's a 系数的取值在（0，1）一般而言，Cronbach's a 的值越接近 1 表示内在信度非常高，反之接近于 0 则表示信度问卷存在问题，具体取值范围及参考标准如表 10 - 5 所示。

表 10 - 5　　　　　　　　　Cronbach's a 系数取值标准

| 信度范围 | 参考标准 |
| --- | --- |
| 0.9 ≤ Cronbach's a | 内在信度非常高，可信 |
| 0.7 ≤ Cronbach's a < 0.9 | 高信度，可信 |
| 0.35 ≤ Cronbach's a < 0.7 | 中等信度，可信 |
| Cronbach's a < 0.35 | 量表需要重新设计 |

问卷信度检验是运用 Spss 19.0 将收集到的问卷样本数据进行计算其 Cronbach's a 系数，根据表 10 - 5 的参数，Cronbach's a 小于 0.35 说明该问卷的信度低，将对 Cronbach's a 小于 0.35 的题目进行修正。本次 PPP 项目非正常退出因素的问卷调查的数据信度通过 Spss 软件的可靠性分析得出结果，如表 10 - 6 所示。

表 10 - 6　　　　　　　　　问卷调查的数据信度结果

| | Cronbach's Alpha | 项数 |
| --- | --- | --- |
| 政策法规方面 | 0.865 | 5 |
| 金融方面 | 0.716 | 3 |
| 社会方面 | 0.865 | 3 |
| 市场方面 | 0.836 | 3 |
| 建造运营方面 | 0.843 | 3 |
| 管理方面 | 0.853 | 3 |
| 技术方面 | 0.810 | 3 |

经分析可知，在政策法规方面、金融方面、社会方面、市场方面、建造运营方面、管理方面、技术方面的 Cronbach's Alpha 和 Cronbachs Alpha 均大于 0.7，可靠性全部通过。

（2）效度分析。效度通常是一般利用 Spss 软件衡量数据的 Bartlett 球体检验和 KMO 来检查问卷调查的数据测量值是否接近真实值的一种方法。对 KMO 的值在 0 ~ 1。Spss 软件中 KMO 的值越接近 1，变量间的关联性就越强，表示此问卷可以做因子分析检验；KMO 的值接近 0，变量间的关联性弱，说明不适合做因子分析检验，常用的 KMO 度量标准如表 10 - 7 所示。

表 10 - 7　　　　　　　　　　　　　KMO 取值范围标准

| KMO 值 | 评判标准 | KMO 值 | 评判标准 |
|---|---|---|---|
| 0.9≤KMO<1.0 | 非常适合 | 0.6≤KMO<0.7 | 可以 |
| 0.8≤KMO<0.9 | 适合 | 0.5≤KMO<0.6 | 不太适合 |
| 0.7≤KMO<0.9 | 一般 | KMO<0.5 | 极不适合 |

问卷调查的效度检验利用 Spss 软件对识别出的 7 大类的 23 个因素分别进行总量和 7 个方面的 KMO 值与 Bartlett 检验，最后得出的结果如表 10 - 8 所示。

表 10 - 8　　　　　　　　　　　　　KMO 值与 Bartlett 检验

| 变量 | KMO 和 Bartlett 检验 | | |
|---|---|---|---|
| 总量 | 取样足够度的 KMO 度量 | | 0.796 |
| | Bartlett 的球形度检验 | 近似卡方 | 2410.292 |
| | | df | 120 |
| | | Sig. | 0.000 |

PPP 项目非正常退出的影响因素的调查问卷是利用 Spss 19.0 软件进行 KMO 和 Bartlett 值的检验。由表 10 - 8 可得 PPP 项目非正常退出影响因素变量总量的 KMO 值为 0.796，满足大于 0.7 的基本要求，而且接近于 0.8，并且 Bartlett 的球形度检验显著，说明 PPP 项目非正常退出影响因素的调查问卷具有很好的相关性，适合进行因子分析。

（3）探索性因子分析。探索性因子分析主要是对研究问题的影响因素不了解的前提下，首先对观测变量进行分析，其次找出因子并确定其与观测变量存在的关系，通常是通过对样本数据的 KMO 检验和 Bartlett 球体检验来判断本次问卷调查数据是否适合做因子分析。本书利用 Spss 19.0 软件中的"因子分析"项进行问卷的因子检测，得出的结果如表 10 - 9 所示。

表 10 – 9　　　　　　　　　　　　　　主成分分析

| 成分 | 初始特征值 | | | 提取平方和载入 | | |
|---|---|---|---|---|---|---|
| | 合计 | 方差的% | 累积% | 合计 | 方差的% | 累积% |
| 1 | 6.848 | 28.189 | 28.189 | 6.484 | 28.189 | 28.189 |
| 2 | 5.351 | 23.265 | 51.454 | 5.351 | 23.265 | 51.454 |
| 3 | 3.190 | 13.868 | 65.323 | 3.190 | 13.868 | 65.323 |
| 4 | 2.550 | 11.089 | 76.411 | 2.550 | 11.089 | 76.411 |
| 5 | 1.414 | 6.136 | 82.547 | 1.411 | 6.136 | 82.547 |
| 6 | 0.975 | 4.239 | 86.786 | | | |
| 7 | 0.782 | 3.401 | 90.187 | | | |
| 8 | 0.541 | 2.352 | 92.539 | | | |
| 9 | 0.419 | 1.820 | 94.360 | | | |
| 10 | 0.389 | 1.689 | 96.049 | | | |
| 11 | 0.240 | 1.043 | 97.092 | | | |
| 12 | 0.204 | 0.885 | 97.977 | | | |
| 13 | 0.115 | 0.502 | 98.479 | | | |
| 14 | 0.090 | 0.391 | 98.869 | | | |
| 15 | 0.073 | 0.317 | 99.611 | | | |
| 16 | 0.054 | 0.234 | 99.421 | | | |
| 17 | 0.044 | 0.191 | 99.611 | | | |
| 18 | 0.033 | 0.142 | 99.754 | | | |
| 19 | 0.022 | 0.095 | 99.849 | | | |
| 20 | 0.016 | 0.071 | 99.920 | | | |
| 21 | 0.010 | 0.061 | 99.945 | | | |
| 22 | 0.009 | 0.055 | 99.973 | | | |
| 23 | 0.007 | 0.038 | 100 | | | |

　　通过主成分分析法可知，解释的总方差在提取平方和载入中为 82.547%，满足大于 70% 的要求，即是有 82.547% 的方差可以由假设的这 7 个潜在因子进行解释，对于导致 PPP 项目非正常退出的 7 大类分析法是可行和有效的，从而证实了界定的 7 个次级测量指标对于 PPP 项目非正常退出因素构成的合理性和有效性。

### 10.2.3.3　PPP 项目非正常退出因素的模型构建

**1. 模型的设立**

　　PPP 项目非正常退出是由政策法规、金融、社会、市场、建设运营、管理、技术 7 个方面来共同决定的。每一方面是由不同的因素来进行表达的，因此 PPP 项目非正常退出的结构方程模型如图 10 – 4 所示。

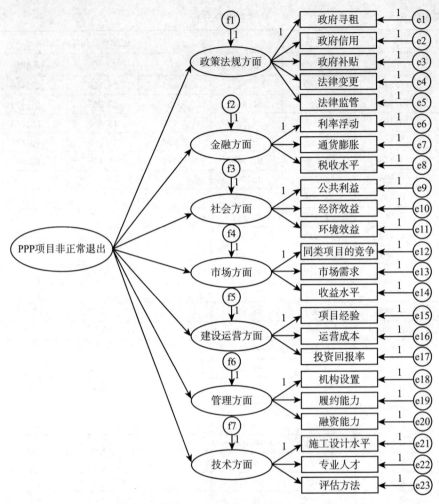

图 10 - 4　结构方程模型

本模型存在唯一的内生潜变量：PPP 项目非正常退出；有 7 个外生潜变量：政策法规方面、金融方面、社会方面、市场方面、建设运营方面、管理方面、技术方面。

政策法规方面对应 5 个外生观测变量，分别是政府寻租、政府信用、政府补贴、法律变更、法律监管。

金融方面对应 3 个外生观测变量，分别是利率浮动、通货膨胀、税收水平。

社会方面对应 3 个外生观测变量，分别是公共利益、经济效益、环境效益。

市场方面对应 3 个外生观测变量，分别是同类项目的竞争、市场需求、收益水平。

建设运营方面对应 3 个外生观测变量，分别是项目经验、运营成本、投资回报率。

管理方面对应 3 个外生观测变量，分别是机构设置、履约能力、融资能力。

技术方面对应 3 个外生观测变量，分别是施工设计水平、专业人才、评估方法。

PPP 项目非正常退出关键因素的研究假设如下：

假设 1：政策法规方面对 PPP 项目非正常退出有显著影响；

假设 2：金融方面对 PPP 项目非正常退出有显著影响；

假设 3：社会方面对 PPP 项目非正常退出有显著影响；

假设 4：市场方面对 PPP 项目非正常退出有显著影响；

假设 5：建设运营方面对 PPP 项目非正常退出有显著影响；

假设 6：管理方面对 PPP 项目非正常退出有显著影响；

假设 7：技术方面对 PPP 项目非正常退出有显著影响。

**2. 模型的评估检验**

结构方程模型一般有两种模型，一是一阶因子模型即为潜变量只能由显性来进行测量；二是高阶因子模型即为潜变量还可以由被显性测量的其他潜变量来测量。由图 10 - 4 本书设立 PPP 项目非正常退出结构方程模型可以看出，PPP 项目非正常退出只能通过政策法规方面、金融方面、社会方面、市场方面、建设运营方面、管理方面、技术方面 7 个外生显变量来预测，因此此模型为一阶因子模型中的二阶因子模型。本书研究的 PPP 项目非正常退出影响因素的模型的评估结果需要依据其标准化路径系数 β，其评价标准如表 10 - 10 所示。

表 10 - 10　　　　　　　　　　　路径系数评价标准

| | 路径系数 β | 影响描述 | | 路径系数 β | 影响描述 |
|---|---|---|---|---|---|
| 结构模型 | $\beta \leq 0.2$ | 潜变量之间的影响关系较小，不明显 | 测量模型 | $\beta \leq 0.6$ | 测量指标不能很好地表达潜变量，影响程度很小，删除指标 |
| | $0.2 < \beta \leq 0.4$ | 潜变量之间的影响关系一般，需要考虑 | | $0.6 < \beta \leq 0.7$ | 测量指标能较好地表达潜变量，影响程度较大，需要考虑 |
| | $0.4 < \beta \leq 0.6$ | 潜变量之间的影响关系较大，需要考虑 | | $0.7 < \beta \leq 0.8$ | 测量指标能很好地表达潜变量，影响程度很大，需要考虑 |
| | $0.6 < \beta \leq 1$ | 潜变量之间的影响关系很大，需要考虑 | | $0.8 < \beta \leq 1$ | 测量指标能很好地表达潜变量，影响程度极大，必须考虑 |

通过利用 PPP 项目的非正常退出的二阶因子结构方程模型，结合调查数据，导入 AMOS 21.0 软件，得到了 PPP 项目非正常退出的二阶因子模型的影响因素关系（见图 10-5）及路径的检验结果（见表 10-11）。

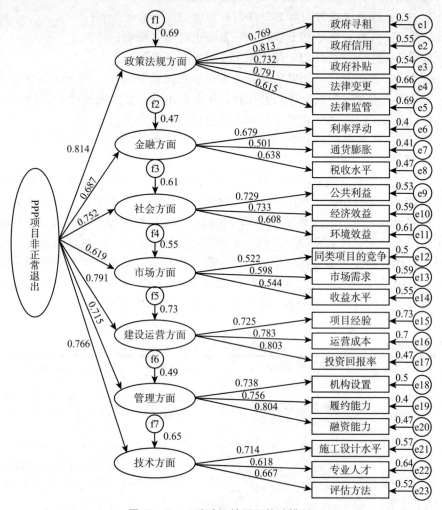

**图 10-5　二阶验证性因子估计模型**

从图 10-5 可以看出，结构方程模型拟合结果中所有路径系数 β 值均大于参考值 0.6，表示系数达到了显著水平。同时从表 10-11 可以反映出二阶因子模型中 7 个初阶因子的 SMC 值分别为均高于基本标准 0.50，由此可得出 7 个初阶因子的对模型的评估较为理想。建构信度为 0.897，表明研究问题二阶因子假设模型的内在质量较高。平均方差抽取值为 0.548，表明二阶因子模型具备良好的收敛效果，此假设模型具有较高的基本适配度。

表 10 – 11　　　　　　　　　二阶因子测量模型检验相关数据结果

| 路径关系 | | | 标准化路径系数 | 多相关系数平方（SMC） | 建构信度（CR） | 平均方差抽取（AVE） |
|---|---|---|---|---|---|---|
| 政策法规方面 | <⋯ | PPP 项目非正常退出 | 0.814 | 0.672 | | |
| 金融方面 | <⋯ | PPP 项目非正常退出 | 0.687 | 0.505 | | |
| 社会方面 | <⋯ | PPP 项目非正常退出 | 0.752 | 0.544 | | |
| 市场方面 | <⋯ | PPP 项目非正常退出 | 0.619 | 0.695 | 0.897 | 0.548 |
| 建设运营方面 | <⋯ | PPP 项目非正常退出 | 0.791 | 0.536 | | |
| 管理方面 | <⋯ | PPP 项目非正常退出 | 0.715 | 0.603 | | |
| 技术方面 | <⋯ | PPP 项目非正常退出 | 0.766 | 0.589 | | |

### 3. 模型的拟合

模型的拟合是用来检验研究问题假设模式与观察变量的适配水平，PPP 项目非正常退出影响因素的模型的拟合指数如表 10 – 12 所示。

表 10 – 12　　　　　　　　　二阶验证性因子模型拟合度检验

| 统计检验指标 | 名称 | 检验结果 | 评判标准 |
|---|---|---|---|
| 绝对拟合指标 | 卡方与自由度的比值（$x^2/df$） | 2.145 | 2.0 ~ 5.0 |
| | 近似误差均方根（RMSEA） | 0.089 | <0.10 |
| 相对拟合指标 | 赋范拟合指数（NFI） | 0.932 | >0.90 |
| | 非规范拟合指数（IFI） | 0.957 | >0.90 |
| | 比较拟合指数（CFI） | 0.946 | >0.90 |
| 简约拟合指标 | 简约规范拟合指数（PNFI） | 0.647 | >0.50 |
| | 简约优度拟合指数（PGFI） | 0.651 | >0.50 |

从模型拟合程度分析可以看出：该二阶验证性因子模型的绝对拟合指标、相对拟合指标、简约相对拟合指标都满足标准要求，因此，可以判定本书理论模型的整体模型适配度可接受，进而得知本书提出的模型是合理的，可以用它来检验相应的理论假设。

### 4. PPP 项目非正常退出关键因素影响分析

由上述模型的假设、检验和拟合等整个运算过程可以得出，本书研究的 PPP

项目非正常退出影响因素的二阶因子假设结构模型达到了很大程度的拟合，验证结果如表 10 - 13 所示。

表 10 - 13　　　　　　　　　　　　结构模型的假设验证结果

| 符号 | 研究假设 | 结果 |
|------|---------|------|
| 1 | 政策法规方面对 PPP 项目非正常退出二阶因子有直接正向影响 | 支持 |
| 2 | 金融方面对 PPP 项目非正常退出的二阶因子有直接正向影响 | 支持 |
| 3 | 社会方面对 PPP 项目非正常退出的二阶因子有直接正向影响 | 支持 |
| 4 | 市场方面对 PPP 项目非正常退出的二阶因子有直接正向影响 | 支持 |
| 5 | 建设运营方面对 PPP 项目非正常退出的二阶因子有直接正向影响 | 支持 |
| 6 | 管理方面对 PPP 项目非正常退出的二阶因子有直接正向影响 | 支持 |
| 7 | 技术方面对 PPP 项目非正常退出的二阶因子有直接正向影响 | 支持 |

结果显示，以上 7 个方面的假设均成立，并且具有直接的正向影响。但是 7 个方面对 PPP 项目非正常退出的影响程度是不一样的。政策法规方面与 PPP 项目非正常退出的路径系数是最大的，因此它为最关键因素，其次是建设运营方面，作为第二位的最关键因素，剩下 5 个方面与 PPP 项目非正常退出的相关关系依次为：技术方面、社会方面、管理方面、金融方面、市场方面。其中在政策法规方面，5 个外生观测变量的路径系数分别为 0.769、0.813、0.732、0.791、0.615，可以看出政府信用的关系最为显著，因此它为政策法规方面的最关键因素；在建设运营方面，3 个外生观测变量的路径系数分别为 0.725、0.783、0.803，可以看出投资回报率的关系最为显著，因此它为建设运营方面的最关键因素；在技术方面，3 个外生观测变量的路径系数分别为 0.714、0.618、0.667，可以看出施工设计水平的关系最为显著，因此它为技术方面的最关键因素；在社会方面，3 个外生观测变量的路径系数分别为 0.729、0.733、0.608，可以看出经济效益的关系最为显著，因此它为社会方面的最关键因素；在管理方面，3 个外生观测变量的路径系数分别为 0.738、0.756、0.804，可以看出融资能力的关系最为显著，因此它为管理方面的最关键因素；在金融方面，3 个外生观测变量的路径系数分别为 0.679、0.501、0.638，可以看出利率浮动的关系最为显著，因此它为金融方面的最关键因素；在市场方面，3 个外生观测变量的路径系数分别为 0.522、0.598、0.543，可以看出市场需求的关系最为显著，因此它为市场方面的最关键因素。

# 10.3　PPP 项目从合作到退出的主体行为博弈探究

## 10.3.1　PPP 项目社会资本非正常退出的产生机理

PPP 模式具有风险共担、利益共享的特点，吸引了很多社会资本的关注，但与其他模式的项目相比，它更加强调地位的平等性、合作的高效性，双方的信用程度及契约精神。根据《关于印发政府和社会资本合作模式操作指南（试行）的通知》可知，PPP 模式的实施分为四个步骤，即项目的准备、识别、采购和移交，当地政府需要利用 PPP 模式建设基础设施项目时，此模式将贯穿于项目的整个寿命周期内。除此之外 PPP 项目长期性的特点需要合作双方为了达到利益均衡点不断进行博弈，政府和社会资本作为 PPP 项目实施最为关键的两个主体，社会资本是否能够在最后一个步骤中顺利正常的将项目移交给政府，完全取决于政府与社会资本在合作过程中的行为变化。从 PPP 项目政府与社会资本的初始合作到发生利益冲突的多次谈判直至最后关系破裂的社会资本非正常退出，是双方合作过程中最不愿意发生的后果。

合作行为分为内生性合作行为和外生型合作行为，内生性合作行为是为了获取某种利益而联合在一起的；外生型合作行为则是在外力（一般是国家）作用下的联合初始阶段。政府与社会资本的合作是一种以双方的双赢为目标，倡导非对抗的一种合作方式，因此它们的合作为内生性合作行为。再谈判首次应用在交易双方关系发生微妙的偏移时，用其解决合作双方的投资套牢问题。而 PPP 项目的再谈判是指在政府和社会资本签订合作协议后，由于主观、客观或者不可抗力等突发事件的发生对政府部门、私营部门以及社会公众三方各自的利益造成损害时发生的协商。从再谈判不同发起者来看，再谈判一般可以分为三种：一是政府发起的再谈判；二是社会资本发起的再谈判；三是双方共同发起的再谈判。PPP 项目非正常退出是社会资本在建设和运营 PPP 项目的过程中，由于受到自身过失的主观因素或者政府方的原因（政策变化、法规变更等）或者不可抗拒的客观原因，导致项目不能达到预期目标，原始的社会资本从项目中主动（被迫）撤离的行为。PPP 项目正常退出是相对于非正常退出的概念而定义的，它指政府和社会资本合作协议期满后，社会资本按照合同约定的移交方式、内容及标准，将 PPP 项目顺利移交给相关实施机构并及时退出项目的行为。

PPP 项目的交易双方通常是从缔约关系的初始合作开始，由于双方做项目的出发点和追求的利益不同，合作行为逐渐表现出分明的壁垒、防备与试探。为了解决双方分歧的相关问题，多次谈判成了政府与社会资本能够解决问题的依托，从行为的角度来看，此阶段也即为双方博弈的过程。然而政府部门希望能够更多地把控项目却不愿意提供充足的资本金及补贴费用等相关优惠政策，加之政府以往的不守信的行为致使社会资本在进行项目投资时充斥着对政府部门的戒备与防范，当发现目前阶段双方的合作成本高于违约的成本，不论是社会资本为了自己的利益，还是政府为了项目整体的利益，便出现了社会资本非正常退出本 PPP 项目是双方利益均衡点的最佳体现，整个项目社会资本非正常退出的产生过程如图 10 - 6 所示。

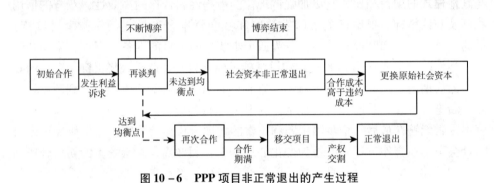

图 10 - 6　PPP 项目非正常退出的产生过程

## 10.3.2　政府部门与社会资本的行为博弈分析

### 10.3.2.1　博弈背景及基本假设

**1. 模型的背景**

工程建设的政府与社会资本合作行为是为了弥补传统合作模式的不足，顺应时代发展需要的一种新型的行政行为，政府不再仅仅是公权力实施的主宰部门，而是为了实现项目更好地实施和社会资本通过一系列的沟通、谈判建立的相互平等的合作关系。在 PPP 项目实施过程中，政府部门和社会资本是两个最为关键的参与方，政府部门是项目合作过程中政策制定者、监管者和参与方，是履责行为的重要体现；社会资本作为项目的投资建设运营方，是项目是否能够真正落地的首要关键，对项目的顺利实施起着非常关键的作用。双方都是作为经济学中理性人，其主要出发点分别是公共服务的最大化和自身经济利益最大化，然而政府与社会资本利益等方面未免不存在分歧，二者的友好合作到合作破裂导致社会资本非正常退出可用演化博弈的思想进行分析。本节利用上一节 PPP 项目社会资本非正常退出的关键因素中的政府信用和投资回报等最为关键因素作为博弈模型分析的假设条件，即通过政府守信的合作策略与失信的非合作策略，社会资本通过投资回报较高的积极态度合作策略与投资回报较低的消极态度的非合作策略来建立退出行为的博弈模型，分析其中存在的规律，为建立 PPP 项目非正常退出路径提供参考。

**2. 模型的基本假设**

（1）PPP 项目合作博弈过程中，主要参与方为政府与社会资本，双方之间存在信息的不对称，均是有限理性的组织，不具备预测未来发生事件的能力，两者为了寻求避免出现社会资本出现非正常退出行为的合作优化策略不断进行博弈。

（2）PPP 项目合作过程中，假定政府部门可以采用的策略选择为："守信"的合作策略为 $G_1$，"失信"的非合作策略为 $G_2$；社会资本可以采取的策略选择为：积极态度对待合作的策略为 $H_1$，消极态度对待合作的策略为 $H_2$。

（3）政府部门的收益和成本。假定某个政府利用 PPP 模式建设本地的基础设施项目的基本收益为 $h_0$，进行转移收益型激励（税赋减免、补贴等）需要付出的守信成本为 $a_1$，由于社会资本消极的态度行为导致政府承担项目直接经济损失为 f，社会资本消极的态度行为导致政府承担的社会成本为 t，失信社会资本的额外监管成本为 $d_1$，失信社会资本减少税费、增加补贴等扶持的投入为 $y_3$。

（4）社会资本的收益和成本。社会资本投资项目在投资回收期的基本收益为 $a_0$，积极努力完成项目后获得的政府转移收益型激励（减少税费、增加补贴等）收益为 $a_1$，采取消极的态度行为策略获得的额外经济收益为 f，在正常监管状态下由于消极的态度行为遭受政府惩罚的损失为 $y_1$，由于政府失信额外监管导致的惩罚损失为 $y_2$，由于政府失信减少补贴等扶持造成的基本收益损失为 $y_3$。

### 10.3.2.2　博弈模型的构建

基于上述假设条件，在 PPP 项目建设运营合作中，假定在开始阶段社会资本采用 $H_1$ 策略的比例为 m，采用 $H_2$ 比例为 $1-m$。政府部门采用 $G_1$ 策略的比例为 n，采用 $G_2$ 比例为 $1-n$。政府与社会资本的行为博弈支付矩阵如表 10-14 所示。

表 10-14　　　　　　　　　政府与社会资本的支付矩阵

| 行为选择模式 | | 社会资本 | |
| --- | --- | --- | --- |
| | | 积极态度 m | 消极态度 $(1-m)$ |
| 政府 | 守信 n | $a_0+a_1$，$h_0-a_1$ | $a_0+f-y_1$，$h_0-f-t+y_1$ |
| | 失信 $(1-n)$ | $a_0+a_1-y_3$，$h_0-a_1+y_3-d_1$ | $a_0+f-y_1-y_2-y_3$，$h_0-f-t+y_1+y_2+y_3-d_1$ |

对表 10-14 政府与社会资本的支付矩阵解释如下：

（1）PPP 项目中政府失信的行为有多种表现形式，为了简化博弈的表达模型，本书将政府失信于曾许诺社会资本减少其税费、提供项目资金补贴等激励措施及增加政府额外的监管检查用以约束社会资本等行为，作为政府失信的表现形式。

（2）根据政府以往做一般项目的习惯，政府是具有强势地位的领导者，它的失信将会降低政府对项目的监管行为和相应补贴及增加项目的税费。这些失信的行为将会给社会资本造成很大的损失，最终造成 PPP 项目司法上的经济纠纷，但是社会资本的诉讼行为得不到支持，因此在此支付矩阵中当政府部门单方采用失信非合作策略时，社会资本的积极态度的合作策略没有考虑政府部门对它的一些补偿。与此相反当社会资本采用消极态度合作策略（如机会主义），它自身将会受到政府部门的一些惩罚。

（3）本书假设 PPP 项目的整体收益为政府和社会资本双方友好合作时总收益 $h_0 + a_0$，社会资本非正常退出时双方的不合作（即政府失信，社会资本消极态度合作）时付出的额外成本为 $d_1 + t$，政府部门一方不合作（失信）时额外成本为 $d_1$，社会资本一方不合作（消极态度）时额外成本为 $t$。从项目的整体收益水平和公共利益的角度出发，政府与社会资本双方的友好合作是最优的效果，而政府部门单方的失信行为或社会资本单方积极态度合作视为次优效果，但社会资本非正常退出时双方的不合作视为最差的效果。由于考虑在此支付矩阵中当政府部门单方采用失信非合作策略时，政府部门不会对社会资本给予一些补偿，即为政府的失信行为造成社会资本利益的严重受损，此时次优选择的结果只能是社会资本一方的合作。

### 10.3.2.3 模型的求解

从政府和社会资本的支付矩阵可知，社会资本采取 $H_1$ 合作策略的比例为 $m$，采取 $H_2$ 非合作策略的比例为 $1 - m$；政府采取 $G_1$ 合作策略的比例为 $n$，采取 $G_2$ 非合作策略的比例为 $1 - n$。

则社会资本分别采用 $H_1$、$H_2$ 策略的适应度与平均适应度分别为：

$$\left.\begin{array}{l} Z_{1H_1} = n(a_0 + a_1) + (1-n)(a_0 + a_1 - y_3) \\ Z_{1H_2} = n(a_0 + f - y_1) + (1-n)(a_0 + f - y_1 - y_2 - y_3) \\ Z_{aw} = mZ_{1H_1} + (1-m)Z_{1H_2} \end{array}\right\} \quad (10-3)$$

则政府分别采用 $G_1$、$G_2$ 策略的适应度与平均适应度分别为：

$$\left.\begin{array}{l} Z_{1a_1} = m(h_0 - a_1) + (1-m)(h_0 - f - t + y_1) \\ Z_{1a_2} = m(h_0 - a_1 + y_3 - d_1) + (1-m)(h_0 - f - t + y_1 + y_2 + y_3 - d_1) \\ Z_{hw} = nZ_{1a_1} + (1-n)Z_{1a_2} \end{array}\right\}$$

$$(10-4)$$

则社会资本、政府的复制动态方程分别为：

$$\begin{cases} W_a(m) = \dfrac{dm}{dt} = m(Z_{1H_1} - Z_{aw}) = m(1-m)\left[ a_1 + y_1 + (1-n)y_2 - f \right] \\ W_a(n) = \dfrac{dn}{dt} = n(Z_{1H_1} - Z_{hw}) = n(1-n)\left[ d_1 - (1-m)y_2 - y_3 \right] \end{cases}$$

$$(10-5)$$

式（10-5）中令 $\dfrac{dn}{dt} = 0$，$\dfrac{dm}{dt} = 0$ 在平面 $M = \{(m, n) \mid 0 \leqslant m \leqslant 1, 0 \leqslant n \leqslant 1\}$ 上可得 PPP 项目非正常退出演化博弈的五个均衡点，$E_1(0, 0)$、$E_2(0, 1)$、$E_3(1, 0)$、$E_4(1, 1)$、$E_5\left( \dfrac{y_2 + y_3 - d_1}{y_2}, \dfrac{a_1 + y_1 + y_2 - f}{y_2} \right)$，令 $\dfrac{y_2 + y_3 - d_1}{y_2} = m_0$，$\dfrac{a_1 + y_1 + y_2 - f}{y_2} = n_0$，且当 $0 \leqslant m$，$n \leqslant 1$ 时 $E_5$ 才存在。

通过雅克比矩阵的分析式（10-5）复制动态方程组的均衡点稳定性，其雅各布矩阵为：

$$J(m, n) = \begin{bmatrix} \left[ a_1 + y_1 + (1-n)y_2 - f(1-2m) \right] & -m(1-m)y_2 \\ n(1-n)y_2 & \left[ d_1 - (1-m)y_2 - y_3 \right](1-2n) \end{bmatrix}$$

$$(10-6)$$

根据克雷斯马（Cressma）提出的检验均衡点性质的局部稳定分析方法，如果雅可比矩阵行列式的符号为正，矩阵行列式的迹 $Tr(J)$ 的符号为负，则表明相应的均衡点具有渐进稳定的性质；如果矩阵行列式和矩阵迹的符号都为正，则表明相应的均衡点不稳定；如果矩阵行列式的符号为负，则表明相应的均衡点为鞍点。各均衡点的雅克比矩阵行列式和行列式的迹的表达式如表 10-15 所示。

表 10-15　　　　　　各均衡点的雅克比矩阵行列式及迹的表达式

| E（均衡点） | \|J\|（雅克比矩阵的行列式） | Tr(J)（雅克比矩阵的迹） | 存在条件 |
|---|---|---|---|
| $E_1(0, 0)$ | $(a_1 + y_1 + y_2 - f)(d_1 - y_2 - y_3)$ | $(a_1 + y_1 + y_2 - f + d_1 - y_2 - y_3)$ | — |
| $E_2(0, 1)$ | $-(y_1 + a_1 - f)(d_1 - y_2 - y_3)$ | $(a_1 + y_1 - f) - (d_1 - y_2 - y_3)$ | — |
| $E_3(1, 0)$ | $(a_1 + y_1 + y_2 - f)(y_3 - d_1)$ | $(d_1 - y_3) - (a_1 + y_1 + y_2 - f)$ | — |
| $E_4(1, 1)$ | $(y_1 + a_1 - f)(d_1 - y_3)$ | $(f - y_1 - a_1 + y_3 - d_1)$ | — |
| $E_5(m_0, n_0)$ | $n_0(1 - n_0)m_0(1 - m_0)(w_2)^2$ | $0$ | $0 < m_0, n_0 < 1$ |

在不同参数取值范围下，各均衡点的局部稳定性如表 10-16 所示。

表 10 - 16　　　　　　　　不同参数取值范围各均衡点的局部稳定性

| E(均衡点) | ① | ② | ③ | ④ | ⑤ | ⑥ | ⑦ | ⑧ | ⑨ |
|---|---|---|---|---|---|---|---|---|---|
|  | $a_1+y_1-f>0$ $d_1-y_3-y_2>0$ | $a_1+y_1-f>0$ $0<d_1-y_3<y_2$ | $a_1+y_1-f>0$ $d_1-y_3<0$ | $-y_2\le a_1+y_1-f\le0$ $d_1-y_3<0$ | $-y_2\le a_1+y_1-f\le0$ $0\le d_1-y_3\le y_2$ | $-y_2\le a_1+y_1-f\le0$ $d_1-y_3-y_2>0$ | $a_1+y_1-f\le-y_2$ $d_1-y_3-y_2>0$ | $a_1+y_1-f<-y_2$ $0<d_1-y_3<y_2$ | $a_1+y_1-f<-y_2$ $d_1-y_3<0$ |
| $E_1(0,0)$ | 不稳定 | 鞍点 | 鞍点 | 鞍点 | 鞍点 | 不稳定 | 鞍点 | 稳定 | 稳定 |
| $E_2(0,1)$ | 鞍点 | 不稳定 | 不稳定 | 鞍点 | 鞍点 | 稳定 | 稳定 | 鞍点 | 鞍点 |
| $E_3(1,0)$ | 鞍点 | 鞍点 | 稳定 | 稳定 | 鞍点 | 鞍点 | 不稳定 | 不稳定 | 鞍点 |
| $E_4(1,1)$ | 稳定 | 稳定 | 鞍点 | 不稳定 | 鞍点 | 鞍点 | 鞍点 | 鞍点 | 不稳定 |
| $E_5(m_0,n_0)$ | 不存在 | 不存在 | 不存在 | 不存在 | 中心点 | 不存在 | 不存在 | 不存在 | 不存在 |

其中，当 $m=\dfrac{y_2+y_3-d_1}{y_2}$ 时，$W'_h(n)=0$，意味着此时无论 n 取何值，$W_h(n)$ 都有稳定解。当 $n=\dfrac{a_1+y_1+y_2-f}{y_2}$ 时，$W'_a(m)=0$，意味着此时无，论 m 取何值，$W_a(m)$ 都有稳定解。

### 10.3.2.4　模型的分析

**1. 模型的结果**

基于上述模型的求解可得如下结果：

（1）有稳定解的基本判别条件为：$f'(x)=0$，方程解稳定，反之则方程解不稳定，分别求导得

$$\begin{cases} W'_a(m)=(1-2m)[a_1+y_1+(1-n)y_2-f] \\ W'_h(n)=(1-2n)[d_1-(1-m)y_2-y_3] \end{cases} \tag{10-7}$$

由式（10-7）可知，当 $n<n_0$ 时，$W_a(1)$ 有稳定解，即 $m=1$ 稳定；当 $m>m_0$ 时，$W_h(1)$ 有稳定解，即 $n=1$ 稳定。但在 $W'_a(m)=0$，$W'_h(n)=0$ 时，斜率不确定，意味着这两点是奇点。

（2）使用相轨迹描述系统的演化动态趋势。用 x，y 为坐标轴构建的平面图来表示公私合作的动态演化趋势，如图 10-7 所示。

**2. 模型的结果分析**

图 10-7 政府与社会资本合作行为的博弈演化相轨迹，结合表 10-16 不同参数取值范围各均衡点的局部稳定性可得：

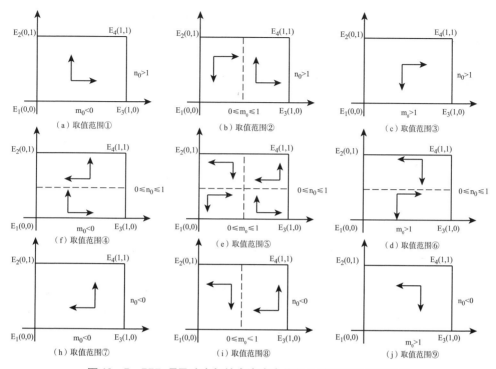

**图 10-7　PPP 项目政府与社会资本合作行为的博弈演化相轨迹**

（1）社会资本合作行为演化趋势。对于社会资本来说，当 $n_0 > 1$ 即为 $f - (a_1 + y_1) < 0$（取值范围为①②③）时，演化趋势如图 10-7 中（a）、（b）、（c）所示，社会资本在此环境下会偏好采用积极态度的合作策略，并不倾向于政府部门选择的合作策略。当 $0 < n_0 < 1$ 即为 $f - (a_1 + y_1) > 0$（取值范围为④⑤⑥）时，演化趋势如图 10-7 中（d）、（e）、（f）所示，在投资回报较低的 PPP 项目，社会资本选择策略会逐渐倾向于消极态度的非合作行为，但同时也不倾向于政府部门选择的合作策略。当 $n_0 < 0$，即取值范围为⑦⑧⑨时，演化趋势如图 10-7 中（h）、（i）、（j）所示，社会资本策略选择行为会倾向于政府部门选择的合作策略，当政府部门选择具备信用的合作策略的比例大于 $n_0$ 时，社会资本合作选择行为倾向于消极态度的合作策略，反之当政府部门选择具备信用的合作策略的比例小于 $n_0$ 时，社会资本合作选择行为倾向于积极态度的合作策略。

因为 $a_1 + y_1$ 的值反映了 PPP 项目中政府一般正常的监管的力度，$y_2$ 反映了政府额外的监管力度。在 PPP 项目的政府和社会资本的协议中，通常会约定政府一般正常监管的行为，从社会资本的角度而言，当一般正常监管的力度大于其消极态度合作策略的收益时，社会资本策略选择会倾向于积极态度的合作行为。然而当一般正常监管的力度小于其消极态度合作策略的收益时即（$f > y_1 + y_2$），但通过加强政府额外监管后能足够弥补其消极合作策略的收益（$f < a_1 + y_1 + y_2$），那么此时社会资本策略选择会倾向于积极态度的合作行为，然而如果政府在这种情况下并不适用额外的监管来激励社会资本，社会资本的行为将趋向消极态度的合作策略。从另外一个角度分析，当社会资本消极态度合作策略的收益非常大，又加之政府监管失信（$f > a_1 + y_1 + y_2$），则它将毫不犹豫地采取消极态度合作，选择退出本次项目的合作。

（2）政府部门合作行为的演化趋势。对于政府部门，当 $m_0 < 0$ 即为 $d_1 > (y_2 + y_3)$（取值范围为①④⑦）时，演化趋势如图 10 – 7 中（a）、（f）、（h）所示，无论社会资本的合作行为如何选择，其最终选择守信的合作策略。当 $m_0 > 1$ 即为 $d_1 > y_3$（取值范围为③⑥⑨）时，演化趋势如图 10 – 7 中（c）、（d）、（j）所示，无论社会资本的合作行为如何选择，其最终选择失信的合作策略。当 $0 < m_0 < 1$ 即为 $y_3 < d_1 < (y_2 + y_3)$（取值范围为②⑤⑧）时，演化趋势如图 10 – 7 中（b）、（e）、（i）所示，政府部门合作策略的选择行为的策略选择倾向于社会资本选择的合作策略。即为社会资本积极态度的合作行为比例大于 $m_0$ 时，政府部门合作行为总是倾向守信策略，社会资本积极态度的合作行为比例小于 $m_0$ 时，政府部门合作行为总是倾向失信策略。

根据假设的条件可以看出，$d_1$ 反映了政府额外的监督成本，也就是政府选择失信策略行为所付出的代价。$y_3$ 反映了政府承诺补贴项目的收益，$y_3$ 越大，则政府方选择失信策略驱动行为几率越高；$y_2$ 反映了由于政府部门失信于额外对项目的监管所导致的社会资本被惩罚的损失，$y_2$、$y_3$ 都可以表示政府选择失信策略行为所获得的收益，当然这些收益只能在社会资本真正非正常退出项目时才能获得。当政府部门可获得的收益比较大，即（$y_3 > d_1$）时，政府失信行为所获得的收益大于它所付出的成本，在这种情况下，政府部门的合作行为偏好与失信非合作策略的选择。当 $y_3 < d_1 < (y_2 + y_3)$ 时，即失信加上额外监管所获得的收益远远超过它所付出的成本，此时只要社会资本采用消极的态度（准备主动非正常退出），即（$n > n_0$）时，政府部门的合作行为的演化必然趋向失信非合作策略的选择。相反，即失信加上额外监管所获得的收益小于它所付出的成本，即 $d_1 > (y_2 + y_3)$ 时，无论合作方是否合作，政府的合作行为会偏向选择守信的策略。

基于本博弈模型的构建时认为政府与社会资本双方的友好积极合作是最优的效果，以社会资本一方合作为次优均衡，政府一方合作为次劣均衡，社会资本非正常退出时双方的不合作视为即双方不合作为最劣均衡。上述分析中可以看出，只有政府的失信行为加上额外监管所获得的收益足够小时，双方合作的博弈才有可能达到最优的均衡。当政府承诺的补贴及监管完全失效时，演化将达到次劣均衡，甚至达到社会资本被迫退出项目最劣的利益平衡，双方是否能够友好合作完全取决于政府信用是否能够如实的遵守。良好的政府信用，社会资本更多的舍小利求远利的理念才能在 PPP 项目过程中达到合作的良性锁定。

## 10.3.3　X 市北部旅游公路 PPP 项目退出行为博弈的实证研究

### 10.3.3.1　项目概况

#### 1. 建设内容

X 市北部旅游公路 PPP 项目包含 9 个子项目，总投资约 30.55 亿元（其中监理单位由当地交通运输局自行采购，监理费不计入总投资）全，具体项目的情况如表 10 – 17 所示。

表 10 – 17　　　　　　　北部旅游公路建设 PPP 项目子项目基本情况

| 序号 | 子项目名称 | 建设内容 | 建设时间<br>（预计）（年） | 项目投资<br>（亿元） |
|---|---|---|---|---|
| 1 | 环木兰湖公路东段 | 全长 21 公里，前段 18 公里按二级公路标准改扩建，路基宽 10 米；接红安觅儿公路 3 公里按二级公路标准新建，路基宽 12 米 | 2016～2017 | 2.65 |
| 2 | S116 姚蔡公路蔡店至姚山段 | 全长 17 公里，路基宽 10 米，按二级公路标准改扩建 | 2016～2017 | 2.10 |
| 3 | S116 蔡店至姚集段 | 全长 10 公里，路基宽 24 米，按一级公路标准改扩建 | 2016～2017 | 2.00 |
| 4 | S108 黄土公路长岭至车站村段 | 全长 26 公里，其中长岭至姚集段 14 公里路基宽 30 米（3.5 亿元）；姚集至车站村段 12 公里路基宽 24 米（2.4 亿元）；按一级公路标准改扩建 | 2017～2020 | 5.90 |
| 5 | S334 长岭至泡桐段 | 全长 18 公里，路基宽 10 米，按二级公路（山岭重丘区）标准改扩建 | 2017～2019 | 2.70 |
| 6 | 祁泡公路祁家湾至泡桐段 | 全长 23 公里，路基宽 24 米，按一级公路标准改扩建 | 2017～2019 | 4.60 |
| 7 | S234 熊许线长岭岗至陈堰村 | 全长 25 公里，其中长岭岗至徐家桥段 14 公里路基宽 24 米，按一级公路标准改扩建（2.8 亿元）；徐家桥至陈堰村段 11 公里路基宽 12 米，按二级公路标准新建（3.6 亿元） | 2017～2019 | 6.40 |

续表

| 序号 | 子项目名称 | 建设内容 | 建设时间（预计）（年） | 项目投资（亿元） |
|---|---|---|---|---|
| 8 | 木兰湖大桥及接线 | 全长 3 公里，路基桥宽 12 米，按二级公路标准新建 | 2017～2018 | 2.00 |
| 9 | 塔耳至姚集 | 全长 18 公里，路基宽 10 米，按二级公路标准改建 | 2017～2018 | 2.20 |
| | | 总投资估算 | | 30.55 |

资料来源：PPP 综合信息平台系统。

### 2. 政府和社会资本合作期

根据本项目的具体情况，政府和社会资本双方的签订的协议合作期为 15 年，其中建设期共为 5 年，运营期共为 10 年，每个子项目的具体实施计划如表 10-18 所示。

表 10-18　　　　　　　　北部旅游公路建设 PPP 项目实施操作计划

| 年份 | 2016 | 2017 | 2018 | 2019 | 2020 | 2021 | 2022 | 2023 | 2024 | 2025 | 2026 | 2027 | 2028 | 2029 | 2030 |
|---|---|---|---|---|---|---|---|---|---|---|---|---|---|---|---|
| 环木兰湖公路东段 | | | | | | | | | | | | | | | |
| S116 姚蔡公路蔡店至姚山段 | | | | | | | | | | | | | | | |
| S116 蔡店至姚集段 | | | | | | | | | | | | | | | |
| S108 黄土公路长岭至车站村段 | | | | | | | | | | | | | | | |
| S334 长岭至泡桐段 | | | | | | | | | | | | | | | |
| 祁泡公路祁家湾至泡桐段 | | | | | | | | | | | | | | | |
| S234 熊许线长岭岗至陈堰村 | | | | | | | | | | | | | | | |
| 木兰湖大桥及接线 | | | | | | | | | | | | | | | |
| 塔耳至姚集 | | | | | | | | | | | | | | | |

### 3. 运作模式

本项目拟利用 PPP 模式中的 BOT 的合作方式对项目实施操作。区发改委作为采购负责人采用竞争性磋商的方式开展社会资本（中建三局）的采购工作；区盘龙交投作为政府方的出资代表与社会资本方签订合资协议成立负责本项目的融资、建设运营及维护的 SPV 公司，区盘龙交投与社会资本股权依据投入的初始资本金比例暂定为 1:9。

项目合作期间，在建设期内项目公司负责完成项目建设并通过竣工验收，在运营期内项目公司根据地方管理办法在服务范围内进行运营维护，区交通局作为项目的实施机构，根据项目的考核结果向区财政局申请本项目的支付费用；政府与社会资本的合作协议期满后，项目公司将依据协议约定移交方式、内容及标准转移给区交通局，具体运作方式如图 10 − 8 所示。

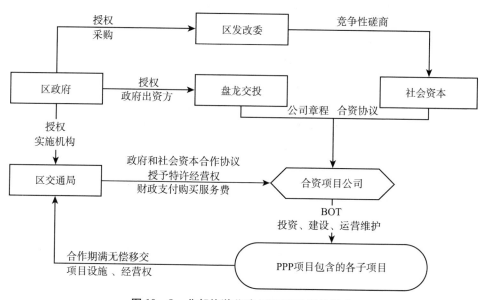

图 10 − 8　北部旅游公路 PPP 项目运作模式

### 4. 项目合同的边界条件

（1）项目公司组建。项目公司初始注册资金为人民币 1 亿元，中选供应商与盘龙交投出资比例为 90%：10%，其中中选供应商出资 9000 万元，盘龙交投出资 1000 万元；中选供应商与盘龙交投均以货币资金出资，并且本项目最低资本金不得低于总投资的 20%。

（2）项目公司治理结构。项目公司根据《中华人民共和国公司法》的有关规定设置项目的管理人员：项目公司董事会设 3 人，中选供应商委派 2 人，盘龙交投委派 1 人；董事长是本项目公司的法定代表人，并且需要供应商委派的代表的选举；监理会成员的产生需要区盘龙交投与社会资本方各派 1 人及本公司员工选举 1 名。

（3）项目公司的收益分配机制。项目公司所得利润，盘龙交投按照所占股权比例的两倍进行分配，剩余部分分配给社会资本。本项目包含各子项目所有发包工程均按照 10% 左右的标的额提取利润留在项目公司，或由项目总承包方直接向盘龙交投支付一定比例的管理费。

（4）股权转让。合作期满后，若盘龙交投和社会资本协商一致，项目公司清算，交投按照股权比例的 1～2 倍分配留存收益，剩余留存收益分配给社会资本；若协商一致，项目公司存续，则社会资本应将股权比例全部转让给交投，转让价格为留存收益的 80%～90%。

**5. 项目的回报机制**

本项目的主要产品为公路等，项目回报机制主要采取"可行性缺口补助"的方式。PPP 合作期内，区交通局根据项目的考核结果向区财政局申请本项目的支付费用，项目公司获得合理的投资回报。本项目的经济测算结合当地政府的财政承受能力，最后得出政府需要给予 9 个子项目的补贴费用共计 52951.87 万元，社会资本收益为 423614.96 万元，社会资本的合作伙伴收益为 105903.74 万元，根据双方协议规定，如果政府失信不给予补贴，将按照初始约定的两倍对社会资本进行补偿。

10.3.3.2　X 市北部旅游公路 PPP 项目社会资本非正常退出行为的博弈分析

**1. 模型的背景**

X 市北部旅游公路 PPP 项目是非常典型的非经营性基础设施项目，从它的回报机制可以看出，本项目的社会资本方收益来源主要为政府付费。在非经营性 PPP 项目中，政府信用、政府补贴对其是否能够顺利实施起着至关重要的作用。由于政府与社会资本两者的利益诉求不同，加之两者的合同具有不完全契约性，在长期的合作过程中，双方之间的行为随着利益的驱动难免不会出现变异。本项目目前处于实施阶段，通过构建政府对社会资本的补贴是否完全守信及社会资本的合作态度是否积极为出发点研究政府与社会资本行为的博弈演化，对于防控社会资本的非正常退出有着不可或缺的意义。

**2. 模型的基本假设**

（1）政府与社会资本是北部旅游公路 PPP 项目的主要参与方，双方之间存在信息的不对称，均是有限理性的组织，不具备预测未来发生事件的能力。

（2）PPP 项目合作过程中，假定政府部门可以采取的策略选择为："守信"

的合作策略为 $G_1$，"失信"的非合作策略为 $G_2$；社会资本可以采取的策略选择为：积极态度对待合作的策略为 $H_1$，消极态度对待合作的策略为 $H_2$。

（3）政府部门的收益和成本。假定区政府利用 PPP 模式建设本地的基础设施项目的基本收益为 $h_0$，给予补贴付出的守信成本为 $a_1$，由于社会资本消极的态度行为导致政府承担的项目直接经济损失为 f，社会资本消极的态度行为导致政府承担的社会成本为 t，失信社会资本的付出的监管成本为 $d_1$，失信于社会资本给予补贴的投入为 $y_3$。

（4）社会资本的收益和成本。社会资本投资本项目的收益为 $a_0$，通过绩效评估后获得的政府补贴的收益为 $a_1$，采取消极的态度行为策略获得的收益为 f，由于政府失信行为减少补贴造成收益损失为 $y_3$。

**3. 模型的构建**

北部旅游公路 PPP 项目基于上述假设条件，建设运营合作中，政府与社会资本的行为博弈支付矩阵如表 10 - 19 所示。

表 10 - 19　　　　　　　　　　政府与社会资本的支付矩阵

| 行为选择模式 | | 社会资本 | |
| --- | --- | --- | --- |
| | | 积极态度 m | 消极态度（1 - m） |
| 政府 | 守信 n | $a_0 + a_1$，$h_0 - a_1$ | $a_0 + f$，$h_0 - f - t$ |
| | 失信（1 - n） | $a_0 + a_1 - y_3$，$h_0 - a_1 + y_3 - d_1$ | $a_0 + f - y_3$，$h_0 - f - t + y_3 - d_1$ |

其中政府部门采用 $G_1$ 策略的比例为 n，采用 $G_2$ 比例为 1 - n。社会资本采用 $H_1$ 策略的比例为 m，采用 $H_2$ 比例为 1 - m。

**4. 模型的求解分析**

根据上个小节的式（10 - 3）~ 式（10 - 6）可得各均衡点的雅克比矩阵行列式和行列式的迹的表达式如表 10 - 20 所示。

表 10 - 20　　　　各均衡点的雅克比矩阵行列式及迹的表达式

| E（均衡点） | \|J\|（雅克比矩阵的行列式） | Tr(J)（雅克比矩阵的迹） |
| --- | --- | --- |
| $E_1(0, 0)$ | $(a_1 - f)(d_1 - y_3)$ | $(a_1 - f + d_1 - y_3)$ |
| $E_2(0, 1)$ | $-(a_1 - f)(d_1 - y_3)$ | $(a_1 - f) - (d_1 - y_3)$ |
| $E_3(1, 0)$ | $(a_1 - f)(y_3 - d_1)$ | $(f - a_1 + d_1 - y_3)$ |
| $E_4(1, 1)$ | $(a_1 - f)(d_1 - y_3)$ | $(f - a_1 + y_3 - d_1)$ |

在不同参数取值范围下，各均衡点的局部稳定性如表 10 - 21 所示。

表 10 – 21 不同参数取值范围各均衡点的局部稳定性

| E(均衡点) | ① $a_1 - f > 0$ $d_1 > y_3$ | ② $a_1 - f > 0$ $d_1 < y_3$ | ③ $a_1 - f < 0$ $d_1 > y_3$ | ④ $a_1 - f < 0$ $d_1 < y_3$ |
|---|---|---|---|---|
| $E_1(0, 0)$ | 不稳定 | 鞍点 | 鞍点 | 稳定 |
| $E_2(0, 1)$ | 鞍点 | 不稳定 | 稳定 | 鞍点 |
| $E_3(1, 0)$ | 鞍点 | 稳定 | 不稳定 | 鞍点 |
| $E_4(1, 1)$ | 稳定 | 鞍点 | 鞍点 | 不稳定 |

基于上述模型，利用相轨迹来表示北部旅游 PPP 项目政府与社会资本合作的动态演化趋势，如图 10 – 9 所示。

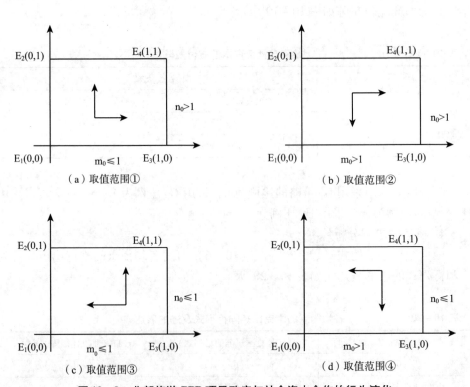

图 10 – 9　北部旅游 PPP 项目政府与社会资本合作的行为演化

根据北部旅游公路 PPP 项目经济测算和协议的初始约定，政府给予社会资本的初始补贴费用（$\alpha_1$）共计 52951.87 万元，社会资本收益（$\alpha_0$）为 423614.96 万元，政府出资代表盘龙交投收益（$h_0$）为 105903.74 万元，根据双方协议规定，如果政府失信不给予补贴，将按照初始约定的两倍对社会资本进行补偿，即（$y_3$ 为 105903.74 万元）。结合图 10-10 和表 10-20 可得本项目的政府与社会资本合作行为的博弈分析如下：

（1）北部旅游公路 PPP 项目社会资本合作行为演化趋势。对于社会资本来说，当 $n_0 > 1$ 即为 f < 52951.87 万元（取值范围为①②）时，演化趋势如图 10-9 中（a）、（b）所示，社会资本消极合作策略承担的经济损失小于政府许诺给予的补贴时，社会资本在此环境下会偏好采用积极态度的合作策略，并不倾向于政府部门选择的合作策略。当 $n_0 \leqslant 1$ 即为 f > 52951.87 万元（取值范围为③④）时，演化趋势如图 10-9 中（c）、（d），此时社会资本选择消极合作建设运营北部旅游 PPP 项目承担的经济损失大于政府许诺给予的补贴时，它选择策略会逐渐倾向于消极态度的非合作行为，但同时也不倾向于政府部门选择的合作策略。

（2）政府部门合作行为的演化趋势。对于政府部门，当 $m_0 \leqslant 1$ 即为 $d_1 >$ 105903.74 万元（取值范围为①③）时，演化趋势如图 10-10 中（a）、（c）所示，无论社会资本的合作行为如何选择，由于政府失信所付出的成本要大于初始合同约定如果政府不给予补贴所补偿的成本，其最终选择守信的合作策略。当 $m_0 > 1$ 即为 $d_1 <$ 105903.74 万元（取值范围为②④）时，演化趋势如图 10-10 中（b）、（d）所示，无论社会资本的合作行为如何选择，由于政府失信所付出的成本要小于初始合同约定如果政府不给予补贴所补偿的成本，其最终选择失信的合作策略。

政府与社会资本签订 PPP 协议前，需要双方在第三方专业机构的主导下不断地进行谈判，这个行为即是初始合作的不断博弈的过程，达到双方的均衡点时，双方签下 PPP 合作协议。由于契约的不完全性及不可预知的风险导致在项目建设政府与社会资本的利益诉求不断地产生分歧，其直接影响着双方合作行为发生的变化。通过上述的博弈分析，在北部旅游 PPP 项目的建设运营过程中，当政府和社会资本的利益诉求产生分歧时，政府失信的成本远远小于与社会资本约定的赔偿成本时，这时区政府从项目长远的利益出发，将会选择新的具有实力的社会资本来代替原始的社会资本进行项目的实施；从社会资本的角度出发，当社会资本的利益诉求得不到实现时，社会资本的违约成本远远小于政府给予的补贴，此时原始社会资本为了将自身利益损失降到最低，将会选择主动退出此项目的建造运营。因此在本项目的融资建造运营过程中，政府信用是其顺利实施的关键，除此之外，由于 PPP 项目本身就具有公益性，双方应该避免去寻求自身利益的最大化，应该具有的舍小利求远利的理念，使 PPP 模式能够良性发展。

# 10.4 PPP 项目非正常退出路径的构建

## 10.4.1 非正常退出外部性的内部化路径设计

以政府与社会资本共同主导的 PPP 项目与传统项目政府行为不同在于它不仅是亲身参与到基础设施项目的建设运营过程中，更是整个项目运作流程的政策制定及监管者。政府在双方协议处于非常关键的地位，它利用法律赋予的权利监管社会资本投资项目的行为，从而提高项目公司的运作效率，使其能够建立以市场为核心的多向决策机制、多维的相互制约和平衡机制，进而达到 PPP 项目的正外部性与为公众服务的目的。正外部性主要表现为：（1）促进项目的顺利实施。原有社会资本由于经营不善等自身原因造成项目社会资本主体的更换，新的社会资本可以给项目带来新的技术及资金支撑，使项目顺利的实施。（2）加强项目的风险把控。新的社会资本吸收原来社会资本退出项目的经验教训，在原有的基础上，进行风险方案优化设计，从而加强项目风险的把控。（3）保障债权人的利益。如果任由不可挽救的问题使原有社会资本继续经营 PPP 项目，将会使投资人的资金丧失殆尽，造成无法挽回的资金损失，损害了债权人的利益。

然而基础设施 PPP 项目通常是具有公共性的非营利的大型项目、全寿命周期很长、未可预知的风险比较多，如果在双方合作博弈的过程中，达不到最优的稳定点，政府或者相关部门将会提前终止合同，此种情况下，社会资本的非正常退出行为将产生负外部性。负外部性的表现为：（1）降低项目的运作效率。新的社会资本不仅需要了解项目的运作情况，还要和合作方磨合等一系列任务，造成了工作进程的推慢，影响项目的运行效率。（2）危及原来社会资本的信誉。社会资本的脆弱性使其可以相互传染、相互辐射。社会资本由于自身原因退出项目，可在行业内、业主方、公众迅速传播开来造成名誉的损失，进而出现"挤提"现象。（3）在社会公众之间容易产生不良的影响。PPP 项目大都为基础设施，原有社会资本的退出造成项目中断，会使社会和公众对政府及社会资本丧失信心，产生不良的影响。

综上所述，对于 PPP 项目非正常退出来说，无论正外部性还是负外部性将会对项目本身及政府、社会资本、公众等有着强烈的影响。目前一些学者将内部化作为减轻项目外部性影响的一种途径。崔宇明（2007）、秦荣（2012）等学者从环境的外部性影响来探讨解决污染的内部化路径。张文龙（2012）研究产业生态化过程中，认为可通过管制途径、补贴途径和产权途径解决市场失灵等外部性问题。胡明洋（2016）、刘慧怡（2016）分别从轨道交通和产业流通的角度建立内部化补偿途径。本书主要从微观角度和宏观角度来设计 PPP 项目非正常退出的内部化路径，如图 10 – 10 所示。

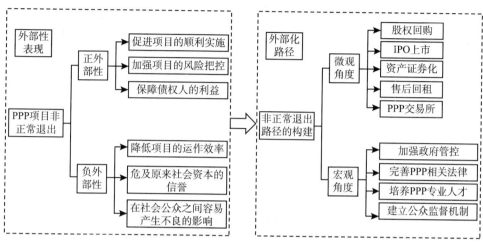

图 10 – 10　非正常退出外部性的内部化路径设计

## 10.4.2　PPP 项目非正常退出的路径

### 10.4.2.1　股权回购

所谓股权回购是指某一公司能够正常经营的情况下，各方股东由于某种原因可以向公司出售自己股份并以资金或者其他方式获得回报，进而从此公司退出来的一种方式。根据股东和公司回购表达出的回购意愿表示可分积极回购和消极回购两大类。积极回购指股东和公司关于出售和买入股权的意愿表示一致的股东退出公司的一种法律行为。消极回购指股东和公司关于出售和买入股权的意愿表示一致，并通过法律强制的手段使股东退出公司的一种法律行为。根据以上阐述可得出 PPP 项目中股权回购是政府与社会资本协商一致的情况下，由特定主体（可以是政府指定机构，可以是运营的社会资本，还可以是其他第三方）对 SPV 中的原始社会资本的股权进行回购。

社会资本的股权回购是针对 PPP 项目的投资、建设和运营，如双方利益诉求达不到协同时或者遇见不可抗力事件，项目公司与其中的社会资本签订回购协议，政府以 PPP 项目作为担保，由政府指定的国有机构或其他大型企业作为主体通过项目公司进行原始社会资本股权回购，最后由新的社会资本与政府成立的项目公司进行本项目的建设及运营管理，合作期满并移交给政府，具体退出方式如图 10 – 11 所示。

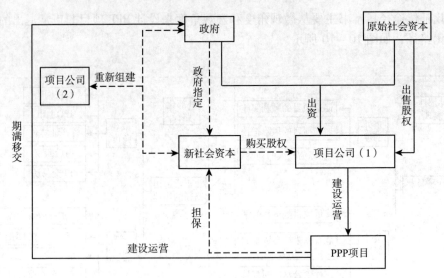

**图 10 – 11  社会资本股权回购退出路径**

### 10.4.2.2  IPO 上市

首次公开发行（Initial Public Offerings，IPO）是指某公司以融资为目的，具备上市所需的条件后，为了实现初始投资的收回与增值，首次面向非特定社会公众公开发行股票的行为。IPO 是投资收益最大化的一种退出方式，对于 PPP 项目公司而言，不仅可以提高该公司的影响力，而且可以促进公司清理资产，促进资金的流动。

本书借鉴崔玉涵（2015）私募股权投资基金的 IPO 退出方式来构建 PPP 项目中社会资本非正常退出渠道。PPP 项目中 IPO 上市退出是对于有稳定现金流且有丰富资源或题材的 PPP 项目，首先社会资本通过项目公司借助主板市场公开发行股票后，到证券交易场所进行挂牌交易，实现 PPP 项目与资本市场的有效联动对接，可通过原始股东的转让，实现原始社会资本的退出的一种先进方式，具体路径如图 10 – 12 所示。

### 10.4.2.3  资产证券化

证券化之父弗兰克认为资产证券化是将某一个不能流动的资产打包发展成可通过市场出售的附息证券的过程。美国证券交易委员会则赞同资产证券化是一种能将流动的资产整合在一起，成为在一种可发行和出售的方式。PPP 资产证券化就是将不能流动的但具备稳定未来现金流的资产作为基础资产，成立资产池通过内部结构重组和信用增级，发行可供资本市场投资的证券的一种融资方式。

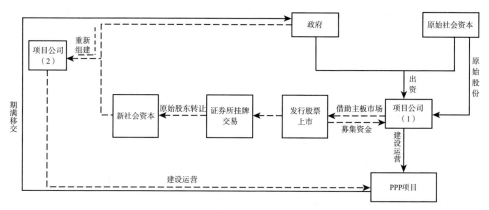

**图 10 - 12　社会资本 IPO 上市退出路径**

　　PPP 资产证券化首先是资产汇集，即原始社会资本通过项目公司将其基础资产（收费权和服务权）汇集为资产池选择。其次是资产转移。通过成立 SPV（信托公司等），由 PPP 项目公司将基础资产出售给 SPV，最后 SPV 将募集的资金支付给意向的新的社会资本，实现基础资产的出售，从而原始社会资本提前退出，具体路径如图 10 - 13 所示。

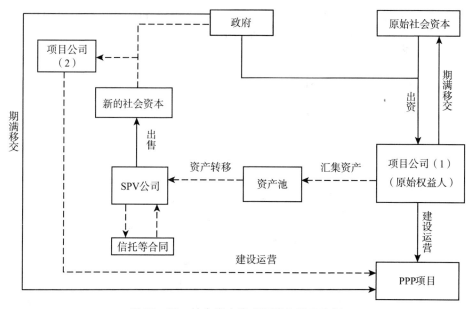

**图 10 - 13　社会资本资产证券化退出路径**

### 10.4.2.4　售后回租

售后回租是融资租赁的一种，主要是指某一项目或者相关设备的拥有者为了使项目能够获得融资，将自身拥有的部分或者全部固定（非固定）资产卖给出租人并以分期的形式向出租人支付租金，直至双方合作行为期限结束再从出租公司购买自己曾出售的全部固定（非固定）资产的一种市场交易行为。售后租回的特征即为在项目（设备）的承租人和出租人相互交易中，合作双方具有双重身份并进行了双重交易，从而形成了资产价值与使用价值的相分离的特征。售后回租的本质是通过实物所有权的转移而进行资金融通的一种方式，售出的标的物只作为一种融资手段。出租人不实际控制标的物、不参与承租企业的经营和管理，而承租公司则通过盘活存量资产、出售资产以获得流动的现金，能够使公司的资金正常周转及改善财务状况的一种非常有效手段。从另一个角度来讲，承租公司在某些不特定的状况下可以使将要升值的资产进行售后回租，从中能够获得未来资产溢价的现金收益；而出租公司不仅能够扩大自身的业务类型还可以获得更多的交易收入。

　　PPP 项目售后回租主要是在项目建成后，项目公司可以将基础资产出售给租赁公司，获得稳定的现金流来偿还非正常退出的原始投资人的股份，进而达到资金的最大使用效率后，最后再进行基础资产的回租交易。PPP 项目公司的基础资产通常是有可预见的稳定收益的资产，如环保类、水电类、供热类等。项目公司在之后的项目建设运营中根据合同约定向租赁公司支付租金，待项目结束后，租赁公司再以当初约定的价格将基础资产所有权转移给项目公司，项目公司再将资产转移给政府或其他机构，具体路径如图 10 – 14 所示。

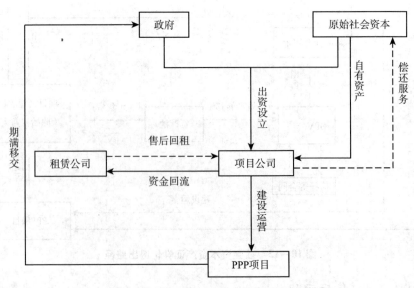

**图 10 – 14　社会资本售后回租退出路径**

### 10.4.2.5　PPP 交易所

PPP 交易所是为 PPP 项目落地实施一站式服务，包括交易信息公布、寻找社会资本、融资配套服务以及社会资本流转等，配合政府相关部门的管理职能，在政府和市场之间形成纽带与对接而搭建的交易场所。它在国内"2016 第二届中国 PPP 融资论坛"上首次提出，分为一级交易市场、一级半交易市场、二级交易市场。

PPP 项目的一级项目交易市场主要针对项目的前期工作进行开展的，包括项目信息的公布和筛选、尽职调查、可行性研究，物评、选定社会资本，确定核心条款等工作。PPP 项目的一级半市场主要围绕政府与社会资本成立的项目公司的资金落实而建立的，如项目融资、项目贷款等。PPP 项目的二级交易市场是项目进入建造运营阶段后，为方便社会资本退出，寻找新的社会资本，提高其合作的积极性，实现高效率低成本的资本流转，对股权回购、资产证券等而建立的包括报价机构、审核机构、评估机构、监督机构的一个场所。

为了提高基础设施的水平，国家力推城市基础设施 PPP 项目的建设，全国各地都掀起了建造基础设施的浪潮，但 PPP 项目大多数还处于建设阶段，还未看到项目在运营阶段出现的问题，建立集报价、监督、法律、财务、评估机构为一体的 PPP 交易场所，同时成立相关交易规则，对于 PPP 项目后期出现退出的问题能够有秩序、有规律地解决。

## 10.4.3　减少非正常退出的保障措施

### 10.4.3.1　加强政府管控

通过 SEM 模型对 PPP 项目非正常退出关键影响因素的分析，政府政策的制定和信用因素在非正常退出中起到很主要的作用。由于政府部门在 PPP 合作中处于强势地位造成了合作中的不平等，PPP 项目的长远发展和健康发展离不开政府部门的监督和管理，政府部门应为其发展提供强有力的保障和支持。

首先，要转变政府部门的职能角色。目前 PPP 模式在我国各地进行了广泛的推广与应用，与以往以政府为主导的传统模式建设的基础设施项目相比，它更注重政府真正参与建设和运营项目中。但现阶段该模式在我国刚刚兴起，应用方法和手段都不太成熟，对其理解不是很充分，加之政府以往项目的角色定位给社会资本留下不守信的形象，使社会资本特别是私有资本不敢和政府合作，这样会大大降低城市基础设施的建设水平。因此根据我国国情出发，政府需要改变过去不良的形象，成功转变为项目的参与者和监督者，使 PPP 项目能够良性地发展。

其次，政府要提高自身的信用。政府信用作为柔性治理措施，在很大程度上影响着政府与社会资本合作的长久性，对社会资本的非正常退出有着至关重要的作用。政府可以通过协议内容和建立信用监督机制，加强自身信用建设，保证PPP项目能够长久运营。

最后，政府部门内部必须树立廉洁公正的办事风格，形成良好的政治环境。如果政府内部滋生腐败，凡事都通过"走后门""行贿受贿"来解决，则会导致PPP市场的不正常运行，而且这种走捷径的方式在很大程度上会影响PPP项目合同的完整性，导致双方合同关系的破裂，从而致使PPP项目一方的不正常退出。一个良好的PPP项目实施环境需要社会各方的共同努力建立一个廉洁清正的社会环境，尤其是政府部门更应该从内部廉洁的角度出发，从部门制度入手，坚决杜绝腐败行为。

### 10.4.3.2  完善 PPP 相关法律

通过 SEM 模型分析，法律变更在 PPP 项目政府责任的实现因素中占据重要地位。法律的完备性及稳定性不仅保障了 PPP 项目施行过程中的规范化，也为政府在 PPP 项目中转变传统角色、重新定位提供了合法依据。

在法律支持方面，政府作为 PPP 项目的规则制定者，应为 PPP 项目的稳健实施构建完善的法律顶层环境。第一，明确政府角色，使政府干预与政府保证在合理范围之内；第二，通过规范 PPP 项目操作程序，制定专门的 PPP 项目相关法规以推进 PPP 项目的落地实施，并将其纳入整体的法律体系中，使 PPP 项目处于有法可依、有章可循的宏观环境政策中；第三，规范 PPP 项目特许权协议，完善 PPP 项目特许权授予制度；第四，制定相关法律条款，规范 PPP 项目参与人员的专业程度。

法律支持是社会资本参与项目的一种激励措施，也是 PPP 项目运作成功的先决基础。通过加强法制建设，为 PPP 项目提供一个稳定的投资环境，从刚性的角度促进 PPP 项目政府责任的实现，提升社会资本投资基础设施项目的信心与合作意愿。

### 10.4.3.3  培养 PPP 专业人才

根据构建 PPP 项目非正常退出关键因素模型可以看出，专业人才因素对非正常退出的影响系数为 0.618，表明该因素的影响程度较大，需要考虑。PPP 项目所涉及的领域较多，包括工程、法律、财务等，因此，它对专业性人才要求很高。

PPP 项目的顺利实施需要政府、社会资本、咨询机构各方的努力，众所周知，政府与社会资本两方是项目的最主要参与方，而咨询机构是政府与社会资本联系的纽带，是解决双方问题的专业机构，是项目成功落地必不可少的关键方。项目管理需要 PPP 项目的专业性人才，以科学和全寿命周期的角度对其进行指导，能够进一步深入地进行 PPP 项目的运作框架构建。目前，尽管 PPP 项目在很多领域都已经开始探索实施，但随着国家经济的快速发展、城镇化率大幅度提高，国家对基础设施建设也愈加关注，急需更多 PPP 方面的人才。在学校培养 PPP 专业人才方面：第一，以社会需求前提，设置 PPP 方面的专业；第二，结合工程、经济、财务、法律等知识，优化 PPP 相关课程。从社会实践方面：第一，加强理论与实践的结合；第二，鼓励社会上的 PPP 相关企业给予学生实习的机会。另外，各地政府不仅要加强人才的培养，而且还要做好人才的引进工作。

PPP 专业方面优秀人才的培养，精通行业发展趋势，不仅可以在项目的运作过程中及时地发现问题、理性地处理问题，而且能够站在更高的层次上掌握整个 PPP 实操流程，了解风险的识别和转移，降低不可预知风险的发生概率，从而减少非正常退出行为的发生，提高项目的合作效率。

### 10.4.3.4　建立公众监督机制

根据 PPP 项目公共产品的属性，政府部门和社会资本作为 PPP 项目建造运营的具体实施方，最终目的是为了提高城市基础设施水平而推进的，进而达到提高公众生活水平的目的。从 PPP 项目的非正常退出关键影响因素中可以看出，市场需求在非正常退出中起到了重要的作用。公众作为 PPP 项目的核心主体之一，是 PPP 项目的使用者，影响着 PPP 项目的市场的供给与需求。例如，一个城市轨道交通 PPP 项目的实施，直接关系到公众的出行；供排水 PPP 项目的实施关系到公众的正常的生活供需；垃圾处理、环境治理等 PPP 项目的实施关系到公众的身体健康与生活的质量，等等。PPP 项目的建设与公众的直接利益，日常生活密切相关，公众自然是希望参与，同时也有权利参与来表达自身的利益诉求。

一方面，构建公众参与渠道。在互联网时代，公众参与 PPP 项目的形式多样。政府可通过调查、媒体、网络途径，及时将 PPP 项目相关信息传递给公众，引导公众主动参与 PPP 项目中，了解项目推进进度；另一方面，建立 PPP 项目综合监督信息平台。政府可搭建政府部门和公众及社会资本和公众之间基础设施 PPP 项目的信息沟通及监督平台，开展公众满意度评价。

政府通过公众的参与监督，更好地了解公众的需求，进而在 PPP 项目的推进的同时，能够结合实际的供需关系，因地制宜地制订项目的实施方案。这样不仅有助于公众对社会部门的了解，促进公众对项目更大程度的认可，而且能够减少同类项目的竞争，提高 PPP 项目效益。

# 10.5　本章小结

　　PPP 项目的顺利推进离不开对政府和社会资本双方协议中关于退出机制的设置，这样有利于实现 PPP 模式的可持续发展。因此，剖析政府与社会资本行为异质性而引起 PPP 项目非正常退出的动因及双方行为演变的博弈过程，设计非正常退出保障路径是 PPP 模式能够持续健康发展的内在推动力。第一，本书基于已有研究成果结合 PPP 模式相关的政策法规及退出的内涵，对 PPP 项目非正常退出机制进行定义及界定本书研究退出的主体。第二，根据 PPP 项目具有公共物品的属性及具有不完全契约性，分析政府与社会资本行为异质性探讨并确定了导致 PPP 项目的非正常退出影响因素。第三，通过建立 PPP 项目非正常退出因素的结构方程，遴选出最为关键性的非正常退出因素。第四，阐述了 PPP 项目社会资本非正常退出产生的机理，通过构建政府与社会资本行为的博弈模型研究 PPP 项目非正常退出的关键因素对政府和社会资本间合作到关系破裂导致退出的演变过程，进而提出设计 PPP 项目社会资本非正常退出的路径及保障措施。概括而言，主要得出以下三个方面研究成果。

## 1. PPP 项目非正常退出的影响因素研究

　　通过 PPP 项目是公共产品的属性及政府与社会资本的合约具有不完全契约，从三个方面分析政府和社会资本行为异质性并结合案例分析法和文献研究法对 PPP 项目非正常退出的影响因素进行识别，从社会资本主动退出（社会资本的原因）和被动退出（政府部门的原因）两个方面确定 7 大类，23 小类关于 PPP 项目非正常退出的影响因素，并通过对问卷的效度、信度、探索因子的检验；然后构建 PPP 项目非正常退出因素的结构方程，随后通过对方程的评估检验和拟合，得出政策法规方面（政府信用）、建设运营方面（投资回报）、市场需求技术方面（施工设计水平）、社会方面（经济效益）、管理方面（融资能力）、金融方面（利率浮动）、市场方面（市场需求）是 PPP 项目非正常最为关键退出因素。

## 2. PPP 项目政府与社会资本从合作到退出行为的博弈演化探究

　　根据博弈模型探究了政府与社会资本合作过程中行为异质的内在机理，首先，阐述了 PPP 项目政府与社会资本经历合作、再谈判最后到社会资本非正常退出的产生的机理；其次，介绍了博弈产生的背景，利用 PPP 项目社会资本非正常退出的关键因素中的政府信用和投资回报等最为关键因素作为博弈模型分析的假设条件，即通过政府守信的合作策略与失信的非合作策略，社会资本通过投资回报较高的积极态度合作策略与投资回报较低的消极态度的非合作策略来建立退出行为的博弈模型，并结合 X 市北部旅游公路 PPP 项目进行实例验证，结论为政府和社会资本的利益诉求产生分歧时，政府失信的成本远远小于与社会资本约定的赔偿成本时，这时政府从项目长远的利益出发，将会选择新的具有实力的社会资本来代替原始的社会资本进行项目的实施；最后，从社会资本的角度出发，当社会资本的利益诉求得不到实现时，社会资本的违约成本远远小于政府给予的补贴，此时原始社会资本为了将自身利益损失降到最低，将会选择主动退出此项目的建设运营。

### 3. PPP 项目非正常退出路径的构建

基于外部性理论对 PPP 项目非正常退出的正、外部效应的研究基础上，首先从微观角度即股权回购、IPO 上市、资产证券化、售后回租、PPP 交易场所五个方面来构建 PPP 项目社会资本非正常退出的路径。其次从宏观角度即加强政府管控、完善 PPP 相关法律、培养 PPP 专业人才，提高公众参与度来设计减少非正常退出行为保障措施，使社会资本能够顺利退出，从而提高社会资本的参与度。

PPP 项目的非正常退出是一项多个利益主体参与的复杂系统工程，本书在已有研究的基础上提出了 PPP 项目非正常退出新视角取得一定的进展，但仍有许多问题与不足有待进一步探究，主要包括：

（1）PPP 项目非正常退出影响因素的识别值得深入探讨。在 PPP 项目非正常退出影响因素的识别过程中，虽然利用了案例分析法及文献研究法对其进行归纳和总结，但由于目前 PPP 项目落地较少，案例具有局限性，因此在影响因素收集缺乏一定的全面性，在对社会资本的主动退出和被动退出因素的判定方面存在一定的主观性。因此在对非正常因素的识别过程中，应综合考量各种类型的大量的案例，开展其定性研究，使其影响因素分析更加完善。

（2）问卷调查采集的数据的精准性有待提高。在 PPP 项目非正常退出因素的问卷实际调查中，被调查者由于学历、从事行业、工龄及相关经验等方面的限制及具有较强的认知问题能力，一方面降低了问卷的客观性，另一方面使其具有一定的主观性。另外由于问卷的调查涉及相关的公共部门，很多人不愿意填写本问卷，除此之外，一些被访者对问卷处于敷衍的态度，因此本书数据采集的数量和质量上存在一定的局限性及不准确性。

（3）PPP 项目社会资本非正常退出行为的过程模型有待进一步优化。退出是一个不断变化的动态过程，其产生的机理涉及多个方面。本书研究政府与社会资本的从合作到退出行为演变的过程中，只借助了演化博弈模型从政府和社会资本两者的角度进行了研究。虽然取得一定的成果，但是视角较为单一，若从 PPP 项目整个系统中各方的个体与群体之间的行为特征等方面，同时建立多方位的行为指标研究非正常退出机制，研究结果将有新的突破。

# 第11章

# 中国特色的 PPP 项目可持续运行

## 11.1　中国特色的 PPP 项目可持续运行机制体系

中国采用 PPP 模式的动因一方面是为了解决财政资金投入不足，通过引入社会资本加快基础设施建设和提升公共服务供给能力，进而促进经济发展；另一方面是让专业的人做专业的事，提高效率和质量。2008 年，北京政府为迎奥运建设了奥运主场馆鸟巢、北京地铁奥运支线等一批基础设施项目，由此带动了中国其他城市采用 PPP 模式进行基础设施建设的热潮。但是，PPP 项目运作至今仍然存在政府责任缺位、越位，服务价格和补偿机制不合理等政府监管问题，造成主体间信任流失，加之 PPP 项目契约的不完善，引发主体间的再谈判，谈判无效导致 PPP 项目失败的问题。因此，以打破中国 PPP 项目运作壁垒为导向，从政府责任、主体信任、失败预控三个维度，协同开展价格上限规制、触发补偿、失败关键影响因素、再谈判、非正常退出研究，致力于构建中国特色的 PPP 项目可持续运行机制体系，如图 11-1 所示。

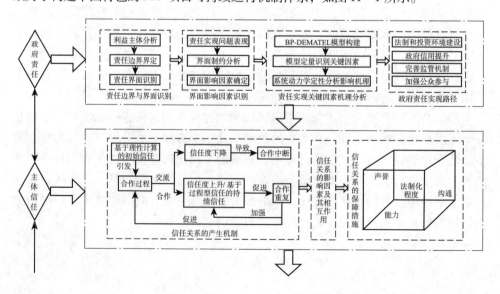

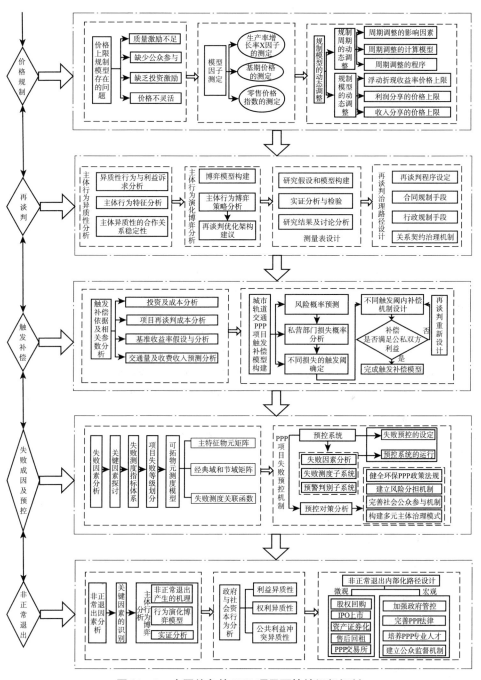

**图 11 - 1　中国特色的 PPP 项目可持续运行机制**

## 11.2　中国特色的 PPP 项目的可持续发展前景

为保障中国 PPP 项目的可持续发展，应该规范约束各方主体的自利行为，激励鼓舞各方主体的共利行为。

多利益主体会对组织目标产生影响并受到组织目标影响，PPP 基础设施项目的可持续性目标既受到各伙伴方的影响，同时又影响各伙伴方。PPP 项目中不同利益主体之间形成良好、和谐的伙伴关系是 PPP 项目成功的重要保证，进一步可以说明是实现基础设施项目可持续性的前提条件。政府责任和信任机制贯穿于 PPP 项目的全生命周期，良好的责任治理与信任体系是关系稳定的基石。PPP 项目的公益性要求政府做好价格规制，及时维护社会公众的利益。由于 PPP 长期合同的不完全性，在项目的实施和运营阶段必然出现再谈判，分析 PPP 项目再谈判演进机理，设计 PPP 项目再谈判治理机制，有利于提高公共产品和服务的供给效率。

中国 PPP 项目规模大、速度快、运营周期长、政策法规不完善等特点决定了项目运作中风险的存在以及失败的可能，这种存在和可能虽然不能完全被消除，但政府部门可以通过实施多层次、多阶段的动态触发补偿机制，兼顾公私双方利益需求。同时，可以借助失败预控机制对其进行削弱。此外，社会资本可以采取股权回购、IPO 上市、资产证券化、售后回租及 PPP 交易所等路径合理退出项目，减少损失，提升效率。中国 PPP 项目仍处于发展阶段，为保障项目的可持续发展，需要项目各参与方在保证 PPP 项目质量的前提下，增加项目体量，提升项目落地率。

目前，中国 PPP 项目在运作方面虽然存在壁垒，但中国特色的 PPP 模式依然处于发展阶段，加之中国仍处于并将长期处于社会主义初级阶段，存在人民日益增长的美好生活需要和不平衡不充分的发展之间的矛盾，使得 PPP 模式在我国发展的后劲充足。PPP 实施运行，是促进还是抑制经济社会发展，需要提高 PPP 的质量发展，规范其运行机制，包容效应的迂回推进，从执拗低音到明快主旋律的进程，需要成长空间，还有很长的路要走。现存问题终将在项目各方共同努力下被攻克，实现中国特色 PPP 项目的可持续发展，迎来中国基础设施高效供给的春天。

# 参 考 文 献

[1] 罗家德、叶勇助：《中国人的信任游戏》，社会科学文献出版社 2007 年版。

[2] 敬乂嘉：《合作治理：再造公共服务的逻辑》，天津人民出版社 2009 年版。

[3] 烟村洋太郎：《失败学のすすめ》，讲谈社，平成 12 年（公元 2000 年）。

[4] 刘光辉：《后 PPP 时代要以可持续发展为主要目标》，载于《施工企业管理》2018 年第 2 期。

[5] 贾康：《法治化是 PPP 可持续的保障》，载于《中国战略新兴产业》2018 年第 5 期。

[6] 史丁莎：《中国 PPP 市场发展与对外开放研究》，载于《现代管理科学》2018 年第 1 期。

[7] 陈都：《中国高铁基础设施 PPP 项目模糊综合绩效评价研究——以京沪高铁项目为例》，载于《理论月刊》2017 年第 12 期。

[8] 郭燕芬：《公私合作伙伴关系（PPP）事前评估——基于中国和澳大利亚的对比分析》，载于《当代经济管理》2017 年第 12 期。

[9] 谭志国：《"规范"是 PPP 可持续发展的基石》，载于《中国财政》2017 年第 19 期。

[10] 肖海明：《论运营期风险下 PPP 项目的可持续经营》，载于《法制与社会》2017 年第 24 期。

[11] 伍春晖、李莉：《土壤修复资金的可持续性分析》，载于《时代金融》2017 年第 20 期。

[12] 郑传军：《特许经营与 PPP 的比较：国际经验和中国实践研究》，载于《国际经济合作》2017 年第 1 期。

[13] 靳晖、伊莎贝尔·里亚尔、胡妍斌：《中国地方政府融资工具及 PPP 模式的监管研究》，载于《新金融》2016 年第 12 期。

[14] 于丽：《可持续理念将贯穿 PPP 全周期》，载于《中国经济周刊》2016 年第 48 期。

[15] 刘穷志、芦越：《制度质量、经济环境与 PPP 项目的效率——以中国的水务基础设施 PPP 项目为例》，载于《经济与管理》2016 年第 6 期。

[16] 莫莉：《英国 PPP/PFI 项目融资法律的演进及其对中国的借鉴意义》，

载于《国际商务研究》2016 年第 5 期。

[17] 赵晔:《改革开放以来中国 PPP 模式研究回顾与反思——基于期刊全文数据库实证分析》,载于《地方财政研究》2016 年第 8 期。

[18] 李开孟、伍迪:《PPP 的层次划分、基本特征及中国实践》,载于《北京交通大学学报（社会科学版）》2017 年第 3 期。

[19] 吴思康、刘穷志:《PPP 成长的宏观环境:中国的证据》,载于《中南财经政法大学学报》2017 年第 2 期。

[20] 周正祥、张秀芳、张平:《新常态下 PPP 模式应用存在的问题及对策》,载于《中国软科学》2015 年第 9 期。

[21] 管清友、刘洁:《PPP 发展中的障碍》,载于《中国金融》2015 年第 15 期。

[22] 陈志敏、张明、司丹:《中国的 PPP 实践:发展、模式、困境与出路》,载于《国际经济评论》2015 年第 4 期。

[23] 熊伟、诸大建:《以可持续发展为导向的 PPP 模式的理论与实践》,载于《同济大学学报（社会科学版）》2017 年第 1 期。

[24] 张璞、王丽萍、张培、吴月秋:《PPP 项目可持续能力评价模型研究》,载于《技术经济与管理研究》2017 年第 2 期。

[25] 董再平:《中国 PPP 模式的内涵、实践和问题分析》,载于《理论月刊》2017 年第 2 期。

[26] 陈玲、李丹:《PPP 政策变迁与政策学习模式:1980 至 2015 年 PPP 中央政策文本分析》,载于《中国行政管理》2017 年第 2 期。

[27] 任志涛、李海平、张赛、郭林林:《环保 PPP 项目异质行动者网络构建研究》,载于《科技进步与对策》2017 年第 9 期。

[28] 亓霞、柯永建、王守清:《基于案例的中国 PPP 项目的主要风险因素分析》,载于《中国软科学》2009 年第 5 期。

[29] 张蓓佳:《新常态下中国节能服务产业发展新方向:与 PPP 模式的集成研究》,载于《科技进步与对策》2016 年第 7 期。

[30] 靳乐山、孔德帅:《基于公私合作模式（PPP）的西部区域可持续发展研究——以贵州省赤水河流域为例》,载于《西南民族大学学报（人文社科版）》2016 年第 3 期。

[31] 王天义:《全球化视野的可持续发展目标与 PPP 标准:中国的选择》,载于《改革》2016 年第 2 期。

[32] 王俊豪、金暄暄:《PPP 模式下政府和民营企业的契约关系及其治理——以中国城市基础设施 PPP 为例》,载于《经济与管理研究》2016 年第 3 期。

[33] 胡汉宁、曹润林:《中国 PPP 实践的若干思考》,载于《学术论坛》

2015 年第 11 期。

[34] 孙祁祥、锁凌燕、郑伟:《社保制度中的政府与市场——兼论中国 PPP 导向的改革》,载于《北京大学学报(哲学社会科学版)》2015 年第 3 期。

[35] 李艳茹、卢小广:《基于 PPP 融资模式的农村饮水安全工程可持续性评价研究》,载于《生态经济》2015 年第 4 期。

[36] 沈铭辉:《亚太地区基础设施投资 PPP 合作模式:中国的角色》,载于《国际经济合作》2015 年第 3 期。

[37] 王俊豪、付金存:《公私合作制的本质特征与中国城市公用事业的政策选择》,载于《中国工业经济》2014 年第 7 期。

[38] 叶晓甦、邓云:《伙伴关系视角的 PPP 基础设施项目可持续性实现途径研究》,载于《科技管理研究》2014 年第 12 期。

[39] 甘琳、傅鸿源、刘贵文、申立银:《基于项目可持续性表现评价模型的公私合作制模式》,载于《城市发展研究》2010 年第 2 期。

[40] 任志涛、雷瑞波、王宇飞:《基于组织界面的 PPP 项目政府责任实现机理分析》,载于《工程管理学报》2017 年第 4 期。

[41] 李景鹏:《政府的责任和责任政府》,载于《国家行政学院学报》2003 年第 5 期。

[42] 张成福:《责任政府论》,载于《中国人民大学学报》2000 年第 2 期。

[43] 黄丽云:《信用视角下的政府职责边界研究》,载于《东南学术》2015 年第 1 期。

[44] 孙彩红:《政府责任缺失的理论阐释》,载于《学术论坛》2005 年第 1 期。

[45] 刘晓君、白庶、李涛:《BOT 项目融资中的政府定位思考》,载于《西安建筑科技大学学报(社会科学版)》2005 年第 1 期。

[46] 胡欣、王建廷、王宇飞、谷金雨:《PPP 项目界面管理关键影响因素研究》,载于《科技进步与对策》2016 年第 16 期。

[47] 杨亚频、王孟钧:《伙伴关系模式下项目组织界面管理研究》,载于《工程管理学报》2010 年第 5 期。

[48] 田雪莲:《BOT 项目界面管理关键影响因素分析》,载于《土木工程学报》2012 年第 7 期。

[49] 任志涛、郝文静、于昕:《基于 SNA 的 PPP 项目中信任影响因素研究》,载于《科技进步与对策》2016 年第 16 期。

[50] 翟学伟:《诚信、信任与信用:概念的澄清与历史的演进》,载于《江海学刊》2011 年第 5 期。

[51] 张喆、万迪昉、贾明:《高科技生物制药行业 PPP 合作中信任与合作效果的关系研究——环境不确定性和合作方行为不确定性的调节作用》,载于

《科学学与科学技术管理》2008 年第 6 期。

[52] 王雪青、魏喆：《工程管理 Partnering 模式中信任机制的博弈分析》，载于《天津大学学报（社会科学版）》2007 年第 1 期。

[53] 鄢章华、滕春贤、刘蕾：《供应链信任传递机制及其均衡研究》，载于《管理科学》2010 年第 23 期。

[54] 乐云、蒋卫平：《建设工程项目中信任产生机制研究》，载于《工程管理学报》2010 年第 3 期。

[55] 张康之：《参与治理、社会自治和合作治理》，载于《行政论坛》2008 年第 6 期。

[56] 任志涛、刘逸飞：《基于演化博弈的 PPP 项目信任传导机制研究》，载于《地方财政研究》2017 年第 10 期。

[57] 杜亚灵、闫鹏：《PPP 项目缔约风险控制框架研究——基于信任提升与维持的视角》，载于《武汉理工大学学报》2013 年第 6 期。

[58] 高素侠、任志涛、于昕、王宇飞：《PPP 项目价格上限规制 RPI－X 因子研究》，载于《天津城建大学学报》2016 年第 3 期。

[59] 张卫国、黄淼、陆渝梅：《中国自然垄断产业的价格规制模型研究》，载于《重庆大学学报》2004 年第 3 期。

[60] 廖宏伟：《国有电力垄断行业的价格规制改革与制度创新》，载于《江汉论坛》2013 年第 5 期。

[61] 王建明、李颖灏：《价格上限管制的应用：理论基础、关键问题和实施对策》，载于《经济评论》2006 年第 5 期。

[62] 曲延芬：《价格上限规制分析》，载于《工业技术经济》2005 年第 2 期。

[63] 吴林波、赖粤、袁名别：《完善广州市公用事业价格动态调整机制的思考》，载于《价格理论与实践》2014 年第 6 期。

[64] 王江楠：《政府投资公私合作的价格形成机制存在的问题及解决办法》，载于《河南科学》2013 年第 11 期。

[65] 幸莉仙、马玲：《国际主要价格规制制度比较及对我国的启示》，载于《商业时代》2010 年第 5 期。

[66] 任志涛、高素侠：《PPP 项目价格上限定价规制研究——基于服务质量因子的考量》，载于《价格理论与实践》2015 年第 5 期。

[67] 吴孝灵、周晶、彭以忱、段庆康：《基于公私博弈的 PPP 项目政府补偿机制研究》，载于《中国管理科学》2013 年第 1 期。

[68] 吴孝灵、周晶、王冀宁、彭以忱：《依赖特许收益的 PPP 项目补偿契约激励性与有效性》，载于《中国工程科学》2014 年第 10 期。

[69] 高颖、张水波、冯卓：《PPP 项目运营期间需求量下降情形下的补偿机

制研究》，载于《管理工程学报》2015 年第 2 期。

[70] 仝允桓：《城市快速交通线项目的最优票价与政府补偿》，载于《系统工程理论与实践》2001 年第 4 期。

[71] 况勇、廉大为、赵雪锋：《城市轨道交通 PPP 融资模式中补偿和服务水平的确定研究》，载于《中国工程科学》2008 年第 6 期。

[72] 邓小鹏、熊伟、袁竞峰、李启明：《基于各方满意的 PPP 项目动态调价与补贴模型及实证研究》，载于《东南大学学报（自然科学版）》2009 年第 6 期。

[73] 杨帆、杨琦、张珺、郗恩崇：《公共交通定价与最优政府补偿模型》，载于《交通运输工程学报》2010 年第 2 期。

[74] 叶苏东：《BOT 模式开发城市轨道交通项目的补偿机制研究》，载于《北京交通大学学报（社会科学版）》，2012 年第 4 期。

[75] 冯珂、王守清、张子龙、赵丽坤：《城市轨道交通 PPP 项目政府票价补贴问题研究》，载于《价格理论与实践》2015 年第 3 期。

[76] 杜亚灵、李会玲：《PPP 项目履约问题的文献研究：基于 2008～2014 年间英文文献的分类统计》，载于《工程管理学报》2015 年第 4 期。

[77] 任志涛、张赛、王滢菡、梁晨睿：《PPP 项目触发再谈判的关键因素分析——基于结构方程模型》，载于《建筑经济》2017 年第 7 期。

[78] 夏梁省：《基于 PPP 模式的内生性契约、信用共同体与网络融信机制构建——民营中小企业融资路径探索》，载于《天津商业大学学报》2015 年第 1 期。

[79] 胡改蓉：《PPP 模式中公私利益的冲突与协调》，载于《法学》2015 年第 11 期。

[80] 孙慧、孙晓鹏、范志清：《PPP 项目再谈判比较分析及启示》，载于《天津大学学报》（社会科学版）2011 年第 4 期。

[81] 任志涛、雷瑞波：《基于讨价还价模型的 PPP 项目收益分配再谈判研究》，载于《建筑经济》2017 年第 1 期。

[82] 姜桂清、游伟平：《浅议建立和完善国有企业退出机制》，载于《企业经济》2002 年第 12 期。

[83] 简兆权、招丽珠：《国有企业退出的动力与成本机制研究》，载于《生产力研究》2008 年第 20 期。

[84] 任志涛、高素侠：《提升 PPP 项目政企双边匹配满意度的对策研究》，载于《建筑经济》2015 年第 12 期。

[85] 刘建华：《风险投资退出机制研究》，载于《合作经济与科技》2013 年第 8 期。

[86] 唐湘博、刘长庚：《湘江流域重污染企业退出及补偿机制研究》，载于《经济纵横》2010 年第 7 期。

[87] 王建波、刘宪宁、赵辉等：《城市轨道交通 PPP 融资模式风险分担机制研究》，载于《青岛理工大学学报》2011 年第 2 期。

[88] 叶晓甦、熊含梦：《我国西部地区 PPP 项目合作效率关键因素研究》，载于《工程管理学报》2013 年第 6 期。

[89] 张万宽、杨永恒、王有强：《公私伙伴关系绩效的关键影响因素——基于若干转型国家的经验研究》，载于《公共管理学报》2010 年第 3 期。

[90] 仲景冰、李惠强：《工程失败的路径及风险源因素的 FTA 分析方法》，载于《华中科技大学学报》（城市科学版）2003 年第 1 期。

[91] 吴贤国、王俊红、李明等：《工程失败原因分析及失败知识管理》，载于《建筑经济》2007 年第 2 期。

[92] 任志涛、雷瑞波、高素侠：《PPP 项目公私部门双边匹配决策模型研究——基于满意度最大化》，载于《地方财政研究》2017 年第 6 期。

[93] 徐成兵：《结构方程模型与调查问卷结构效度理论探讨》，载于《科技视界》2013 年第 1 期。

[94] 陈炳泉、彭瞳：《公私合营模式在交通基础设施项目中关键性成功因素分析》，载于《都市快轨交通》2010 年第 3 期。

[95] 喻子达、刘怡：《基于项目层面的失败中学习》，载于《科学学与科学技术管理》2007 年第 6 期。

[96] 仲秋雁、闵庆飞、吴力文：《中国企业 ERP 实施关键成功因素的实证研究》，载于《中国软科学》2004 年第 1 期。

[97] 江春霞：《交通基础设施 PPP 项目失败诱因及启示——基于 25 个 PPP 典型案例的分析》，载《北京交通大学学报》（社会科学版）2016 年第 3 期。

[98] 孙艳丽、岳树杰、刘承宪等：《环保 PPP 模式下的雾霾治理及投融资博弈分析》，载于《沈阳建筑大学学报》（自然科学版）2015 年第 4 期。

[99] 周正勇：《基于 PPP 模式的宁波市水污染治理问题研究》，载于《经营与管理》2016 年第 6 期。

[100] 任志涛、武继科、谷金雨：《基于系统动力学的 PPP 项目失败风险因素动态反馈分析》，载于《工程管理学报》2016 年第 4 期。

[101] 柯永建、王守清、陈炳泉：《英法海峡隧道的失败对 PPP 项目风险分担的启示》，载于《土木工程学报》2008 年第 12 期。

[102] 胡久贵：《新常态背景下 PPP 模式系统性风险预警机制研究》，载于《现代经济信息》2016 年第 18 期。

[103] 张晓兵、张小富：《基于 ISM 的国际 PPP 项目风险因素相互影响分析》，载于《建筑经济》2013 年第 2 期。

[104] 王颖林、刘继才、赖芨宇：《基于风险偏好的 PPP 项目风险分担博弈

模型》，载于《建筑经济》2013 年第 12 期。

［105］《究竟是什么阻碍了 PPP 项目的落地》，政府和社会资本合作（PPP）研究中心官网，2016 年 4 月 5 日。

［106］"World Bank and PPP in Infrastructure Resource Center", WORLD BANK GROUP, 2013. 5. 10.

［107］Aria Belen, Alonso Conde, Christine Brown, Javier Rojo Suarez, "Public Private Partnerships: Incentives, Risk Transfer and Real Options", *Review of Financing Economics*, 2007, 35（7）: 90 – 96.

［108］Li Bing, A. Akintoye, P. J. Edwards and C. Hardcastle, "The Allocation of Risk in PPP/PFI Construction Projects in the UK", *International Journal of Project Management*, 2005, 29（23）: 23 – 35.

［109］Hasity. H. O. Steen, John R. Jenkins, "We Built It, and They Came! Now What? Public-private Partnerships in the Replacement Era", *Stetson Law Review*, 2012, 39（5）: 68 – 73.

［110］Cruz Carlos Oliveira, Marques Rui Cunha, "Flexible Contracts to Cope with Uncertainty in Public Private Partnerships", *International Journal of Project Management*, 2013, 31（3）: 473 – 483.

［111］Caebonara Nunzia, Costantino Nicola, Pellerino Roberta, "Revenue guarantee in public private partnerships: a fair risk allocation model", *Construction Management and Economics*, 2014, 32（4）: 403 – 415.

［112］Demirag I, Khadaroo I, Stapleton P, et al, "Risks and the Financing of PPP: Perspectives from the Financiers", *The British Accounting Review*, 2011, 43（4）: 294 – 310.

［113］Andreas Wibowo, Bernd Kochendoerfer, "Selecting BOT or PPP Infrastructure Projects for Government Guarantee Portfolio under Conditions of Budget and Risk", *Journal of construction engineering and management*, 2011, 137（7）: 512 – 523.

［114］Xiong Wei, Zhang Xueqing, "Concession Renegotiation Models for Projects Developed Through Public-private Partnerships", *Journal of Construction Engineering and Management*, 2014, 140（5）: 668 – 678.

［115］Hedley Smyth, Andrew Edkins, "Relationship Management in the Management of PFI/PPP Projects in the UK", *International Journal of Project Management*, 2007, 8（5）: 35 – 41.

［116］Voordijk H., "Construction Management Research at the Interface of design and Explanatory Science", *Engineering, Construction and Architectural Manage-*

ment, 2011, 18 (4): 135 – 141.

[117] Chua D K H, Myriam G. , "Use of a WBS Matrix to Improve Interface Management in Projects", *Journal of Construction Engineering and Management*, 2006, 132 (1): 67 – 79.

[118] Reichard G, Chen Q, Beliveau Y. , "Multiperspective Approach to Exploring Comprehensive Cause Factors for Interface Issues", *Journal of Construction Engineering and Management*, 2008, 134 (6): 432 – 441.

[119] Siao F C, Lin Y C. , "Enhancing Construction Interface Management Using Multilevel Interface Matrix Approach", *Journal of Civil Engineering and Management*, 2012, 18 (1): 68 – 75.

[120] Shui – Yan Tang, et al. , "Understanding Collaborative Governance from the Structural Choice", Politics, IAD, and Transaction Cost Perspectives, 2010, 55: 25 – 37.

[121] Teahyon Choi. , "Information Sharing, Deliberation, and Collective Decision – Making: A Computational Model of Collaborative Governance", Doctoral Dissertation of University of Southern California, 2011, 34: 4 – 5.

[122] Macaulay S. , "Non-contractual Relations in Business: A Preliminary Study", *American Sociological Review*, 1963, 28: 55 – 67.

[123] Baker, Gibbons, Murphy, Relational Contracts and the Theory of the Firm [J]. Quarterly Journal of Economics, 2002, 117 (1): 39 – 84.

[124] Zaheer, A. , McEvily, B. and Perrone, V. , "Does trust matter exploring the effects of inter-organizational and inter-personal trust on performance", *Organization Science*, 1998, 9 (2): 141 – 159.

[125] Sabel, C. F. , "Studied Trust: Building New Forms of Cooperation in a Volatile Economy", *Human Relations*, 1993, 46: 1133 – 1170.

[126] Defilippi E. and Flor L. , "Regulation in a Context of Limited Competition: Aport Case", *Transportation Research Part A: Policy and Practice*, 2008, 42 (5): 762 – 773.

[127] Chen A. and Subprasom K. , "Analysis of Regulation and Policy of Private Toll Roads in A Build-operate-transfer Scheme Under Demand Uncertainty", Transportation *Research Part A: Policy and Practice*, 2007, 41 (6): 537 – 558.

[128] Martijn van den Hurk, Koen Verhoest. , "The Governance of Public Private Partnerships in Sports Infrastructure: Interfering Complexities in Belgium", *International Journal of Project Management*, 2015, 33 (1): 201 – 211.

[129] Pongsiri N. , "Regulation and Public-private Partnerships", *International*

*Journal of Public Sector Management*, 2002, 15 (6): 487 – 495.

[130] Stephen, S. C., "Regulation of British Telecommunications Profitability: A Report to the Secretary of State", London: Department of Industry, 1983.

[131] Hart O., "Incomplete contracts and public ownership: remarks and an application to public-private partnership", *Economic Journal*, 2003 (11): 117 – 140.

[132] Cheung E, Chan APC., "Evaluation Model for Assessing the Suitability of Public – Private Partnership Projects", *Journal of Management in Engineering*, 2011, 27 (2): 80 – 89.

[133] Chowdhury A N, Charoenngam C., "Factors Influencing Finance on IPP Projects in Asia: A Legal Framework to Reach the Goal", *Lnternational Journal of Project Management*, 2009, 27 (1): 51 – 58.

[134] Fearnley N, Bekken J T, Norhem B., "Optimal Performance-based Subsidies in Norwegian Intercity Rail Transport", *International Journal of Transport Management*, 2004, 2 (1): 29 – 38.

[135] Vanreeven P., "Subaidisalion of Urban Public Transport and the Mohfing Effect", *Journal of Transport Economics and Policy*, 2008, 42 (2) 349 – 359.

[136] Ho SP., "Model for Financial Renegotiation in Public-private Partnership Projects and Its Policy Implications: Game Theoretic View", *Journal of Construction Engineering and Management*, 2006, 132 (7): 678 – 688.

[137] Demi Chung, David A. Hensher, John M. Rose., "Toward the Betterment of Risk Location: Investigating Risk Perceptions", *Research in Transportation Economics*, 2010 (30): 43 – 58.

[138] Carmen J, Fernando O, Rahim A., "Private-public Partnerships as Strategic Alliances", *Transportation Research Record: Journal of the Transportation Research Board*, 2008, 206 (2): 1 – 9.

[139] Zou Weiwu, Kumaraswamy Mohan, Chung Jacky, Wong James, "Identifying the Critical Success Factors for Relationship Management in PPP Projects", *International Journal of Project Management*, 2014, 32 (2): 265 – 274.

[140] Chen C., "Can the Pilot BOT Project Provide a Template for Future Projects? A Case Study of the Chengdu No. 6 Water Plant B Project", *International Journal of Project Management*, 2009, 27 (6): 573 – 583.

[141] Dahdal A., "The Dissolution of Public Private Partnerships: An Australian Case Study of the Political Costs Involved", *International Review of Business Research Papers*, 2010, 6 (2): 1 – 11.

［142］Shan Liang, Garvin Michael J, Kumar Raman, "Collar Options to Manage Revenue Risks in Real Toll Public Private Partnership Transportation Projects", *Construction Management and Economics*, 2010, 28 (10): 1057 – 1069.

［143］Feng Zhuo, Zhang Shuibo, Gao Ying, "On Oil Investment and Production: A Comparison of Production Sharing Contracts and Buyback Contracts", Energy Economics, 2014, 42: 395 – 402.

［144］Li L H, Wei S Q, Lu L. , "PPP Security Mechanism Analysis and Improvement", 2010 Second International Conference on Information Technology and Computer Science. IEEE, 2010: 409 – 412.

［145］Pretorius F, Sturup S, McDougall A. "Private Public Partnerships: Transaction Analysis and the Case of Urban Motorways", *Urban Infrastructure: Finance and Management*, 2012: 83 – 120.

［146］Xiong W, Zhang X. , "The Real Option Value of Renegotiation in Public Private Partnerships", *Journal of Construction Engineering and Management*, 2016, 142 (8): 21 – 33.

［147］Olusola Babatunde S, Opawole A, Emmanuel Akinsiku O. , "Critical Success Factors in Public-private Partnership (PPP) on Infrastructure Delivery in Nigeria", *Journal of Facilities Management*, 2012, 10 (3): 212 – 225.

［148］Xu Y, Yeung J F Y, Chan A P C, et al. , "Developing a Risk Assessment Model for PPP Projects in China—A Fuzzy Synthetic Evaluation Approach", *Automation in Construction*, 2010, 19 (7): 929 – 943.

［149］Chen M K, Wang S C. , "The Critical Factors of Success for Information Service Industry in Developing International Market: Using Analytic Hierarchy Process (AHP) Approach", *Expert Systems with Applications*, 2010, 37 (1): 694 – 704.

［150］Shen L, Lu W, Peng Y, et al. , "Critical Assessment Indicators for Measuring Benefits of Rural Infrastructure Investment in China", *Journal of Infrastructure Systems*, 2011, 17 (4): 176 – 183.

［151］Ke Y, Wang S Q, Chan A P C, et al. , "Preferred Risk Allocation in China's Public-private Partnership (PPP) Projects", *International Journal of Project Management*, 2010, 28 (5): 482 – 492.

［152］Tang L Y, Shen Q, Cheng E W L , "A review of Studies on Public – Private Partnership Projects in the Construction Industry", *International Journal of Project Management*. 2010, 28 (7): 683 – 694.

［153］Abdul – Aziz A R, Kassim P S J. , "Objectives, Success and Failure Factors of Housing Public-private Partnerships in Malaysia", *Habitat International*,

2011, 35（1）: 150 – 157.

［154］Ng S T, Wong Y M W, Wong J M W. , "Factors Influencing the Success of PPP at Feasibility Stage – A tripartite Comparison Study in Hong Kong", *Habitat International*, 2012, 36（4）: 423 – 432.

［155］Daniel Albalate, Germà Bel, R. Richard Geddes, "Recovery Risk and Labor Costs in Public – Private Part-nerships: Contractual Choice in the US Water Industry", *Local Government Studies*, 2013, 39（3）: 74 – 76.

［156］Terry Lyons, Martin Skitmore, "Project Risk Management in the Queensl and Engineering Construetion Industry Asurvey", *Intemational Journal of Project Management*, 2004, 22（1）: 51 – 61.

［157］Xianhai Meng, Qi Zhaom, Qiping Shen, "Critical Success Factors for Transfer – Operate – Transfer Urban Water Supply Projects in China", *Journal of Management in Engineering*, 2011, 27（10）: 243 – 252.

［158］Ameyaw E E, Chan A P C. , "Identifying Public-private Partnership（PPP）Risk in Manaing Water Supply Projects in Ghana", *Journal of Facilities Management*, 2013, 11（2）: 152 – 182.

［159］Patrick, Y. H. Chiang and Stephen H. Chan, "Critical Success Factors for Bond Financing of Construction Projects in Asia", *Journal of Management in Engineering*, 2011, 27（4）: 190 – 200.

［160］Francesca Medda, "A Game Theory Approach for the Allocation of Risks in Transport Public private Partnerships", *International Journal of Project Management*, 2007（25）: 213 – 218.

［161］Loosemore M, Raftery J, Reilly C. , "Risk Management in Projects", London: Taylor Francis, 2006: 103 – 111.